VOYAGES

DE

C. P. THUNBERG.

TOME PREMIER.

CAROLO PETRO THUNBERG,
BOTANICES P.P.
Upsalensi, Equiti de Wasa, bene merito.
Editores O.V.C.

VOYAGES
DE
C. P. THUNBERG,
AU JAPON,
PAR LE CAP DE BONNE-ESPÉRANCE,
LES ISLES DE LA SONDE, &c.

Traduits, rédigés et augmentés de notes considérables sur la Religion, le Gouvernement, le Commerce, l'Industrie et les Langues de ces différentes contrées, particulièrement sur le Javan et le Malai;

Par L. LANGLÈS, Conservateur des Manuscrits orientaux de la Bibliothèque nationale, et Professeur de Persan, de Tatar-Mantchou, &c. à la même Bibliothèque;

Et revus, quant à la partie d'Histoire naturelle, par J. B. LAMARCK, Professeur d'Entomologie et d'Helmentologie au Muséum national d'Histoire naturelle.

Avec des Planches.

TOME PREMIER.

A PARIS,

Chez
{ BENOÎT DANDRÉ, Libraire-Editeur, rue du Cimetière-André-des-Arts, n°. 15.
{ GARNERY, Libraire, rue Serpente, n°. 17.
{ OBRÉ, Libraire, rue Traversière-Honoré, n°. 847.

AN IV. [1796.]

PRÉFACE DU RÉDACTEUR.

Deux nations anciennes, également policées et savantes, isolées par leurs loix et par leurs mœurs du reste de la société, dont l'existence même est encore un problème politique, occupent l'extrémité orientale de notre hémisphère. L'une, exclusivement livrée aux lettres et aux sciences spéculatives, a contracté une débilité morale et physique, qui l'a rendue la proie de tous les brigands qui ont voulu l'attaquer et la conquérir; l'autre, invariablement attachée aux mêmes loix et aux mêmes usages depuis une longue suite de siècles, cultivant avec une égale ardeur son fertile territoire et les arts utiles, n'a jamais souffert que d'ambitieux étrangers vinssent troubler impunément la tranquillité intérieure dont elle jouit. Elle emploie à bien faire, le tems que la première consacre à bien penser et à bien écrire. Enfin par son courage, et plus encore par son caractère énergique et inflexible, elle a conservé une portion de la liberté admissible dans l'état de civilisation, et sait respecter la dignité de l'homme, si indignement et si impunément outragée chez l'orgueilleux et philosophe Européen.

C'est cette nation trop peu connue que M. Thunberg a

visitée, dont il a parcouru et décrit le pays avec toute l'attention qu'il mérite.

Un séjour de dix-huit mois lui a suffi pour étudier et connoître à fond le système politique, l'histoire naturelle et civile, la religion, les sciences et les arts, le commerce, les productions, les usages, et les mœurs du Japon.

Malgré les vastes et nombreuses recherches de Kœmpfer sur ce royaume, il étoit encore possible de recueillir quelques notes intéressantes échappées à cet infatigable et savant voyageur, et l'on s'en convaincra en lisant dans l'ouvrage de M. Thunberg la nomenclature des empereurs ecclésiastiques et civils qui ont régné au Japon depuis 1689, ses observations physiques et météorologiques, des notices sur les trois règnes de la nature, &c.

Le commerce, cette source féconde des richesses de tout peuple industrieux et civilisé, a sur-tout fixé l'attention de notre voyageur; les détails dans lesquels il entre, loin de nous paroître minutieux, doivent acquérir à nos yeux, dans les circonstances présentes, un nouveau degré d'intérêt; car notre alliance avec les Hollandois, les seuls Européens admis au Japon, pourroient nous ouvrir les portes de ce royaume. Pourquoi ne songerions-nous pas à réaliser l'utile, mais infructueux projet (1) de Colbert?

---

(1) Voyez ma *note*, tome II, p. 13.

PRÉFACE DU RÉDACTEUR.

Aujourd'hui, nous trouverions, sans doute, des patrons zélés dans ceux qui eussent été alors nos rivaux et nos ennemis.

Quoique le Japon fut le principal but des voyages de M. Thunberg, il n'a pas négligé les pays situés sur sa route. Comme ce savant trace lui-même une esquisse de son itinéraire et de ses observations dans sa *Préface*, il me suffiroit d'y renvoyer le lecteur, si je m'étois borné aux simples fonctions de *traducteur*; mais celles de *rédacteur* dont je me suis également chargé, me prescrivent d'entrer dans des détails indispensables pour ma responsabilité et pour la satisfaction de l'auteur et des lecteurs.

Les nombreuses occupations de M. Thunberg ne lui laissant point un seul moment pour rédiger son ouvrage, il a été obligé de publier ses précieux matériaux bruts et tels qu'il les avoit rassemblés. Persuadé que le désordre et les répétitions du texte original ne manqueroient pas de rebuter des lecteurs aussi susceptibles que mes concitoyens, j'ai entrepris de classer les matières, et d'établir des divisions de *parties* et de *chapitres*. M. Groskurt a fait, pour sa traduction allemande, un travail à-peu-près semblable, qui m'a servi de guide et d'autorité. J'ai toujours eu soin que ces transpositions n'influassent point sur le sens de l'auteur, et je me suis bien gardé d'altérer les

iv PRÉFACE DU RÉDACTEUR.

faits même qui auroient pu me paroître les plus indifférens. Cette scrupuleuse fidélité que je me suis prescrite, et dont je ne crois pas m'être écarté, m'a coûté d'autant moins, que je me suis permis tantôt de suppléer au laconisme de mon auteur, tantôt de le contredire dans des *additions* et dans des *notes*, qu'on distinguera aisément de son texte; il ne seroit pas juste de le rendre responsable de mes erreurs littéraires et théologiques. J'ignore, par exemple, quel jugement il portera sur l'identité que j'ai cru remarquer entre les cultes anciens et modernes de l'Asie et de l'Europe.

Je ne crains pourtant pas d'avancer que c'est après une étude particulière des religions du Tibet, de l'Inde, de la Chine, de l'Egypte, &c. que frappé de leurs conformités, je me suis convaincu qu'elles avoient pour origine ou base commune, l'adoration du ciel et des étoiles,

Ces filles, du Très-Haut, objets religieux,
Du culte Sabéen si cher à nos aïeux,
Dans qui *l'on contemploit* la majesté suprême
Du Dieu qui de sa main les alluma lui-même.

A B U F A R, acte *I*, scène *III* (1).

---

(1) Ces beaux vers caractérisent parfaitement le culte des anciens Arabes, chez qui le chamanisme n'a cédé qu'à l'islamisme. Ils adoroient particulièrement la lune, comme l'indique le nom de leurs principales villes. *Médyne*,

PRÉFACE DU RÉDACTEUR.

En effet, la connoissance des révolutions célestes et de l'influence des astres a dû inspirer à l'homme l'idée sublime et consolante d'un Être suprême, d'une intelligence universellement répandue, qui se manifeste par-tout, et qu'on ne voit nulle part.

Jupiter est quodcumque vides, quodcumque moveris.

Ses attributs personnifiés ont produit ces incarnations si multipliées dans les religions de Boudha, de Brahma, &c. ces tritinités et tout ce polythéisme des sectes qui leur sont

---

suivant Mohhammed Mohhsyn, auteur du Dâbistân, signifie *religion de la lune*, de *mâh* (lune) en persan, et *dyn* (religion) en arabe et en persan. Il donne une étymologie semblable au nom de la Mekke, qu'il explique par ces deux mots persans, *mâh* (lune), et *kâh* ou *gâh* (lieu), pays ou lieu de la lune. La Ka'abah où les Arabes alloient en pélerinage avant Mohhammed, étoit un temple consacré à la lune, et renfermoit une belle statue de cette planète; la pierre noire que les Musulmans baisent aujourd'hui avec tant de dévotion, étoit autrefois une statue de Saturne. L'étymologie persane de ces noms de villes arabes, indique que ce sont probablement les anciens Persans ignicoles qui ont introduit le chamanisme en Arabie. Khodjah A'bdoul-kerym, pélerin musulman, qui a écrit sa relation d'un style peu commun parmi les musulmans

et les pélerins, a observé que les murailles de la grande mosquée de Koufah, dont la fondation est antérieure à l'islamisme, sont chargées de figures de planètes artistement sculptées, et recouvertes maintenant d'un crépi qui s'écaille en plusieurs endroits. Ce témoignage est parfaitement conforme avec celui de Mohhammed Mohhsyn, qui nous apprend que la mosquée de Koufah est bâtie sur les fondemens d'un ancien temple du feu. — Je terminerai cette note en observant que j'ai consigné déjà, bien rapidement à la vérité, mais d'une manière très-précise, mes idées sur le chamanisme ou sabéisme, dans les *Détails typographiques et littéraires sur l'édition du Dictionnaire et des Grammaires tartares-mantchoux*, publiés en 1790, à la tête du troisième volume du même *Dictionnaire*.

PREFACE DU RÉDACTEUR.

postérieures; car nous sommes tous, sans nous en douter, des chamans ou sabéens plus ou moins hérétiques. J'ai caressé ce système avec d'autant plus de complaisance, qu'il rentre naturellement dans un autre beaucoup plus vaste, et que je range maintenant au nombre des vérités historiques, l'*existence d'un ancien peuple perdu*, de qui les anciens peuples, aujourd'hui existans, ont reçu les élémens des sciences et les erreurs répandues sur la surface du globe. Sont-ce les Atlantes dont parle Diodore de Sicile, les *Tchouds* dont le professeur Pallas a trouvé des vestiges dans les mines de la Sybérie? c'est ce que je ne prétends pas décider; mais le résultat de toutes nos recherches sur l'origine de l'espèce humaine, des sciences et des arts, nous conduit toujours sur le plateau de la Tatarie, c'est-à-dire, sur la portion la plus élevée de notre globe, et qui a dû conséquemment être la première portion habitable, après les effroyables convulsions qui l'ont sans doute agitée à une époque quelconque, et dont le souvenir s'est conservé dans les plus anciens livres qui nous restent. Je regrette de n'avoir pu qu'indiquer rapidement les étonnantes et nombreuses conformités qui existent entre les cinq vèdes, les cinq kings, les cinq livres de Moyse, les cinq livres des Sybilles, &c. Le développement de ces idées formeroit l'objet d'un ouvrage particulier. Il a fallu, dans celui-ci, me borner à présenter quelques faits peu connus, des rapprochemens plus ou moins frappans, et des apperçus peut-être neufs.

J'ai cru devoir abréger ces discussions théologiques et cosmogoniques pour des objets d'une utilité plus sensible, et même plus réelle, tel que l'état politique des îles de la Sonde, leur population, leurs productions, l'industrie des habitans, et leurs langues, si nécessaires pour le commerce, et cependant si peu connues en France : j'ai ajouté quelques éclaircissemens sur le *malai*, et suppléé au silence de notre auteur sur le *javan*, en donnant un VOCABULAIRE de cette dernière langue. Je n'ai rien avancé dans mes additions et dans mes notes, que sur des autorités dignes de figurer auprès du savant dont je suis l'interprète, et je me suis attaché à consulter des ouvrages étrangers peu communs en France et non traduits, tels que les *Mémoires* de la société de Batavia, qu'aucun de nos écrivains n'a encore compulsés ni cités ; ceux de la société asiatique de Calcutta, qui ne sont guère plus connus. Je me félicite d'avoir eu le courage de parcourir les anciennes Lettres latines des Missionnaires sur les Indes, dédaignées par la plupart des savans qui ont fait des recherches sur ces contrées. Ils y auroient cependant trouvé des observations curieuses qui ne peuvent être que le fruit

RREFACE DU RÉDACTEUR.

d'une très-longue et très-intime habitude avec les naturels.

Le principal but de M. Thunberg, dans ses voyages, étoit de rassembler des végétaux exotiques, et de faire des recherches dans les trois règnes. L'histoire naturelle forme donc une partie très-importante de son ouvrage, et méritoit une attention toute particulière : il suffit de nommer le Savant à qui elle a été confiée dans cette édition, pour garantir l'exactitude de la nomenclature. En outre, le citoyen Lamarck n'a pas épargné ses notes toutes les fois qu'il les a crues nécessaires.

LANGLÈS.

Vendémiaire an IV. (oct. 1795 ère vulg.)

PRÉFACE

PRÉFACE DE L'AUTEUR.

Les relations de voyages sont si multipliées, qu'aucun écrivain raisonnable ne voudroit en augmenter le nombre, s'il ne se flattoit de rectifier quelques erreurs de ses prédécesseurs ; ce qui est assez aisé, sur-tout pour l'histoire naturelle. Je pourrois citer tel voyageur qui, malgré les honneurs de l'*in-folio*, n'a pas rassemblé, en tout, une page de vérités utiles et incontestables ; je ne parle pas en outre de leur méprise dans la nomenclature.

La muscade, par exemple, est encore peu connue quant à son espèce ; cependant, la plupart des voyageurs qui ont parcouru l'Asie, la décrivoient ou en parloient plusieurs siècles avant qu'elle ne devînt un article important du commerce des Européens. — Pouvons-nous nous flatter de connoître tous les animaux et les végétaux mentionnés seulement dans la Bible, d'après les élucubrations et les recherches de *Bochart*, de *Michaelis*, et d'une foule d'autres savans infatigables ?

La connoissance de l'histoire naturelle est donc bien moins avancée que l'on ne l'imagine, et il faut en accuser l'impéritie des voyageurs. Ils désignent souvent plusieurs espèces différentes sous un seul nom, appellent indifféremment *tigres* toutes les races de chats sauvages, et renards tous les chiens. C'est ainsi qu'on a confondu les *jackals* (1),

---

(1) On connoît la prouesse de Samson, qui brûla les moissons des Philistins en attachant des flambeaux à la queue de plusieurs renards liés ensemble. De savans naturalistes ont décidé, d'après le texte de la Bible, que les

ou renards de Samson, avec les renards communs d'Europe et le chien d'attache ; qu'on trouve enfin une foule de passages aussi inintelligibles pour le lecteur que pour l'auteur, qui n'entendoit pas toujours la matière qu'il vouloit traiter.

Ainsi, toute relation capable de répandre un nouveau jour sur quelque partie de la géographie, de l'histoire naturelle ou politique, ou autre science, ne peut pas être regardée comme un ouvrage superflu. Je n'ose me flatter d'avoir réussi dans quelques-uns de ces points ; mais au moins tel a été le but de mes courses et de mes recherches.

Un si grand nombre d'Européens ont visité et décrit avant moi le Cap de Bonne-Espérance ; qu'on seroit tenté de croire qu'il n'y a plus même à glaner pour un naturaliste dans cette extrémité méridionale de l'Afrique.

La description publiée par Kolben, en Hollandois, a été, pour le malheur de plusieurs libraires, traduite et imprimée en différentes langues d'Europe. On en a fait ensuite une espèce d'abrégé, avec quelques additions, lequel ne vaut guère mieux que l'original. Le savant astronome *Lacaille*, arrivé en 1751 au Cap, d'où il partit en 1753, en a donné une courte relation, d'après de simples

---

complices innocens de ce brigandage étoient des jackals et non pas des renards, comme l'ont cru jusqu'à présent la plupart des traducteurs de la Bible. Voyez, sur le *thos* ou jackal, une savante et curieuse *Dissertation de A. L. Millin*, insérée dans le *Journal d'histoire naturelle*, décembre 1787. *Note du Rédacteur.*

PRÉFACE DE L'AUTEUR.

rapports. La plupart des faits qu'il raconte sont plus que hasardés.

Je n'ai pas cru devoir trop m'appesantir, dans la relation de mes voyages, sur l'histoire naturelle, et encore moins donner des descriptions latines, pour ne pas interrompre le fil de mes narrations, ni rebuter les lecteurs peu curieux de ce genre d'érudition. J'ai réservé ces détails pour un ouvrage particulier. Je me suis donc contenté d'indiquer les noms véritables, autant qu'il m'a été possible; j'ai généralement rejetté tous les rapports, me bornant à raconter ce que j'avois vu et observé par moi-même; et je donne les faits tels qu'ils se trouvent disposés dans mon *journal*, sans art et même sans autre ordre que celui des époques où ils sont arrivés (1). Je ne prétends pas à la gloire d'historien, encore moins à celle de romancier; je regrette seulement que mes nombreuses occupations ne m'aient pas permis de soigner mon style et ma rédaction; mais l'indulgence des lecteurs, qui s'occupent plus des choses que des mots, suppléera aisément à ces imperfections.

Vers 1705, on imprima *in*-4°. une thèse soutenue devant le professeur Volerii, sur le Cap de Bonne-Espérance, où l'on donne, aussi exactement qu'il étoit possible alors, la description du pays, le portrait des habitans, leur religion, leurs mœurs et usages; mais les planches qui représentent les vues sont gravées en bois, et conséquemment peu

---

(1) Les lecteurs, et l'auteur lui-même, ne me sauront pas mauvais gré, je crois, d'avoir mis plus d'ordre dans cette édition. *Rédacteur.*

nettes; en outre, depuis cette époque, nous avons pénétré bien plus avant dans le pays, sur lequel nous avons aussi acquis des notions bien plus étendues.

La cinquième partie du volumineux ouvrage de *Valentyn* renferme une description de la pointe méridionale de l'Afrique ; mais ce voyageur, au reste très-estimable, n'ayant vu le pays qu'en passant, n'a pu écrire que d'après des rapports plus ou moins fidèles.

M. Masson, habile jardinier anglais, avec qui j'ai fait deux voyages dans l'intérieur des terres (1), a donné une relation de ces deux voyages dans sa lettre à M. Pringel, président de la Société de Londres. Cette lettre, ainsi que la relation de son premier voyage avec M. Oldenbourg, a été insérée dans le soixante-sixième volume des *Transactions philosophiques*, année 1776, page 268 et suivantes ; mais l'auteur ayant été obligé de se restraindre dans les bornes resserrées d'un mémoire semblable à ceux qui composent ces *Transactions*, s'est vu contraint de supprimer une multitude de détails dans lesquels j'ai cru devoir entrer.

Le professeur Sparrmann, dans son ouvrage publié à Stockholm en 1783, s'étend principalement sur la géographie et la zoologie. Cet habile et laborieux naturaliste a décrit une foule d'animaux sur lesquels Kolben n'avoit débité que des absurdités : nous lui devons en outre beaucoup de découvertes utiles. Je me serois bien gardé de rien publier sur le Cap de Bonne-Espérance, si l'on eût pu

---

(1) Voyez p. 246 et 329 de ce volume.

me soupçonner de vouloir entrer en lice avec un concurrent aussi redoutable; mais l'attention toute particulière que j'ai donnée à la botanique, doit écarter un soupçon aussi mortifiant qu'injuste. Je me flatte qu'on ne m'accuseroit pas de présomption, si je prétendois avoir éclairci quelques points relatifs à l'histoire naturelle, à la géographie, à la physique et à la médecine, qui avoient été négligés par mes prédécesseurs. Il s'en faut bien que j'aie tout épuisé; et ceux qui parcourront ces contrées, où la nature est encore au berceau, ne perdront certainement pas leurs peines.

La colonie hollandoise du Cap prend chaque jour de nouveaux accroissemens; non-seulement le terrain qu'elle occupe est défriché, mais il y en a des portions d'une fertilité surprenante; il produit tout ce qui est nécessaire aux besoins de la vie, et alimente amplement les habitans.

On ne trouve dans toute l'étendue de cette colonie aucun grand lac, ni aucune rivière navigable; on ne pêche que sur les côtes de la mer, et à l'embouchure des rivières. Il n'y a point de forêts, pas même de bocages à l'ombre desquels on puisse se refugier pendant les grandes chaleurs; point de prairies pour les bergers et les troupeaux. L'avide Européen dédaigne les métaux vils et grossiers que cette terre semble produire à regret!

On n'a pas encore songé à introduire dans cette colonie des établissemens qui me paroissent indispensables, tels que des tribunaux, des magistrats, des postes, pour favoriser le transport des voyageurs et de leurs bagages,

PRÉFACE DE L'AUTEUR.

des manufactures ; les colons n'ont pas encore de métier à tisser, ni même de puits pour arroser leurs plantations, au défaut de l'eau du ciel. Si le gouvernement du Cap persiste dans son insouciance à leur égard, ils finiront par devenir aussi sauvages et aussi brutes que les Hottentots, tandis qu'avec du soin et de l'activité, on pourroit améliorer le sort des colons, apprivoiser les Hottentots ; il suffiroit de permettre aux premiers sur-tout de naviguer, de faire le commerce sur leurs propres côtes, et d'échanger les productions de leur territoire contre les objets dont ils ont besoin.

Quoique des plumes plus exercées que la mienne aient déjà essayé de tracer le portrait et le caractère des naturels de ces contrées lointaines, je n'ai pu résister au plaisir de rassembler quelques notes sur ces malheureux Hottentots, qui, par leur morale et leur physique même, tiennent plus de la bête que de l'homme.

Dans ma description du terrain occupé par la colonie du Cap, j'ai été obligé d'employer plusieurs mots hollandois dont je dois fixer le sens.

Eyland, signifie toujours une île.

Rivier, un ruisseau ou une petite rivière.

Walley, une vallée ou une espèce d'étang, couvert quelquefois de roseaux, et dont la largeur varie dans son étendue.

Brackt, eau dormante, et plus ou moins salée, dans les terrains bas, et dans les vallées.

Drift, gué, endroit d'un lac ou d'une rivière où l'eau

PRÉFACE DE L'AUTEUR.

est plus basse, et conséquemment où les voitures peuvent passer.

Dunor, dunes, endroits des côtes couverts de sable amoncelé.

Bay, port plus ou moins grand.

Hoek, pointe d'une montagne qui avance dans la mer.

Kloof, vallée ou gorge des montagnes habitées par les colons; on peut y passer à cheval ou en voiture.

Après une résidence de trois années, tant au Cap que dans l'intérieur des terres, je passai à Java, où je portai le même goût pour l'étude et la même ardeur pour les recherches dans les différens règnes de la nature.

Mes découvertes, et les agrémens de toute espèce que me procuroit l'île de Java, ne me faisoient pas oublier le Japon, principal but de mon voyage. On ne sera donc pas étonné que j'y aie consacré une partie du premier, et presque les trois quarts du second volume de cette relation.

Nous n'avons pas encore pu porter un jugement bien fixe sur les habitans de ces îles; on les a loués et blâmés outre mesure, sans doute à cause de l'opposition diamétrale qui existe entre leurs usages et ceux d'Europe, et faute surtout de renseignemens fidèles et authentiques. S'ils nous le cèdent en science, ils nous sont supérieurs en plusieurs objets. Ils ont, comme les autres nations civilisées, des établissemens utiles, dangereux et abusifs; au reste, tout chez eux semble marqué au coin de l'immuabilité.

Depuis une longue suite de siècles, leur système politique est toujours le même; des loix rigoureuses, rarement violées ou éludées par les protections ou l'autorité, le plus grand ordre dans les villes et les villages, un goût héréditaire et un zèle infatigable pour l'agriculture, un amour passionné pour leur pays, où ils sont cependant enfermés; un dévouement aveugle à la volonté de leurs princes, volonté, au reste, qui plie devant la loi; aucune innovation dans les modes, un costume absolument semblable pour tout le monde; la paix à l'extérieur depuis plusieurs siècles, les troubles intestins étouffés dès leur naissance, une abondance régulière, qui les dédommage bien amplement de tous les jouets pompeux des Européens; point de dettes nationales, point de banque, ni de change, ni de papier-monnoie; point de luxe chez les gens opulens, ni même à la cour, mais en récompense une aisance générale; point de corporations, la plus parfaite concorde entre tous les différens ordres, entre ceux même qui professent différentes religions; tel est le tableau rapide, mais fidèle, du Japon. Je me suis attaché à représenter les habitans au naturel, avec leurs bonnes qualités, leurs défauts et leurs inconséquences, au risque de paroître quelquefois inconséquent moi-même. Les innovations ou les changemens étant très-rares au Japon, j'ai cru devoir annoter soigneusement tous ceux arrivés depuis Kœmpfer jusqu'à mon séjour dans ce royaume. Puissai-je obtenir des voyageurs qui marcheront sur mes traces le témoignage avantageux que j'ai rendu à celui-ci! Au reste, je n'ai quitté le Japon que lorsqu'il ne m'a plus présenté d'observations curieuses ou utiles.

J'aurois bien desiré, à mon retour, séjourner un peu plus long-

PRÉFACE DE L'AUTEUR.

long-tems à l'île de Ceylan ; je n'ai eu le tems que de parcourir les cantons les plus connus de cette île. Néanmoins j'ai encore été à même de me convaincre par moi-même que le climat et la fertilité du sol en feroient un des plus heureux séjour de la terre ; sans le despotisme des princes naturels, l'avidité insatiable des Européens, non moins despotes que les premiers ; enfin, sans l'intolérance de la religion musulmane, trois fléaux qui affligent également l'île de Java et la plupart de celles de l'Océan indien. C'est-là sur-tout que l'on doit gémir sur la coupable industrie des hommes qui semblent s'être étudiés à traverser toutes les bienfaisantes intentions de la Providence ; c'est-là véritablement que l'on rougit d'être homme, en voyant ses semblables ravalés au niveau des bêtes brutes, et aveuglément soumis aux caprices ridicules et sanguinaires d'un stupide despote, qui se croit l'égal de la divinité, dont il se dit allié ; mais plus méprisable encore que les malheureux qui végètent et gémissent sous son sceptre sanglant.

Les seules productions de la nature me présentoient d'heureuses distractions, la vue d'une magnifique campagne reposoit mes yeux et mon cœur ; je tâchois d'oublier les infortunés qui l'habitoient, pour n'examiner que les animaux qu'elle nourrissoit, les végétaux qui y croissoient, et les minéraux renfermés dans son sein.

Pendant les neuf années de mes voyages en Afrique et en Asie, j'ai rassemblé quatre cents animaux nouveaux, soixante-quinze genres et plus de quinze cens espèces d'herbes inconnues, sans en compter une foule d'autres que je réserve pour un plus mûr examen.

Tome I. c

PRÉFACE DE L'AUTEUR.

Je terminerai cette préface par la citation des productions naturelles les plus intéressantes par leur utilité, que j'ai observées dans mes voyages.

Voici les animaux et les végétaux bons à manger que j'ai trouvés au Cap, et que les habitans emploient effectivement à leur nourriture.

Le cavia du Cap (1).
Le porc-épic (2).
Le fourmiller (3).
Le glayeul plissé (4).
La racine d'anis (5).
L'aponoget à deux épis (6).
La racine de gatagay, le calac d'Afrique (7).
Le ficoïde comestible (8).
L'Euclée à grappes (9).
La strelitz (10).
La vigne (11).
La salicorne ligneuse (12).
Le zamia du Cap (13).

---

(1) *Cavia Capensis*. Erxleb. *hyrax Capensis*. Gmel. Syst. nat. 1, p. 166.

(2) *Hystrix cristata*.

(3) *Myrmecophaga*. Est-ce le *myrmecophaga jubata*, ou le *myrmecophaga Capensis* ?

(4) *Gladiolus plicatus*. Lam. Illustr. n°. 531.

(5) *Pimpinella anisum*. L.

(6) *Aponogeton distachyon*. Lam. Illust. pl. 276, f. 2.

(7) *Arduina bispinosa*. L. *Carissa arduina*. Lam. Dict. n°. 14.

(8) *Mesembrianthemum edule*.

(9) *Euclea undulata*. *Euclea racemosa*. Lam. Dict. 2, p. 399.

(10) *Strelitzia*. Lam. Illustr. pl. 148. *Heliconia*. Lin.

(11) *Vitis vinifera*. Lam. Illustrat. pl. 145.

(12) *Salicornia fruticosa*.

(13) *Zania caffra*. Thunb. *Zamia ci-*

PRÉFACE DE L'AUTEUR.

Le gayac d'Afrique (1).
Le grand albuca (2).
Le galé (3).

Les comestibles des Hottentots sont :

La cyanelle du Cap (4).
L'iris comestible (5).
La racine de fenouil (6).
La stapele incarnate (7).
La stapele articulée (8).
L'oreille de mer (9).
Le zamia du Cap (10).
Le melon d'eau des Hottentots (11).

Ainsi que le gli et leur mameka, qui leur sert à étancher leur soif et à s'enivrer (12).

Les plantes médicinales les plus remarquables, tant pour les maladies internes que pour les plaies et autres maux extérieurs, sont :

---

cadis. L. f. suppl. p. 443. L'arbre à pain des Caffres.

(1) *Guajacum afrum.* L. *Schotia speciosa.* Jacq. Lam. Illustr. pl. 331.

(2) *Albuca major.* Lam. Illustr. pl. 241.

(3) *Myrica.* Quelle espèce ?

(4) *Cyanella Capensis.* Lam. Illustr. pl. 239.

(5) *Iris edulis.* Th. Lam. Dict. n°. 41.

(6) *Anethum fœniculum.*

(7) *Stapelia incarnata.* Thunb. pl. cap. prodr. p. 46.

(8) *Stapelia articulata.* Ait. Hört. Kew. 1. p. 310, n°. 4.

(9) *Haliotis.* Est-ce l'*haliotis midæ*, ou seulement l'*haliotis tuberculata* ?

(10) *Zamia caffra.*

(11) *Hydnora.* Thunb. *Aphyteia.* L. f. Lam. Illustr. pl. 568.

(12) *Mesembrianthemum emarcidum.*

PRÉFACE DE L'AUTEUR.

L'oursine hérissée (1).
Divers geranions (2).
La bryone d'Afrique (3).
L'asclépiade ondulée et crépue (4).
L'ériocéphale (5).
L'hémanthe écarlate (6).
La renouée barbue (7).
La crotalaire perfoliée (8).
Le poivrier du Cap (9).
Le fagarier du Cap (10).
Le ficoïde comestible (11).
L'osmite camphrée et astéroïde (12).
L'attragène ou clématite, vésicatoire (13).
L'adiante d'Ethiopie (14).
Le proté mellifère (15).
Le proté à grandes fleurs (16).

---

(1) *Arctopus echinatus.* Espèce d'ombélifère.
(2) *Gerania.*
(3) *Bryonia Africana.* L. Lam. Dict. 1. p. 497.
(4) *Asclepias undulata* et *crispa.* ibid. p. 280.
(5) *Eriocephalus.* Diction. vol. II, p. 387.
(6) *Hæmanthus coccineus.* Lam. Dict. III, p. 101, et Illustr. pl. 228.
(7) *Polygonum barbatum.* L.
(8) *Crotalaria perfoliata.* L. N'est-ce pas plutôt le *crotalaria perforata* de Linné, qui croît véritablement au Cap, l'autre étant indigène de la Caroline? Lam.
(9) *Piper Capense.* L. f. suppl. 90.
(10) *Fagara Capensis.* Thunb. pl. cap. prodr. p. 28.
(11) *Mesembrianthemum edule.* L. et Lam. Dict. II, p. 483.
(12) *Osmites camphorina,* et *osmites asteroides.* Gœrtn. de Fruct. tab. 174.
(13) *Atragene vesicatoria.* Thunb.
(14) *Adiantum Æthiopicum.*
(15) *Protea mellifera.* Lam. Illustr. n°. 1229. Boerh. t. 187.
(16) *Protea grandiflora.* Thunb. Dissert. n°. 51. Lam. Illustr. n°. 1210.

PRÉFACE DE L'AUTEUR.

L'oxalide penchée (1).
La tulbage du Cap (2).
Le moutin (3).
Le ricin (4).
La morelle noire (5).
Le laitron commun (6).
La crassule tétragone (7).
La vesse-loup en massue (8).
L'armoselle (9).
Le sang de tortue.

Voici l'indication de différentes productions naturelles dont les Hottentots, ainsi que les Indiens, se servent dans le ménage, ou comme objets économiques.

Ils font des tapis avec des joncs fins, et principalement avec du souchet à nattes (10); ces tapis leur servent à s'asseoir, et à couvrir leurs voitures. Ils couvrent leurs maisons et font des balais avec le restion dichotome (11).

Des citrouilles creuses font leurs lanternes.

L'aloës fourchu (12) leur fournit des carquois ; et le

---

(1) *Oxalis cernua*. Thunb. Diss. de Ox. n°. 12, t. 2.

(2) *Tulbagia*. Lam. Illustr. pl. 243.

(3) *Montinia*. L. sup. p. 427. Gœrtn. de Fr. t. 33.

(4) *Ricinus communis*. L.

(5) *Solanum nigrum*, L.

(6) *Sonchus oleraceus*. L.

(7) *Crassula tetragona*. L. et Lam. Dict. 2, p. 172. n°. 9.

(8) *Lycoperdon carcinomale*. L. sup. p. 433.

(9) *Seriphium*. Quelle espèce ?

(10) *Cyperus textilis*. Thunb. pl. cap. prodr. p. 18.

(11) *Restio dichotomus*. Roth. p. 2, t. 1, f. 1.

(12) *Aloë dichotoma*. Paters. pl. 2, 3. 4, et 5.

buisson à mouches (1) leur sert à prendre les mouches dans l'intérieur des maisons.

Ils font d'excellent charbon avec l'acacie du Cap (2), le proté à grandes fleurs, &c.

On trouve aussi en Afrique plusieurs espèces de bois propres à faire des meubles et divers ustensiles, tels que le bois de camassie (3), le poirier rouge (4), la cunone (5), l'ekeberg (6), le curtis (7), le bois puant (8), l'olivier d'Europe et du Cap (9), la gardène verticillée (10) et campanulée (11), le royen velu (12), le sophora du Cap (13), l'acacie du Cap (14), le proté à grandes fleurs et le

---

(1) *Roridula dentata*. Voyez p. 263 de ce volume.

(2) *Mimosa nilotica*. Thunb. Il paroît que cet arbre est le *mimosa Capensis* de Paterson (planches 18 et 19), arbre fort différent de mon acacie d'Egypte, *mimosa nolitica* (Diction. vol. I, p. 19, n°. 43), qui est représenté dans l'ouvrage de Blackwell (pl. 377), et que je crois être en effet le *mimosa nilotica* de Linné, quoiqu'il confonde avec lui mon acacie arabique. *Lam.*

(3) Arbrisseau en buisson. Son genre est inconnu.

(4) Arbrisseau pareillement inconnu.

(5) *Cunonia*. Lin. et Lam. Illustrat. pl. 371.

(6) *Ekebergia*. Sparm. act. Stockh. 1779. t. 9. Lam. Illustr. pl. 358.

(7) *Curtisia*. Ait. hort. Kew. 1. p. 162. Lam. Illustr. pl. 71.

(8) Sa fructification n'est pas connue. Voyez la page 311 de ce volume, et la note n°. 8, qui la termine.

(9) *Olea Europea et Capensis*. Ce dernier ne paroît pas devoir être confondu avec mon *olea laurifolia* (Illustrat. n°. 79), que M. Thunberg ne mentionne pas dans son Prodr. des plantes d'Afrique. *Lam.*

(10) *Gardenia Thunbergia*. G. *Verticillata*. Lam. Diction. 2, p. 607, n°. 3. Illustr. pl. 158, f. 3.

(11) *Gardenia rothmannia*. Thunb. act. Stockh. 1776. t. 2. Gærtn. de fruct. t. 177.

(12) *Royena villosa*.

(13) *Sophora Capensis*. L. *Virgilia*. Lam. Illustr. planche 326, f. 2.

(14) *Mimosa nilotica*. Thunb.

PRÉFACE DU L'AUTEUR. xxiij

proté barbu (1), le bois d'amande (2), le houx safrané (3).

On exprime des couleurs du morinde à feuilles de citronnier (4), de l'indigotier franc (5), de l'écorce du fruit du mangoustan (6), et de la ketmie rose-de-Chine (7).

On fait des cordes avec l'écorce de l'anthyllide (8), des jattes avec l'écaille ou carapace de tortue, des stors et des chaises avec des joncs, une sorte de tabac avec le chanvre (9), de l'amadou avec l'hermas gigantesque (10), du thé avec la borbone en cœur (11), du café avec le fruit du brabei (12), du savon avec la soude sans feuilles (13), des chandelles avec les fruits du galé à feuilles en cœur, et de celui à feuilles de chêne (14).

Le varec buccinal (15) sert de trompette. On emploie pour les haies et les clôtures l'acacie du Cap (16), le

---

(1) *Protea grandiflora* et *pr. speciosa*. (*p. barbata*. Lam. Illustr. n°. 1228.)

(2) *Brabejum stellatum*. Amygd. Breyn. cent. t. 1.

(3) *Ilex crocea*. Thunb. pl. cap. prodr. p. 32.

(4) *Morinda citrifolia*. L. *Cada pilava*. Rheed. 1, t. 52. Zanon. t. 124. Lam. Illustr. pl. 153. f. 2.

(5) *Indigofera anil*. Lam. Dict. 3, p. 244, et Illustr. planche 626, f. 2.

(6) *Garcinia mangostana*. Lam. Dict. 3, p. 699, et Illustr. pl. 405, fig. 1.

(7) *Hibiscus rosa sinensis*. Lam. Diction. 3, p. 354.

(8) *Anthyllis*. Est-ce l'*anth. linifolia*?

(9) *Cannabis sativa*. L.

(10) *Bupleurum giganteum*. Th. *Hermas Gigantea*. L. et Lam. Dict. vol. III, p. 122.

(11) *Borbonia cordata*. Lam. Illustr. pl. 619, f. 1.

(12) *Brabejum stellatum*.

(13) *Salsola aphylla*. L. Suppl. 173.

(14) *Myrica cordifolia*, et *myrica quercifolia*. Dict. 2, p. 593, n° 4 et n°. 6.

(15) *Fucus buccinalis*. L. Mant. 312.

(16) *Mimosa nilotica*. Th.

calac d'Afrique (1), le houx commun (2), l'aloës succotrin (3), la galiène d'Afrique (4), la fabagelle vésiculeuse (5), des coignassiers, des poiriers, des pommiers, des épines, des rosiers, des buissons d'ours, des saules, des ormes ; des tilleuls ; des cerisiers, le fusain (6), le buis, le cornouiller (7), le gainier (8), le chèvre-feuille (9), le lyciet à feuilles étroites (10), la coronille des jardins (11).

On se chauffe avec le proté à grandes fleurs (12), conocarpe (13), axillaire (14), barbu (15), mellifère (16), et argenté (17), les bruyères (18), les brunies (19).

On emploie généralement pour la menuiserie et pour

---

(1) *Arduina bispinosa*. L. *Carissa arduina*. Lam.

(2) *Ilex aquifolium*. Lam. Illustrat. pl. 89.

(3) *Aloë succotrina*. Cette plante n'est point mentionnée dans le Prodr. des plantes du Cap de M. Thunberg, ni dans Linné. Est-ce mon aloës succotrin, Diction. n°. 2 ? *Lam*.

(4) *Galenia Africana*. L. Diction. 2, p. 601, et Illustr. pl. 314.

(5) *Zygophyllum morgsana*.

(6) *Evonymus*.

(7) *Cornus mascula*.

(8) *Cercis siliquastrum*.

(9) *Lonicera caprifolium*.

(10) *Lycium barbarum*. Thunb. pl. cap. prodr. p. 37. Ce lyciet passe en France pour être originaire de la Chine. Voyez *Lyciet*, n°. 3 de mon Dict. *Lam*.

(11) *Coronilla securidaca*. Th. C'est sûrement *coronilla emersus* que veut dire M. Thunberg, le *coronilla securidaca* n'étant qu'une herbe que je distingue comme genre dans mes Illustrat. pl. 629. *Lam*.

(12) *Protea grandiflora*. Lam. Illustr. n°. 1210.

(13) — *Conocarpa*. Lam. ib. n. 1260, pl. 53, f. 3.

(14) — *Hirta*. Lam. Illustr. n°. 1213.

(15) — *Speciosa*. Th. *Protea barbata*. Lam. Illustr. n°. 1228.

(16) — *Mellifera*. Lam. Illustrat. n°. 1229.

(17) — *Argentea*. Lam. Ill. n°. 1236, pl. 53, f. 1.

(18) *Erycae*. Voyez ce beau genre dans mon Diction. vol. I, p. 476, et dans mes Ill. pl. 287 et 288. *Lam*.

(19) *Bruniae*. Dict. vol. I, p. 474, et Illustr. pl. 126. *Lam*.

PRÉFACE DE L'AUTEUR.

différens meubles et ustensiles le bois de camassie, le houx safrané (1), l'olivier d'Europe et celui du Cap (2), la gardène verticillée (3), le bambou (4), et le curtis (5).

On me saura peut-être gré d'avoir visité les bains chauds et deux autres sources chaudes, d'autant plus remarquables dans les montagnes d'Afrique, qu'on ne leur a point encore vu jeter de flammes ni de fumée; aucun habitant ne se rappelle même d'y avoir éprouvé quelque tremblement de terre.

En parlant des couches différentes qui constituent les montagnes et du sol même, j'ai cru devoir m'étendre sur les cuves à sel, dont il seroit difficile de trouver les pareilles sur toute la surface du globe.

L'île de Java a été assez fidèlement et assez amplement décrite par *Valentyn;* mais il a donné peu de détails sur l'histoire naturelle, et c'est une lacune que j'ai tâché de remplir. Les végétaux qui ont fixé mon attention, sont les ananas, les bananiers, les goyaves, le carambolier et le bilimbing (6), le mangostan, la mangue (7), le coco, les melons d'eau, les fruits de joncs, le salac, le calappa, la papaye, le nanca, l'annona, le boa sansa, le nephel (8), la melongène (9), et les nids d'oiseaux.

---

(1) *Ilex crocea.* Thunb. pl. cap. prodr. 32.

(2) *Olea Europæa*, et *olea Capensis.*

(3) *Gardenia Thunbergia.*

(4) *Arundo bambos.* L. Nastus. Juss. Bambusa. Schr. *Bambos.*

(5) *Curtisia.* Retz. *Ait.* Fasc. 5, p. 24.

(6) *Averrhoa carambola,* et *averrhoa bilimbi.* L.

(7) Fruit du mangier (*mangifera indica*).

(8) *Nephelium.* L. Gærtn. de fruct. t. 140.

(9) *Solanum melongena.*

PRÉFACE DE L'AUTEUR.

Les Indiens font une grande consommation d'épices, de betel, d'arek, de poivre-long, de racines de concombre, de racine de bambou, de gingembre, de cardamome, et de fruit du nellika (1).

Les naturels du Japon se nourrissent avec de la chair de baleine, de perche à six raies (2), des cailleu-tassart (3), des saumons, des huîtres, des coquilles, des squilles (4), et autres crabes ; avec du gruau de riz, du bled de Turquie, de l'orge, du froment, de la houque sorgho (5), du coracan (6), du panic (7), du chervi (8), des pommes de terre et des melongènes (9), des turneps ou chousrave (10), du gouet comestible (11), de la flechiére (12), de la renouée multiflore et du sarrazin (13), l'ignhame du Japon (14), des carottes (15), des patates (16), des laitues (17), des pois (18), des fèves (19), des haricots (20), et des dolics (21).

Ils ont aussi des oranges, des citrons, des pamplemuses (22), de gros apelsines, des poires, des pêches, des

---

(1) *Phyllanthus emblica.* L.
(2) *Perca 6 lineata.*
(3) *Clupea thrissa.*
(4) *Squilla.*
(5) *Holcus sorghum.*
(6) *Cynosurus coracanus.* Eleusine.
(7) *Panicum corvi,* et *verticillaum.*
(8) *Sium sisarum.* L. Berle des potagers.
(9) *Solanum melongena* et *tuberosum.*
(10) *Brassica rapa.*
(11) *Arum esculentum.*
(12) *Sagittaria sagittata.*
(13) *Polygonum multiflorum* et *fagopyrum.*
(14) *Dioscorea Japonica.*
(15) *Daucus carotta.*
(16) *Convolvulus edulis.*
(17) *Lactuca sativa.*
(18) *Pisum sativum.*
(19) *Vicia faba.*
(20) *Phaseoli.* — *Phaseolus vulgaris* et *radiatus.*
(21) *Dolichos.*
(22) *Citrus decumanus.*

PRÉFACE DE L'AUTEUR.

prunes, des cerises, des nèfles, des figues de kaki (1), des raisins, des grenades, des châtaignes.

Ils savent très-bien fricasser les nids d'oiseaux, confire ou accommoder avec des épices les bananes (2), les fruits de jacquier (3), le bobange, painugai et le coco, les amomes (4), les radis (5), le bambou, les truffes (6), les amanites (7), les fruits de fagarier (8), les pimens (9), les melons (10), les potirons (11), les concombres à sillons (12), les poivres (13), les cubebes (14), des tjernuelles et des marmelles (15).

Les Japonois tirent de l'huile à manger et à brûler du sésame (16), du camelli (17), de la bygnone tomenteuse (18), de l'abrasin (19), des sumacs (20), de l'if et du ginkgo (21), du chou oriental (22), du camphrier et du laurier glauque (23), de l'azedarach (24), du cocotier (25).

Ils se font des habits avec des étoffes de coton et de soie,

---

(1) *Diospyros kaki.*
(2) *Musa paradisiaca* et *trogloditarum.*
(3) *Radermachiæ, arctocarpi fructus.*
(4) *Amomum thioga* et *mioga.*
(5) *Raphanus sativus.*
(6) *Lycoperdon tuber.*
(7) *Agarici.*
(8) *Fagara piperita.*
(9) *Capsicum.*
(10) *Cucumis melo.*
(11) *Cucurbita pepo.*
(12) *Cucumis conomon.*
(13) *Piperes.*
(14) *P. cubeba.*
(15) *Anona Asiatica* et *crateva marmelos.*
(16) *Sesamum.*
(17) *Camellia Japonica.*
(18) *Bignonia tomentosa.* Thunb. Fl. Jap. 252.
(19) *Dryandra.*
(20) *Rhus succedanea* et *vernix.*
(21) *Taxus baccata* et *ginckgo.*
(22) *Brassica orientalis.*
(23) *Laurus camphora* et *glauca.*
(24) *Melia azedarach.*
(25) *Cocos.*

des cordes avec des orties (1), du papier et des éventails avec le mûrier, le licual et le rondier (2), des bouteilles avec la callebasse (3).

Ils tirent du vernis du laque de croton, et différentes couleurs de plusieurs renouées (4).

Les bois que leurs menuisiers emploient communément, sont le lindera (5), le dentz ou joro (6), le sapin, et le pin sauvage (7), le buis, le cyprès (8), l'if à grandes feuilles (9).

Leurs peignes sont en bois de nagi (10).

Les haies vives qui environnent leurs propriétés sont composées de serisse du Japon (11), d'oranger à trois feuilles (12), de gardène (13), de viornes (14), de thuya (15), de spirée (16), de dolic à épis (17), dont ils font aussi des berceaux et des allées couvertes.

Ils emploient beaucoup d'oreilles de mer (18), et ornent leurs temples avec du skimmi (19).

---

(1) *Urtica nivea.*
(2) *Morus papyrifera, licuala, borassus.*
(3) *Cucurbita lagenaria.*
(4) *Polygonum chinense, barbatum et aviculare.*
(5) *Lindera.* Fl. Jap. 145.
(6) *Dentzia.*
(7) *Pinus abies et silvestris.*
(8) *Cupressus.*
(9) *Taxus macrophylla.*
(10) *Myrica nagi.*
(11) *Lycium Japonicum.* Thunb. Fl. Jap. p. 93. Ce n'est point un *lycium*, mais une plante rubiacée, voisine des spermacoce par ses rapports, et dont le fruit n'est pas suffisamment connu. Voyez *Serissa.* Juss. Gen. p. 209. Lam. Ill. pl. 151.
(12) *Citrus trifoliata.*
(13) *Gardenia.*
(14) *Viburna.*
(15) *Thuya.*
(16) *Spireæ.*
(17) *Dolychos polystachios.* Voyez l'observation de mon Dict. vol. II, p. 298, n°. 23. Lam.
(18) *Haliotis.*
(19) *Illicium anisatum.*

PRÉFACE DE L'AUTEUR.

Voici les principaux ingrédiens dont les médecins javans et japonois composent leurs médicamens, la renouée multiflore (1), le muguet du Japon (2), l'anserine à balais (3), l'acore aromatique (4), la draconte polyphylle (5), l'inule aunée (6), la racine de squine (7), la corète du Japon (8), le lézard du Japon (9), le camphre, le moxa, le dolic à poils cuisans (10), l'aristoloche d'Inde (11), la périploque d'Inde (12), la cannelle (13) de plusieurs espèces, le bois de couleuvre (14), la racine de mongo (15), des racines de lopès (16), des semences de ben (17), de l'arbre puant, des pierres de serpens, des cornes de rhinocéros, &c. (18).

J'ai réservé pour mon *Flora Japonica* (19), la description botanique et les figures des plantes que j'ai observées dans les îles de Nipon. Je me suis borné, dans la relation de mon voyage, à celles qui ont quelque utilité dans l'éco-

---

(1) *Polygonum multiflorum.*
(2) *Convallaria Japonica.*
(3) *Chœnopodium scoparia.*
(4) *Acorus colamus.*
(5) *Dracontium polyphyllum.*
(6) *Inula helenium.*
(7) *Smilax china.*
(8) *Corchorus Japonicus.*
(9) *Lacerta Japonica.*
(10) *Dolichos pruriens.*
(11) *Aristolochia Indica.*
(12) *Periploca Indica.*
(13) *Cinnamomum.*
(14) *Lignum colubrinum.*
(15) *Ophiorhiza mungos.*
(16) *Lopes.*

(17) *Moringa.*
(18) Quant à la racine de Colombo, qu'on apporte de l'Inde à Ceylan, et même en Europe, comme un spécifique contre différens maux, racine dont M. Thunberg n'a pu découvrir la plante et la déterminer; je crois que cette plante est une menisperme. Voyez dans mon Dictionnaire (vol. IV, p 99) *Menisperme palmée*, plante de l'Inde, qui y est connue sous le nom de Calombo ou Colombo, et qui paroît être celle qui produit la racine dont il est question. *Lam.*

(19) Publiée à Leypsick en 1784, in-8°, un vol. *Note du Rédacteur.*

nomie domestique ou rurale, ou dans la médecine; et comme on les trouvera fidèlement représentées dans l'ouvrage que je viens de citer, je n'ai donné dans celui-ci que les dessins de quelques ustensiles ou instrumens particuliers aux nations que j'ai visitées. Leur nouveauté dédommagera peut-être de la grossièreté de l'exécution. Il est vraiment fâcheux, pour ne pas dire honteux, de ne pas trouver dans une ville telle qu'Upsal, un graveur habile, ni même une planche de cuivre planée et propre à recevoir la gravure. Il a donc fallu me borner aux objets les plus essentiels, supprimer les monnoies, qui feront l'objet d'une dissertation particulière quand j'aurai plus de facilités pour en donner les ectypes (1).

Académies et Sociétés savantes, qui ont admis M. Thunberg au nombre de leurs associés.

Pendant son absence, le chancelier de l'académie d'Upsal, M. *Rudensehiold*, sénateur du royaume, l'a fait recevoir, le 31 mai 1771, *démonstrateur d'anatomie* à ladite académie.

Le 5 mars 1781, le professeur Linné ayant entrepris un voyage considérable, il a été nommé *directeur du jardin de botanique*, et *inspecteur des leçons publiques*.

Des lettres-patentes du roi, en date du 7 novembre 1781, lui donnent le titre de *professeur extraordinaire*.

---

(1) M. Thunberg a publié cette dissertation à Stockholm en 1779; nous en avons inséré la traduction à la fin du second volume de cette édition. *Note du Rédacteur.*

PRÉFACE DE L'AUTEUR.

Le 7 septembre, il a été admis au nombre des *professeurs ordinaires de botanique et de médecine*.

La même année, l'académie des sciences de Stockholm, l'a élu *président et recteur*. Le 21 novembre 1785, il a été reçu *chevalier de l'ordre de Wasa*.

Il est aussi membre des sociétés suivantes :

Académie impériale des Curieux de la nature.
— Lundens, physiolog, 1773, 8 décembre.
— Norwegiana, 1772, 17 octobre.
— Upsaliens, 1777.
— Stockholm. scient. 1780.
— Harlemens. 1781.
— Amstelodamens. 1781.
— Stockholmens. œcon. patr. 1782, 16 mars.
— Monpeliens. 1784, 1 juillet.
— Paris. agricult. 1785, 7 juillet.
— Zeland. à Vlissing. 1785.
— Berolinens. nat. scrut.
— Edimburgens. medic.
— Edimburg. nat. stud. 1786, 4 mai.
— Florentin. 1787, 7 février.
— Paris. scient. 1787, 7 septembre.
— Hallens. nat. scrut. 1787, 12 mai.
— Londinens. scient. 1788.
— Londin. Linnean. 1789.
— Londin. medicin. 1789.
— Batavica Ind. orient.
Academia Paris. hist. nat. 1791, 7 janvier.
— Philadelph. 1791, 15 avril.
— Bacniens, hist. nat. 1792, 2 juin.

xxxij PRÉFACE DE L'AUTEUR.

Catalogue des ouvrages de M. Thunberg.

1. Son *Voyage*, en quatre parties, imprimé à Upsal, *in*·8°. en 1788-1793, trad. en allemand, à Berlin, en anglois à Londres, et en français à Paris.
2. *Discours d'entrée sur les différentes sortes de monnoies qui ont été battues au Japon*, lu à l'académie dess ciences de Stockholm, le 25 août 1779, trad. en hollandois, et imprimé à Amsterdam, 1780; ensuite en allemand, 1784 (1).
3. *Discours sur la Nation Japonoise*, en quittant la présidence de l'académie des sciences à Stockholm, le 3 novembre 1784, trad. en allemand, par M. Stridsberg. Francf. 1783.
4. *Eloge de M. Montin*, docteur, assesseur, et médecin provinc. Stockholm, 1791. 2 vol.
5. *Flora Japonica*, imprimé à Leipsick. 1784, 1 vol. avec vingt-neuf planches.

Dissertations académiques du même auteur.

1. *De Venis resorbentibus*, præs. C. V. Linné, 1767, 4.
2. *De Ischiade*, præs. J. Sidren, 1770.
3. *De Gardenia*, resp. Dinxedins, 1780. Tab. réunies dans la Gazette de la société d'Upsal, 1781, n°. 49.
4. *De Protea*, resp. Gevolin. 1781, tab. 2.
5. *Oxalis*, resp. Hart. 1781, tab. 2.
6. *Nova genera plantarum*. P. 1. Resp. C. Hornsteds, 1781, tab. 1.
7. *Novæ insectorum species*, P. 1. Resp. Castrom. 1782, tab. 1.
8. *Nova plantarum genera*. P. 2. Resp. Saulberg. 1782, tab. 1.
9. *Iris*. Resp. Ekman. 1782, tab. 2.

---

(1) Et en français par le Rédacteur du *Voyage*. Voyez t. II, p. 482 et suiv. *Rédact.*

10. *Nova insectorum species.* P. 2. Resp. Ekelnud. 1780, tab. 1.
11. *Nova plantarum genera.* P. 3. Resp. Ladin. 1783.
12. *Ixia.* Resp. Rung. 1783, tab. 2.
13. *Nova insectorum species.* P. 4. 1784, tab. resp. Lundahl.
14. *Nova insectorum species.* P. 4. 1784, tab. resp. Eergestrom.
15. *Gladiolus.* Resp. Acymelæus, 1784, tab. 2.
16. *Nova genera plantarum.* P. 5, resp. Berg. 1784, tab. 1.
17. *Nova genera plantarum.* P. 4, resp. Blumemberg. 1784, tab. 1.
18. *Insecta suecica.* P. 1. Resp. Borgstrom. 1784, tab. 1.
19. *Aloë.* Resp. Herselius.
20. *Medicina Africanorum.* Resp. Berg. 1785.
21. *Erica.* Resp. Struve, tab. 6, 1785.
22. *Ficus.* Resp. Gedner, 1786, tab. 1.
23. *Museum nat. acad.* Ups. P. 1. Resp. Nordloffe, 1787.
24. — P. 2. Resp. Holmer. 1787.
25. — P. 3. Resp. Ekeberg. 1687.
26. — P. 4. Resp. Bierken, 1787, tab. 1.
27. — P. 5. Resp. Gallen. 1787.
28. *Moræa.* Resp. Zach. Colliander. 1787, tab. 2.
29. *Museum nat. acad. Ups.* P. 6. Resp. Sehalen. 1788.
30. *Restio.* resp. *Petr.* Lindmark. 1788, tab. 1.
31. *Abor. toxicaria Macassariensis.* 2. Resp. Acymelœus. 1788.
32. *Moxæ atque ignis in medicinâ nationali Usus.* Resp. Halman. 1788.
33. *Myristica.* Resp. Radloffe. 1788.
34. *Cariophylli aromatici.* Resp. Hast. 1788.
35. *Museum nat. acad. Upsal.* P. 6. Resp. Branzell. 1789.
36. *Characteres insectorum generum.* Resp. Jonner. 1789.
37. *Museum nat. acad. Upsal.* P. 8. Resp. Rademine.
38. *Novæ insectorun species.* P. Resp. Moreeus, 1789, tab. 1.
39. *Muræna et ophichthus.* Resp. J. N. Alhl. 1789, tab. 2.
40. *Remedia nonnulla indigena.* Resp. Holmer. 1790.

Tome I.

41. *Muséum nat. acad. Upsal.* Append. 1. Resp. Londelini, 1791.
— Append. 2. Resp. Uman. 1791.
42. *Museum nat. acad. Upsal.* P. 9. Resp. Ekelund. 1791.
43. *Novæ insectorum species.* P. 6. Resp. Lagus. 1791.
44. *Mus. nat. acad. Upsal.* P. 10. Resp. Kugelberg. 1791.
45. *Flora Strengnesis.* Resp. 1791.
46. *Insecta Suecica.* P. 2. Resp. Becklin. tab. 1, 1791.
47. — P. 3. Resp. Akerman. 1792.
48. — P. 4. Resp. Sebaldt. 1792, tab. 1.
49. *Genera nova plantarum.* P. 6. Resp. Strom. 1792.
50. — P. 6. Resp. Trasvenælds. 1792.
51. *Mus. nat. acad. Upsal.* P. 11. Resp. Sioberg. 1792.
52. — P. 12. Lindbladh. 1792.
53. — P. 13. Terelius. 1792.

Mémoires sur différentes matières, présentés à diverses Sociétés savantes.

A l'Académie des Sciences de Stockholm.

1. Sur un accident occasionné par la céruse, 1793, p. 29.
2. *Description d'un nouveau genre d'éponges curieux et inconnu*, hidnora Africana, 1775, p. 69, tab.
3. *Description d'un nouveau genre d'insectes*, pneumora, 1775, p. 254.
4. *Nothmannia*, nouveau genre d'herbes, 1776, p. 65.
5. *Description d'un nouveau genre de plantes*, Radermachia, 1776, p. 250.
6. *Observations sur l'*hidnora Africana, 1777, 2, p. 144.
7. *Description d'un bézoar equinum*, 1778, p. 27.
8. Un nouveau genre de *gramen*, jusqu'à présent inconnu.
9. *Observations faites sur la cannelle à Ceylan*, 1780, trad. et

ns érées dans les Mémoires de la Société, à Vlening, t. XII, p. 1, D. Hontym. p. 296.
10. *Description de la* Veigela Japonica, plante rare de l'île du Japon, 1780, p. 137.
11. *Description de quelques bains chauds en Afrique et en Asie.*
12. *Description de deux insectes nouveaux*, 1781, p. 168.
13. *Noctua serici*, nouveau ver à soie, 1781, p. 240.
14. *Description de deux espèces de la véritable muscade de l'île de* Banda, 1782, p. 46.
15. *Quelques observations sur l'ornithologie*, 1782, p. 118.
16. *Description d'un nouveau genre des herbes* sagrœa Ceilanica, 1782, p. 223.
17. *De l'huile* caïaputi, *et de son utilité en médecine*, 1782, p. 223.
18. Nipa, *nouveau genre de palmier*, 1782, p. 231.
19. *Description des palmiers en général, et particulièrement du palmier* licuala, 1783, p. 284.
20. *Description d'un genre d'herbes Japonoises,* houtuynia cordata, 1783, p. 149.
21. *Observations sur les astéries*, 1783, p. 224.
22. *Description des minéraux et pierres précieuses qu'on trouve dans l'île de Ceylan,* 1784, p. 286.
23. *Observations sur des oiseaux du genre de l'*oxia *au Cap de Bonne-Espérance,* 1784, p. 286.
24. *Observations et descriptions du genre des herbes* albuca, 1786, p. 57.
25. *Observations sur les herbes nommées* orchides, 1786, p. 254.
26. *Descriptions de quelques lézards rares et inconnus*, 1787, p. 133.
27. *Description de trois tortues*, 1787, p. 178.

PRÉFACE DE L'AUTEUR.

28. *Description de la* vildenovia, *genre de gramen, curieux et inconnu.*
29. *Description de deux poissons du Japon*, 1790, p. 106.
30. *Valbomia Indica*, décrite en 1790, p. 215.
31. *Deux poissons exotiques*, gobjus patella, *et* silarus Lineatus, 1791, p. 190.
32. *Deux poissons du Japon*, callionimis Japonicus *et* silurus Linea.
33. *Description des poissons inconnus*, perca 6 Lineata *et* picta, 1792, p. 141.

B. *A la Société littéraire d'Upsal.*

1. *Cycas Caffra*, 1775, vol. 2.
2. *Kœmpferus illustratus*, p. 1, 1780, vol. 3.
3. *Cussoniæ genus*, 1780, vol. 3.
4. *Novæ species insectorum*, Sueciæ, 1783, vol. 4.
5. *Kœmpferus illustratus*, p. 2, 1783, vol. 4.
6. *Curculis cycadis*, 1783, vol. 4.
7. *Descriptiones insectorum Suecicorum*, 1792, vol. 5, p. 85.
8. *Observationes in linguam japonicam*, 1792, vol. 5, p. 258.

V. *A la Société physiog. de Lund.*

1. *Retzia Capensis*, 1776.
2. *Montinia et papiria.*
3. *Préparation de la gomme d'aloës en Afrique.*
4. *Aitonia Capensis.*
5. *Fakia repens.*
6. *Sygnati nova species.*

PRÉFACE DE L'AUTEUR.

C. *A la Société Norvégienne de Trondheim.*

1. *Hypoxis.*
2. *Cliforliæ genus.*

C. *A la Société des Sciences de Harlem.*

1. *Observationes thermometricæ in Japonica habitæ.*
2. *Criptogamarum fructificatio in cicade et zamia.*

A la Société des Sciences de Londres.

1. *Relation de mon voyage au Japon.*
2. *Sitodium*, ou *préparation et utilité économique du fruit à pain.*

A la Société impériale des Curieux de la nature.

1. *Crassulæ novæ species*, 28.
2. *Mesembryanthemi species novæ*, 21.

A la Société des Scrutateurs de la nature, à Berlin.

1. *Dilatris genus.*

A la Société d'Histoire naturelle, à Paris.

1. *Nouveau genre de plantes*, boscia undulata, genre voisin du *toddalia*, mais octandrique.
2. *Description des nouvelles espèces de plantes du Japon et du Cap de Bonne-Espérance, non encore décrites ou connues.*

TABLE DES CHAPITRES

CONTENUS DANS CE VOLUME.

Préface du Rédacteur. . . . . page j
Préface de l'Auteur. ix

PREMIÈRE PARTIE.

Voyage de Suède au Cap de Bonne-Espérance, depuis le 13 août 1770 jusqu'au 17 avril 1773.

CHAPITRE PREMIER. Voyage d'Upsal en Hollande, du 13 août au 5 octobre 1770. 1

CHAP. II. Séjour et voyage en Hollande, depuis le 5 octobre 1770 jusqu'au 5 octobre 1771. 8

CHAP. III. Voyage de Hollande en France, du 26 octobre au premier décembre. 22

CHAP. IV. Séjour à Paris, depuis le premier décembre 1770 jusqu'au 12 juillet 1771. 29

CHAP. V. Retour de Paris en Hollande; du 18 juillet au 15 décembre 1771. 48

CHAP. VI. Voyage de Hollande au Cap de Bonne-Espérance : du 10 décembre 1771 au 17 avril 1772. 54

SECONDE PARTIE.

Séjour au Cap de Bonne-Espérance, et courtes excursions dans l'intérieur des terres.

CHAPITRE PREMIER. Séjour au Cap, depuis le 17 avril jusqu'au 7 septembre 1772. 76

CHAP. II. Promenade aux environs du Cap. 92

TABLE DES CHAPITRES. xxxix

Chap. III. Retour et séjour au Cap, depuis la fin de juin jusqu'au 7 septembre. 99

Chap. IV. Petite promenade dans les environs du Cap. 102

TROISIÈME PARTIE.

Premier voyage dans l'intérieur de l'Afrique : du 7 septembre 1772 au 2 janvier 1773.

Chapitre premier. Voyage du Cap à Roodesand. 107

Chap. II. Voyage de Roodesand à Zwellendam, du premier octobre au 18. 116

Chap. III. Voyage de Zwellendam aux confins du pays d'Ataquasthal : du 10 octobre au 29 du même mois. 126

Chap. IV. Voyage d'Ataquasthal à Houtniquasland. 132

Chap. V. Voyage du pays de Houtniquas jusqu'au fleuve de Camtour, où les limites de la Caffrerie. 145

Chap. VI. Notice sur les Caffres : parallèle entre eux et les Hottentots. . 151

Chap. VII. Retour de la Caffrerie au Cap de Bonne-Espérance. 155

QUATRIÈME PARTIE.

Séjour au Cap, après le premier voyage dans l'intérieur de l'Afrique; du 2 janvier à la mi-septembre 1773.

Chap. premier. Excursion dans le voisinage du Cap. 162

Chap. II. Voyage à pied autour des montagnes situées entre le Cap de Bonne-Espérance et la Baie Falso ; du 23 au 19 mars. 165

Chap. III. Naufrage d'un vaisseau de la Compagnie. — Action héroïque d'un gardien de la ménagerie. — Naufrages mémorables. 168

Chap. IV. Observations géographiques, physiques, &c. sur le Cap de Bonne-Espérance. 174

TABLE DES CHAPITRES.

Chap. V. Différentes observations sur la zoologie du Cap de Bonne-Espérance. 186

Chap. VI. Observations botaniques. 196

Chap. VII. Economie rurale et domestique des habitans du Cap. ... 208

Chap. VIII. Mœurs, usages, commerce et industrie des habitans du Cap. 213

Chap. IX. Administration et état politique du Cap. 216

Chap. X. Observations sur les Hottentots. 224

Chap. XI. Préparatifs pour un second voyage dans l'intérieur de l'Afrique. 243

CINQUIÈME PARTIE.

Second voyage sur les côtes de la Caffrerie, du 11 septembre au 26 décembre 1773. 247

Retour au Cap ; du 28 décembre 1773 au 15 janvier 1774. 303

SIXIÈME PARTIE.

Séjour au Cap : du 27 janvier au 29 septembre 1774.

Chapitre premier. Envoi en Hollande : arrivée de différens navires. . 317

Chap. II. Etablissement des Hollandais au Cap de Bonne-Espérance. . . 319

Chap. III. Etat politique du Cap. 322

Chap. IV. Occupations de l'auteur pendant son séjour au Cap. 326

SEPTIÈME PARTIE.

Du 29 septembre 1774 au premier mars 1775.

Chapitre premier. Voyage à Rogge-Veld, du 29 septembre au 3 décembre. 330

Chap. II. Retour au Cap, du 3 au 16 mai. 362

Chap.

TABLE DES CHAPITRES.

Chap. III. Travaux des Européens, et notice chronologique de leurs excursions dans l'extrémité méridionale de l'Afrique. 367

Chap. IV. Observations additionnelles sur le Cap de Bonne-Espérance. . 373

Chap. V. Séjour au Cap, et préparatifs pour mon départ : du 29 décembre 1774 au 2 mars 1775. 376

HUITIÈME PARTIE.

Voyage à Java, séjour à Batavia : du 2 mars au 20 juin 1775.

Chapitre premier. Voyage du Cap de Bonne-Espérance à Java ; du 2 mars au 18 mai 1775. 380

Chap. II. Description de Batavia. — Température de Java. — Détails sur les différens habitans de cette île. 387

Chap. III. Des langues usitées à Java. 399

Additions sur l'île de Java. 436

Chap. IV. Portrait, costume, éducation, mœurs, usages et industrie des Javans. 445

Chap. V. Etat politique de l'île de Java. 451

Chap. VI. Administration de la Compagnie hollandaise à Batavia. . . . 454

Chap. VII. Commerce et monnoies de Java. — Chinois établis dans cette île. 459

Chap. VIII. Nourriture des habitans de Java. — Description et usages des principaux végétaux de cette île. 466

Chap. IX. Observations zoologiques sur l'île de Java. 484

Tome I.

TABLE DES CHAPITRES.

NEUVIÈME PARTIE.

Voyage et séjour au Japon : du 20 juin 1775 au 5 décembre 1776.

CHAPITRE PREMIER. D'part de Batavia. — Navigation dangereuse jusqu'aux îles du Japon. — Notice chronologique des plus fameux naufrages dans les parages du Japon, depuis 1642 jusqu'en 1775 : du 20 juin au 13 août 1775. . . . ., 490

CHAP. II. Arrivée à Nagasaki. — Précautions des Japonois pour empêcher la contrebande. 500

FIN DE LA TABLE.

EXPLICATION DES PLANCHES

CONTENUES DANS CE VOLUME.

Le portrait de l'Auteur.
La vignette représente la vue du Cap de Bonne-Espérance.

PLANCHE.

Zagay des Hottentots. — Pipe. — Outre faite avec une vessie de rhinocéros, dans laquelle les Hottentots gardent de l'eau et du lait. — Boucles d'oreilles. — Pierres à serpens. — Plan des bains chauds, où vous lirez *Est* au lieu d'*O*. et *Ouest* au lieu de *W*. — Anneaux des Caffres.

PLANCHE I.

Figure 1. Collier des femmes Caffres fait de coquilles, auquel pend une écaille de tortue. *Fig. 2*, *kris* ou épée des Javans. *Fig. 3*, instrumens de musique des Hottentots.

PLANCHE II.

Fig. 1, couteau des Javans, nommé *vudong*.
Fig. 2, le même couteau hors de sa gaîne.
Fig. 3, kris des Javans, droit et damasquiné.
Fig. 4, la même arme nue.
Fig. 5, *badi* ou poignard javan.
Fig. 6, son fourreau.

PLANCHE III.

Fig. 1, sabre javan tiré du fourreau.
Fig. 2, fourreau de ce sabre.
Fig. 3, colliers de verre des Hottentots.

EXPLICATION DES PLANCHES.

PLANCHE IV.

Fig. 1, ceinture des Hottentots, composée de plusieurs morceaux de verre.

Fig. 2, collier des Hottentots en grains de verre.

Fig. 3, ciseaux dont les Européennes de Batavia se servent pour couper les noix d'arec.

VOYAGES
DE
C. P. THUNBERG.

PREMIÈRE PARTIE.

Voyage de Suède au Cap de Bonne-Espérance, depuis le 13 août 1770, jusqu'au 17 avril 1772.

CHAPITRE PREMIER.

Voyage d'Upsal, en Hollande : du 13 août au 5 octobre 1770.

Après avoir étudié neuf années dans la célèbre université d'Upsal, et subi les examens nécessaires pour parvenir au grade de docteur en médecine, j'obtins du consistoire académique le secours accordé aux savans sous la dénomination de *stipen-*

dium kohreanum, pour voyager pendant trois ans, et qui se monte à 1100 dalers de cuivre par an (1). Cette somme, jointe à mon foible patrimoine, me mettoit en état de faire un voyage à Paris pour m'y perfectionner dans la médecine, la chirurgie et l'histoire naturelle.

Le 13 août 1770 je partis d'Upsal et passai par Stockholm, Joe, Kœping, Halmstad, Helsingbourg, et Helsingor; pendant mon séjour à Helsingbourg, M. Barkenmeyer, apothicaire de cette ville, me combla d'amitiés et partit avec moi.

Je quittai donc ma patrie le 15 septembre, bien éloigné d'imaginer que je ne la reverrois qu'après neuf années d'absence et de voyage dans les contrées les plus lointaines.

En passant le Sund nous crûmes voir une ville flottante; c'étoit une multitude innombrable de vaisseaux en rade, dont les mâts ressembloient à une forêt; ils payoient à Kronbourg l'impôt qu'un seul royaume (2) perçoit sur toutes les nations. Il est fâcheux pour la Suède de ne pas avoir sa part d'une pareille contribution; mais le défaut de profondeur le long de ses côtes ne permet pas aux navires d'en approcher; en outre, la rade d'Helsingbourg et les environs se remplissent chaque année de sable et de plantes marines (3).

Ne trouvant pas à Helsingor de bâtiment prêt à mettre à la voile pour Amsterdam, je résolus de faire, en chaise de poste, une petite excursion jusqu'à Copenhague. Le chemin qui conduit à cette capitale est très-beau; il longe en partie le rivage de la mer, traverse ensuite un bois de charmes et de chênes, et un parc, où il est défendu, dit-on, sous peine de mort, de tirer un coup de fusil. Sur le bord du chemin croissent (4) la

---

(1) 366 liv. 13 sols 4 den. tournois.
(2) Le Danemarck.
(3) Les varechs (*fuci*), et la zostère marine (*zostera marina*).

(4) *Bellis perennis, valeriana officinalis, cichorium intybus, hordeum murinum.*

paquerette vivace, la valériane officinale, la chicorée sauvage, et l'orge des murs. Cette dernière plante pousse dans les rues même de Copenhague. Je vis aussi, principalement sur la route voisine de cette ville, de très-belles allées de maronnier d'Inde (1) aux troncs tortueux par le bas. Les ceps de vigne se trouvent fréquemment entremêlés dans les haies (2).

Je vis à Copenhague le jardin de botanique, où l'on travailloit au rempotement, l'hôpital & l'apothicairerie qui en dépend : c'est un établissement fondé par la feue reine Caroline Mathilde, d'origine angloise ; il pouvoit y avoir alors deux cents malades. Je vis aussi différentes collections d'histoire naturelle.

Mes premières visites furent chez mes anciens amis et camarades de l'université d'Upsal, les professeurs Zoega et Fabricius, qui ne se bornèrent pas à de simples démonstrations d'amitié, car ils me donnèrent tout accès dans le jardin botanique, et me montrèrent leurs collections particulières. J'admirai sur-tout les insectes du professeur Fabricius. Ces savans m'auroient déterminé à prolonger mon séjour à Copenhague, et me l'auroient rendu bien plus amusant et plus utile, si, le soir même, ils n'eussent été obligés de faire un voyage indispensable à Schlesvig.

En parcourant les rues, je remarquai que les ruisseaux sont couverts de pierres plates ou de planches, ce qui est infiniment commode pour les piétons. Les caves mêmes, en plusieurs endroits, sont habitées.

Après avoir jetté un coup-d'œil rapide sur les plus beaux monumens de la ville, tels que le château royal, l'académie,

---

(1) *Œsculus hippocastanum.* En France ce défaut a rarement lieu.

(2) Avant la connoissance de ce fait, je ne croyois pas que la vigne (*vitis vinifera*) pût se trouver sauvage ou habiter sans culture dans des parties de l'Europe aussi septentrionales. Linnæus, en parlant de la patrie ou du lieu qu'habite naturellement cette plante intéressante, dit qu'on la trouve dans les lieux tempérés des quatre parties du monde. *Lam.*

la bourse, le chantier, la place Frédéric, les quais, les ports, &c. je m'empressai de retourner à Helsingor, par une voiture de renvoi que me procura M. Gisler, mon hôte ; elle ne devoit me conduire qu'à une certaine distance, ensuite j'aurois pris une chaise de poste pour me rendre à ma destination. Mais arrivés un peu au-delà du parc, nous trouvâmes les cabarets et les auberges tellement remplis de musiciens, de danseurs et de buveurs, qui arrivoient en foule avec leurs compagnes, que je ne pus me procurer ni chevaux, ni même un asyle pour y passer la nuit. Quoique la musique et ces danseurs me rappellassent que nous étions au dimanche soir, ils ne m'en causoient pas moins de distraction et même d'inquiétudes. Je résolus donc d'aller, avec mon paquet d'herbes sous le bras, chercher plus loin une autre auberge. Mais, sans guide, ne connoissant pas le pays, je fus surpris par la nuit, étant encore dans le parc. Il fallut donc me jetter au pied d'un grand arbre, et y dormir avec les habitans des bois.

La journée suivante fut belle, mais chaude ; et comme je continuai ma route à pied, le manteau qui m'avoit été si utile pour me garantir de la fraîcheur de la nuit, me devint terriblement incommode par sa pesanteur. Cependant j'arrivai vers midi à une auberge où l'on me procura une chaise de poste, qui me conduisit à Helsingor.

Il est aisé de s'appercevoir sur la côte que le sable et les plantes marines, telles que les varechs (1), la comblent insensiblement, beaucoup moins, à la vérité, que du côté de la Suède. On peut conclure de cette observation, que le Sund s'est déjà beaucoup étrécit et s'étrécira encore davantage par la suite des temps. Les plantes du rivage sont différentes espèces de varechs (2), de *soude* (3), et la zostère. Plusieurs beaux

---

(1) *Fuci.* (3) *Salsola.*
(2) *Fuci.*

jardins, ornés de bosquets et de cabinets de verdure, bordent la route et la rendent assez agréable.

Les maisons d'Helsingor sont bâties, les unes entièrement en briques, les autres en briques et en bois, comme dans la province d'Hollande. Les nombreuses fontaines, distribuées dans les rues et dans les places publiques, forment un établissement d'autant plus précieux, qu'on peut se procurer facilement au moins de l'eau dans un pays où la cherté semble avoir fixé son séjour.

Peu de temps après mon retour à Helsingor, je montai à bord d'un vaisseau chargé de grains, venant de Pilau, et destiné pour Amsterdam. Nous mîmes à la voile le 18 septembre, et ne tardâmes pas à perdre de vue les côtes de Danemarck et de Suède. Mais une tempête nous obligea de relâcher dans un port de Norvège, à trois milles de Fredericks-homs, où je trouvai un vaisseau suédois et plusieurs autres.

Les montagnes qui environnent ce petit port ont un aspect affreux, et le rivage y est très-profond. Je reconnus dans l'eau, non loin de la côte, une grande quantité d'étoiles de mer (1), de varechs (2), d'ulves (3), de balanites (4), de crabes (5), et d'autres productions de la mer, tant végétales qu'animales. Les homares (6) étoient à très-bas prix. Au reste, autant tout est cher à Helsingor, autant tout est ici à bon marché. Je ne vis à cette époque, sur les rochers, que le *silene ruspestris*, une espèce de rosier, et l'*empetrum nigrum*.

Le 24 du même mois, nous mîmes à la voile avec un assez bon vent. Mais bientôt il nous devint contraire; nous essuyâmes, pendant plusieurs jours, des ouragans et des pluies qui retardèrent notre traversée, et la rendirent même désagréable.

---

(1) *Asteriæ.*
(2) *Fuci.*
(3) *Ulvæ.*
(4) *Lepades.*
(5) *Canceres.*
(6) *C. Gammarus.*

Les comestibles de l'équipage hollandois consistoient en haricots blancs à la sauce piquante, merluches à la moutarde, pommes de terre, pois bruns à l'étouffée, pois jaunes cuits, gruaux épais avec un peu de graisse, poudding avec de la graisse et du sirop, gros pain aigre de Hollande, beurre et fromage. On prenoit souvent, pendant le jour, du thé et du café. Ils font ordinairement leur thé très-fort, et quand le temps est mauvais, ils y mettent un peu de safran. Leur café est foible; ils le prennent le plus souvent sans sucre, et toujours sans crême ni lait; ils n'avalent jamais moins de dix à douze tasses de ces breuvages, à chaque fois qu'on en sert. Le capitaine et moi y mêlions un peu de sucre candi, et nous mangions des beurrés de pain blanc à l'angloise, ainsi que du gruau de riz cuit avec des raisins secs et du beurre. Ils assaisonnent toujours leur viande de moutarde, et boivent peu d'eau-de-vie, à moins qu'il ne vienne quelque pilote-côtier, ou qu'il ne fasse un très-mauvais temps. Ils boivent encore moins de vin. Leur bierre se conserve dans de grandes cruches, mais ils en font peu d'usage. Les alimens secs et nutritifs sont ceux qu'ils préfèrent pour leur consommation journalière; ils les accommodent avec beaucoup de graisse. Attentifs à entretenir la propreté dans le navire, ils ne cessent de le laver et de le peindre.

Nous arrivâmes en Hollande le 1er octobre 1770. L'île de Texel fut la première terre que nous découvrîmes. Le pilote-côtier qui devoit nous conduire à Amsterdam vint à bord. La mer nous parut couverte d'une multitude innombrable de frégates, de vaisseaux des Indes orientales et occidentales, et de bâtimens moins considérables de toutes grandeurs et de toutes formes; les uns reposoient sur leurs ancres, d'autres mettoient à la voile, et formoient un spectacle vraiment enchanteur, surtout pour des yeux qui n'y étoient pas accoutumés.

Lorsque nous arrivâmes devant Bergen, petite ville maritime, il nous fut défendu, sous peine de mort, de descendre à terre, parce que le bâtiment venant de Pilau et des frontières de Pologne, étoit soupçonné d'apporter la peste; et quoique je ne vinsse point de cette dernière ville, mais d'Helsingor, mes malles furent cependant portées à terre pour y faire la quarantaine ; on nous permit ensuite de cingler vers Amsterdam, après toutefois nous être fait tâter le pouls par un chirurgien, qui vint exprès à bord. Il se contenta de presser le poignet de cinq personnes. Mais la rétribution qu'il exigea nous montra tout le parti qu'il savoit tirer de son état; elle étoit certainement proportionnée à la grandeur du danger qu'il croyoit avoir couru en se mêlant avec des voyageurs présumés pestiférés.

En continuant notre navigation pour nous rendre à Amsterdam par le *Zuiderzée* (ou mer du Sud), nous rencontrions souvent des îles peuplées comme de petites villes. L'horison, borné par une forêt de mâts, les vaisseaux de toutes grandeurs auxquels ces mâts appartenoient, la réunion de tous ces objets en un mot, offroit une perspective qu'il est impossible de décrire. Je remarquai que la marée, en remontant et en descendant, avoit formé dans la terre de longues baies tortueuses abritées contre les vents. Il nous fallut naviguer plusieurs jours pour faire dix-huit milles, parce que, pour la plupart du tems, nous manquions de vent, ou nous n'en n'avions que de très-foible. Quelquefois nous nous laissions aller au courant, et quand le vaisseau étoit tout-à-fait immobile, les gens de l'équipage s'amusoient à le laver et à le peindre. Pendant cette traversée, j'eus le plaisir de voir conduire au Texel un grand navire sur des *chameaux* (1); moyen qu'il faut employer ici pour transporter les grands bâtimens depuis la ville jusqu'à l'entrée de la mer. Au reste, on ne voit, dans cette baie, que des morceaux flottans de la grande pincette de mer (2).

___

(1) Ce sont des madriers posés sur deux vaisseaux de moindre grandeur, qui en soutiennent un beaucoup plus considérable, et le font ainsi passer dans des endroits où il n'auroit pas assez d'eau. *Note du Traducteur.*

(2) *Zostera.*

CHAPITRE II.

Séjour et voyage en Hollande, depuis le 5 octobre 1770 jusqu'au 16 octobre 1771.

LE 5 au soir, nous arrivâmes à Amsterdam, ville magnifique, très-peuplée, et formant une demi-lune le long des côtes de la mer. Une multitude incroyable de vaisseaux bien rangés bord à bord sur plusieurs lignes, forment une espèce de mur qui dérobe la vue de la ville; les plus grands bâtimens sont les plus éloignés de la terre. On a planté dans la mer, tout auprès de la côte, plusieurs rangées de pilotis pour servir d'asyle aux petits navires, qui peuvent passer par les ouvertures qu'on a ménagées, ou même sous les ponts. Du côté de la mer, et dans l'intérieur de la ville, tous les parapets des canaux sont en briques, de manière que les petits vaisseaux, les iachts, les barques et bateaux peuvent mettre à bord très-commodément.

Toutes les maisons d'Amsterdam sont très-ornées, extrêmement propres, mais non pas toujours également commodes. Elles se ressemblent presque toutes pour la construction; elles sont en briques, à cinq étages et couvertes en tuiles; l'inclinaison du toit correspondant aux côtés de la maison, forme la mansarde sur le devant, et des espèces de gradins sur les côtés, ce qui produit un bien meilleur effet que quand les toits donnent du côté de la rue. Les caveaux servent ordinairement d'atteliers, de cuisines, et quelquefois de logement. Les fenêtres du premier sont très-hautes, pour qu'on puisse les couper en deux et que la partie supérieure serve à éclairer le second, de manière que ces deux étages ont l'air de n'en faire qu'un. Il n'y a pas de porte cochère, on entre dans les maisons par de petites portes. Celles qui sont situées dans les belles rues ont sur le devant, un bel escalier par où l'on monte au premier étage au-

dessus

dessus du rez-de-chaussée. Les murailles et les pignons sont très-minces, à cause du sol marécageux et du peu de profondeur des fondemens. Ainsi leurs cinq étages sont à peine aussi hauts que trois étages de Stockholm. Les corridors, les paliers et les chambres entières sont revêtus de porcelaines divisées par petits carreaux, et les planchers couverts de marbre blanc ou d'une autre pierre. Ils sont très-resserrés pour le local ; leurs maisons n'ont qu'un très-petit nombre de chambres, quelquefois une seule à chaque étage. Je ne parle pas ici de celles qu'on voit en certains quartiers et qui ressemblent à des palais. L'eau circule dans les rues et dans les maisons par le moyen de petits canaux ; elle en sort de même par d'autres conduits. On ne se sert que de cheminées dans toute la Hollande ; l'excellent usage des fourneaux ou poêles y est absolument inconnu, parce qu'on ne pourroit pas les allumer avec la tourbe qu'on emploie généralement ici pour se chauffer, et dont on ne craint pas les vapeurs sulphureuses. Le milieu des rues est pavé de longues pierres de granit, les côtés, d'une brique jaune ; c'est ce qui forme les trottoirs. Enfin, plus près des maisons, aussi loin que les escaliers peuvent s'étendre, on marche sur du marbre blanc ou sur des pierres bleues. Quoiqu'ils soient obligés de tirer des pays étrangers leurs différentes pierres à paver, je n'ai pas vu, dans tous mes voyages, de ville dont le pavé fût aussi égal et aussi bien choisi que celui d'Amsterdam. Les trottoirs, qu'on lave régulièrement tous les jours, offrent une promenade aux piétons, qui ne sont incommodés ni par les voitures, ni par les chevaux : ils ne craignent pas même les éclaboussures. En outre, on rencontre fort peu de carrosses ou d'autres voitures semblables, car il n'y a guère que les médecins qui se servent de grandes chaises montées sur de hautes roues et traînées par un ou deux chevaux.

 Tout l'intérieur de la ville est entrecoupé par des canaux sur lesquels circulent de petits navires chargés de toutes sortes de marchandises, et qui peuvent approcher positivement contre le parapet. Le long de ces canaux et des deux côtés, règne une rangée d'arbres entremêlés de potences qui soutiennent des lanternes. Les rues détournées sont extrêmement étroites, ainsi que les allées de traverse.

Si l'aspect des magnifiques édifices d'Amsterdam frappe les yeux d'un étranger, ses oreilles ne sont pas moins agréablement affectées par la multitude des carrillons de l'hôtel-de-ville et de la plupart des clochers, qui se font entendre plusieurs fois dans une heure ; de cinq minutes en cinq minutes ils donnent un petit fredonnement ; à tous les quarts-d'heure ce fredonnement est plus long, et un peu avant que l'heure sonne, ils exécutent un air entier.

De tous les édifices de cette ville, le plus remarquable est la *maison commune*, qui n'a peut-être pas sa pareille ; la *cour du prince*, où tous les vaisseaux doivent déclarer les marchandises dont ils sont chargés, et la bourse, méritent quelqu'attention. La *maison commune* est revêtue, en dehors, de pierres de taille ; au second est une salle vaste et élevée, ornée de différentes sortes de marbres, et qui renferme des statues également en marbre.

On imagine bien que dans une ville aussi vaste, aussi peuplée, et où il y a une aussi grande activité, on doit entendre beaucoup de bruit dans les rues, et sur-tout beaucoup de cris différens. En effet, d'un côté on promène des légumes et des fruits, de l'autre une femme crie : *mon beau poisson à vendre*. Tous les matins une autre porte deux seaux bien propres et remplis d'un excellent lait. Ici, un Juif déguenillé vous fend la tête pour acheter vos *vieux habits* ; là, une vieille femme s'égosille pour vendre *son pain frais*. Ces différens cris ont, à la vérité, leur utilité ; car les particuliers, qui les distinguent très-bien, font appeller le marchand, et ne sont pas obligés d'envoyer leurs servantes chercher dans la ville une foule d'objets de première

nécessité. A mon arrivée, je vis un homme, armé d'une cré-
cerelle, parcourir les rues pour avertir de les balayer ; et chaque
matin, des tombereaux, divisés en plusieurs compartimens,
reçoivent les ordures que l'on s'empresse d'apporter dès qu'on
entend le cri des charretiers. Ce sage établissement évite l'en-
combrement des canaux, qui ne manqueroit pas d'avoir lieu,
si l'on y jettoit les ordures de la ville.

Le peuple jouit ici d'une liberté complète, sans qu'elle dégé-
nère cependant en licence. L'homme magnifiquement habillé
passe auprès de celui qui n'a que des haillons, sans être insulté.
On garde son chapeau par-tout dans les maisons et même dans
les temples. Chacun gagne sa vie comme il l'entend, pourvu que
ce soit d'une manière honnête. Au reste, toutes les professions
sont libres ; il n'y a ni corps, ni maîtrise, ni privilége, qui
empêchent les particuliers d'exercer leur industrie. Les étrangers n'ont pas le désagrément d'être visités aux portes de la ville,
et craignent encore moins d'être mal menés ; car on ne connoît
pas ici les douanes provinciales.

Le lendemain de mon arrivée, il y eut exécution ; on attacha
plusieurs malfaiteurs à un carcan dressé devant la maison commune : un autre fut roué. Les juges, en grand costume, restèrent aux fenêtres de l'hôtel-de-ville pendant toute l'exécution,
afin de la surveiller et d'y donner plus de solemnité, ne voulant
pas confier cette importante opération à un procureur-fiscal ou
à quelqu'autre sous-officier de justice, qui pourroit être trop
indulgent ou trop sévère.

J'observai chez mon hôte, une manière simple et ingénieuse
d'apprendre aux enfans à marcher, sans les exposer à tomber et
sans le secours d'aucun domestique. On leur attache sous les bras
deux fortes bandes de toile, assez longues pour qu'après en
avoir noué ensemble les extrémités, on puisse les passer dans
un bâton assujetti au plancher. Les enfans ainsi soutenus, peuvent
aller seuls en avant ou en arrière. On les garantit des mouches

pendant leur sommeil, en couvrant le berceau d'une toile ou d'une autre étoffe posée sur des cerceaux qui leur laissent un espace suffisant pour respirer.

Le 9 octobre, j'allai rendre visite aux professeurs Burmann, qui me reçurent avec beaucoup d'honnêteté et d'amitié. Ils me montrèrent leurs nombreuses et magnifiques collections d'histoire naturelle, en m'invitant à la venir voir aussi souvent que je le desirerois. On imagine bien que je ne manquai pas de profiter d'une offre aussi obligeante. Ils m'accordèrent aussi l'entrée de leur précieuse bibliothèque, qui a été si utile au savant Linnée pour terminer sa *Bibliotheca Botanica*. Je m'occupai, d'après leur invitation, de donner des noms à une grande quantité de minéraux, d'insectes, de plantes, et sur-tout à différentes espèces de *gramen* et de mousses. Leurs coraux et leurs pétrifications me parurent beaux et bien choisis, la bibliothèque très-complète en excellens livres de médecine et d'histoire naturelle. Je n'ai pas besoin de dire combien ces agrémens contribuèrent à me rendre utile et amusant le séjour d'Amsterdam. Quoique l'automne fût déjà un peu avancé, je ne me serois pas pressé de quitter cette ville, si j'eusse eu mes habits, que l'on retenoit toujours en *quarantaine*. Rien de plus ridicule, à mon avis, que de laisser librement circuler dans une grande ville l'équipage d'un vaisseau soupçonné d'apporter la peste, et d'envoyer sa cargaison faire la *quarantaine* dans l'île de Texel. Des mesures aussi absurdes n'auroient pas empêché la communication des maladies contagieuses dont on craignoit que nous ne fussions attaqués ; et quoique le chirurgien qui s'étoit fait payer si chèrement la peine qu'il prit de nous tâter le pouls, n'eût reconnu aucun indice de peste, on ne s'obstina pas moins à retenir les malles d'un passager qui ne venoit pas même de l'endroit qui avoit inspiré ces inquiétudes. Pour faire évaporer plus promptement les miasmes mortifères qu'elles pouvoient contenir, on eut soin de les tenir bien enfermés dans les magasins.

Je ne puis m'empêcher de plaindre un gouvernement, qui, pour des objets de cette importance, emploie des hommes aussi stupides et aussi imprudens que ceux à qui j'avois affaire. Enfin, grace aux bons offices de M. Baillerie, agent de Suède, l'amirauté consentit à me permettre de reprendre mes malles, en passant près de l'île de Texel, pour me rendre en France. Ainsi je fus obligé, non-seulement de changer mon plan de voyage, mais encore de supporter de gros frais pour le temps que mes ballots avoient passé en *quarantaine*, et pour leur transport des magasins dans le navire.

En attendant une occasion pour me rendre en France, je résolus de faire un petit voyage dans l'intérieur de la Hollande, et d'y visiter les collections d'histoire naturelle, les jardins et autres objets remarquables.

Le 15 octobre, le professeur Burmann me conduisit en voiture à une de ses maisons de campagne peu éloignée de la ville. Il a un fort beau jardin anglois : les charmilles sont composées d'ifs, de hêtres et de chênes (1). Parmi les plantes rares en fleurs, j'y remarquai l'amaryllis de Ceylan et le glayeul bigarré (2), et parmi les arbres sauvages qui y étoient plantés, on y voyoit (3) la kalmie à feuilles larges, le pavier rouge, le clethra glabre, et le magnolier à grandes fleurs.

A huit heures du soir je partis pour Leyde par un bateau de poste nommé *treckschnit*. C'est la voiture la plus commune en Hollande ; tout le pays étant entre-coupé par des canaux, les voyageurs sont à l'abri de l'injure du temps dans ces bateaux longs et couverts. La cahute, située à l'une des extrémités du bâtiment, est à la disposition du patron, qui la loue à ceux qui veulent dormir ou être en leur particulier. Ces voitures d'eau

---

(1) *Taxus, fagus, et quercus.*
(2) *Gladiolus tristis.*

(3) *Kalmia latifolia, œsculus pavia, clethra alnifolia magnolia grandi flora.*

partent et arrivent régulièrement, comme celles de terre, à certaines heures, et ont une destination marquée. Au milieu de la barque s'élève un mât où l'on attache une corde tirée par un cheval. Quand le vent est favorable on hisse la voile et on se dirige avec le gouvernail. Les passagers ont droit de prendre avec eux autant d'effets qu'ils peuvent en porter, sans en payer le port. Dès que le bateau de poste est en chemin, chacun compte le modique prix de sa place. Cette manière de voyager n'est pas plus dispendieuse que fatigante.

En débarquant à Leyde le 16 octobre, mon premier soin fut de me rendre chez le professeur David-van-Royen, qui eut la complaisance de me montrer son herbier, un autre qui lui avoit été nouvellement envoyé de l'île de Ceylan, et le cabinet d'histoire naturelle confié à la garde du professeur Allamand. Je me promenai dans le jardin botanique, où je rassemblai plusieurs plantes rares pour mon herbier, ainsi que des graines, oignons et racines pour le jardin botanique d'Upsal. Celui de Leyde est environné de trois côtés par les bâtimens de l'académie, les logemens des professeurs, celui du jardinier, le cabinet d'histoire naturelle et d'autres bâtimens nécessaires. Le côté où l'on n'a pas construit d'édifices est ceint d'une muraille. Je remarquai, entre autres choses, un herbier qui servoit pour les leçons, et qui avoit été recueilli de toutes les plantes élevées dans le jardin ; preuve non équivoque du zèle du professeur pour la science qu'il cultive, et pour l'avancement des élèves dont il est chargé. Le jardinier, nommé Nicolas Meerburg, me montra d'excellentes collections qui lui appartenoient, telles que des plantes, des animaux conservés dans l'esprit-de-vin, et des insectes. Je lui achetai ou je troquai avec lui des papillons des Indes orientales et occidentales.

L'université est divisée en plusieurs salles ou classes : les chaires sont petites et les banquettes des auditeurs garnies d'un pupître sur le côté. La bibliothèque, quoique belle, ne me parut ni grande, ni magnifique. Il y a un catalogue imprimé (1) ; au-dessous est situé le cabinet d'anatomie.

Je rendis une trop courte visite au bibliothécaire Gronovius, homme profondément savant, mais malheureusement un peu avancé en âge. Je ne saurois trop me louer de l'accueil flatteur dont il m'honora ; il me fit le plus pompeux éloge du savant assesseur Swedenborg, qui, quelques semaines auparavant, avoit passé par la Hollande pour aller en Angleterre.

Je me rendis ensuite chez le conseiller Scabinus Gronovius, personnage aussi gai que savant. Ses occupations ne l'empêchèrent pas de me montrer ses estimables collections de coraux, de poissons, d'amphibies, de vers, d'insectes, de pierres, de plantes et de livres. Les flacons qui renfermoient les animaux conservés dans l'esprit-de-vin, étoient couverts d'une plaque de verre, scellée d'une cire rouge dont il me donna la composition ; elle est si bonne, que depuis sept ans que ces flacons n'avoient pas été remplis, l'esprit-de-vin ne paroissoit pas avoir souffert une évaporation considérable. Il faut faire l'opération du remplissage dans l'été, et non pas au printemps, afin que l'air ne fasse pas casser la plaque de verre. Je retrouvai, dans sa collection de minéraux, ceux que M. Gother lui avoit envoyés de Suède. En parlant des minerais de fer, il me dit qu'il regardoit comme fer natif tout celui qui étoit sensible à l'aimant.

Les maisons de Leyde ressemblent à celles d'Amsterdam, avec

(1) En 1716, et augmenté d'un supplément en 1741, *in-fol.* 1 vol. Cette bibliothèque est enrichie des manuscrits orientaux de Scaliger, d'Erpenius, de Golius, de Warnier, et de plusieurs autres savans orientalistes qui ont légué leurs bibliothèques à l'université de Leyde. Ces manuscrits sont d'autant plus précieux, que la plupart ont été compulsés et chargés de notes marginales par les propriétaires même. J'observerai en passant, que les notices des manuscrits persans ne sont pas, à beaucoup près, aussi bien faites que celles des autres manuscrits orientaux. Il y a des bévues qui prouvent que l'auteur n'avoit pas les premières notions de la littérature, ni même de la langue persane. *Note du rédacteur.*

cette seule différence qu'il n'y a pas de logemens souterrains. Par-tout on vend des raisins, des pêches et des noix.

J'allai me promener hors de la ville, dans le jardin d'un fameux jardinier-fleuriste, nommé Van-Hazen, qui vend chaque année des milliers d'oignons et une immense quantité de graines, de fleurs, d'arbustes ou de buissons.

Je passai le soir à Zudwyk, où demeuroit Wittbom, jardinier suédois, qui me reçut comme un compatriote. Il me donna, pour me reconduire à la ville, un guide qui porta les plantes achetées à Leyde pour le jardin botanique d'Upsal. Je le chargeai de les envoyer au printemps prochain, par mer, en Suède.

Le magnifique jardin dont Wittbom avoit la direction, appartenoit à un certain comte Hahn, et réunissoit tous les genres d'embellissemens imaginables; allées, charmilles, viviers, grottes, belvédères anglois, jets d'eau, temples chinois, ponts, &c. Il n'a d'autre défense qu'un large fossé rempli d'eau. C'est ce qui forme ici la séparation ordinaire des propriétés, comme terres labourées ou prairies; séparation que les animaux ne franchissent pas.

Le 18 octobre au matin, je me rendis à la Haye à pied : le chemin, quoique sablonneux et fatigant, me parut agréable. Il est bordé des deux côtés de larges fossés et d'arbres ou de petits bois taillis; de jolies maisons de campagne sont dispersées à droite et à gauche. Le long du chemin je remarquai le peuplier blanc, l'aune commun, le genêt à balais, le genêt germanique, l'alpiste en roseau (1), et d'autres plantes communes. Les cabarets ne sont pas éloignés les uns des autres sur ce chemin; on y boit de la bierre, du vin, et sur-tout de l'hydromèle.

Avant d'entrer dans la ville je passai auprès du palais du prince d'Orange, qui a un très-beau jardin; je vis aussi le jardin médi-

---

(1) *Populus alba, betula alnus, spartium scoparium, genista germanica, phalaris arundinacea.*

cinal qui, dans un petit espace, renferme des plantes rares et précieuses.

La Haye est une assez belle ville; les maisons y sont plus grandes que dans tout le reste de la Hollande, et ressemblent beaucoup à celles de Stockholm ou de Paris. La pente du toit donne sur le devant de la maison, et le comble en est très-petit. Les places et les marchés sont très-vastes et ombragés par des arbres.

Je logeai chez un Suédois natif de Calmar, nommé Walmann; il avoit un poêle à la suédoise.

On ne connoît en Hollande que les cheminées à tourbe sans tuyaux. Les habitans sont persuadés que les cheminées ordinaires, ou nos poêles suédois, seroient plus nuisibles qu'utiles dans un pays si humide, et s'imaginent que s'ils s'en servoient ils seroient encore plus tourmentés des rhumes, de la goutte et des rhumatismes: mais la véritable raison est qu'ils manquent de bois, ou au moins qu'il est horriblement cher dans tout le pays; et on ne chauffe jamais bien un poêle avec de la tourbe. On la vend au compte ou par tonne. Elle rend, dans le feu, une mauvaise odeur, presque semblable à celle de la graisse, et donne des maux de tête et des nausées à ceux qui ne sont pas accoutumés à cette espèce de chauffage. Elle est taillée en carreaux longs, brûle lentement, ne jette presque point de flamme, mais elle rend une vive chaleur: on l'allume avec de petits morceaux de bois.

Le jour même de mon arrivée à Leyde j'en repartis à trois heures d'après-midi par le paquebot pour me rendre à Amsterdam, où je débarquai le lendemain matin à six heures. Toutes les fois que notre bateau s'arrêtoit à une auberge, différentes marchandes venoient nous offrir du pain, du poisson et d'autres comestibles.

Les maisons de campagne qui bordent les deux côtés du canal, contribuent à embellir et à abréger le chemin, car on ne se lasse pas d'admirer leurs magnifiques jardins et leurs charmans bel-

Tome I. C

vedères. Le lierre couvre souvent les murailles entières des maisons, et le buis taillé en mille formes différentes représente des figures d'animaux, des pyramides, des charmilles, &c.

En attendant le vaisseau qui devoit me conduire à Rouen, je ne manquois pas un jour d'aller rendre visite aux collections et à la bibliothèque de M. Burmann.

Ce fut-là que je jugeai par ma propre expérience combien il est utile pour celui qui étudie une science quelconque, d'avoir sa bibliothèque sous la main, de pouvoir la ranger dans un ordre conforme aux différentes parties auxquelles il se livre, et de comparer, par exemple, les descriptions d'histoire naturelle avec les sujets même qu'on a sous les yeux. En effet, souvent deux ou trois volumes ne suffisent pas, et il faut compulser un certain nombre d'auteurs.

Je n'ai pas besoin de démontrer le peu d'utilité des grandes bibliothèques ouvertes seulement certains jours de la semaine, et confiées à un bibliothécaire qui ne peut s'intéresser également à toutes les sciences. D'abord elles n'ont pas toujours un catalogue imprimé (1); ensuite on ne peut emprunter à la fois le nombre de livres nécessaires; il est même difficile de les changer. Ainsi un étudiant ne peut se dispenser, pour son propre intérêt, de se former peu à peu, selon ses moyens, une bibliothèque relative à la science qu'il cultive; car l'expérience, dis-je, a prouvé combien on devoit attendre peu de secours des grandes bibliothèques publiques.

Parmi les livres rares de M. Burmann, je crois devoir indiquer les figures de Rumphius, représentant des coquillages et des

---

(1) Le catalogue imprimé de la bibliothèque nationale, en 10 vol. in-fol. renferme au plus la moitié des titres des ouvrages manuscrits ou imprimés, conservés dans ce magnifique dépôt. Il faut espérer que le gouvernement profitera des premiers momens de tranquillité que nous aurons, pour faire suivre cet important ouvrage, et indiquer au moins aux savans de l'Europe les richesses que nous possédons. *Note du rédacteur.*

1770. SÉJOUR EN HOLLANDE.

poissons, dessinées et enluminées par Rumphius le fils, dans l'île d'Amboine; les dessins originaux de plantes, par Petiver; les papillons enluminés de Melle Mérian, les plantes d'Amboine par Rumphius, également enluminées. J'examinai avec la plus grande attention plusieurs herbiers des Indes orientales et occidentales, particulièrement celui d'Hermann et d'Oldenland, collés dans des livres.

Après m'avoir vu classer et décrire des plantes de genres qui comprennent un grand nombre d'espèces, comme l'yxie, la bruyère, l'aspalat, &c. (1) M. le professeur Burmann me confia qu'il cherchoit les moyens de me faire voyager à Surinam ou au Cap de Bonne-Espérance, aux dépens du Gouvernement Hollandois. Je tâchai de lui exprimer ma reconnoissance pour ses officieuses intentions, et le desir que j'avois de les voir réaliser. Mais en lui laissant appercevoir combien j'étois surpris de la confiance qu'il accordoit à un étranger qui n'avoit pu se faire connoître que depuis quelques jours, il me répondit, que depuis l'été qu'il avoit passé à l'académie d'Upsal, il avoit conçu la plus tendre amitié pour la nation suédoise, et que je lui avois plu en particulier, à cause de l'assurance avec laquelle j'avois nommé, classé et décrit une grande quantité d'objets d'histoire naturelle peu connus.

Il me fit part en même temps de ses plaintes sur la modicité des appointemens des professeurs, qui suffisent à peine pour le paiement du loyer, de manière qu'il est obligé d'avoir recours à la médecine-pratique pour subsister; ce qui le dérange des études pour lesquelles il avoit le plus de goût. Je félicitai intérieurement nos professeurs d'Upsal, qui n'ont pas besoin de partager leur temps entre l'étude, leur classe et des courses lucratives.

Je visitai le jardin médicinal d'Amsterdam, et différens hô-

---

(1) *Yxia, erica, aspalathus.*

pitaux, situés, les uns dans l'enceinte de la ville, les autres dehors. Le jardin botanique qui est à une extrémité d'Amsterdam, me parut grand et beau : il renferme plusieurs serres et orangeries, ainsi qu'une grande quantité de plantes succulentes (1), la plupart du cap de Bonne-Espérance. L'aloès d'Amérique (2) étoit en pleine floraison, et se voyoit tous les jours pour de l'argent. Le fils du professeur Burmann étoit déjà nommé préfet du *Nosocomium* ou hôpital établi dans la ville, à la place de son père, dont le grand âge exigeoit du repos. On m'assura que sept à huit cents malades étoient traités gratuitement dans cet hospice. La plupart des femmes couchoient deux dans un lit : on écrit à la visite du matin, sur une ardoise, le numéro du malade et les médicamens qu'il doit prendre dans le cours de la journée : l'apothicairerie est tout auprès.

L'établissement nommé *maison de poste*, est à une petite distance hors de la ville.

A cette époque l'air de la basse Hollande étoit extraordinairement humide, mal sain, et aussi épais que dans une étuve; on ne pouvoit conserver ses cheveux frisés sans épingles, et j'avois beaucoup de mal à faire sécher mes plantes devant un bon feu ; il tomboit souvent une pluie très-fine, ensuite il s'élevoit un brouillard épais; et quand il venoit à tomber, quelques momens après, on ne voyoit dans les rues que la tête des passans, ensuite la moitié du corps, ainsi du reste. Ce phénomène me parut très-singulier. Les fièvres de rhume commençoient à devenir communes et même générales.

Les femmes du commun se servent, pendant l'hiver, de chaufferettes percées de plusieurs trous; elles y mettent de la tourbe allumée, et les placent ensuite sous leurs jupons pour se chauffer.

---

(1) *Succulenta.* (2) *Agave Americana.*

Comme les Hollandois sont de grands fumeurs, on voit, sur une table dans presque toutes les maisons, un vase de cuivre renfermant de la tourbe enflammée pour y allumer la pipe, et une tasse à large bord avec une ouverture étroite, pour servir de crachoir et ne pas salir le plancher.

On boit en Hollande plus de thé et de café que de bière. On prend du café au lait le matin avec un morceau de sucre candi qu'on laisse fondre dans sa bouche. Il est brûlé légèrement dans des cylindres ou dans des poêlons de grès : on le fait très-foible, pour en prendre plusieurs tasses à la fois, souvent sans lait ni sucre. On boit le thé l'après-midi en assez grande quantité, tantôt avec du lait et du sucre, et tantôt tout-à-fait pur. A bord nous buvions quelquefois le soir de l'eau mêlée avec du lait, dans lequel on avoit fait infuser du thé ou de la sauge : nous avions soin d'y faire fondre un peu de sucre pilé. On mange rarement de la soupe, et on ne sert que des alimens solides en herbages, en poissons et en viandes. Le poisson est la nourriture la moins chère, et conséquemment la plus commune. La viande, au contraire, est toujours à un assez haut prix, et d'un usage moins général. Les gens peu aisés mangent à chaque repas des tartines de deux espèces de pain différentes, sur lesquelles ils étendent du fromage. On consomme peu de salaison. Les pauvres se nourrissent principalement de pommes de terre et de poisson de mer; celui de rivière, tel que les brochets et les perches, se vend très-cher.

Les femmes portent, pour la plupart, de petits paniers, les autres ont sur le côté une bourse avec une grande serrure d'argent.

CHAPITRE III.

Voyage de Hollande en France, du 26 octobre au 1ᵉʳ décembre.

Le 26 octobre je m'embarquai sur un vaisseau hollandois chargé pour Rouen ; le port étoit rempli d'une multitude de ces barques qui viennent vendre journellement dans la ville des fruits, du lait, des herbes et d'autres comestibles.

Le 1ᵉʳ novembre nous mîmes à la voile, et le 5 nous arrivâmes au Texel. Là, par l'entremise du commissaire Rosebom à Ausgell, où tous les vaisseaux arrivant et partant font leurs déclarations, on me rendit enfin mes malles : on s'étoit donné la peine de les garder aussi soigneusement qu'inutilement pendant plusieurs semaines dans un vaisseau qui étoit retenu en quarantaine. J'allai les chercher dans une charrette absolument semblable à celles de Danemarck, qui ont une courbure sur le devant. Un rempart ou une digue formée de pincettes de mer accumulées (1) environne l'île : le chemin en fait aussi le tour ; il est assez élevé, longe le rivage de la mer, et consiste en grande partie en terre glaise que les pluies consécutives de la saison avoient considérablement détrempées. Cette île paroît être, comme une grande partie de la Hollande, au-dessous du niveau de la mer : aussi cette riche contrée ne se préserve-t-elle des inondations que par des digues immenses et superbes dont l'entretien coûte annuellement des sommes considérables.

L'eau, qui facilite tant le transport des marchandises, qui en outre fertilise les prairies des Hollandois, qui est, en un mot, la principale cause de leurs richesses, est aussi l'ennemi contre

---

(1) *Zostera.*

lequel ils sont continuellement obligés de se défendre. Les digues qu'ils opposent à ce terrible élément sont souvent rompues par des vents violens et des ouragans du nord-ouest. Alors des villes et des cantons entiers se trouvent submergés, et les habitans noyés ou ruinés.

Le terrain a rarement une certaine solidité, presque par-tout il est léger et marécageux : ainsi on peut bien dire qu'il n'y a pas de pays plus mal-propre de sa nature, et que l'art, le travail aient rendu plus agréable et plus florissant.

Je passai la nuit dans un village auprès duquel notre bâtiment avoit mouillé. Les moules, les huîtres (1) que j'avois vu vendre à Amsterdam se mangent-là cuites ou crues et assaisonnées avec du vinaigre, de l'huile et du poivre. La moule (2), que l'on trouve ici comme sur les autres côtes en abondance, se cuit ordinairement dans l'eau pour que la coquille s'ouvre; on l'accommode ensuite à la sauce piquante, et c'est un mets très-agréable et très-nourrissant. Les matelots alloient en chercher tous les soirs plein des seaux, tant que le navire resta à l'ancre. Ils mangent aussi, en guise de pain, des oignons blancs, pelés et cuits, des pois et d'autres alimens semblables. On ne trouve pas sur eux la même propreté qu'ils entretiennent si soigneusement dans leurs navires, car il est difficile d'imaginer rien de plus sale que leur manière de manger; ils portent au plat des doigts tellement enduits de goudron par le maniement continuel des cordages, qu'ils paroissoient à l'abri de toute espèce de pourriture.

Le 13 novembre, comme nous étions encore à l'ancre, le soir, tout paroissoit fort calme; tout à coup on entendit un mugissement du côté de la pleine mer, l'eau monta au niveau du rivage, et étinceloit comme le feu, quand on l'agitoit avec

---

(1) *Mytilus* et *ostrea edulis*.   (2) *Mytilus edulis*.

les rames ou qu'on y jettoit quelque chose, de manière qu'on auroit cru voir un clair de lune ; ce qui formoit un spectacle imposant et curieux.

Le 15, nous mîmes à la voile avec un bon vent, et la nuit suivante nous fûmes accueillis d'un orage qui dura jusqu'au 17 ; alors nous nous trouvâmes entre Douvre et Calais, au milieu de la Manche. Nous vîmes deux phares du côté de l'Angleterre. La tempête et le vent avoient été si violens, que nous eûmes plusieurs voiles déchirées : il tomba une pluie abondante.

Le 18, nous découvrîmes les côtes de France qui nous parurent fort hautes, le vent étoit doux et favorable.

Le 19, nous voguâmes tout près de la terre, à la distance du jet d'une pierre. Le rivage étoit très-élevé, composé de pierres calcaires, avec de petites pointes d'espace en espace : enfin, nous arrivâmes vers midi au Hâvre-de-Grace. Plusieurs vaisseaux étoient à l'ancre dans la grande anse qui avance dans les terres. La quantité d'eau salée qui avoit passé pardessus notre pont avoit tellement fait enfler les pieds des matelots, qu'il s'y étoit formé de fortes ampoules dans différens endroits : on les guérit en les lavant avec de l'eau-de-vie.

Le 20, le capitaine se rendit au Hâvre pour avoir une lettre de santé, et pour prendre à bord un pilote-côtier.

La ville est située sur le penchant d'une hauteur, entre deux collines ; elle est peu considérable, mais belle et bien située, avec un beau port qui renfermoit alors environ cent cinquante bâtimens, dont plusieurs de Hambourg étoient en quarantaine.

Le lendemain nous levâmes l'ancre et arrivâmes avant midi à Quillebœuf, où la Seine se jette dans la mer. Nous eûmes la visite de quelques commis de la douane, qui mirent leur scellé sur le vaisseau. Un pilote-côtier nous conduisit à Rouen : là, nous vîmes deux vaisseaux échoués, dont on n'appercevoit plus que l'extrémité des mâts : la craie avoit rendu l'eau toute blanche. Faute de vent, et la marée nous étant contraire, le soir

nous

nous mouillâmes devant un village nommé Vilcair : quoiqu'il n'y ait que dix lieues par terre de Rouen à l'embouchure de la Seine, on en compte trente par eau, à cause des sinuosités de la rivière.

Le 23, je descendis à terre avec le pilote du bâtiment, et nous trouvâmes que la marée ayant humecté au loin le rivage qui consistoit en terre grasse, il faisoit si glissant qu'on avoit peine à tenir pied. Ici les paysans demeurent très-près les uns des autres ; leurs cours et leurs propriétés ne sont séparées que par des haies vives de pommiers, de poiriers, d'aube-épine, de fusain (1) et de saule, parmi lesquels j'ai aussi reconnu des rosiers, des ronces (2), et le lierre qui grimpe autour des arbres. A cette vue, je renouvellai bien sincèrement les vœux que j'avois déjà formés, qu'on puisse déterminer les paysans suédois à substituer des haies vives aux barrières de bois qui séparent leurs héritages, et à confier la conduite de leurs troupeaux à des bergers qui vaudroient beaucoup mieux que toutes leurs barrières stériles et dispendieuses. Si l'on encourageoit la plantation et la culture des arbres en Suède, ce royaume deviendroit un véritable paradis terrestre.

Les arbres fruitiers sont ici plantés au cordeau. Le pot de cidre ne se vend que trois sols, et les pommes à proportion.

Les habitans ont une manière très-simple de faire leur cidre ; ils pilent leurs pommes par le moyen d'une meule qui roule dans une auge circulaire remplie de pommes : cette meule est tirée par un cheval qui tourne toujours autour de l'auge. Quand les pommes sont bien écrasées et réduites en pâte, on les transporte sur la table du pressoir, et on en forme plusieurs couches séparées par de la paille ; le jus qu'elles rendent, quand on les presse, tombe dans un baquet destiné à le recevoir.

---

(1) *Cratagus oxiacantha, evonymus, salices.*   (2) *Rosæ, rubus cœsius, hedera.*

Les maisons sont construites en bois et en mortier; les paysans portent des sabots avec des chaussons de laine ou de la paille.

Les plantes sauvages qui croissent ici sont la carotte commune, la marguerite, la crucianelle, la menthe, la bétoine et le gui (1). L'hélice hispide (2) se trouvoit sur les arbres.

Le soir, nous arrivâmes à un endroit de la rivière environné de hauteurs qui interceptoient le vent : on fit tirer le bâtiment par quatre ou cinq chevaux, que les paysans nous louèrent de très-bonne grace. Plus près de Rouen nous vîmes plusieurs îles qui s'élevoient au milieu de l'eau.

Le 25 novembre, vers midi, nous débarquâmes à Rouen, ville assez grande et assez fortifiée. Les maisons y sont bâties, les unes entièrement en pierres, les autres en pierres et en bois; il y a un grand couvent qui s'étend sur-tout en longueur. Les vaisseaux mouillent auprès du pont, précisément devant la place et la bourse. Cette bourse-ci est un lieu découvert, et ne s'ouvre que dans les beaux temps; elle est environnée d'une grille de fer et sert aussi de promenade. L'autre bourse est plus avant dans la ville. Les guérites des commis remplissent la rue parallèle au port. On entre de ce côté dans la ville par des portes qui se ferment à neuf heures. Les maisons sont couvertes en ardoises. Les chevaux sont petits et ont une mauvaise allure. Les personnes des deux sexes s'en servent également, et ont souvent encore quelqu'un en croupe. On leur met de grandes selles incommodes, ornées quelquefois de franges et de grelots. On en attelle quatre ou cinq de file, à de grands tombereaux ou à d'énormes charrettes fort mal construites; on y met aussi des ânes chargés de grelots qui forment une musique peu harmonieuse.

---

(1) *Daucus carota, bellis, senecio, mentha, betonica viscum.*

(2) *Helix hispida.*

Quoiqu'il ne fît pas encore très-froid, les habitans portoient déjà des habits fourrés.

Les poëles sont d'un usage assez général, mais ils ne ressemblent pas à ceux de Suède; ils sont très-petits, de fer ou de porcelaine (1), avec un long tuyau de tôle, qui n'a pas de soupape pour l'ouvrir ou le fermer. On les place communément au milieu de l'appartement qui est échauffé en moins d'un quart-d'heure, et se refroidit presqu'aussi-tôt, à cause de l'air qui circule par le tuyau, qui ne tarde pas cependant à rougir, dès qu'on chauffe le poële un peu fortement : on y emploie du petit bois. Les boutiques et différentes manufactures ont des arcades ouvertes, sur-tout au rez-de-chaussée.

Les bourgeois et les gens de la campagne, sans distinction, parlent une langue qui, dans d'autres pays, n'est en usage que parmi les personnes distinguées. Cela m'étonna et m'auroit même paru très-étrange, si je ne me fusse rappellé que j'étois en France. Mais ce qui me parut encore plus extraordinaire, ce fut de voir des servantes en bonnets montés et en sabots.

Il y a quelques fontaines publiques dans cette ville.

J'allai voir M. Pinard, professeur de botanique; il me montra son herbier lié en bottes et rangé sur des tablettes.

Le jardin botanique, situé à l'une des extrémités de la ville, est peu considérable, et cependant divisé en deux parties; au milieu est un bassin rond. Il renferme une orangerie dans trois serres; mais elle n'est pas fort belle.

De toutes les marchandises de contrebande, le tabac est la plus prohibée, puisqu'il ne s'agit pas moins que des galères

---

(1) Il est aisé de voir que notre voyageur s'est trompé : cependant je dois observer qu'en suédois et en allemand, la fayance se nomme *demi-porcelaine*, ou *fausse porcelaine*; de manière qu'il leur arrive souvent de confondre ces deux matières, n'ayant pas, comme les Italiens et nous, de mot particulier pour désigner la première. *Note du rédacteur*.

pour ceux qui veulent en passer en fraude. Tout le tabac de notre vaisseau fut promptement enregistré et bien enfermé, et comme les gens de l'équipage ne pouvoient s'en passer, on leur en donnoit chaque semaine la quantité nécessaire pour leur consommation.

On vend, dans les rues, des châtaignes qui sont fort grosses, et se mangent grillées dans une poële percée de petits trous comme une écumoire.

Le 28, je fis porter mes ballots à la poste, où on les pesa, et je donnai 24 liv. pour leur transport et ma place dans le carrosse de Paris.

Le 29, à quatre heures du matin, on vint m'avertir que le carrosse alloit partir à l'ouverture des portes. Je me trouvai absolument seul dans cette énorme voiture, destinée pour dix personnes, tirée par quatre chevaux, et chargée devant et derrière. Le froid étoit assez vif et le temps nébuleux; il avoit gelé tout blanc, et une croûte de glace couvroit la surface des ruisseaux. Quand nous descendions quelque hauteur, on enrayoit une roue de derrière avec une chaîne de fer, et la violence du frottement de cette roue produisoit une fumée assez épaisse. Je vis beaucoup de pierres à fusil bleues et jaunes. Les maisons situées le long du chemin, étoient construites avec ces cailloux entremêlés de chaux. La route est large et bordée d'arbres des deux côtés.

Nous descendîmes entre dix et onze heures du matin à une auberge où le dîner étoit tout préparé, et où l'on changea de chevaux. A neuf heures du soir, nous arrivâmes à la couchée. L'hôte vint me présenter une chaise pour descendre de voiture. Pendant trois jours que dura mon voyage, je traversai plusieurs villes fortifiées, et dans toutes les auberges j'avois le choix de manger en mon particulier, ou ce qu'ils appellent *à table d'hôte*, c'est-à-dire, avec un certain nombre de personnes qui paient tant par tête, et sont servies en commun. Il ne faut pas oublier de donner *pour boire* au garçon, afin qu'il vous réveille le matin au départ du coche.

Le long de la route les lieues sont marquées sur des bornes, et les demi-lieues sur des pieux de bois recouverts de plaques de cuivre.

Je remarquai, dans le voisinage des couvens, de petits garçons et autres mendians, qui récitoient l'oraison dominicale en latin.

J'observai de différens côtés que les haies étoient formées d'épines assez claires.

CHAPITRE IV.

Séjour à Paris, depuis le 1ᵉʳ décembre 1770, jusqu'au 12 juillet 1771.

Le 1ᵉʳ décembre 1770, j'arrivai à Paris, vers dix heures du matin. Mes ballots furent visités à l'hôtel même des diligences, et on les transporta tout de suite dans une chambre garnie du voisinage, où je m'installai provisoirement, en attendant un logement plus proche des hôpitaux et des cours publics. J'allai voir le même jour mon compatriote M. Hesseen, qui me donna plusieurs instructions utiles pour un nouveau débarqué. Je vis aussi en même temps le bel hôpital de la Charité.

Le lendemain, de très-grand matin, mon hôte vint prendre mon nom pour l'envoyer à la police avec mon adresse, et il voulut bien me conduire à l'Hôtel-Dieu, que je ne manquai pas ensuite de visiter tous les jours au moins une fois, pendant mon séjour dans cette capitale, parce qu'il s'y présente continuellement des occasions de s'instruire, soit pour les opérations, soit pour les traitemens.

J'allai encore trouver deux autres de mes compatriotes, MM. Rudolph et Lücke, qui étoient venus se perfectionner dans la chirurgie. Ils pouvoient m'être d'autant plus utiles, que nous suivions tous trois le même cours, et qu'il y avoit déjà quelque temps qu'ils habitoient Paris. En effet, ils me donnèrent des renseignemens très-utiles; car un étranger peut résider long-temps dans cette ville immense, sans connoître toutes les facilités qu'elle offre pour tous les genres d'instruction. Comme ils se disposoient à me conduire, l'après-midi, à l'Hôtel-Dieu et à la Charité, ils furent très-étonnés d'apprendre que j'avois déjà visité ces deux hôpitaux, dans l'espace de vingt-quatre heures qui s'étoient écoulées depuis mon arrivée. Ils me dirent qu'avec une pareille activité je ne perdrois ni mon temps ni mon argent. L'après-midi, je traversai plusieurs églises catholiques, parmi lesquelles je distinguai la cathédrale, sur le plan de laquelle a été construite celle d'Upsal. La plupart de ces édifices ont la forme d'une croix, et se ressemblent beaucoup. Ils sont tous d'une grande beauté : il n'y a pas de bancs dans l'intérieur..

Le 2 décembre on fit, à l'Hôtel-Dieu, la procession du premier dimanche du mois; les prêtres et les religieuses qui servent les malades y assistent vêtus en blanc, avec des manteaux noirs. Devant l'autel chantoient trois jeunes filles, qui avoient une voix très-agréable et que je retrouvai dans plusieurs autres églises.

Le 9 du même mois, j'assistai au service divin qui se célèbre dans l'hôtel de Suède. Il y eut sermon en allemand.

Je présentai mes respects à l'ambassadeur, M. le comte de Ruetz, qui, pendant mon séjour à Paris, me témoigna la plus grande bienveillance, et qui, quelques années après, a contribué à ma fortune. Tant de bienfaits lui donnent des droits éternels à ma reconnoissance.

Le 14, j'allai voir le couvent des chanoines de Sainte-Geneviève, leur bibliothèque, leur cabinet d'histoire naturelle et leur beau jardin.

La bibliothèque occupe le dernier étage de la maison, et forme une croix. Les tablettes règnent le long des murs et sous les fenêtres avec des grilles fermées à clef. Les livres sont numérotés. Dans les intervalles des corps de la bibliothèque on a placé des statues de rois ou de philosophes. Cette bibliothèque s'ouvre les lundis, mercredis et vendredis après-midi, depuis deux heures jusqu'à cinq. On peut obtenir la permission d'emporter des livres. A côté sont la salle des antiques, et le cabinet d'histoire naturelle dans deux appartemens séparés. On y voit, à travers des grilles fermées à clef comme celles de la bibliothèque, divers amphibies et des poissons empaillés, des momies, des minéraux, des coquillages et des coraux, avec une grande quantité d'antiques. Le jardin est charmant et supérieurement dessiné en buis taillé avec le ciseau.

Le 24, veille de Noël, j'assistai à l'office divin qui se célèbre dans les églises catholiques pendant la nuit, avec beaucoup de cérémonies; elles sont très-brillamment illuminées avec de gros cierges dans des lustres.

Afin de ne pas perdre de temps, quoique j'allasse une et deux fois par jour à l'Hôtel-Dieu, je m'attachai à M. Dumas, chirurgien de cet hôpital pour les dissections anatomiques, et tout en suivant bien assidûment les leçons publiques de chirurgie à S. Côme, celles de l'école de médecine, du jardin du roi, et le cours de physique du collège de Navarre, je prenois encore des leçons particulières d'anatomie, de chirurgie et d'accouchemens. Les établissemens où l'on enseigne toutes ces différentes branches de la médecine sont nombreux et excellens; on ne les étudie pas toutes à la fois, mais successivement; les professeurs se succédant alternativement, les auditeurs ne se trouvent pas accablés de travail.

En hiver, on s'occupe d'anatomie, ensuite de chirurgie, de chymie, d'accouchement; à l'approche de l'été, de botanique, de pathologie et autres sciences semblables. On joint toujours la pratique à la théorie.

Outre leurs leçons publiques, la plupart des professeurs ou

de leurs adjoints en donnent de particulières, quelquefois *gratis*.

Dans presque toutes les séances publiques, le professeur a son adjoint ou prévôt ; et quand le premier a traité d'un objet, l'autre le démontre aussi-tôt par la pratique.

M. Sabathier professoit, pendant les mois de janvier et de février, l'anatomie, et opéroit ensuite publiquement à S. Côme : il faisoit chez lui un cours particulier d'anatomie et d'opérations chirurgicales, qui duroit six semaines, et coûtoit 36 liv. par personne. Il prenoit aussi des pensionnaires à l'hôtel des Invalides qu'il dirigeoit.

De la Faye, vieillard respectable, démontroit parfaitement bien, tous les matins, à S. Côme, les opérations de chirurgie. L'après-midi, Goursaud, son prévôt, répétoit ses leçons. Il indiquoit, sur des morceaux d'anatomie gravés et enluminés, les différentes parties du corps humain et les sièges des maladies.

Petit, homme aimable et jovial, donnoit, au jardin du roi, en mars et en avril, un cours d'anatomie, de physiologie et d'opérations chirurgicales : chaque leçon étoit suivie de démonstrations.

M. Suë professoit l'anatomie à S. Côme, l'après-midi, de la même manière que Sabathier le matin. Il commençoit par présenter les parties dans leur état naturel ; on les disséquoit ensuite pour en démontrer la structure. Il présentoit aussi ces mêmes parties bien desséchées et bien préparées, et enfin gravées sur de grandes feuilles et bien enluminées.

Au commencement du printemps, Tenon donnoit, à S. Côme, un cours particulier de pathologie et de maux d'yeux.

En mai et en juin, les mercredis et samedis, Brasdor professoit à Saint-Côme la thérapie, à onze heures du matin, et Hévin à trois heures d'après-midi.

Au mois de juin, Macquer commençoit son cours de chymie ; pendant la leçon, l'on préparoit toujours, dans un appartement séparé

séparé par une grille, des opérations, expliquées ensuite par Roël, apothicaire.

A la même époque, Jussieu enseignoit la botanique au jardin du roi, partie dans sa classe, partie dans le jardin, auprès des plantes.

Louis, la physiologie, à S. Côme, le matin, et Bordenave l'après-midi.

Fabre et Tenon, la pathologie, au même endroit, l'un le matin, et l'autre l'après-dînée, deux fois seulement par semaine, le mardi et le vendredi, jusqu'au mois de novembre.

Les mardis et jeudis, à une heure et demie d'après-midi, Péan démontroit, à Saint-Côme, les accouchemens aux élèves en chirurgie, et Barbeau, aux sages-femmes, les mercredis et samedis, à onze heures du matin.

En mai et juin, les lundis, mardis et vendredis à onze heures du matin, Gendron traitoit des maladies des yeux; il démontroit toutes les parties de cet organe de deux manières, anatomisées et gravées en couleur sur de grandes feuilles. Les maladies des yeux sont représentées en émail.

Pendant l'hiver, les lundis, jeudis et samedis à onze heures, il y avoit un cours gratuit de physique expérimentale au collége de Navarre: le professeur et les instrumens sont sur une estrade un peu élevée et environnée de gradins, sur lesquels s'asseyent les auditeurs.

On donnoit des leçons à l'Ecole de Médecine, six jours par semaine, d'abord pour l'anatomie et la pathologie, ensuite pour la chymie.

Le professeur d'anatomie lisoit, pendant une demi-heure, son texte latin; quand il avoit fini, le démonstrateur présentoit les objets même dont on avoit parlé, et faisoit les explications en françois : c'étoit toujours Leroux qui faisoit les expériences de chymie.

La même marche s'observoit pour les opérations chirurgicales:

Tome I. E

le professeur Dionis parloit latin; tout ce qu'il disoit étoit répété en françois par Franc, démonstrateur.

L'après-midi, à la même école, M. Millin donnoit aux sages-femmes des leçons anatomiques d'accouchemens; il avoit Goubelly pour démonstrateur.

Voilà l'énumération des cours publics et gratuits.

Les professeurs, principalement ceux de médecine et de chirurgie, donnoient beaucoup de leçons particulières, quoiqu'il semble que les cours publics doivent suffire. Aussi suit-on ces leçons moins pour apprendre par la théorie, que pour acquérir un peu de pratique, et procéder par soi-même aux opérations chirurgicales. C'est cette considération qui me détermina à souscrire promptement chez MM. Dubut et Dumai pour un cours d'opérations en chirurgie, afin de manier journellement le scalpel sous leurs yeux, et pour un cours d'accouchement chez M. Salairis, afin d'apprendre les opérations nécessaires, quand l'enfant se présente dans une mauvaise position.

M. Didier, savant chirurgien, enseignoit tout ce qui concerne les maladies des os.

On peut, moyennant 30 livres, disséquer un cadavre entier chez M. Riel, et assister à la leçon.

M. Suë, au contraire, prenoit 100 liv. pour un cours d'anatomie, qui ne duroit que quatre mois.

Guérin et Ferrand donnoient des leçons particulières, l'un pour les maladies des yeux, et l'autre pour les opérations chirurgicales.

Quant aux accouchemens, il n'y a pas moins de six professeurs qui en donnent des leçons particulières.

M. Levret prenoit deux louis pour un cours de six à sept semaines.

Goubelly, Lauverjat, Suë et Péan, opéroient en ville, chez deux sages-femmes.

Le Roi donnoit des leçons d'accouchemens gratuites, afin

d'attirer des élèves ; mais il exigeoit un louis pour la manipulation.

Je ne dois pas oublier Didier, qui enseignoit *gratis* l'ostéologie, et Moreau les opérations chirurgicales quatre fois par semaine, au troisième étage de l'Hôtel-Dieu.

Les prêtres de la Charité donnoient quelquefois des leçons d'anatomie.

Les professeurs n'ayant pas de tableau indicatif de leurs leçons, on répand des cartes pour annoncer aux étudians les leçons publiques et particulières. Alors on se fait inscrire, et il y a quelquefois un appel nominal.

Outre cela le jardin royal est toujours ouvert pour ceux qui veulent s'instruire dans la botanique et dans la matière médicale. M. Royer, épicier-droguiste dans la grande rue du fauxbourg Saint-Martin, prévient, par des affiches, qu'il ouvre son jardin botanique, les mardis, jeudis et vendredis du mois de mai; les mercredis et samedis il donne des leçons de botanique. Dans tous les temps son jardin est ouvert aux sages-femmes et aux élèves en pharmacie. Il laisse voir aussi son cabinet d'histoire naturelle et de drogues.

Barbeu du Bourg ouvroit aussi un cours de botanique.

On peut, moyennant la somme de 18 liv. se procurer toutes les plantes en fleurs dans le jardin des apothicaires.

La longue énumération que je viens d'offrir au lecteur, prouve que l'Ecole de Médecine de Paris est la plus complète qui existe en Europe, et qu'on y trouve toutes les facilités imaginables de se perfectionner dans cette science. Aussi le nombre des étudians est-il plus considérable que par-tout ailleurs. On compte plus de trois mille élèves en médecine.

Les cours se tiennent ordinairement dans des salles rondes, garnies de bancs en gradins sans dossier. Dans le fond le professeur est assis devant une table, à-peu-près comme dans la salle d'anatomie d'Upsal. Il y a toujours un garde à la porte pour prévenir les désordres et le tumulte, et empêcher d'entrer avec l'épée ou le couteau-de-chasse, de peur de gêner ses voisins. La salle ne s'ouvre qu'au moment où l'heure sonne ; et pour avoir une bonne place sur les bancs inférieurs, certains auditeurs viennent souvent une demi-heure d'avance. On applaudit ordinairement quand le professeur entre et quand sa leçon est finie.

Les mardis et jeudis on soutient, à l'Ecole de Médecine, des thèses renfermées dans une demi-page. La salle où l'on dispute est divisée en deux parties ; en dehors est assis auprès d'une table, un homme en noir avec un rabat, qui distribue les thèses ; en dedans sont placés les officians sur des bancs et des chaises drapés. Le président et le répondant ont un surplus blanc, et sont assis l'un auprès de l'autre. Ceux qui interrogent sont habillés en noir, avec des manteaux de la même couleur et des rabats bleus.

On dispute de même dans l'Ecole de Chirurgie ; les chaises et les bancs sont couverts en velours galonné : l'enceinte formée par les gradins qui règnent autour de la salle est occupée par des chaises. Ces apprêts et ces dispositions donnent à la séance un air de grandeur qui en impose. Les professeurs ont un costume pour donner leurs leçons publiques ; c'est une robe noire avec un rabat blanc.

Les François, en argumentant, prononcent le latin comme leur propre langue, de manière que, dans les commencemens, un étranger a de la peine à les entendre.

Quoique les encouragemens ne paroissent pas nécessaires dans un pays où l'on a déjà tant de facilités pour s'instruire, on ne les a pas cependant oubliés. Il se fait des examens publics, dans lesquels les élèves qui se sont distingués reçoivent des récompenses ; ce sont des médailles d'or ou d'argent, ou d'autres gratifications.

Le 15 février 1771, j'assistai à un concours de ce genre, qui se fit à S. Côme ; les élèves questionnoient et répondoient tour-à-tour. Il y en eut un autre au même endroit dans le mois de mars, où six professeurs furent examinés. Tout le monde est admis à cet examen, excepté les étrangers et les Parisiens. Ceux qui sont reçus à l'école-pratique ou qui remportent quelque prix dans les examens, ont l'avantage de disséquer et de faire d'autres opérations chirurgicales sur les cadavres, sans le moindre déboursé.

L'Hôtel-Dieu est le plus grand hôpital de Paris, et probablement du monde entier ; il a, dit-on, un fonds de six millions qui ont été formés et accumulés par différentes donations volontaires. Les malades y sont traités et soignés *gratis*, sans distinction d'état, de nation ou de religion, et quelque nombreux qu'ils soient. On les apporte ordinairement sur un brancard, et on les inscrit dans la *chambre de réception*. On entre par la chapelle, à la porte de laquelle commence un rang de lits qui ne sont pas cependant toujours occupés ; de-là on passe dans de vastes salles qui renferment plusieurs rangs de lits avec un grand nombre de malades, principalement des enfans qui sont couchés quelquefois quatre dans un lit. Dans l'étage supérieur on voit les malades qui ont besoin de l'office des chirurgiens ; au-dessus les femmes en couche, ou qui n'attendent que le moment. Les malades des deux sexes sont servis par des prêtres et par des religieuses. On apporte le manger sur des tables, et on le distribue aux malades dans des écuelles. Chaque lit a sa chaise percée couverte. De grosses lampes éclairent les chambres pendant la nuit. Quand un malade meurt, on le porte dans la *salle des morts*, où ils sont ensevelis dans de la toile d'emballage. On sépare soigneusement ceux qui sont morts le matin ou l'après-midi. Le nombre des morts se monte ordinairement de dix à vingt par jour, et celui des malades quelquefois à trois mille, dont deux mille soignés par les médecins, et mille pansés par les chirurgiens.

Le 1er mars 1771 on comptoit à l'Hôtel-Dieu de Paris trois mille neuf cents cinquante malades, et trois mille sept cents huit la semaine suivante.

L'hôpital de la Charité est plus propre et plus beau que l'Hôtel-Dieu, mais bien moins considérable. M. Suë qui en est économe, donne des billets pour y être admis.

L'Hôtel des invalides, où l'on entretient les vieux soldats estropiés, a une grande salle pour les malades, et est situé à l'extrémité occidentale de la ville, sur la gauche de la rivière; l'église qui est très-grande, a un chœur fort beau, et extrêmement élevé, revêtu de différentes espèces de marbre ; au milieu est une espèce de caveau où le roi seul a la permission d'entrer. C'est pourquoi il y a une sentinelle comme aux portes de l'hôtel. Cette garde est en partie composée de vieux soldats estropiés. Non loin des invalides est l'Ecole militaire. Bicêtre, hôpital où l'on traite les maladies vénériennes, est hors l'enceinte de la ville. On ne peut y entrer sans une permission.

Le jardin du roi ou des plantes, dirigé par le savant Thouin, est très-vaste, et consiste en deux longues portions de terrein environnées de charmilles. Les plates-bandes sont bordées en buis.

Le bas du jardin est un bois agreste, composé de toute sorte d'arbres. Sur le côté sont les orangeries et les serres, devant lesquelles on a ménagé un espace pour y transporter en été les pots et les caisses, avec plusieurs petits carrés environnés de taxus pour les plantes. Ces bâtimens sont dominés par une hauteur sur laquelle se trouve une couple de serres, le logement du jardinier, et différentes pièces où l'on conserve les semences: au-delà, et toujours sur la même éminence, il y a des allées, un petit bois et une monticule assez élevée pour que du sommet on découvre tout Paris.

Le même jardin est borné du côté de la rue par le cabinet d'histoire naturelle, composé de plusieurs salles ; la première renferme différentes espèces de bois, d'écorces, de semences, de racines, de fruits et autres objets semblables, dans des flacons et dans des armoires vitrées, avec les noms en françois.

La salle suivante offre une magnifique collection de pierres, dans des armoires et sur des tablettes disposées en gradins. Il y a des pétrifications et beaucoup de différentes espèces de marbres polis.

Dans la troisième salle on voit des oiseaux. Les armoires sont divisées en trois parties ; la partie inférieure contient les nids et les œufs des oiseaux ; les deux supérieures, les oiseaux mêmes, avec des coraux et des coquillages, ainsi que des insectes dans des tiroirs de verre quarrés.

Dans la quatrième salle les amphibies sont suspendus au plancher. J'y remarquai la peau du zèbre, apporté du Cap par la Caille, et que l'on a empaillée. On y conserve aussi des insectes, des poissons, des vers dans de l'esprit-de-vin ; la chambre destinée aux préparations anatomiques, n'étoit pas encore achevée.

Ce cabinet s'ouvre les mardis et jeudis, depuis deux heures jusqu'à cinq. Il y a dans chaque salle une sentinelle qui ne laisse entrer que les gens bien mis.

Les botanistes entrent par-tout, et le jardin forme une promenade publique. Les charmilles sont formées de buis, d'if, d'orme, de houx, de tilleul, de cornouiller mâle, de chevrefeuille, de cerisier, de gaînier, du liciet de Chine, de coronille des jardins, de lilas, d'érable commun et de troëne (1).

Les arbres les plus remarquables de ce jardin, sont l'érable plane, l'érable de Montpellier, l'érable commun, le chêne yeuse, le chêne à cochenille, le cyprès, le génévrier de Ber-

---

(1) *Taxus baccata, ulmus campestris, ilex aquifolium, buxus, Tilia Europea, cornus mascula, lonicera caprifolium, prunus cerasus, cercis siliquas-* *trum, licium barharum, coronilla emerus, acer campestre, syringa vulgaris, ligustrum vulgare.*

mude, l'if, l'orme, le tilleul, le maronnier, le gaînier, le filaria, le platane, le poirier, le cognassier, &c. (1)

L'eau de la Seine qui traverse la ville, incommode souvent les étrangers, auxquels elle donne la diarrhée, par la craie qu'elle dissout.

Chaque matin des tombereaux emportent les ordures que les balayeurs rangent au coin des bornes.

Les maisons sont, pour la plupart, couvertes en ardoise et assez obscures, parce que l'on perce les fenêtres dans l'intérieur même de la muraille, ce qui ne contribue pas non plus à embellir l'extérieur de la maison. Il y a souvent des balcons au second et même au troisième. Certaines fenêtres du rez-de-chaussée et de l'entresol s'ouvrent à coulisses. Les planchers sont pour la plupart en pierres ou en carreaux, conséquemment froids et incommodes ; c'est pourquoi l'on met dans les chambres des pantoufles fourrées. Les lits sont très-hauts et très-grands, isolés de la muraille, et il y a beaucoup de matelas ; mais la forme cylindrique des traversins ne paroît pas très-commode aux cols qui n'y sont pas habitués.

Je ne connois pas de ville mieux éclairée que Paris pendant la nuit. De grandes lanternes qui ne projettent pas d'ombre, sont suspendues au milieu des rues, de distance en distance et à une hauteur convenable. On y promène et on y crie des fruits, différentes marchandises et de l'eau, que des hommes vont chercher à la rivière pour la commodité de ceux qui en sont éloignés.

Dans toutes les places et au coin des rues, les décroteurs vous offrent leur service, qui n'est pas inutile, parce que les ruisseaux qui coulent au milieu des rues, et le grand nombre

---

(1) *Acer platinoïdes, monspessulanum, et campestre; quercus ilex, coccifera, cupressus sempervirens, junipe-* *rus Bermudiana, taxus, ulmus, œsculus, cercis, phillyrea, latifolia et media, pyrus cydonia, platanus.*

de

de voitures de toute espèce, entretiennent des boues éternelles dans cette ville. En Suède ils mourroient de faim pendant les trois quarts de l'année. Quand il pleut, les rues sont, pour ainsi dire, obstruées par les parapluies, dont les Parisiens ne peuvent pas plus se passer que les Japonnais, parce qu'ils ont presque toujours la tête nue.

On commence à prendre les manchons dès le mois de novembre. Ils sont petits, en étoffes ou en plumes, avec des rubans.

Les gens les moins aisés mangent du pain de froment, et par ce moyen peuvent se passer de tout autre aliment.

Quand le froid commence à se faire sentir vivement, les femmes du peuple ont du feu dans des vases de grès pour se chauffer les mains.

Dans les dégels l'eau coule avec tant d'abondance à la Seine, qu'on ne peut passer dans de certaines rues.

Les ventes publiques à la folle enchère se font quelquefois en plein vent, et l'on y trouve du neuf et du vieux. Le crieur, au lieu de frapper avec un marteau ou une massue, comme en Suède, après avoir crié une, deux et trois fois, dit, *adjugé*, et on paie sur le champ.

Les tables ne sont pas toujours garnies de couteaux, et les convives en portent sur eux qui se ferment.

La police se fait très-bien ; le jour comme la nuit les patrouilles se succèdent très-fréquemment ; il y a presque dans toutes les rues un commissaire chargé d'accommoder les petits différends.

Comme il arrive dans une ville aussi immense, que des personnes périssent par divers accidens sans être reconnues, on les transporte dans une petite chambre basse du châtelet, dont la porte a une petite grille. Ceux qui s'apperçoivent de l'absence d'un parent et qui n'en ont pas de nouvelles, vont visiter la Morgue (c'est ainsi que l'on nomme cet endroit), et y retrouvent quelquefois le cadavre de la personne qu'ils cherchent.

Il y a dans ce pays des hommes assez complaisans pour

attendre dans la rue ceux qui se sont attardés, et les reconduire chez eux avec un falot, moyennant une très-foible rétribution.

Le palais marchand est un fort bel édifice, où l'on vend toutes sortes de bijoux et de colifichets. La nuit du nouvel an, il est magnifiquement illuminé, et chaque boutique garnie de marchandises de toute espèce et des plus à la mode.

Le Luxembourg est un superbe palais, avec une grande cour et un vaste jardin, où les hommes ne peuvent entrer qu'en épée et les femmes en robe. On y voit un cabinet de sculptures et peintures tous les mardis et samedis, depuis dix jusqu'à une heure. D'un côté est l'histoire de Marie de Médicis, peinte en tableaux allégoriques par Rubens; de l'autre côté, une grande quantité de tableaux de différentes dimensions.

La plupart des couvens sont vastes, et ont dans leur intérieur des cours et de grands jardins où les séculiers vont se promener librement.

Le waux-hall, situé aux champs-élysées, a été construit et est soutenu par des entrepreneurs. Certains jours de la semaine il y a concert et bal. Tout le monde peut y danser; le soir on y tire un feu d'artifice. Le billet d'entrée coûte trente sols.

Après Noël on expose l'image de Jésus-Christ et de sa mère, dans de petites armoires collées au coin des rues, et ornées de lumières et de couronnes.

Dans le carême les denrées augmentent de prix, parce que les boutiques des bouchers sont fermées; l'on ne peut s'en procurer qu'à l'Hôtel-Dieu, qui tire un grand avantage de ce privilége exclusif. Les œufs, le lait et le beurre, sont aussi très-chers.

Pendant le carnaval les Parisiens ont l'air d'avoir perdu la tête, par toutes les extravagances qu'ils font pour s'amuser; on promène dans les rues un énorme bœuf, avec des cornes dorées, et monté par un enfant. Une multitude innombrable de masques court de tous côtés à pied, à cheval et en voiture.

À cette même époque le Prince héréditaire, aujourd'hui roi de Suède (1), étoit aussi dans cette capitale; il en partit le 26 mars.

Le 29 du même mois j'allai promener au bois de Boulogne, où le peuple danse et trouve différens amusemens.

Au-delà du bois de Boulogne, sur le bord de la Seine, on rencontre la montagne du Calvaire, qui est assez élevée, et sur le penchant de laquelle on a construit sept chapelles où l'on a représenté sept stations de la passion du Christ. Au sommet on voit trois croix, une église et le sépulcre. Aux fêtes de Pâques le peuple y va en pélerinage; l'affluence est considérable, et un prêtre donne une croix à baiser aux dévots pélerins. Deux hermites tiennent des assiettes pour recevoir les offrandes.

Le 30 mars, deux de mes compatriotes, MM. Veber et Volstein, m'engagèrent à voir l'école vétérinaire de Charenton, où il y avoit alors environ cent élèves qui logeoient dans des chambres supérieures, quelquefois deux ou trois ensemble. L'amphithéâtre anatomique occupe un côté du bas; l'autre est une immense salle longue, avec trois rangées de bancs, exhaussés les uns au-dessus des autres, pour les séances publiques. Ce jour-là il y avoit un concours qui a lieu cinq ou six fois par an. Le préfet et quelques députés s'assirent à une longue table avec du papier blanc devant eux pour écrire. Sur une autre table un peu plus petite, on plaça le sujet anatomique. Tous les élèves démontrèrent successivement, et deux à deux, la myologie d'un cheval. Les deux reconnus pour les plus instruits, tirèrent entre eux le prix au sort. Pendant l'examen on appelloit toujours les élèves par leur nom.

---

(1) Le même dont l'intrépide et immortel Ankastrom a délivré les Suédois, mais sans les affranchir du joug monstrueux de la royauté. *Note du rédacteur.*

L'étage supérieur renferme aussi de superbes préparations anatomiques de différens animaux, dans des tiroirs de verre et dans des armoires à portes vitrées. Le directeur de cette utile et belle école, demeure dans une grande maison voisine; à côté de cet édifice, il y a une forge avec deux foyers, pour l'instruction des élèves.

On cultive pour les médicamens des bestiaux, des plantes usuelles dans un petit jardin botanique, qui renferme aussi une petite orangerie.

L'apothicairerie est fort belle.

Les pensionnaires paient 20 liv. par mois. Je remarquai entre autres singularités un mouton turc, qui avoit eu la cuisse coupée, et qui marchoit avec une jambe de bois.

Le premier avril on vendit dans les rues des œufs peints, nommés *œufs de pâques*. Dès que le carême touche à sa fin, on étale et on vend des pigeons et de la viande.

Le 25 avril, la Faye présenta à l'académie de chirurgie une servante, âgée de trente-six ans, qui avoit eu la petite vérole à sept ans. Un abcès et la gangrène, suites trop fréquentes de cette maladie, lui avoient fait perdre la langue par morceaux; elle étoit même restée muette pendant deux ans; mais ensuite elle avoit repris insensiblement l'usage de la parole, quoiqu'il ne lui restât aucun vestige de langue, les glandules seulement étoient un peu enflées, de manière qu'elle parloit très-distinctement et chantoit de même, en serrant les dents et pressant la lèvre inférieure contre la supérieure.

Le 27, il fit une telle sécheresse, que l'on arrosa les boulevards pour abattre la poussière. On conduit l'eau dans des charrettes, sur le derrière desquelles se trouve un tuyau placé en travers et percé comme un arrosoir, pour laisser un passage à l'eau.

Le 2 mai, les gardes-françaises en uniforme bleu, galonné de blanc, et les gardes-suisses en uniforme écarlate, se rendirent en grande cérémonie à Notre-Dame, avec toute leur musique, pour y faire bénir leurs drapeaux. Ce jour-là je montai sur les tours de cette cathédrale, où l'on a le plus beau coup-d'œil.

Le 14 du même mois se célébra le mariage du comte de Provence, avec une fille du roi de Sardaigne. Toute la ville fut illuminée avec des lampions et des chandelles placés sur le bord des fenêtres. On distribua différens comestibles et du vin sur les places publiques.

Le 25, je visitai le jardin des apothicaires, qui, dans un petit espace, contient plusieurs plantes rares, et une espèce de bosquet qui forme promenade dans la partie inférieure. On y a ses entrées moyennant douze livres et six livres *pour boire*. Le jardinier vous donne un catalogue, avec lequel il faut chercher les plantes qui n'ont pas de numéro.

Le 30, jour de la Fête-Dieu, les prêtres se promenèrent en procession dans leur paroisse, portant le *bon-dieu* dans un soleil placé sous un dais : de la musique, des tambours, des encensoirs, des paniers pleins de fleurs, &c. formoient le cortège. Le devant des maisons jusqu'au premier, étoit tapissé, et si bien couvert, qu'un étranger avoit peine à retrouver son logis ; les rues étoient jonchées de fleurs qu'on jettoit devant le soleil, et l'on avoit construit dans différens endroits des autels où les prêtres donnoient la bénédiction au peuple. Pendant la procession, l'on quêtoit pour délivrer des prisonniers du petit-châtelet, et l'on faisoit en général beaucoup de singeries et de pieuses grimaces.

L'après-midi j'allai voir les tapisseries de la magnifique manufacture des Gobelins, exposées dans des cours et dans des appartemens. Elles représentent des histoires de la *bible*, et divers sujets des *métamorphoses* d'Ovide, et autres.

Le 12 juin, je fus chez Roux, célèbre émailleur. Il excelle sur-tout à faire des yeux d'émail, qu'on ne peut absolument distinguer des yeux naturels. Il en représente aussi fidellement toutes les maladies. Pour imiter les différentes couleurs de cet organe, il emploie différens émaux de Venise, et les mêle avec des métaux.

Comme tout le monde n'a pas l'avantage d'être admis dans son attelier, je vais en donner la description.

Sur une table recouverte d'une plaque de laiton, est un tiroir plein d'huile, avec une fort grosse mêche; sous cette même table un soufflet qu'il fait aller lui-même, dont le bout passe à travers la table, et se termine par un conduit de verre courbé, qui répond auprès de la lampe; il s'en sert pour mettre l'émail en fusion. Il commence par mettre le globe de l'œil au bout d'un tuyau de pipe, le cercle s'élargit, et on ne le retire que quand il y a un trou pour la cornée, qu'il fait avec de l'émail bleu; il chauffe l'extrémité de cette composition, souffle la cornée et le reste du globe. Il prend ensuite un bâton d'émail bleu mêlé de blanc, pour faire des points dans l'intérieur de la cornée; il en distribue encore de blancs parmi ceux-ci, qu'il entre-mêle encore de petits traits bleus et blancs, et fond toutes ces couleurs au feu. La prunelle se fait avec un émail noir, dessous lequel se trouve une plus forte épaisseur de crystal fin, pour rendre la cornée transparente. Toute cette composition prend au feu la forme qui lui convient; l'artiste retire le tuyau de pipe, après avoir adapté un bâton de crystal à la cornée, et l'orbite se forme en dedans. Il se sert d'un compas très-exact pour arrêter, tout en soufflant, la grandeur de la prunelle et sa convexité. Il enlève de l'œil le superflu qui pourroit nuire à l'accord de toutes les parties, et unit les bords en les passant au feu. Avant de retirer la pipe, il souffle le globe de l'œil des deux côtés, afin de former les fontaines lacrymales. Quand l'opération touche à sa fin, il colle légèrement un bâton de crystal dans le coin de l'œil, et retire celui qui tenoit à la cornée; on souffle pour égaliser les petites cavités qui pourroient être restées. On met enfin l'œil dans un tiroir plein de feu et de cendres chaudes, où il se refroidit insensiblement. Cet ingénieux artiste travaille avec des lunettes dans une chambre obscure, dont les volets sont fermés. Devant son feu est une plaque de métal avec un manche, et dont la partie convexe est tournée du côté du feu.

Chaque mois il distribue *gratis* des yeux aux pauvres, les vend assez bon marché aux personnes peu fortunées, et se fait bien payer des riches. Il a des yeux depuis un louis jusqu'à vingt-cinq. Les chirurgiens ne les lui paient que six livres la pièce.

Quand on a eu le malheur de perdre un œil, et qu'on peut le remplacer par un autre d'émail, on va chez Roux, qui vous en fait un bien semblable à celui qui vous reste. On peut aussi envoyer le dessin par la poste, avec une description bien exacte, et vous pouvez compter sur son exactitude. Alors il a soin de mettre de côté les échantillons des émaux dont il s'est servi, les enveloppe dans du papier pour une autre fois. Comme l'iris a différentes teintes, il faut en changer la couleur et les nuances, aussi bien que les rayons, le point visuel, les nues et les gerbes. Il y a des yeux de différentes grandeurs, suivant les divers âges; il les fait quelquefois avec la corne des ongles ou des griffes de différens animaux; un œil de cette sorte ne peut servir que trois mois, ou six au plus; alors il faut le changer, parce qu'il doit être usé en partie.

Les yeux qui représentent les maladies de cet organe, se vendent de douze à vingt-quatre livres. Il y en a au moins de cinquante espèces différentes.

Le 2 juillet, on promena dans les rues un mannequin d'homme, à qui l'on coupa la tête et que l'on brûla, en mémoire de ce que plusieurs années auparavant, un Suisse ivre avoit frappé, avec son sabre, une statue de la vierge, posée à la porte d'un couvent (1). Cet acte de folie avoit été puni du châtiment dont

---

(1) Cette vierge étoit au coin de la rue aux Ours.

le peuple fait tous les ans la représentation sur cette effigie.

Vers la même époque j'allai chez M. Geoffroy, qui me reçut avec beaucoup d'honnêteté. Il eut la complaisance de me montrer sa collection d'insectes, rangée le long des murs d'une chambre, dans des cadres de verre.

Je pris la galiote pour me rendre à Versailles et de-là à Trianon, où se trouve le plus beau jardin botanique que j'aie jamais vu. J'examinai aussi la collection des plantes de M. Richard, rassemblée par Richard jeune, dans son voyage à Majorque et à Minorque.

CHAPITRE V.

Retour de Paris en Hollande : du 18 juillet au 10 décembre 1771.

Le 18 juillet je partis de Paris pour me rendre à Rouen, et de-là continuer mon voyage par mer, jusqu'en Hollande ; c'étoit le prélude d'un autre de bien plus long cours, aux Indes orientales, que M. le professeur Burmann m'avoit proposé pendant mon séjour dans la ville d'Amsterdam. Il seroit difficile d'exprimer avec quel plaisir j'avois accepté cette offre.

Je fis mon voyage de Rouen moitié par eau et moitié par terre. En descendant la Seine, je vis la machine de Marly, qui fournit de l'eau à Versailles, en lui faisant franchir des hauteurs considérables.

En marchant la nuit et le jour j'arrivai à Rouen le 19 juillet, c'est-à-dire, le lendemain de mon départ de Paris.

Le grand pont sur lequel on traverse la Seine à Rouen, est construit sur des bateaux, et se démonte en plusieurs parties.

J'allai voir, hors de la ville, une manufacture d'indiennes que l'on

EN HOLLANDE.

l'on imprime d'un côté avec de petites formes carrées, dont le nombre est proportionné aux différentes couleurs qu'on emploie.

On commence par tremper la forme dans un tamis, qui nage au milieu d'une couleur liquide ; ensuite un garçon passe dessus cette forme une brosse trempée dans la couleur qu'on veut employer. On assujettit cette forme sur l'étoffe, avec des vis d'acier ; d'une main on la pose, et de l'autre on frappe avec un maillet. En sortant de l'impression, les couleurs sont toutes pâles, et ne prennent de la vivacité que quand l'étoffe a bouilli dans une espèce de lessive préparée exprès.

La montagne voisine de Rouen, paroît formée de différentes couches de pierres à chaux et de cailloux ; chaque couche peut avoir un peu plus d'un empan d'épaisseur. Elles occupent environ la moitié de hauteur de cette montagne ; au-dessous commence la pierre à chaux. Les cailloux sont souvent noirs, quelquefois gris, blancs et bleuâtres. Il y a beaucoup de trous et d'élévations. Quoique cette pierre à chaux soit entremêlée de cailloux, on en tire cependant des pierres de taille pour la construction. Auprès de Paris je vis de la pierre à chaux plus imprégnée de pétrifications que celle-ci.

La montagne près la Bouille, semble aussi renfermer des cailloux, et celle de Quillebœuf, de petits fragmens de pierres à chaux entre-mêlée de petits cailloux.

Le 9 août je partis de Rouen sur un vaisseau hollandois. En descendant le fleuve, tantôt nous hissions les voiles, tantôt nous nous laissions aller au courant, et souvent nous jettions l'ancre. Plus on approche de la mer, plus le flux est sensible, et quand la marée est basse, beaucoup d'endroits restent à sec, de manière que les vaisseaux s'enfoncent dans la vase.

Les dimanches et fêtes, les habitans des villages s'amusent et dansent dans les prairies ; leurs femmes ont une coëffure assez

Tome I. G

étrange ; leur bonnet est de dentelle d'or ou d'argent, des deux côtés pendent des espèces de barbes de toile ou de mousseline. Elles portent des corps et des jupons avec des cocardes de ruban par derrière et sur les hanches.

Outre le caillou et la pierre à chaux qui constitue la masse de la montagne, il y a encore une autre couche de pierre à chaux d'un pouce d'épaisseur, plus claire et plus obscure, formée par le sédiment des flux et reflux, comme on le voit aisément par les élévations cachées sous l'eau, et qui demeurent à sec à la descente du flux. On doit attribuer la couleur de ces couches, à la terre glaise de dessous, qui est assez obscure, et au sédiment que l'eau dépose dessus et qui est plus clair et d'un gris jaunâtre. On peut donc apprendre aisément et de quelle manière se forment les lits dans les montagnes, par le moyen du sédiment que le flux dépose en s'écoulant doucement. Ce sédiment, qui forme des couches placées les unes au-dessus des autres, acquiert, chaque fois qu'il se trouve à sec, une certaine consistance, avant que le flux ne remonte, ce qui ne tarde pas. Depuis Paris jusqu'à la mer, les collines sont presque toutes de la même hauteur, et ont à-peu-près l'inclinaison de celle du château situé près d'Upsal. On remarque des espèces de golfes, tantôt bas et tantôt escarpés ; leur escarpement provient des morceaux qui se détachent et roulent en bas, comme on le voit après le flux, par les petits bancs qui se forment insensiblement sous l'eau. La plupart de ces golfes n'étoient originairement que des fragmens de terre plus ou moins gros, placés au bas de ces montagnes et accrus insensiblement par le sédiment de l'eau, qui les a ensuite abandonnés. Une partie de ces éminences s'étant trouvée nue, une autre peu solide encore, et cependant couverte d'herbes, a pu former des îles, des anses qui ressembloient à de petits ports, et dans leur petite dimension, elles ont la forme des grandes collines situées auprès des grandes montagnes. Ces observations expliquent assez clairement, je crois, la formation des montagnes, et la diminution de l'eau (1).

Plus près de la mer les cailloux sont bien moins abondans et moins formés que dans l'intérieur du pays. Sur le bord de la mer ils sont pâles, la croûte est plus épaisse et plus grise, et ne paroît pas aussi dure. Le caillou se coagule dans l'intérieur de la terre, par le moyen de la chaux, quoique ces deux matières soient ensuite bien séparées. C'est ainsi que le pain, arrêté dans sa fermentation ou saisi par le froid, forme quelquefois une masse si dure, qu'on a de la peine à croire que c'est toujours la même pâte du pain ordinaire, qui n'a souffert d'altération que dans la cuisson.

Un pilote-côtier accompagne le bâtiment jusqu'à la mer. Il a soin de faire jetter l'ancre pendant le flux, de manière que le vaisseau se trouve souvent près de la terre et dans des baies, profondément enfoncé et couché de côté dans la vase. Notre pilote-côtier fut assez imprudent pour engager notre navire dans une baie, et s'y placer en travers ; quand l'eau baissa, il se trouva porté seulement sur l'avant et l'arrière, et à faux sous le milieu ; il se rompit en deux, et on fut obligé de le conduire au Hâvre pour le faire réparer. Ce naufrage arrivé en terre ferme, m'obligea de faire transporter mes malles dans un autre navire pour continuer ma route.

Le 22 août j'abordai à Honfleur, petit port de mer assez sûr. Le reflux laisse à découvert une assez vaste étendue du rivage de la Seine. Je vis pêcher une grande quantité de crabes squille (2), avec un filet passé dans deux bâtons, et que des hommes poussoient devant eux.

Le vent affoiblit les yeux des matelots et les rend rouges ;

---

(1) Ou plutôt la retraite des eaux. *Note du rédacteur.*
(2) *Cancer squilla.*

le roulis du vaisseau leur cambre les jambes ; le travail et le maniement des cordes, leur remplit les mains de durillons.

Le 30 juillet, je vis Amsterdam pour la seconde fois, et je volai chez les professeurs Burmann, qui me témoignèrent la même bienveillance à laquelle ils m'avoient déjà accoutumé.

La foire annuelle qui dure trois semaines, se tint dans le courant de septembre ; les marchands dressèrent des boutiques sur les places publiques et dans plusieurs autres endroits.

Les préparatifs nécessaires pour mon long voyage, n'empêchoient pas que je n'allasse presque tous les jours visiter dans la matinée, le jardin médicinal, et je passois l'après-midi au milieu des collections du professeur Burmann, ou dans sa bibliothèque. J'examinai, d'après son invitation, toutes les diverses espèces de plantes du jardin médicinal, et de plusieurs autres, pour savoir si elles avoient été exactement nommées. Elles étoient rangées suivant le système de Van-Royens, et chacune avoit son numéro peint sur un pieu.

Je vis à l'académie de peinture, la salle d'anatomie, qui renferme différentes préparations, les animaux étrangers de Blauve-Jan, et d'autres objets très-curieux. Chaque matin je parcourois les hôpitaux. Blauve-Jan est le nom d'une maison bourgeoise où l'on vend du vin en détail, et où l'on montre des quadrupèdes et des oiseaux des Indes et de l'Afrique. Ces animaux, renfermés dans des cages, attirent beaucoup de curieux, qui sont obligés de prendre quelques bouteilles de vin pour les voir *gratis*.

J'eus occasion de faire connoissance avec M. Kleinhof, qui a passé trois ans dans les Indes occidentales, et vingt-un ans à Batavia. Il demeuroit alors à deux journées d'Amsterdam, et vivoit de son revenu. Je lui dois des éclaircissemens précieux sur les Indes orientales.

Je fis aussi connoissance avec M. Schelling, qui avoit été longtems inspecteur des hôpitaux en Amérique, et qui se proposoit d'y retourner. Il m'apprit que la maladie dominante parmi les Américains, nommée *yassi* (1), n'est pas connue en Europe. Elle cause des douleurs très-vives, une forte éruption, et est chronique. Ceux qui en sont attaqués ressentent des picotemens sur la peau, semblables à des piquures d'aiguille. On les guérit par l'administration du mercure. La lèpre, me dit-il, est assez commune en Amérique ; elle commence par une petite tache, qui finit par s'étendre sur toute la peau ; la partie du corps couverte de cette tache, est absolument dépourvue de toute sensibilité, même quand on la pique avec une aiguille rougie au feu. Dans la suite du tems les membres tombent en travaillant, sans causer la moindre douleur. On peut arrêter longtems les progrès de cette maladie, par une bonne diète ; et après s'être étendue par-tout, ordinairement elle disparoît. On y emploie les sudorifiques avec succès, mais le mercure lui est contraire.

Le 4 novembre, on reçut à l'*Atheneum* ou université, un professeur de droit, qui fit un discours latin sur la jurisprudence civile, qui concerne le commerce (2). Tous les professeurs avoient des manteaux noirs, des rabats blancs et des perruques à marteaux, et à grandes boucles, dont deux pendoient en devant et deux autres sur chaque épaule.

---

(1) M. Forster croit qu'il faut écrire *yaws*. (*Trad. allem.*)

(2) *De Jurisprudentia civili circà promovendam mercaturam.*

CHAPITRE VI.

Voyage de Hollande au Cap de Bonne-Espérance : du 10 décembre 1771 au 17 avril 1772.

Depuis mon premier voyage à Amsterdam, et pendant mon séjour à Paris, le professeur Burmann, chez qui j'avois passé des momens si agréables, avoit parlé de moi à des Hollandois opulens; il leur avoit vanté mes connoissances en histoire naturelle, de manière à prouver l'utilité dont je pouvois être à des amateurs d'arbres et de plantes rares, qui voudroient me faire voyager à leurs dépens, sur-tout si je pouvois parcourir quelques parties septentrionales de l'Asie, particulièrement le Japon, dont on ne possédoit encore aucune plante en Europe, quoiqu'il y eût tout lieu de croire qu'elles y réussiroient aussi bien que celles qu'on avoit apportées en dernier lieu de l'Amérique septentrionale, en très-grande quantité.

Il n'en fallut pas davantage pour déterminer de riches amateurs, qui n'épargnoient rien quand il s'agissoit d'enrichir leurs jardins et leurs campagnes, à me procurer les fonds et les recommandations nécessaires à faire un voyage au Japon. Comme les Hollandois sont les seuls Européens à qui l'entrée de ce royaume soit permise, il étoit indispensable, non-seulement que j'entendisse bien le hollandois, mais que je le parlasse couramment. C'est pourquoi je demandai à entrer au service de la compagnie hollandoise, et à faire un séjour de deux ans au Cap de Bonne-Espérance, avant de pousser plus loin mes courses.

Cette compagnie fait des armemens pour les Indes orientales, à trois différentes époques de l'année; mais la flotte la plus considérable part au mois de septembre, et se nomme *flotte de*

AU CAP DE BONNE-ESPÉRANCE.

Kermès ; la seconde, un peu moins forte, met à la voile avant les fêtes de Noël, dont elle porte le nom ; la troisième, appellée *flotte de Pâques,* est prête vers cette époque.

La première se trouvant toute disposée à mettre à la voile, et n'attendant qu'un vent favorable auprès de l'île de Texel, et la seconde étant munie de tous ses officiers, il fut décidé que l'on me coucheroit sur l'état, comme chirurgien surnuméraire des vaisseaux destinés pour le Cap de Bonne-Espérance. N'ayant pas contracté d'engagement, je ne devois faire de service qu'autant que je le voudrois bien. J'avois, en outre, l'avantage de pouvoir rester trois années entières et consécutives au Cap, sans être obligé de partir avec les vaisseaux qu'on expédie de là dans différentes contrées.

Je montai donc le vaisseau *Schoonzigt,* capitaine Rondecrautz, Suédois, né près de Calmar.

Je consacrai le peu de tems qui me restoit, à bien connoître la force et les intérêts de la compagnie hollandoise des Indes orientales, le régime de ses vaisseaux, de ses établissemens, et de ses comptoirs dans les Indes.

Le 6 décembre, on fit la revue de l'équipage de notre vaisseau, et tout le monde prêta serment dans l'hôtel de la compagnie des Indes. Ensuite on transporta tous les ballots à bord. Les caisses, dont on paie le transport, portent la marque de la compagnie, appliquée avec un fer rouge ; les barques même du vaisseau les y transportent. On ne donne au soldat qu'un petit coffre, d'environ une anne en quarré, pour cacher son misérable butin ; un plus grand, du double, au matelot, qui a besoin de changer d'habit plus souvent que l'autre ; un ou plusieurs aux officiers, outre les tonneaux de bière, les paniers, les cantines, tant pour les marchandises, que pour les comestibles. La plupart savent aussi le moyen de charger pour leur compte, des provisions et des ballots.

Chaque vaisseau est monté de plus de cent matelots, et de

deux ou trois cents soldats. Deux ou trois jours avant l'embarquement de l'équipage, on annonce au son de la caisse, le jour où il doit se rendre à bord. Si quelque officier reste chez lui, on lui fait l'honneur de battre la caisse à sa porte, pendant un certain tems. Cette cérémonie lui coûte quelque argent, et attire tous les passans devant sa maison.

Le 10 décembre, je suivis, dans le yacht de la compagnie des Indes orientales, le directeur Beaumont, qui alloit au Texel, où il y avoit plusieurs vaisseaux de la compagnie, qui, pour mettre à la voile, n'attendoient que la revue et le vent. J'étois abondamment pourvu de lettres de recommandation pour M. Tulbagh, gouverneur du Cap de Bonne-Espérance, de la part de Rheede-van-Oudshorn, qui devoit partir à Pâques, pour le Cap, en qualité de vice-gouverneur; du bourgmestre Temming, ainsi que du professeur Burmann, et de sa belle-mère, au conseiller politique Bery, et de M. Nethling, secrétaire de justice.

Nous arrivâmes le 11 au Texel.

Le 14, j'eus le plaisir de voir la revue sur le *Nieuwroon*, vaisseau de la compagnie des Indes orientales. Aussi-tôt que les officiers eurent été appellés, ils reçurent leurs instructions. On distribua les chambres et les cabinets, et le conseil du vaisseau s'établit. Ensuite les soldats et les matelots passèrent la revue, furent examinés de nouveau, quoiqu'ils l'eussent déjà été à Amsterdam, pour s'assurer de leur capacité, qu'on jugeoit en général, par l'extérieur ou par la mauvaise volonté d'un capitaine, qui diminuoit souvent, en dépit de la justice et de la raison, un ou plusieurs florins sur la paie de chaque mois. Après que le directeur se fut retiré, les gens de l'équipage montèrent aux mâts, et agitant leurs chapeaux et leurs bonnets, firent trois fois retentir l'air de leurs cris d'allégresse; ceux de l'yacht leur répondirent autant de fois, et l'on tira les canons de ces deux bâtimens.

AU CAP DE BONNE-ESPÉRANCE.

Le soir même, un soldat du navire sur lequel je devois monter, eut le pied gauche pris dans une corde du tourniquet, et se déchira, de manière que l'os de la jambe fut séparé de son articulation, et que les nerfs qui correspondent de la jambe au pied, étoient rompus, et il ne tenoit plus que par le tendon d'achille. Ce triste événement me priva du plaisir de passer mon temps sur l'yacht du directeur Beaumont, où j'aurois attendu que la revue ait été faite sur tous les vaisseaux; mais le lendemain matin il fallut, en qualité de chirurgien, me rendre à bord du *Schoonzigt*. Le blessé étoit déjà pansé, sans que l'on ait pu trouver l'artère pour la lier. Tandis que l'on se disposoit à lui amputer la jambe, il vint des ordres pour le transporter à l'hôpital d'Amsterdam.

Nous attendîmes encore quinze jours un vent favorable pour mettre à la voile. Ce délai me laissa le tems de m'instruire du régime intérieur d'un vaisseau, tant pour les gens bien portans, que pour les malades. Chacun se choisit un camarade pour le voyage, et lui accorde toute sa confiance. On distribue les plats pour des tables de sept personnes; un convive, nommé *maître de la table* (1), est chargé d'y présider. On distribue aux soldats et aux matelots, des écuelles de bois aussi fragiles que celles de terre.

Comme il n'y avoit pas plus de huit jours que l'équipage étoit embarqué, je ne m'attendois pas à trouver des malades à mon arrivée, mais il y en avoit déjà plusieurs; en outre, les vaisseaux en rade devant le Texel, depuis le mois de septembre, avoient un si grand nombre de malades et de morts, qu'après avoir gagné au large avec un bon vent, quatre bâtimens (2) furent obligés de virer de bord, pour prendre des hommes frais et bien portans, quoique leur équipage fût de plus de trois cents hommes.

---

(1) *Back mester.*
(2) Le *Grænendal*, le *Huyster-mey*, le *Kronebourg*, et le *Hosnkoop*.

Je trouvai plusieurs causes à cette épidémie : le tems étoit épais, humide et nébuleux à un tel point, que personne n'osoit aller d'un bâtiment à un autre sans boussole, parce qu'il n'y avoit ni lanterne, ni fanal dont la lumière fût capable de percer le brouillard ; de plus il règne un grand désordre dans l'intérieur du vaisseau, avant qu'il mette à la voile ; mais ce qui contribue plus que tout le reste à augmenter le nombre des malades, c'est incontestablement la prodigieuse quantité de soldats à demi-morts de faim, scorbutiques et mal constitués, que les vendeurs de chair humaine entassent dans le navire. Ces malheureux, non accoutumés à la vie qu'on mène à bord, et à l'air froid et humide de la mer, ne tardent pas à être attaqués de fièvres putrides, et les communiquent à tout l'équipage. Le défaut d'habits et l'ennui, accélèrent encore les progrès de la maladie.

Comme ces infames marchands d'hommes font le malheur des étrangers nouvellement arrivés, en les attirant chez eux, et en les vendant ensuite pour les Indes orientales, j'ai cru devoir en dire deux mots, pour les faire connoître à ceux qui se proposent de voyager en Hollande. Ce sont des bourgeois, qu'on nomme *Kosthouders,* et qui ont le droit de donner à manger et à loger, au prix courant. Cette espèce de commerce leur sert à en couvrir un autre bien criminel. Leurs cruautés ne parviennent jamais à la connoissance du gouvernement, ou au moins ne sont jamais punies. Non-seulement ils ont des valets qui épient les nouveaux débarqués, mais ils mettent dans leurs intérêts, les charretiers qui transportent les effets de l'étranger, du navire dans une de ces auberges, où il se trouve à l'instant enfermé dans une chambre, avec une quantité d'autres infortunés comme lui. Ils sont quelquefois plus de cent, mal nourris, vendus pour servir comme soldats de la compagnie des Indes, et conduits à bord au moment où le vaisseau va mettre à la voile. Le marchand reçoit deux mois de leur paie, et un effet nommé *trans-*

AU CAP DE BONNE-ESPÉRANCE.

port, de la somme de 100, 150 ou 200 florins. Pendant les deux ou trois mois que les pauvres étrangers passent chez lui en captivité, ils gagnent le scorbut, la consomption, et tombent dans une profonde mélancolie, ce qui se reconnoît aisément quand ils sont à bord, par leurs visages pâles, leurs lèvres bleues, et leurs jambes enflées; on les distingue sans peine des hommes frais et sains. On nomme *transport* ou billets d'*avances*, les *bons* que la compagnie des Indes orientales donne pour une certaine somme à quiconque s'engage à son service, pour pouvoir s'équiper; mais la compagnie ne paie aucune somme qui n'ait été préalablement bien gagnée : ainsi, quand le porteur d'un pareil billet meurt avant d'en avoir gagné le montant, il n'y en a qu'une partie de payée, le reste est perdu. C'est pourquoi on ne les négocie qu'avec un désavantage proportionné à la mauvaise santé du propriétaire. Il faut ordinairement sacrifier la moitié de la somme.

C'est ainsi qu'une foule d'innocens et même de personnes bien nées, tombent dans les mains de ces marchands de chair humaine, et se trouvent contraintes de partir comme soldats, pour les Indes orientales ou occidentales. Leur engagement est pour le moins de cinq ans. A la vérité, tous les soldats de la compagnie ne sont pas recrutés par surprise : quelques-uns contraints faute d'occupations ou de moyens de subsister, vont de leur plein gré chez ces enrôleurs, qui les nourrissent et les logent, mais en même tems les enferment pour s'assurer de leur personne, jusqu'à ce qu'ils puissent être conduits à bord. Au reste, il n'en est pas moins vrai qu'une foule de malheureux sont victimes de leur inexpérience, et que, sans autoriser proprement ces horreurs, le Gouvernement ne laisse pas d'en profiter. Les directeurs de la compagnie sur-tout, ne peuvent se disculper de l'approbation tacite qu'ils y donnent, en feignant d'ignorer de quelle manière les vendeurs d'hommes leur en procurent. Au moment de la revue, si quelqu'un de ces recrues veut faire ses réclamations, le directeur, peu scrupuleux, dit qu'un pareil individu n'est pas assez relevé pour refuser de servir la compagnie. La direction a donc toutes les facilités possibles de réprimer ces actes aussi violens qu'illégaux, en prenant des informations bien exactes au moment où se fait la revue à bord. Souvent on entend ces malheureux se plaindre d'avoir été volés par le *marchand d'hommes*, qui leur prend leurs habits et autres effets, et qui les dédommage par deux ou trois paires de bas de laine, un pantalon et une jaquette de toile à voiles, seize livres de tabac, et un petit barril d'eau-de-vie. A leur arrivée dans le bâtiment, on leur vole la moitié de ce petit butin, qui ne doit pourtant pas exciter l'envie. Alors ils sont obligés de rester, dans les plus grands froids, tête et pieds nuds, sans avoir à peine de quoi se nourrir.

L'équipage, ainsi mal habillé et découragé, forcé, dans des occasions peu importantes, à un travail pénible, doit naturellement être exposé à des maladies de toute espèce ; aussi dès les commencemens même de la navigation, la plupart des matelots et des soldats sont-ils déjà hors de service, ce qui cause de grandes pertes à la compagnie. Elle pourroit éviter cet inconvénient en établissant, auprès de son chantier, une espèce d'auberge, où les pauvres qui voudroient entrer à son service, seroient nourris et entretenus, jusqu'au moment du départ des vaisseaux ; ils acquitteroient ces petites avances, moyennant une retenue sur leur paie, et l'on n'enrichiroit pas des scélérats qui violent toutes les loix de l'humanité.

Je ne connois pas d'endroits où l'on vole aussi fréquemment et d'une manière plus audacieuse, que sur les navires de la compagnie des indes, pendant qu'ils sont au Texel. On force les coffres pendant la nuit, et l'on n'y laisse rien, au point que le propriétaire n'a rien pour changer. On vole les hamacs et les matelas, les souliers, les bonnets de nuit à ceux qui dorment; certains malades ont perdu leurs culottes et leurs bas, sur lesquels ils étoient cependant couchés. Quand ils se lèvent, ou qu'ils se rétablissent, ils sont obligés de marcher la tête découverte, sans souliers, et à demi-nuds, quelquefois même de coucher sur le pont, quand on leur a pris leur lit.

Tant que l'on est à l'ancre dans la rade du Texel, on ne touche pas aux médicamens, parce que la ville fournit tous les remèdes dont on peut avoir besoin, et les malades sont entre les deux ponts, sur l'avant du vaisseau; mais dès qu'on a gagné au large, on les transporte sous le premier pont, parce qu'alors le cabestan ne sert plus pour l'ancre. D'un côté, on attache fortement les coffres à remèdes; de l'autre, on fait un lit de planches pour ceux qui n'ont pas de hamac; il dure tout le voyage.

Le médecin de la compagnie des Indes orientales, M. Famars, avoit bien recommandé, pour prévenir la communication des maladies sur les bâtimens, que les gardes-malades eussent toujours devant la bouche une éponge humectée de vinaigre, qu'ils se lavassent avec de la même liqueur, et que ceux qui se portoient bien, bussent de l'eau de tamarin, et se servissent d'esprit de *cochlearia*, que les convalescens prissent de la teinture de squine (1), et mangeassent du mouton frais; que l'on arrosât de vinaigre les cloisons de séparation du vaisseau. Il avoit encore prescrit une foule d'autres précautions qui furent insuffisantes pour arrêter l'épidémie, qui ne cessa qu'après avoir attaqué plus ou moins fort les malheureuses victimes de l'avidité des marchands de chair humaine.

Le 30 décembre, à trois heures après-midi, nous partîmes du Texel, avec un bon vent d'est, qui continuoit en augmentant depuis vingt-quatre heures. Le capitaine Morland, qui montoit le vaisseau commandant *Bovenkerker-polder*, donna le signal de lever la première et la dernière ancre. Notre flotte étoit composée d'un grand nombre de bâtimens de la compagnie

---

(1) *Smilax china.*

des Indes, et de vaisseaux marchands. Après que le pilote-côtier et les visiteurs eurent quitté nos navires, et que nous eûmes dépassé la troisième balise, on tira le canon, et nous nous souhaitâmes réciproquement un bon voyage.

Le 31 après-midi, nous traversâmes le canal qui sépare la France de l'Angleterre.

Le 3 janvier 1772, nous nous trouvâmes dans les mers d'Espagne, et l'eau, qui jusques-là avoit paru verte, prit un ton bleu obscur ; nous commençâmes aussi à nous appercevoir qu'il faisoit plus chaud.

Le 4, au repas du soir, on servit sur la table des officiers, des crêpes, espèces d'omelettes faites avec de la farine et des œufs. L'aumônier (1), en qualité de maître pâtissier, avoit fourni la farine au maître-d'hôtel, et soit par mégarde ou par bêtise, il y avoit mêlé presque la moitié de blanc de céruse, réservé dans une cruche pour peindre le vaisseau, et enfermé dans l'armoire à la farine. Le poids seul devoit suffire pour empêcher une pareille méprise. Les crêpes étoient minces et brûlées dans différens endroits, et sur-tout d'un côté, en outre aussi blanches et aussi sèches, que si l'on n'y avoit pas mis de beurre. On accusa le cuisinier de lésinerie ; il fut appellé et fortement réprimandé. Cependant la plus grande partie des officiers se partagèrent une crêpe, à laquelle on trouva un goût très-doux, sans aucun indice de poison. Le reste fut distribué entre le maître-d'hôtel et les mousses. Enfin, vingt personnes en mangèrent ; elles agirent différemment sur les individus. Les mousses, par exemple, les rendirent tout de suite, comme ayant sans doute les nerfs plus délicats et plus faciles à irriter ; quelques-uns pendant la nuit, et les autres pendant tout le jour suivant. Le blanc de céruse, d'un gris obscur, déposoit au fond des pots.

---

(1) L'aumônier des bâtimens hollandois est un ministre protestant, qu'ils nomment *Domine*. *Note du rédacteur*.

Quoiqu'on attribuât ces indispositions au vert-de-gris de quelques casserolles et au mal de mer, la vue du sédiment m'inspira l'idée de faire une épreuve. J'en mis donc un peu sur des charbons ardens, que j'animai encore avec le soufflet. Je ne tardai pas à voir du plomb fondu ; ceci me rappella que le vinaigre de France, dont nous nous étions servis à table, nous avoit paru très-doux en mangeant les crêpes, ce qui ne se pouvoit attribuer à la légère dose de sucre dont elles étoient saupoudrées. Il falloit donc qu'on y eût employé un ingrédient imprégné de plomb. L'expérience me prouva la vérité de mes soupçons. Ceux qui vomirent dès le soir, furent complètement guéris, comme les jeunes enrôlés et quelques officiers, qui ne ressentirent plus aucun mal-aise. Sans doute qu'ils avoient mangé les premières crêpes qui contenoient moins de blanc de céruse que les dernières. Quelques-uns qui furent plus maltraités, méritent un détail particulier.

Le capitaine, après avoir vomi, se porta bien pendant deux jours ; mais il eut ensuite une colique, qu'aucun émollient externe, ni les tisanes, ni les remèdes ne purent calmer. Elle dura deux jours ; il n'y eut qu'une dose d'opium liquide qui l'en délivra. Il étoit, pour ainsi dire, tombé en éthysie, et sa toux dura plusieurs jours.

Mais l'aumônier du vaisseau, et moi, fûmes les plus maltraités. Le 5 au matin, mon vomissement commença, et me prit trente ou quarante fois dans la journée. Je rendis environ cinq cuillerées d'un sédiment brun. J'avois mangé une des premières crêpes du plat, conséquemment une des dernières faites, qui contenoit bien plus de blanc de céruse que celles de dessous. Je ressentois en même tems un mal de tête et des coliques, peu fortes à la vérité. Le même jour mes gencives enflèrent de la partie inférieure à la supérieure, il y vint même de petites bosses qui renfermoient sans doute du blanc de céruse ; elles étoient fort sensibles. Les glandes de la bouche enflèrent comme celles du menton ; ma salive étoit épaisse, ma langue brunâtre. Je ne me soulageai qu'en buvant beaucoup, pour exciter le vomissement, et j'appaisai l'enflure de la bouche avec un gargarisme émollient. Le 6, j'eus une bonne salivation, et ma bouche remplie de plaies, principalement sur les côtés, rendoit une mauvaise odeur. Une glaire jaunâtre s'attacha sur mes dents, et mon urine tiroit beaucoup sur le rouge. Pour précipiter la matière par le bas, je pris une médecine. Le 7, mon crachement continua, mais moins abondamment ; les plaies de l'intérieur de la bouche devinrent jaunes.

Le 8, je me trouvai beaucoup mieux ; mais le blanc des yeux s'enflamma ; je me guéris en les frottant avec la paupière. Le 9, les larmes coulèrent en abondance ; elles étoient cuisantes et rougeâtres. Le côté gauche de la joue enfla, avec une douleur d'oreille fort incommode, sur-tout quand j'avalois, car je ne buvois qu'avec beaucoup de peine, et je ne pouvois ni mâcher, ni avaler aucun aliment solide. A midi, j'apperçus sur l'enflure de mes doigts des taches rouges, plus ou moins grandes, comme si elles étoient produites par le froid, mais sans qu'elles me causassent une douleur sensible. Elles disparurent quelques heures après, et reparurent au bout de deux jours ; l'enflure du col étoit passée, et le plomb descendit de la tête dans l'estomac, où il me causa encore quelques vomissemens. Le 11, ils continuèrent, et furent même un peu sanguinolens. Le 13, je n'eus qu'une légère colique, et seulement quelques envies de vomir.

Le 14, la bouche et le gosier furent si secs, que tout sembloit collé ensemble ; on appercevoit un peu de blanc de céruse dans la salive. Le 15, j'eus de nouveau la colique, avec une froideur dans les genoux, dont plusieurs officiers s'étoient plaints aussi. Le 19, un grand mal de tête, avec des envies de vomir, et une grande foiblesse. Le 21, je ressentis de nouveau la colique, avec une douleur volante dans le bras droit, mais fixe dans le genou,

genou, sous la plante des pieds, et entre les os même des pieds, ce qui me gênoit beaucoup pour marcher, et dura jusqu'au 22. Je me portai ensuite un peu mieux, et repris insensiblement mes forces, jusqu'au commencement de février, où les douleurs me reprirent et se combinèrent avec un rhumatisme, qui me força, le 9 du même mois, à garder le lit, à cause de la foiblesse des genoux, qui augmentoit chaque jour de plus en plus. Je pris aussi-tôt un vomitif pour me nettoyer l'estomac.

Le 16, j'eus un grand mal de tête, des douleurs dans les jointures, et la colique, avec la fièvre, quand la douleur se faisoit ressentir vivement, comme avant et après midi. Je me mis à la diète pendant quelques jours, et pris le matin, pour purgatif, une once d'*electuarium diapruni*, qui me causa une violente colique; mais je la calmai avec une dose d'opium. Alors je pus quitter le lit, mais ma tête étoit pesante et mes genoux extrêmement foibles, sans que je fusse changé d'une manière sensible. Ce mal-aise continua jusqu'au 23; la pesanteur de la tête augmenta, il s'y joignit une douleur dans l'oreille droite. Le 24, mon mal de tête devint très-violent, avec de tels battemens, qu'en me mettant sur mon séant, ou seulement en me remuant, je craignois de tomber en convulsions, ou même en apoplexie. La douleur d'oreille étoit très-forte, et répondoit aux dents du côté gauche, ce qui me détermina à me faire saigner. Le 25, les mêmes symptomes continuèrent et furent accompagnés d'insomnie pendant la nuit. Le 26, la douleur d'oreille ne se faisoit plus sentir, le battement dans la tête diminua, mais il y succéda des douleurs plus ou moins fortes dans toutes les jointures, particulièrement aux genoux et aux coudes, de manière que j'étois à demi perclus de mes membres. La colique ne fut pas violente, mais je ressentis dans l'aine gauche, une douleur vive, qui se passoit promptement. Etant couché sur le dos, je respirois avec plus ou moins de peine;

et j'avois une toux sèche ; les symptomes paroissoient régulièrement plus dangereux depuis dix heures du matin jusqu'à quatre heures du soir, sans doute à cause de la chaleur ; le pouls alors étoit haut et intermittent ; l'estomac n'admettoit aucune boisson aigre, comme eau de tamarin, jus de citron, &c. Je prenois seulement une goutte ou deux d'esprit de nitre dans de l'eau de thé. Les vésicatoires posés sur la nuque du col, ne diminuèrent pas mon mal de tête.

Le 28, le battement de tête diminua, il cessa même, ainsi que la difficulté de respirer, quoique la tête fût lourde comme du plomb ; les douleurs des jointures paroissoient calmées, mais elles augmentèrent le soir, ainsi que celles des épaules, continuèrent à peu près de même, jusqu'au 29, et augmentèrent encore. Le 1er mars et les jours suivans, elles diminuèrent ; mais la pesanteur de la tête, la foiblesse des genoux, accompagnées d'une légère douleur causée par le plomb, et qui me resta quelque tems, m'auroit été bien plus funeste, si je n'étois arrivé dans un aussi beau climat que celui du Cap de Bonne-Espérance. J'y trouvai tous les rafraîchissemens imaginables en fruits et en légumes, cultivés dans le pays, par les mains de l'industrieux Européen.

L'aumônier du vaisseau eut aussi les premiers jours, de violentes coliques, accompagnées de vomissemens. Il lui vint, comme au capitaine, des enflures et des plaies aux gencives ; mais ce dernier ne vomit pas, et n'eut que très-peu de coliques. A la fin de janvier, notre aumônier en ressentit une très-forte, qu'on eut beaucoup de peine à adoucir avec des émolliens. Elle revint encore quelques jours après avec des tranchées terribles. La rhubarbe, la décoction de séné, les pilules laxatives, ou les lavemens émolliens, ne purent le soulager ; un lavement de tabac fut également sans effet ; on en donna un second qui procura une selle, mais la colique et le vomissement ne s'appaisèrent qu'avec une bonne dose d'opium liquide de Sydenham.

AU CAP DE BONNE-ESPÉRANCE.

Le sous-chef de la cuisine eut aussi, quelques jours après, une colique qui se passa d'abord par le moyen des remèdes ordinaires; mais elle revint et augmenta tellement, que le 2 février, on craignit une inflammation d'entrailles, car la douleur le rendit presque furieux, et il vouloit se percer le ventre. On lui ouvrit la veine, et des lavemens le soulagèrent; mais le second jour la colique le reprit avec plus de violence que jamais; les pilules laxatives et de forts lavemens, ne procurèrent aucun soulagement; il n'y eut que ceux de tabac qui produisirent quelque effet, encore fallut-il lui en donner deux ou trois. On appaisa la colique avec de l'opium liquide; mais l'effet ne fut pas aussi heureux que la fois précédente, car il n'éprouva du soulagement que pendant quelques instans, ce qui détermina à lui appliquer les vésicatoires sur l'estomac, et la colique fut complètement calmée; mais le malade se trouva perclus d'une cuisse, et ne pouvoit pas même marcher. Cette incommodité n'eut pas de suite, et diminua peu à peu.

Ce malheureux événement, qui ne coûta pourtant la vie à personne, m'apprit, dans la suite de mes longs voyages, à être plus délicat sur le choix de mes alimens.

Le 17 janvier, nous étions à la hauteur de Santo-Porto. Quand les vaisseaux hollandois qui vont au Cap ont été long-temps balottés par des vents contraires, dans les mers du nord, ils s'arrêtent assez volontiers à San-Jago, pour faire eau et prendre quelques provisions fraîches. On prétend cependant que l'eau de cette île ne se conserve pas fort long-tems. Nous la doublâmes avec un très-bon vent, afin de ne pas prolonger notre voyage.

Le 19, les Canaries parurent à notre droite, avec leurs hautes montagnes, jaunes et rouges, et le *Forte-ventura* à notre gauche.

Le 20, bon vent.

Le 26 fut le premier jour depuis notre départ, où nous

eûmes le service divin. On récita des prières, on chanta des pseaumes, et on lut la bible. A la vérité, dans les beaux tems, on faisoit la prière du matin et celle du soir, mais pas très-fréquemment.

Le soir, on voyoit dans l'eau des milliers d'animaux, brillans comme des étoiles, quand le bâtiment les touchoient, et de grosses boules qui répandoient autour de la fenêtre de la cahute, quand elle étoit ouverte, une lumière semblable à celle d'un éclair pâle.

Le 29, nous nous trouvâmes vers le 15ᵉ degré de latitude nord.

Le 3 et le 4 février, sous le 8ᵉ degré, c'est-à-dire, très-près de la ligne. Il éclairoit pendant la nuit, sans que le tonnerre grondât. On prétendoit que c'étoit signe de vent; mais nous n'en eûmes pas. On prit des poissons et quelques gros oiseaux. Les malmuks parurent. La chaleur devenoit chaque jour plus forte et plus insupportable. Nous trouvâmes que le jus de citron, mêlé avec du sucre, formoit une boisson très-rafraîchissante.

Le 8, l'on apperçut une superbe trombe; la colonne partoit de la surface de l'eau, comme de petits nuages dispersés, qui s'accrurent ensuite. Il en sortit une espèce de tuyau étroit, dont le milieu s'épaississoit insensiblement, et qui se terminoit en nuée. Elle ne dura pas long-tems, et disparut aussi rapidement qu'elle s'étoit formée.

Le 21, une grande quantité de poissons nageoient à la suite du vaisseau; c'étoit une grosse espèce d'aiguille de mer (1), dont la dernière vertèbre de l'épine du dos étoit très-longue.

Le 22, un peu après onze heures, nous passâmes la ligne; la chaleur fut si vive, que le beurre ressembloit à de l'huile, la cire à cacheter se fondoit; les lettres se collèrent ensemble, et les cachets furent effacés. Les poissons volans (2) parurent

---

(1) *Balistes.* (2) *Exocœtus volitans.*

alors en foule; ils voloient presque tous à la file les uns des autres; néanmoins nous en vîmes quelques-uns voler en sens contraire. Nous apperçûmes aussi un gros oiseau noir, qui voloit très-haut.

Le scorbut commençoit à faire des progrès dans notre équipage; l'eau dans laquelle nous avions eu cependant la précaution de jetter du vif-argent, devint putride, et avoit une odeur cadavéreuse; les vers s'y étoient tellement multipliés, qu'on ne pouvoit plus en boire sans thé ou café. Mais, quelques jours après, elle se clarifia d'elle-même, et devint très-potable lorsque toutes ses ordures furent déposées au fond. En attendant, on recueillit de l'eau de pluie, malgré les défenses, parce qu'on la regardoit comme dangereuse, parce qu'on croit qu'elle engendre des maladies. Celle qui couloit le long des cordages, avoit le goût de la poix. On dit qu'on conserve la bière, en y mettant deux œufs qui s'y dissolvent.

Le 28 mars, nous eûmes le soleil à pic, et le dépassâmes de manière qu'il fallut ensuite prendre la hauteur à stribord, quoique nous l'eussions prise précédemment à bas-bord. Parvenus un peu au-delà de la ligne, du côté du sud, nous sentîmes le vent fraîchir de plus en plus, quoiqu'en général il ne fût pas très-bon, car il nous poussa du côté de l'Amérique, à soixante-dix milles environ de la terre. Plus nous tirions vers le pôle méridional, plus le fond de l'air se rafraîchissoit.

Le 24 mars, nous découvrîmes les montagnes du Cap de Bonne-Espérance. Nous pêchâmes des dauphins, que nous mangeâmes.

Le 26, une grande quantité d'oiseaux, particulièrement des malmuks, bruns en dessus, et blancs dessous le ventre, vinrent nous annoncer que nous approchions de la terre. Quand ils étoient fatigués, ils se reposoient sur les vagues de la mer, et ne parurent pas les jours suivans.

Le 28, l'on vit le varech-trompette (1) flotter sur l'eau, marque non équivoque que l'on n'est plus loin du Cap, du rivage duquel cette plante se détache.

Le nombre de malades, qui avoit été très-considérable pendant toute la traversée, commença un peu à diminuer, après que nous en eûmes perdu, à la vérité, une grande partie. Les maladies dominantes sur le navire, furent les fièvres pourpres, putrides, accompagnées de rhumes, plus ou moins dangereuses, les rhumatismes, les érésypèles, le scorbut. Certains eurent des ulcères, des toux, des diarrhées, des dysenteries, des maux vénériens, &c.

Les matelots qui s'échauffoient à la manœuvre du gouvernail, jusqu'à suer, et qui ne se mettoient pas ensuite à l'abri du froid, étoient ordinairement malades, mais plus souvent encore les soldats mal-sains, et il arrivoit rarement à ces derniers de se tirer d'affaire.

On prend un nombre de gardes-malades, proportionné au besoin des circonstances. Ils donnent à boire aux personnes qui leur sont confiées, leur font prendre leurs médicamens, les aident à descendre de leur hamac, à y monter, et accompagnent les convalescens qui vont prendre l'air sur le pont. La fièvre se déclaroit rarement sans être précédée d'une crise, car les malades se couchoient presque nuds, ou avoient l'imprudence de se lever tout en sueur, buvoient de l'eau froide en secret, ou même s'en versoient sur le corps. Il en résultoit plusieurs métastases, et de cruels abcès aux bras, aux mains, aux jambes, et aux joues ; la gangrène se mit à plusieurs, et d'autres se trouvèrent épuisés, au point d'en mourir. Quelques-uns en gardèrent une surdité, qui augmenta toujours.

Le métastase s'attachoit à la cuisse, où il leur causoit une

---

(1) *Fucus buccinalis.*

douleur insupportable ; quand il leur tomboit sur les yeux, ils ne pouvoient plus voir ; leurs jambes s'enfloient, quand le pied en étoit attaqué ; enfin, plusieurs eurent la petite vérole. Les symptomes de certaines fièvres, étoient des vomissemens opiniâtres, une diarrhée cruelle ; au transport, souvent succédoit la malignité : deux malades eurent un délire doux, vingt-quatre heures avant leur mort, et ils chantèrent jusqu'au moment de rendre l'ame.

Depuis notre départ, nous comptâmes régulièrement cent cinquante malades, jusqu'au passage de la ligne, époque où les plus foibles de l'équipage succombèrent.

On avoit eu cependant la précaution de faire toujours marcher les pompes à air ; on empêchoit les ivrognes de dormir pendant le jour, et de boire pendant la nuit. Il y avoit continuellement une voile du grand mât rabattue devant la principale fenêtre du vaisseau, pour favoriser l'introduction de l'air frais ; l'équipage avoit ordre, quand il faisoit beau, de se tenir sur le pont, d'y transporter les coffres et les hamacs, pour leur faire prendre l'air, pendant qu'on nettoyoit l'intérieur, qu'on le parfumoit avec de la graine de genièvre, de la poudre, et qu'on l'arrosoit de vinaigre. En outre, on excitoit les gens de l'équipage à s'amuser, à être toujours de bonne humeur, sur-tout très-propres, à sécher leurs hardes, et à en changer.

Le médecin ou le premier chirurgien, visitoit les malades deux fois par jour, à huit heures du matin et à quatre heures d'après-midi. C'est à cette dernière visite qu'il fait son ordonnance. Les noms de ceux qui peuvent s'avancer jusqu'au coffre aux médicamens, est marqué sur une ardoise, avec les remèdes qu'ils doivent prendre pendant la journée, et l'on va auprès du lit de ceux qui sont plus incommodés ; le médecin rend compte au capitaine ou au pilote de garde, du nombre des morts de la nuit précédente, et de la situation des malades. Il donne cet état, par écrit, au premier matelot, afin que les malades ne soient pas commandés de garde. Il leur prescrit les alimens qu'ils doivent prendre, et le *boutelier* est chargé de le faire préparer. On donne aux plus malades, la soupe et la desserte de la table des officiers. Quant à ce qui ne fait point partie des médicamens, ou même de leur composition, comme l'eau fraîche, le sucre, le vinaigre, l'huile, le jus de citron, le vin d'Espagne ou le vin blanc, le salpêtre, l'eau-de-vie, le genièvre, &c. on en fait une liste, qu'on remet au premier pilote.

Après la mort d'un homme de l'équipage, le médecin en fait son rapport; le pilote de garde ouvre aussi-tôt le coffre du défunt, et distribue ses habits aux plus nécessiteux.

Le médecin garde aussi par devers lui un journal des maladies, de ces ordonnances, et une liste des morts, qu'il remet au gouverneur du lieu de sa destination.

S'il meurt un homme de l'équipage, tandis que le navire est dans une rade quelconque, on hisse un petit pavillon à une vergue; alors il vient une barque avec un cercueil, pour enlever le cadavre. Mais en pleine mer, on le coud dans un hamac, avec du sable ou du plomb, pour qu'il tombe au fond de la mer, et après qu'il a été exposé quelques heures au pied du grand mât, on le coule à l'eau.

Quand un homme a fait son testament avant de mourir, le premier matelot et le contre-maître le paraphent.

Les rations de comestibles qui doivent être distribuées toutes les semaines, ou d'une semaine à l'autre, comme huile, tamarin, jus de citron, beurre, fromage, &c. ne le sont quelquefois que tous les mois ou toutes les cinq semaines, selon le caprice et l'intérêt du capitaine, ou du premier pilote. Il en résulte qu'on soustrait à l'équipage une foule d'objets, qui sont ensuite vendus par les officiers qui ont commis ce vol, ou bien les gens de l'équipage n'ont plus de vaisseaux suffisans pour tout ce qu'on leur distribue. En outre, il leur arrive souvent de consommer en peu de jours, ce qui devoit leur durer plusieurs semaines,

semaines. Les moins rusés se laissent voler. La distribution de la viande et du lard, se fait avec plus d'ordre. On donne à discrétion du vinaigre, de l'huile, du sel et du poivre; mais chaque homme n'a qu'une demi-livre de beurre par semaine, et trois livres et demie de pain. Le mardi, on remet au cuisinier une livre de lard par tête; le jeudi autant de viande, le vendredi de la merluche, le dimanche des pois, de la viande; les autres jours, du gruau, des pois, des fèves, des pommes-de-terre, des choux rouges, et des oignons de différentes espèces, du raifort, des carottes, tantôt avec du lard, et tantôt avec de la viande fraîche. Dès que le navire a gagné au large, chaque homme reçoit trois fromages, pesant chacun plusieurs livres.

La compagnie des Indes fournit aussi des bas, de la burre grosse et fine, qu'on donne à crédit à ceux qui veulent en porter. Mais comme le capitaine préside encore à cette distribution, ceux qui l'importunent en reçoivent préférablement à ceux qui en ont véritablement besoin.

Le 30 mars nous apperçûmes encore de grands oiseaux, qui nous annoncèrent que le Cap n'étoit plus éloigné. On distribua pour la seconde fois des habits aux soldats, qui jusqu'à ce moment avoient été à demi-nuds.

Le 7 avril, nous vîmes une mollusque (1) qui voguoit sur la mer. Les grands malmuks parurent plus nombreux que jamais, et un vent contraire nous empêcha d'approcher de la terre.

Le 10 on vendit à l'encan les effets d'un matelot qui venoit de mourir. Ils se montèrent à 68 florins, dont la moitié fut destinée pour les pauvres de la Hollande, et l'autre moitié pour ceux du Cap, sans qu'on daignât même songer aux héritiers du matelot.

Vers les quatre heures d'après-midi, nous découvrîmes un

---

(1) *Holathuria physalis.*

bâtiment et un oiseau blanc et bleu, de la grosseur d'une hirondelle, qui se balançoit sur l'eau. Deux baleines passèrent auprès de nous, et l'eau avoit déjà changé du noir au vert, preuve certaine pour les marins que la mer n'étoit plus si profonde, et que nous approchions de la terre.

Le 11 nous vîmes des oiseaux de terre, qu'on distingue aisément de ceux de mer, en ce qu'ils ne volent pas avec la même vitesse, et qu'ils agitent beaucoup plus leurs ailes. Vers dix heures on commença à découvrir la montagne de la Table : l'eau étoit toute verte.

Le 12, il s'éleva un vent sud-est, qui nous empêcha de gagner le port, de manière que, pendant plusieurs jours, nous ne fîmes que louvoyer.

Le 14, nous vîmes des souffleurs, des chiens de mer (1) sautant, et le varech-trompette (2) nager sur l'eau en grande quantité. Les oiseaux de terre se reposent souvent sur cette plante.

Le 15, une multitude d'oiseaux de mer nageoient devant le port.

Le 16, nous abordâmes heureusement à la rade de la baie de la Table ; et après y avoir mouillé, nous fîmes une décharge générale de nos canons, et nous nous félicitâmes mutuellement.

Le commandant des forces navales et un chirurgien, vinrent de la ville ; le premier, pour recevoir les dépêches de la compagnie, et autres papiers ; le second, pour s'informer du nombre des morts et des malades. Il s'en trouva peu de ceux-ci ; mais nous avions perdu cent quinze hommes, dont dix étoient morts à la rade du Texel, et deux noyés par accident. Les autres vaisseaux qui nous accompagnoient avoient encore été plus malheureux ; le *Hoenkoop* comptoit en tout cent cinquante-huit morts, dont cent trente-six devant le Texel et vingt-deux pen-

---

(1) *Phoca.* (2) *Fucus buccinalis.*

dant la traversée ; le *Guillaume V*, deux cents trente, et le *Jongé-Samuel*, de Zélande, cent trois.

A peine eûmes-nous mouillé, que notre vaisseau fut environné d'une multitude d'esclaves noirs, et de chinois, qui venoient, dans de petites barques, vendre à prix d'argent, ou troquer de la viande fraîche, des légumes, que les matelots recevoient avec empressement, pour des habits ou des marchandises.

Parmi plusieurs vaisseaux qui nous avoient devancés dans la rade, j'en vis un suédois, qui avoit amené mon ami le docteur Sparrmann.

Le 17, je suivis à terre le capitaine, et j'eus un logement chez M. Hendrick-Fehrsen.

SECONDE PARTIE.

Séjour au Cap de Bonne-Espérance, et différentes excursions dans l'intérieur des terres : depuis le 17 avril jusqu'au 7 septembre 1772.

CHAPITRE PREMIER.

SÉJOUR AU CAP.

En arrivant au Cap, mon premier soin fut d'aller rendre mes devoirs à M. le baron Joachim van Plettenberg, vice-gouverneur, ainsi qu'aux autres membres de l'administration, pour lesquels j'avois des lettres de recommandation. Je remis à M. de Plettenberg, la lettre adressée à M. Tulbagh, qui étoit mort le mois d'août précédent, dans un âge avancé et généralement regretté ; mais je n'y perdis rien, car le vice-gouverneur me reçut très-bien, et promit de me seconder dans le projet que j'avois formé de faire un voyage dans l'intérieur du pays, pendant mon séjour au Cap.

Tandis que ma chère patrie, que j'avois laissée au-delà de la ligne, goûtoit déjà les prémices du printems, l'hiver commençoit ici à se faire ressentir. Il me fallut attendre plusieurs mois avant de m'engager dans l'intérieur du pays, et je ne commençai mes courses qu'en septembre. Je ne crus pouvoir mieux faire que d'employer ce tems à étudier l'économie rurale, à connoître les établissemens de la ville du Cap, les productions animales et végétales des environs et des montagnes voisines, où je fis différentes excursions, en attendant que je pusse pénétrer plus avant, et examiner avec plus d'attention.

1772. SÉJOUR AU CAP.

Le Cap de Bonne-Espérance est la pointe de terre de l'Afrique, et même de tout l'ancien continent, la plus avancée vers le midi ; c'est aussi le plus grand cap connu.

Barthelemi Dias, Portugais, le découvrit en 1487, et le roi Emmanuel lui donna le nom de *Cap de Bonne-Espérance* (1). Vasco de Gama y aborda pour la seconde fois en 1497, par ordre du roi de Portugal : selon les observations de la Caille, ce Cap gît vers le 33e degré 35 minutes de latitude sud, et 35 degrés 2 minutes de longitude.

La baie de la Table, où les vaisseaux mouillent dans une grande rade, est à un peu plus d'un quart de mille de la ville.

Le lendemain du jour de notre arrivée on transporta les malades à l'hôpital ; le sous-chirurgien les accompagna. Les soldats, conduits par leur chef, entrèrent dans la ville, où celui-ci ne fait plus que le service de sergent.

La ville est bâtie avec beaucoup de régularité, et s'étend depuis le rivage de la mer jusqu'au pied de la montagne de la Table, derrière la partie gauche de la montagne du Lion, et un peu à l'est de la montagne du Diable. Sa plus grande dimension se mesure conséquemment du sud à l'est.

En descendant à terre, on n'est pas fouillé ni interrogé par des commis, ni arrêté par des barrières. Quoique la ville n'ait ni portes, ni remparts, elle n'en est pas moins en sûreté au milieu des sauvages.

Toutes les maisons ici sont de pierres, et blanchies avec une, quelquefois deux, mais rarement trois couches de chaux ; la plupart des toits plats, ou couverts d'une herbe indigène, nommée gazon des toits (2), qui pousse sur une charpente fort basse, à cause des grands ouragans qui empêchent qu'on n'élève les bâtimens à une certaine hauteur, et qu'on ne les couvre en

---

(1) Voyez les *Découvertes des Portugais dans les Indes*, par le P. Laffiteau, t. I, p. 67, éd. *in*-12. *Note du rédacteur*.

(2) *Restio tectorum*. L. Suppl. p. 425.

tuiles. Il n'y a que la maison du gouverneur et le magasin de la compagnie qui aient trois étages.

On ne se sert pas de domestiques européens, ce sont des esclaves noirs ou mulâtres de Madagascar, de la côte de Malabar, ou de différentes autres contrées de l'Inde. Ils parlent malais ou mauvais portugais, mais rarement hollandois, et savent différens métiers très-lucratifs pour leurs maîtres. On recherche plus particulièrement les tailleurs, les maçons et les cuisiniers. Les esclaves se louent pour travailler à la semaine ou au mois ; pendant ce tems ils sont obligés de payer une certaine somme à leur maître. Les mâles tiennent beaucoup à leurs cheveux, et les enveloppent dans un mouchoir roulé en turban autour de leur tête ; les femmes se contentent de les relever et de les attacher avec une grosse aiguille. Une courte jaquette ou espèce de corset, avec un pantalon, forme tout leur habillement. Ils ont toujours la tête et les pieds nuds, comme une marque de leur servitude.

Avant qu'on ne se mette à table, et quand on en sort, un esclave présente aux convives, de l'eau et un essuie-main ; dans les maisons opulentes, chaque convive en a un derrière soi pour le servir. Ils tiennent ordinairement un éventail de feuilles de palmier, pour chasser les mouches, qui ne sont pas moins importunes qu'en Europe.

Dans l'intérieur comme à l'extérieur de la ville, on voit de superbes jardins remplis de légumes et de fruits. Ils sont arrosés par les eaux qui descendent en ruisseaux du haut des montagnes voisines. Le plus grand et le plus magnifique de ces jardins, est incontestablement celui de la compagnie des Indes ; il s'élève là comme un chêne antique, au milieu des foibles roseaux. Il fournit aux nouveaux débarqués leurs premiers rafraîchissemens ; son extrême fertilité et l'abondance de ses productions, le mettent en état de pourvoir les vaisseaux hollandois, et même les étrangers, de tous les végétaux nécessaires à la continuation de leurs voyages. On tire chaque année des graines nouvelles de Hollande, parce que les espèces dégénèrent par la suite du tems, à l'exception de celle des choux-fleurs, qui se bonifient au Cap, et s'abâtardissent en Hollande.

Les pommes, les poires et autres fruits d'Europe, mûrissent ici plus ou moins bien, mais n'acquièrent jamais le même degré de maturité et de bonté, et ne se conservent pas long-tems. Les pêches n'y sont pas aussi exquises que dans le midi de l'Europe. On les fait sécher comme les poires, avec ou sans les noyaux.

Les arbres transplantés d'Europe, comme le chêne, le peuplier blanc (1), perdent leurs feuilles en hiver, comme dans leur pays natal, tandis que ceux d'Afrique restent toujours verds. Cette différence est d'autant plus singulière, que l'hiver n'est pas plus froid ici que l'automne en Suède; en outre, les feuilles tombent dans la partie méridionale de la ligne, précisément à la même époque où elles poussent dans le nord. On ne plante pas ici de tilleul (2), parce qu'il ne peut résister aux ouragans qui désolent assez souvent ces rivages, et il ne profite pas. Le noisettier ou coudrier (3), le cerisier (4), le groseiller blanc ou vert, le groseiller rouge et blanc, donnent rarement du fruit. Le myrthe parvient à la hauteur ordinaire d'un arbre, mais son tronc n'acquiert pas de dureté, et il n'est pas très-fourni de branches. Sa flexibilité le rend très-utile pour former de hautes haies dans un pays sujet aux ouragans, parce que son tronc cède volontiers aux efforts du vent.

Le pied de la montagne, ou les collines qui environnent la ville, sont composées d'une terre grasse rougeâtre, couleur qu'elle contracte par l'eau teinte d'acide de fer, qui découle par les fentes des rochers. Plus haut, sur le sommet de ces

---

(1) *Quercus robur* et *Populus alba*.   (3) *Corylus avellana*.
(2) *Tilia Europea*.   (4) *Prunus cerasus*.

collines, sont des pierres grandes et petites, détachées de la montagne, et éparses çà et là.

Je vis le jardinier Auge, qui avoit fait plusieurs voyages de long cours dans l'intérieur des terres, où il avoit rassemblé toutes les plantes et les insectes envoyés depuis en Europe, par le gouverneur Tulbagh, à M. de Linnée et aux professeurs Burmann et Van-Royen. Comme il ne manquoit pas de faire annuellement quelques courses dans l'intérieur du pays, il vendoit aux étrangers des herbiers, des oiseaux, et des insectes. Le docteur Grubb acheta de lui cette belle collection de plantes, qui passa ensuite au professeur Bergius. Ce dernier en a donné une magnifique description dans son ouvrage intitulé *Plantæ capenses*. Les connoissances botaniques d'Auge ne sont pas très-étendues, et il s'est borné à rassembler tout ce qui lui a paru grand et beau. C'est cependant à lui seul, pour ainsi dire, que nous devons les découvertes faites après MM. Herrmann, Obdenland et Hartog, dans cette partie de l'Afrique.

Mais jettons maintenant un coup-d'œil sur l'état militaire du Cap.

La citadelle est bâtie sur le rivage, à l'est de la ville, environnée de hautes murailles et de fossés profonds. Elle renferme des logemens suffisans pour le gouverneur, qui n'y demeure cependant pas; pour le major et pour les autres officiers, ainsi que pour les soldats. Immédiatement après le coucher du soleil, on ferme la grande porte; les soldats qui n'ont pas la permission de sortir, se rassemblent au son du tambour, et on fait l'appel de chaque compagnie. La petite porte reste ouverte jusqu'à dix heures, moment où l'on sonne une cloche pour rappeller les soldats qui n'ont pas la permission de passer la nuit dans la ville; on ne l'ouvre plus jusqu'au lever du soleil, à moins qu'il ne survienne un événement extraordinaire, ou pour un cas très-pressant, comme, par exemple, lorsqu'on a besoin d'une sage-femme.

Il faut toujours qu'un chirurgien couche dans la citadelle.

Le premier objet dont un soldat est obligé de se pourvoir, est son équipement; la compagnie le lui avance, et il s'acquitte en la servant. Tous les trois ans elle fait établir une certaine quantité d'équipemens pour la troupe. S'il ne s'en trouve pas assez pour les recrues nouvellement arrivées, ces soldats sont obligés de monter la garde avec les hardes que leur ont donné les marchands de chair humaine, lesquelles consistent ordinairement en un gilet et un pantalon.

Ceux qui ont reçu un *billet de transport* en Hollande, n'en touchent le montant qu'au terme fixé, et lorsqu'il est bien gagné; ces effets sont en général à dix-huit mois de vue, et même plus; pendant tout ce tems, le propriétaire ne reçoit que la paie nécessaire pour sa nourriture et son service. Il doit se procurer, par un métier quelconque, son habillement et l'aisance qu'il desire. Ceux qui n'ont pas d'état, montent la garde pour les autres. Un soldat qui sait un bon métier, peut gagner une demi-rixdalle (1) par jour; il donne quatre schelings de Hollande pour sa garde. Quelques-uns gagnent aussi un peu d'argent en lavant le linge de leurs camarades. Un soldat peut bien toucher double paie pour sa nourriture, mais on lui retient deux florins par mois, pour ce qu'on appelle les *subsides*.

Chaque soldat monte la garde de deux jours l'un, ou tous les trois jours; de manière qu'il a toujours à lui un jour et souvent deux. La garde est, comme presque par-tout, de vingt-quatre heures, le moindre poste est composé d'un caporal et trois hommes; les grands postes sont commandés par un sergent avec douze hommes; les factions durent deux heures; chaque homme en fait quatre, et se repose quatre heures entre chacune.

L'engagement des soldats est de cinq ans, sans y comprendre la durée de leur retour en Europe. Pendant tout ce tems, il ne

---

(1) Un ducaton.

leur est pas permis de retourner dans leur patrie ; mais ceux que les officiers favorisent, ont bien plutôt leur congé ; certains même retournent sur le navire qui les a amenés. Un soldat peut se faire matelot.

Quand un soldat a fini son tems, il est libre de s'en retourner dans sa patrie, ou de contracter un nouvel engagement de trois années ; alors il reçoit deux florins d'augmentation par mois. A l'expiration de ce second engagement, s'il veut en contracter encore un autre de deux ans, il a une autre augmentation de deux florins, ce qui forme le *maximum* de la paie d'un soldat, car il ne peut aller au-delà, à moins qu'il n'obtienne un grade. Le simple soldat peut devenir caporal, sergent, et même officier ; il peut être *assistant* dans quelque comptoir, ou chirurgien, quand il a fait ses cours en Europe.

Au reste, un soldat a plusieurs moyens de se débarrasser de son mousquet, et même du service. Le plus commun est, comme on dit ici, d'aller en *pass*, c'est-à-dire, d'avoir un congé ; alors on est affranchi de tout service, et on se soutient en exerçant la profession que l'on a apprise. Ce congé ne coûte que quatre rixdalles par mois, et un schelling à l'adjudant de la compagnie ; et l'on touche en même tems la paie de chaque mois. Pendant mon séjour au Cap, il y avoit cent cinquante soldats en *pass* ; le produit de leur congé se partage entre ceux qui font le service de la garnison, et se nomme *argent de service*. Un soldat reçoit huit à neuf rixdalles ; le caporal, douze ; le sergent, seize ; les officiers se partagent le reste. L'argent du *pass* doit être remis régulièrement le dernier jour de chaque mois, entre les mains du ministre, qui en est dépositaire. En tems de guerre on n'accorde pas de *pass*, et tous les soldats font leur service personnel.

On accorde aussi des congés au profit des officiers de l'état-major, sous la dénomination de *gardes-francs*.

Le gouverneur prend autant de soldats qu'il en veut, pour son service ; le major vingt-quatre et même plus ; le procureur-fiscal deux; le teneur de livres, un; ainsi des autres. Ces soldats, devenus gardes-francs, travaillent alors pour ces messieurs, ou bien leur remettent le montant de leur *pass*. Plus ou en occupe de cette manière, plus souvent le tour de garde revient pour ceux qui restent.

La paie se distribue tous les quatre mois, chez le lieutenant de chaque compagnie, et ce quatrième mois se nomme, à cause de cela, le *bon mois*.

Un habitant de la ville ou de la campagne, qui desire avoir chez lui un soldat pour instruire ses enfans, ou travailler dans son attelier, peut l'obtenir, en payant le montant du *pass*; mais si l'homme sur qui il a jetté les yeux, a eu en Hollande un *billet de transport*, il faut, sur le champ, en compter le montant. C'est environ 80 rixdalles, que le soldat acquitte peu à peu par son travail; mais s'il vient à mourir auparavant, celui qui lui a avancé la somme la perd.

Les matelots obtiennent aussi quelquefois des *pass* ou congés; mais ils sont obligés de payer huit rixdalles par mois, au maître de l'équipage.

On a encore des dispenses de service, avec la perte de sa paie; mais ce n'est qu'autant qu'on est regardé comme incapable de servir la compagnie. On nomme *licenciés* (1) ceux qui ne font pas de service, sans avoir de congé temporaire ou absolu, et qui ne touchent pas de paie. Ils ne sont même libres qu'en tems de paix; en rentrant au service, ils sont obligés de servir cinq ans, c'est-à-dire, de remplir le tems de leur engagement.

On exige une grande propreté de la part des soldats, surtout lorsqu'ils sont de garde ou qu'ils vont à la parade. Ils doivent avoir du linge et des bas blancs, veste blanche; le fusil, les boucles et les boutons bien clairs.

---

(1) *Lichten.*

Un consolateur des malades fait la prière tous les jours dans la citadelle, matin et soir, excepté le dimanche, jour où l'on pose une sentinelle à la porte de l'église, parce que l'on n'en permet pas volontiers l'entrée aux soldats.

Devant la citadelle est une place considérable pour les tonneliers; les vaisseaux y déposent leurs tonneaux à raccommoder, et beaucoup de planches. Ces objets sont gardés pendant la nuit par une sentinelle, pour qui ce poste devient quelquefois lucratif, quand il lui arrive de surprendre un amant avec sa maîtresse, caché entre les planches ou les tonneaux. Ceux-ci sont obligés de payer quelques rixdalles, pour se soustraire à la honte d'être découverts.

Quand un soldat tombe malade, on le conduit à l'hôpital, où il est traité, soigné et nourri *gratis*, jusqu'à parfait rétablissement; mais pendant sa maladie, sa solde ne court pas, et il ne reçoit pas même l'argent de la subsistance, mais on lui tient compte du montant, encore perd-il cette somme, quand on le traite pour la maladie vénérienne.

Il peut aller par-tout ailleurs qu'à l'hôpital, si cet endroit lui déplaît; mais alors il se fait traiter à ses frais, et on lui paie ses appointemens et sa subsistance.

Les appartemens n'ont pas de cheminées, elles y seroient inutiles. J'en ai cependant vu dans des salles, plutôt par curiosité que par nécessité. Les poëles y sont inconnus; les femmes se servent en hiver, de charbon dans des chaufferettes.

Août et septembre sont les mois où le froid se fait le plus vivement ressentir, sur-tout les matins et les soirs, quand il fait de la pluie ou du vent. On y est d'autant plus sensible, qu'on est toujours habillé à la légère. La température de l'hiver du Cap, ressemble parfaitement à celle des mois d'août, de septembre et d'octobre en Suède.

On voit rarement des femmes mettre leurs enfans en nourrice; en général elles les allaitent elles-mêmes, ce qui leur procure des couches très-faciles.

Il y a peu de familles issues de mères noires, et sur-tout qui en conservent des traces jusqu'à la troisième génération. Un Européen qui se marie avec une esclave noire affranchie, a un enfant mulâtre d'abord, mais qui, dans la suite, blanchit plus ou moins. Les enfans de celui-ci, quand il s'unit avec une Européenne, sont tout à fait blancs, et souvent d'une grande beauté.

La maison des esclaves de la compagnie, est voisine du jardin, et renferme une immense quantité de ces malheureux, qui sont tous très-occupés, les uns à la construction des bâtimens, les autres au transport des marchandises, et à d'autres travaux de cette espèce. Les esclaves malades sont soignés par le chirurgien attaché à l'établissement. La compagnie tire la plupart de ses esclaves de l'île de Madagascar; les habitans en achètent aux officiers qui viennent sur des vaisseaux des Indes, soit Hollandois, François, quelquefois aux Anglois, mais jamais aux Suédois. Avant que le vaisseau ne parte d'ici, on y embarque tous ceux qui sont convalescens.

Pendant leur séjour, les officiers vendent, avec un grand avantage, différentes marchandises d'Europe, comme le vin, la bière, le tabac, les pipes de terre, des ustensiles de fer, délicats ou grossiers, des habits de draps, du verre, des meubles, des jambons salés, de la viande, des saucisses, des langues, des harengs, de la merluche, du saumon, du fromage, et autres denrées fort recherchées.

Un vaisseau étranger en rade, n'a besoin que d'y rester peu de tems, pour prendre les provisions dont il a besoin; mais les Hollandois y séjournent plus long-tems, pour laisser reposer les malades de leur équipage; à la fin, ils sont obligés de les emmener à demi-convalescens. Ils ont besoin, pour la manœuvre, d'un bien plus grand nombre d'individus que les autres nations européennes, parce que leurs navires sont construits d'après les anciens principes, avec de grosses poulies et de grosses cordes.

Le jardin de la compagnie est toujours ouvert pour servir de promenade publique ; il a neuf cents quatre-vingt-seize pas de longueur, sur deux cents soixante-un de large, et quarante-quatre compartimens, formés par des haies, composées pour la plupart, de chênes et de lauriers (1), qui ont plusieurs aunes de hauteur. J'observai que le royen velu (2), qui croît auprès du chêne de ces haies, avoit une de ses branches passée à travers le tronc même d'un de ces arbres, sur lequel il se trouvoit alors une plante parasite (3).

Je remarquai en outre, dans un autre jardin où l'on avoit fait un banc avec une planche clouée, entre deux arbres, que l'écorce d'un de ces arbres avoit crû sur le banc comme une éponge ou comme un champignon (4), et contribuoit à sa solidité.

La ménagerie du jardin de la compagnie, renfermoit plusieurs animaux rares vivans, et sur-tout un grand nombre d'oiseaux.

Il arrive souvent que deux esclaves de différent sexe, et appartenant à deux maîtres, s'entr'aiment ; le maître de la femme favorise leur inclination, parce que l'enfant lui appartient. Tous ceux qu'elle peut avoir d'un esclave affranchi, ou même d'un Européen, sont esclaves comme elle. Ils se marient aisément, et se divorcent de même.

Un maître peut corriger son esclave avec un nerf de bœuf, mais il n'a nul droit sur sa vie, dont le gouvernement seul peut disposer. Un esclave traité trop durement peut se plaindre au procureur-fiscal, et s'il est dans son droit, le maître paie une bonne amende ; mais s'il lui arrive de lever la main sur son maître, sa maîtresse, ou quelque autre Européen, on le punit de mort.

---

(1) *Laurus nobilis.*
(2) *Royena villosa.*
(3) *Parasitica.* M. Thunberg auroit dû indiquer le genre et l'espèce de cette plante.
(4) *Boletus.*

Un esclave n'est pas admis en témoignage, et ne doit pas avoir d'armes à feu. Comme ils sont toujours infiniment plus nombreux que les Européens, on a soin de les tenir désarmés. Dès qu'un esclave est affranchi, il met des bas, des souliers, et porte un chapeau pour marque de sa liberté.

En avril, mai et juin, époque où les vaisseaux sont en rade, les officiers y font vendre des marchandises à la criée, et paient cinq pour cent au procureur-fiscal. Il reçoit aussi cinq rixdalles pour chaque coffre, nommé *coffre de reconnoissance*, que l'on transporte à terre; en Hollande, les mêmes ballots ne paient que cinq florins. Toutes les marchandises d'Europe sont vendues à trente, quarante, cinquante et cent pour cent de bénéfice.

L'hiver dure ici depuis la mi-mai jusqu'à la mi-août; pendant cet intervalle, aucun vaisseau ne peut aborder à la baie de la Table, à cause des orages et des vents du nord-ouest, qui règnent et qui pourroient pousser les vaisseaux sur le rivage; ceux qui arrivent sont obligés alors de mouiller dans la baie Falso.

Les jalousies des fenêtres sont de joncs fendus très-menus, et attachés avec du fil; le jonc sert aussi à faire des corbeilles, des chassis de lit, et des siéges de chaises.

Les troncs des gros bamboux, qui sont très-forts, quoique creux, servent à faire des montans d'échelles, à porter des seaux, des caisses; on emploie les jeunes, dont le tronc est moins gros, à recouvrir le sommet des murs, qui sont de planches, et ressemblent à des espèces de cloisons.

Les pommes à semences de l'arbre d'argent (1), servent ordinairement au chauffage (2).

---

(1) *Protea argentea.*

(2) Ce fruit ressemble beaucoup au cône du pin, qu'on nomme vulgairement pomme de pin. Ceux qui nous parviennent ici renferment des graines qui lèvent assez facilement; mais les jeunes et charmans arbres qui en proviennent, sont très-difficiles à conserver, sur-tout lorsqu'ils ont atteint la hauteur de six à sept pieds. *Lam.*

On emploie le restion fourchu (1) à faire de longs balais.

Les gousses ou baies d'une espèce de gethylis (2), qui se trouve dans le sable des dunes hors de la ville, et qui n'a ni feuilles, ni fleurs, fait les délices des femmes. Cette baie, qui est longue comme le doigt, et un peu plus large par le bout, a un goût agréable et une odeur semblable à celle de la fraise, qui remplit l'appartement.

En creusant des degrés de terre grasse non loin du rivage, on tira devant moi de la terre mêlée de coquillages, que l'on met dans des corbeilles, et qu'on lave ensuite jusqu'à ce qu'il n'y reste plus de terre. Je vis aussi ramasser bien attentivement toutes les coquilles que les vagues poussent sur le rivage, et en former de gros tas pour faire de la chaux; et voici de quelle manière : on construit un bûcher de troncs d'arbres et de branches, sur lequel on fait calciner les coquillages. Les prisonniers relégués à Robben-Eyland (3), ramassent beaucoup de ces coquilles, que l'on convertit en chaux pour le service de la Compagnie. Il n'y a pas dans toute la contrée, une seule montagne qui renferme de la pierre à chaux.

Les Hollandois ici, et dans toutes les Indes, naissent marchands aussi naturellement que certains hommes, dit-on, naissent poètes. Si un père de famille exerce toute autre profession que le commerce, sa femme ou ses enfans se livrent à celle-ci, de différentes manières, et sans avoir un but bien déterminé; car on auroit de la peine à trouver au Cap un vrai négociant. Cependant tout le monde se mêle de trafiquer; ils ne vendent, à la vérité, qu'une certaine espèce de marchandise, à une certaine époque de l'année, et tâchent de gagner là-dessus le plus qu'ils peuvent,

---

(1) *Restio dichotomus.*
(2) *Gethyllis.* On la nomme *kuku makranka* dans le pays.
(3) L'île des Chiens de mer.

Deux sortes de vents règnent ici, et quelquefois avec une grande violence; celui du sud-est en été, et du nord-ouest en hiver. Quand le premier s'élève, il pousse les nuages bien loin au-delà des montagnes, et bientôt après, il tombe une petite pluie fine; ces nuages se dispersent sur la cime des montagnes, et quand ils sont complètement dissipés, le vent a beau continuer de souffler, le tems n'en est pas moins constamment beau et serein.

Les habitans du Cap travaillent tous les jours, sans excepter même le vendredi-saint. Ce jour il y a prêche l'après-midi, et l'on ne fête qu'une demi-journée.

La ville ne renferme qu'une seule église réformée, assez grande et belle. Les Luthériens, quoique très-nombreux, n'ont pu encore obtenir la permission d'en faire construire une (1): deux prêtres logés dans la ville, et largement salariés, desservent l'église réformée.

L'hôpital est fort mal situé et en mauvais état; on songe même à en bâtir un plus vaste et plus commode. Les malades sont mal sollicités, par l'ignorance de ceux qui les traitent, quoique la Compagnie n'épargne rien pour cet objet. On m'a dit qu'elle achetoit seulement pour deux cents ducatons, c'est-à-dire, un peu plus de six cents florins d'amandes pour les malades, qui ne peuvent pas cependant en obtenir une. On en paie la moitié tous les six mois, après avoir évalué combien de milliers d'amandes cette somme doit procurer, d'après le taux courant. Elle est toujours la même; mais la quantité d'amandes varie, selon les prix, et les malades n'en ont jamais davantage.

Les chirurgiens reçoivent huit rixdalles pour chaque vérolé qui passe les grands remèdes à l'hôpital; le malade paie deux

---

(1) Depuis le départ de M. Thunberg, les Luthériens ont obtenu le libre exercice de leur religion, et ont fait construire, au Cap, une église où ils ont prêche publique.

rixdalles pour les frais de médicamens, ainsi il n'est pas traité *gratis*.

La petite vérole et la rougeole, sont ici les maladies les plus dangereuses; on s'en préserve avec autant de soin que de la peste. C'est pourquoi, dès qu'un vaisseau a mouillé dans la rade, on y envoie un chirurgien pour le visiter, et s'il y trouve un seul homme attaqué d'une de ces deux maladies, il est défendu à l'équipage de descendre à terre, et on lui indique un autre endroit où il doit se rendre; en attendant, on lui envoie tout ce dont il a besoin. Dès que la petite vérole se déclare au Cap, tous les habitans fuient à la campagne (1). J'ai remarqué que la petite vérole, et les vaisseaux françois, qu'on regardoit comme ennemis, faisoient trembler et fuir les bourgeois et les riches paysans. De mon tems, ils n'étoient pas encore assez raisonnables pour adopter l'inoculation.

Un vaisseau danois apporta la petite vérole en 1713. Elle fit des ravages épouvantables parmi les Hollandois et les Hottentots; peu de familles furent épargnées. La mortalité fut si terrible chez les Hottentots sur-tout, que les chemins étoient jonchés de cadavres privés de sépulture. En 1755, elle se manifesta pour la seconde fois. En 1767, un vaisseau danois l'apporta pour la troisième fois; depuis cette époque elle n'a pas reparu. La rougeole n'a pas été moins meurtrière à sa dernière apparition, parce que les chirurgiens envoyés par le gouvernement ne savoient pas traiter cette maladie. Il est fâcheux, en parlant de la médecine et de l'état de cette science, depuis quelque tems au Cap, de ne pouvoir pas en donner de meilleurs renseignemens, que ceux de Kœmpfer sur les chirurgiens des Indes orientales (2).

---

(1) Les Chrétiens font la même chose au Levant, dès que la peste se déclare dans la ville qu'ils habitent. Cette précaution les met à l'abri de ce fléau, tandis que les Musulmans, profondément pénétrés du dogme de la prédestination, vivent familièrement avec les pestiférés et meurent par centaines. *Note du rédacteur.*

(2) Voyez *Amœnitates exoticæ*. Fascicul. *3*, pages 534 et 535.

Mais terminons la description de la ville du Cap. On a pratiqué, dans plusieurs rues, des fossés destinés à recevoir l'eau qui coule des montagnes voisines, à la vérité en très-petite quantité ; mais le canal qui conduit l'eau de ces mêmes montagnes, par des tuyaux, jusqu'au grand port des vaisseaux, est bien plus considérable que tous ces fossés, puisque les chaloupes peuvent y aborder commodément, et y remplir leurs tonneaux d'eau fraîche.

Il y a dans la ville trois grandes places ; dans l'une, on remarque l'église réformée et une fontaine ; dans l'autre, la maison commune ; la troisième a été construite depuis peu pour la commodité des paysans, qui viennent vendre leurs denrées aux habitans de la ville. On se propose d'y établir un corps-de-garde pendant la nuit.

Sur le rivage qui borne la ville du côté de la mer, on a dressé trois batteries de différentes forces, et aujourd'hui en assez mauvais état (1).

La citadelle est située de manière à protéger la ville contre les ennemis de l'intérieur du pays, et ceux du dehors. Cependant les batteries dont nous venons de parler, seroient bien plus redoutables pour les vaisseaux étrangers, que tous les canons de la citadelle.

---

(1) On les nomme la grande, la nouvelle, la petite batterie, celle de Knocken et de Linievake.

CHAPITRE II.

Promenade aux environs du Cap.

Au commencement de juin, je fis un voyage à la montagne Paarl, avec le docteur le Sueur, né au Cap, qui avoit étudié en Hollande, et reçu docteur à Groningue. On l'avoit engagé à visiter un malade, à qui une longue fièvre avoit laissé une telle foiblesse dans les jointures, qu'il ne pouvoit porter sa main à la bouche, ni se soutenir sur ses jambes.

Dans plusieurs endroits le chemin étoit submergé par l'eau de la pluie, qui entroit quelquefois même dans la voiture, et couloit avec une rapidité extrême.

Le sol est maigre et constitué, presque par-tout, de sable; au fond est une terre mêlée de corps ferrugineux, de terre glaise, d'acide vitriolique, et de chistes. Cependant il produit beaucoup de phyliques, de bruyères et de protés (1).

Les matinées et les soirées sont plus fraîches à Paarl qu'au Cap, et la gelée blanche y fait souvent du tort aux légumes. Le vent d'est y souffle avec force, et casse même les épis de froment dans l'été.

Dans cette saison l'on bat ici le beurre tous les jours, et tous les deux ou trois jours en hiver. On met dans de l'eau tiède l'instrument où l'on agite le lait, afin que la crème s'en sépare plus aisément; le vase dans lequel on bat le beurre, représente un cône renversé, dont le bas est plus large que le haut; il a un large rebord fait en cuvette, pour recevoir les éclaboussures du lait, et empêcher qu'il n'en tombe à terre, tandis qu'on le bat (2).

---

(1) *Phylicæ, ericæ, proteæ.*
(2) C'est le même instrument dont on se sert pour battre le beurre dans la Flandre et dans les départemens du nord de la France. *Note du rédacteur.*

Toutes les maisons sont situées au pied de la montagne, qui leur fournit de l'eau; mais comme elle en manque dans plusieurs endroits, et qu'il résulte de ce défaut une grande stérilité, la contrée n'est pas très-peuplée. Le sol de l'Afrique, en général, est mauvais, et la fertilité de certains endroits, que quelques voyageurs ont encore bien amplifiée, doit être attribuée à la bonté du climat; et en effet, la portion de terre végétale où il se trouve de l'eau, et que l'on cultive, rapporte assez abondamment.

L'habitant de la campagne qui se propose de former un établissement, choisit un terrein dans le voisinage duquel il y ait de l'eau, pour avoir de bons fruits et de bon vin, objets auxquels ils tiennent fortement.

Ils bâtissent leurs maisons eux-mêmes, tantôt avec de la brique, tantôt avec de la terre glaise, de la chaux et du sable. Ils ont tous beaucoup de bestiaux et de volailles, tels que des chevaux, des bœufs, des vaches, des moutons, des agneaux, des chèvres, des canards et des oies, qu'un esclave conduit dans la campagne, sur les côteaux, et il les ramène au soleil couchant. Ils passent la nuit en plein air, dans une enceinte formée par un mur de terre grasse, et divisée par compartimens, parce qu'on les tient séparés les uns des autres. Ces moutons perdent beaucoup (1) par leur toison. Rien de plus amusant que de voir les agneaux que l'on garde à la maison tant qu'ils sont petits, courir le soir au-devant de leurs mères, du plus loin qu'ils les entendent; mais ne les voyant point, ils reviennent aussi-tôt sur leurs pas. La faim dont ils sont tourmentés, les fait crier; leurs cris deviennent plus aigus à mesure qu'ils sentent leur mère approcher; dès qu'ils l'ont trouvée, ils la suivent jusqu'à l'étable. Ces moutons d'Afrique ont la queue large et longue; il s'en faut que leur laine soit bonne, car on ne l'emploie ni dans les ma-

---

(1) *Ovis laticauda.*

nufactures de draps, ni à d'autres usages particuliers. On se donne encore moins la peine de l'exporter; cependant il y a quelques années que M. Hemmingh en fit fabriquer une pièce de drap pour s'habiller.

J'ai vu souvent, à la ville et à la campagne, des os de pied de moutons, plantés autour des arbres dans les rues, et formant la séparation des plates-bandes de fleurs dans les jardins, ce qui produisoit un effet assez agréable. Ils avoient soin de les mettre par le bout inférieur, l'articulation supérieure étant toujours tournée en haut.

Ils prennent les loups d'une manière vraiment singulière, et cependant très-simple. Ils bâtissent en briques ou seulement en terre glaise, une cabane carrée ou longue, de la hauteur d'un homme, ou un peu plus. Ils n'y mettent qu'une couverture à claire-voie, et laissent sur le devant une ouverture garnie d'une trappe. Dans l'intérieur on dépose un morceau de charogne, lié avec une corde qui correspond à une cheville qui perce de part en part le mur de derrière, et entre dans une solive posée en long derrière ce même mur. A l'extrémité de cette solive, est attachée une autre corde qui passe par-dessus le toit de la cabane, et retient la trappe ; quand le loup est entré dans la cabane, et qu'il se met à tirer la charogne, il arrache aussitôt la cheville, la trappe tombe et l'animal est pris.

Les maisons de campagne des gens aisés ressemblent beaucoup à celles de la ville. Elles consistent en une antichambre à l'entrée de la maison, une salle de chaque côté de cette antichambre, qui donne dans une galerie. A une extrémité de cette galerie se trouve la cuisine ; à l'autre une chambre à coucher. Les personnes d'une fortune médiocre, ont seulement une galerie, avec une chambre des deux côtés, et une cuisine sur le derrière.

Les maisons des pauvres sont en terre grasse, avec des portes et des fenêtres mal fermées.

AUX ENVIRONS DU CAP.

On distribue quelquefois, avec art, l'eau qui coule des montagnes dans les villages voisins. Tantôt on en fait des jets d'eau pour arroser et embellir les jardins, tantôt on la conduit dans des viviers creusés exprès. Quelquefois aussi elle se réunit et forme des ruisseaux si profonds, qu'on ne peut les passer qu'en bateau. Si les habitans de la campagne avoient l'industrie de creuser des fossés auprès de ces ruisseaux, dans les endroits où ils ont planté de la vigne, ils se procureroient le moyen d'arroser ces plants, et de les rendre bien plus féconds.

Les plants de Paarl sont très-considérables, et les ceps me parurent avoir au moins cinquante ans. La vigne produit dès la seconde année de sa plantation, et à la troisième, elle donne abondamment. On a soin de ne pas laisser monter les ceps, parce que plus ils sont bas, plus grosses sont les grappes qu'ils produisent.

Il y a ici une église desservie par un ministre réformé et un marguillier. On n'y fait pas régulièrement le service divin; tous les dimanches, quand le ministre est malade, absent, ou qu'il a quelques autres empêchemens, le marguillier lit des passages de la bible.

Les paysans, les nouveaux colons de la contrée, tous les bourgeois de la ville, et les habitans de la campagne, sont obligés de prendre les armes et de défendre l'établissement en tems de guerre ; c'est pourquoi ils sont distribués en compagnie à pied ou à cheval, commandées par des officiers choisis entre eux. Ils s'assemblent, tous les ans, pour s'exercer, faire la garde bourgeoise dans la ville, &c.

Dans des momens d'alarmes on peut rassembler les habitans avec des pavillons placés de distance en distance, et un canon qui sert pour les signaux.

Quand une grande flotte étrangère paroît en mer, on tire sept coups de canon sur la montagne nommée Lewenkop (1);

---

(1) Montagne du Lion.

on répond à Qoutrivier (1), jusqu'à ce qu'un autre canon, posté plus loin, ait commencé à tirer ; ainsi de suite. Avant de tirer on hisse un pavillon, et toute la contrée est avertie du danger.

Les serpens sont ici très-communs, et on emploie avec succès le sang de tortue contre leurs morsures. On en fait sécher exprès, et chaque paysan ne manque jamais de s'en munir quand il voyage ; dès qu'il se sent mordu, il s'empresse de mettre sur la plaie une ou deux pincées de ce sang desséché.

Quand les apothicaires et les chirurgiens ne trouvent pas dans les champs les véritables plantes dont ils ont besoin, ils prennent, sans scrupule, celles qui leur ressemblent, soit par la fleur, soit par la feuille ou par le goût, et les baptisent à leur manière. Un médecin averti de ces supercheries, doit y faire attention.

Les feuilles de la calle d'Ethiopie (2), qui croît dans les ruisseaux, hors des jardins du Cap, servent de nourriture au porc-épic (3) d'Afrique.

La racine de l'oursine (4) qui croît au Cap et dans d'autres endroits, est molle et imprégnée d'une résine blanche. On la prend en décoction, comme un souverain épuratif du sang, et contre la gonorrhée.

La racine de la bryone d'Afrique (5), sert de vomitif aux paysans. Infusée dans le vin, elle purge très-bien, sur-tout si l'on mange un morceau de pain après avoir pris cette infusion.

Le géranion entonnoir (6), est une plante odoriférante ; on

---

(1) Rivière à sel.
(2) *Calla Æthiopica*. Cette plante, remarquable par la belle spathe de sa fleur, qui est d'un blanc de lait, et qui exhale une odeur très-agréable, fait en Europe l'ornement des serres chaudes vers la fin de l'hiver. Elle est de la famille des gouets ou pied de veau.
(3) *Hystrix* (*ciser varken*).
(4) *Arctopus echinatus*.
(5) *Bryonia Africana*.
(6) *Geranium cucullatum*.

l'applique

l'applique, renfermée dans de petits sachets, comme un excellent émollient.

Les agneaux se nourrissent de jeunes branches d'olivier commun (1).

On prend à la campagne des feuilles de borbone (2), en guise de thé.

On dit que les moutons mangent de la montinie (3), quoique cette plante soit d'un goût très-âpre.

Le brabei (4), grand buisson qui croît sur les collines, produit un fruit nommé chataigne sauvage. Les Hottentots en mangent, et les habitans de la campagne le préparent comme le café. Ils commencent à enlever la pellicule extérieure, et lui font perdre son amertume en le mettant tremper dans l'eau, ensuite ils le font cuire, le grillent et le moulent.

On rencontre souvent dans la campagne des goutteux et des hydropiques. J'attribue ces maladies à deux causes principales, à l'excès du vin, et aux changemens de vents qui sont, en général, très-froids dans ce pays.

La terre dans la campagne, n'est pas, comme en Europe, couverte d'un délicieux tapis de gazon émaillé de fleurs ; ici l'on ne goûte aucun plaisir à s'asseoir sur des brins d'herbe, rares et entre-mêlés d'un sable aride et brûlant.

On fait une ou plusieurs coupes de l'orge après qu'elle a bien crû, et qu'elle est montée en épis, à peu près dans le courant d'août. J'en ai vu conduire des gerbes à la ville pour les y vendre. On n'en sème que pour la nourriture des chevaux, à qui l'on en donne quelques bottes chaque soir, quand ils reviennent du pâturage ; c'est leur provision pour la nuit.

---

(1) *Olea Europea.*
(2) *Borbonia cordata.*
(3) *Montinia acris.*
(4) *Brabejum stellatum* : arbrisseau à feuilles presque verticillées ou en étoile, et qui se rapproche par ses rapports des roupales, des bancsies et des protés. *Lam.*

On ne trouve pas de bière à la campagne, où les habitans ne boivent que de l'eau, du café, du thé, et du vin. On a établi une brasserie hors de la ville, mais elle ne donne que de mauvaise bière qui mousse et s'aigrit tout de suite (1); c'est pourquoi on est obligé d'en tirer d'Europe. On estime particulièrement ici celle de Hollande, de Danemarck et d'Angleterre; mais on n'en boit encore que très-modérément pendant le repas.

Les vignes sont bêchées chaque année, et on retourne la terre sans endommager le pied du cep. On creuse aussi tout autour pour y jetter de l'engrais. Quand il meurt un cep, on couche en terre une branche du plus voisin, qui ne tarde pas à prendre racine, et ensuite on le taille.

Je vis à Paarl trois Hottentots au service d'une veuve; ils parloient très-agréablement, avec un claquement de langue précipité, avant et pendant tous leurs discours (2). Ils étoient bruns, et non pas noirs, assez semblables à un Européen hâlé. Cette couleur étoit encore plutôt l'effet des graisses puantes dont ils s'oignoient, que de la teinte naturelle de leur corps. Les filles aiment assez à fumer, mais elles se servent d'une pipe très-courte, dont la tête est tout auprès de la bouche.

Leur chevelure est courte et crépue comme de la laine; elle forme de petites boucles à égales distances.

---

(1) On conçoit aisément que l'excessive chaleur nuit à la fermentation de la bière.

(2) Voyez, sur la langue et la prononciation des Hottentots, le Voyage du docteur Sparmann. *Note du rédact.*

CHAPITRE III.

Retour et séjour au Cap, depuis la fin de juin jusqu'au 7 septembre.

En revenant au Cap, vers la fin de juin, j'y vis conduire cinquante-neuf Hottentots, hommes, femmes et enfans, qu'on amenoit de la distance de cent cinquante milles de l'intérieur des terres. Ils avoient commis toutes sortes de violences envers des colons de la campagne. Un capitaine Hottentot, nommé Kes, les avoit pris dans le creux d'une montagne, où ils s'étoient retranchés, et se défendoient contre un détachement de soldats et de paysans armés, sur lesquels ils faisoient rouler de très-gros morceaux de rochers. Cependant malgré cette vigoureuse résistance, ils ne furent pas moins faits prisonniers. On les accusoit d'avoir volé tous les bestiaux de deux nouvelles habitations, de les avoir mises au pillage, après en avoir tué les habitans, et enfin de s'être pourvus d'armes à feu. Ils ne nioient aucun de ces faits; mais ils prétendoient que la nécessité seule les avoient réduits à commettre ces excès. Les Européens empiétant chaque année sur leurs possessions, les relèguent de plus en plus dans l'intérieur des terres, où ils se trouvent assaillis et repoussés par les autres Hottentots.

Ces captifs étoient des Hottentots-Boschisman (1), d'un brun foncé, les uns entièrement nuds, avec une ceinture seulement autour du corps, pour couvrir les parties de la génération; d'autres avoient sur les épaules une peau de mouton qui descendoit à peine au milieu du corps, et montoit assez haut pour former, sur la tête, une espèce de capuchon. Les femmes

---

(1) Hommes des bois.

portoient leurs enfans en croupe sur les reins; j'en vis derrière les épaules de jeunes filles de onze à douze ans. Les femmes avoient des pendans d'oreille, et des bracelets de métal fort larges autour des bras. Leur large bouche, et leurs joues gonflées, leur donnoient assez de ressemblance avec les singes. Enfin, après avoir passé quelque tems en prison, ces Hottentots devinrent pâles et blafards.

Le 28 juin, les Javanois célébrèrent leur nouvelle année; ils avoient garni de tapisserie les murailles, le plancher et le plafond d'une salle. Sur le devant, à quelque distance de la muraille, étoit un autel, sur lequel s'élevoit une colonne dont le sommet touchoit au plancher; elle étoit couverte du haut en bas, et sur toutes les faces, de bandelettes semblables à de la dentelle, ou de papier doré et d'étoffes de soie. Au bas on avoit placé des bouteilles et des bouquets; sur le devant de l'autel, je vis un grand livre sur un coussin. Des femmes proprement habillées, se tenoient à la porte, debout ou assises. Les hommes, couverts d'espèces de robes-de-chambre de soie ou d'indienne, étoient assis sur le plancher, les jambes croisées. L'appartement étoit parfumé d'encens; quelques cierges de cire jaune éclairoient la scène. La plupart d'entre eux avoient des éventails qui leur étoient très-utiles, à cause de l'excessive chaleur produite par le grand nombre d'assistans réunis dans une salle très-resserrée. Je remarquai dans la foule deux prêtres à calotte rouge, de forme conique; des mouchoirs roulés formoient autour de leur tête des espèces de turban.

La cérémonie commença vers trois heures d'après-midi; alors ils se mirent à chanter tantôt haut, et tantôt bas. Les prêtres entonnoient tout seuls, et l'assemblée faisoit *chorus*. Ensuite un prêtre se mit à lire quelques passages du grand livre qui étoit sur le coussin devant l'autel, et l'assemblée répondoit de tems en tems à haute voix. J'observai qu'on lisoit à la manière orientale, c'est-à-dire, de droite à gauche, et je présumai que ce livre devoit être le *Qorán* (1), parce que la plupart des Javanois sont musulmans : tout en lisant et en chantant, ils prenoient des tasses de café, et le principal assistant jouoit du violon de tems en tems, tandis que l'on chantoit. C'étoit, comme je l'ai appris dans la suite, un prince de Java, qui, pour avoir traversé les opérations de la compagnie des Indes de Hollande, avoit été exporté de son pays natal au Cap de Bonne-Espérance, où il étoit défrayé aux dépens de la même compagnie.

Le 30 juin, j'allai voir le paradis, et d'autres jardins de la compagnie, situés au pied de la montagne de la Table.

Rondebosch est une maison de plaisance appartenante au gouverneur. De ce même côté, le long de la partie orientale de cette montagne, les vents du sud-est ne soufflent pas aussi violemment qu'au Cap; on y voit même des bois et des buissons. Le pin sauvage (2) étoit mêlé parmi les autres arbres, et avoit une fort belle tête. La vigne sauvage (3), ainsi que le cerisier, se faisoient remarquer par leurs fruits rouges, qui sont très-mangeables.

---

(1) Notre auteur écrit l'*Alcoran* ; mais je n'ai pas cru devoir laisser une inexactitude que je pouvois réparer. *Note du rédacteur.*

(2) *Pinus silvestris.* Il est surprenant

de voir réussir au Cap de Bonne-Espérance un arbre qui se plaît dans les climats froids et septentrionaux de l'Europe.

(3) *Vitis vitiginea.*

CHAPITRE IV.

AUTRE promenade dans les environs du Cap.

Au commencement de juillet j'entrepris une promenade de quelques jours, jusqu'à Constance, et aux maisons situées dans les environs. Des ruisseaux descendus des montagnes voisines, et coulant entre des collines, inondoient certaines portions du chemin, au point de le rendre très-difficile. J'y trouvai des pierres avec de la mine de fer, semblables à celles du voisinage du Cap.

J'observai que les nuages alloient en sens contraire ; les nuages inférieurs venoient du sud-est, les supérieurs y alloient.

Les bestiaux qui sont toujours en plein air dans le reste de la contrée, sont ici abrités sous un hangar ouvert en devant.

A mon retour dans la ville du Cap, j'eus occasion de voir un enterrement chinois. Leur cimetière est à quelque distance hors de l'enceinte des murailles. Sur la fosse est une espèce de berceau formé par des joncs, arqués et attachés avec du fil de coton.

Je trouvai dans le ventre d'un gros porc que l'on tua, plusieurs vers lombrics (1), que l'on assure être très-communs dans ces animaux.

Le 21 juillet, je fis encore une promenade à Paarl et à Stellenbosch.

Du côté du Cap, l'horison est terminé par de hautes montagnes, qui prennent leur direction à travers la contrée. Une plaine, longue d'une journée, sépare la ville de ces montagnes, pour la plupart inhabitées, sablonneuses, dépourvues

---

(1) *Lumbricus.*

d'eau, car on n'en trouve que sur les autres montagnes qui sont plus dispersées, et ne forment, à proprement parler, que des espèces de hauteurs peu liées les unes avec les autres. Un voyageur qui n'a pas eu la précaution de se pourvoir d'eau, n'a d'autre moyen de s'en procurer, qu'en cherchant au loin quelque berger noir, conduisant les troupeaux de son maître ; ceux-ci ont ordinairement de l'eau, ou savent le moyen de s'en procurer. Quand l'hiver est très-pluvieux, la plupart de ces champs sont submergés.

On laboure dans les mois de juin et de juillet, mais l'on sème en avril et en mai. Les terres se reposent dix, douze et quinze années. On commence, pour les défricher, par les débarrasser des plus gros buissons ; les plus petits sont l'affaire de la charrue. On entasse ensuite ces buissons en monceaux, et l'on y met le feu, ce qui produit une grande quantité de cendres. Les endroits où l'on a dressé ce petit bûcher, sont reconnoissables par l'abondance de l'herbe qui y pousse. Le froment rapporte de huit à vingt-cinq pour un. Des laboureurs m'assurèrent avoir recueilli cent dix tonnes, pour trois et demie de semence.

Les fourmillers (1) se creusent de grands trous dans la terre, où ils sont en sûreté pendant le jour. Le pays est plein de ces trous. Cet animal a tant de force, que plusieurs bœufs, dit-on, ne peuvent les tirer de leurs terriers, qu'ils creusent avec une grande célérité. On en mange la viande et sur-tout les jambons, après les avoir fumés. Ils se nourrissent de plusieurs espèces de fourmis, sur-tout de ces fourmis grosses et rouges qui habitent, par préférence, les terrains gras, qui sont très-nombreuses, et pullulent encore chaque année.

L'oiseau nommé *rapock*, est fort petit. Il se construit un nid avec l'aigrette des semences de l'ériocéphale (2) ; ce nid

---

(1) *Myrmicophaga.*
(2) *Pappus eriocephali.* Arbuste à fleurs radiées.

est d'une forme assez singulière, et de l'épaisseur d'un bas de laine.

Les filles des colons ont quelquefois des enfans des noirs. On donne de l'argent à la fille, mais on fait partir l'esclave.

Les habitans des campagnes regardent l'hospitalité comme un devoir sacré ; un voyageur peut rester chez eux aussi long-tems qu'il le veut, sans la moindre dépense ; il est toujours reçu amicalement, et traité de même. A la ville, au contraire, il en coûte très-cher ; on paie pour le logement et la nourriture une rixdalle par jour.

Les villageois font quatre repas par jour ; un à sept heures du matin, un autre à onze heures, c'est le dîner ; ils goûtent à quatre heures, et soupent à huit.

Il n'est pas permis aux soldats de se marier. On craint qu'étant obligés de demeurer dans la citadelle, ils n'y contractent des dettes, et alors il faut les envoyer en exil à Batavia (1) ; c'est la punition ordinaire. Cependant il vaudroit beaucoup mieux qu'un soldat ou un caporal eût la permission de se marier ; sa solde, jointe au produit du métier qu'il exerceroit les jours qu'il n'est pas de garde, l'aideroit à soutenir sa famille. L'expérience prouve journellement combien cette défense est impolitique ; car les soldats se perdent avec des négresses débauchées ; en outre, un homme marié tient beaucoup plus au lieu de sa résidence, et se bat avec bien plus de courage, quand il a une femme et des enfans à défendre. Mais d'après les ordonnances de la compagnie, un soldat marié est obligé de devenir franc-bourgeois, sous la condition de rentrer au service, si le besoin l'exige, de servir dans son ancienne compagnie, et d'y reprendre le grade qu'il avoit en la quittant.

---

(1) On sait que Batavia est l'île la plus mal-saine de toute l'Inde, à cause de ses marais ; il y a bien peu d'Européens qui puissent s'y acclimater. *Note du rédacteur.*

Quoique

Quoique la ville soit entièrement sous la juridiction de la compagnie, et conséquemment du gouverneur et du procureur-fiscal, il y a cependant un bourgmestre, avec des conseillers et d'autres officiers civils, pour l'administration intérieure et les affaires particulières.

Il est rare qu'on donne la liberté aux esclaves, et l'on ne permet pas aux noirs de faire le service de la garde bourgeoise. On les emploie seulement en tems de guerre à faire des tranchées pour les batteries, avec leurs pelles qui sont leurs uniques armes. Ils ont cependant leur capitaine. Il est enjoint aux propriétaires de rassembler leurs esclaves, et de les former en compagnies. Les bourgeois, et ceux qui font le service dans leurs compagnies, ont des postes particuliers. Les écrivains montent la garde hors de la citadelle, et les autres aux diverses batteries.

Les premiers jours d'août amènent ordinairement la fin de l'hiver ; alors la terre commence à se parer de fleurs. Je crus que c'étoit le tems favorable pour un voyage que depuis longtems je méditois dans l'intérieur du pays, et que d'après certaines promesses, je me flattois de faire aux dépens de la compagnie.

Je songeai donc à me pourvoir de tous les objets nécessaires : savoir, de boëtes pour conserver les oiseaux ; de petits sachets, pour les oignons et les semences ; de boëtes à insectes et d'épingles ; d'un petit baril d'arck pour conserver les serpens et les amphibies ; de coton, de papier fort pour faire sécher les plantes ; de thé, de biscuits pour moi, et de tabac pour distribuer aux Hottentots ; d'armes à feu, de beaucoup de poudre, de balles de plomb de différentes grosseurs ; d'habits et de souliers pour quatre mois. Ce dernier article sur-tout, étoit le plus embarrassant, à cause de son volume ; il me fallut emporter une certaine quantité de souliers, parce que le cuir préparé par les Indiens, n'est pas d'une excellente qualité ; en outre les pierres aiguës des montagnes l'ont bientôt mis en pièces.

Un cheval, une charrette couverte de toile à voile, et assez semblable à un charriot de convoi militaire, trois paires de bœufs destinés à traîner successivement ce charriot pendant le voyage ; voilà mon équipage : j'avois pour compagnons de voyage le maître jardinier Auge, qui avoit déjà fait dix-huit grands voyages dans l'intérieur du pays, c'étoit pour nous un guide fidèle et expérimenté; M. Immelmann, jeune homme, fils d'un lieutenant au service de la Compagnie ; un sergent nommé Léonhardi, qui avoit entrepris ce voyage pénible, uniquement pour tirer des oiseaux et des bêtes fauves ; enfin, deux Hottentots familiers, dont l'un devoit servir de cocher, et l'autre soigner les bœufs.

On ne prend pour voyager dans tout le pays, qu'une vaste voiture de cent vingt, cent quarante à deux cents rixdalles, munie d'une tente de buldan, et attelée ordinairement de cinq à six paires de bœufs; un bouvier, armé d'un grand fouet, les frappe, tandis qu'un autre les mène d'habitation en habitation, en leur faisant traverser les ruisseaux. Les chevaux sont plus foibles, et ne trouvent dans toute l'Afrique, ni pâturage, ni eau ; ainsi ils ne peuvent être d'aucune utilité dans un voyage de long cours. On ne s'en sert que dans les campagnes voisines du Cap, pour transporter sur leur dos quelques marchandises. Les personnes aisées en attellent plusieurs paires à leur voiture pour de petites tournées. On s'en sert aussi comme de montures dans tout le pays. Quand quelque colon de l'intérieur de la contrée vient au Cap, il amène avec lui cinq ou six bœufs pour faire des échanges. Pendant un voyage de plusieurs semaines, le fouet est un instrument très-nécessaire, autant pour se faire respecter des passans, que pour hâter le pas des bœufs, auxquels on le croiroit uniquement destiné.

TROISIEME PARTIE.

Premier voyage dans l'intérieur de l'Afrique : du 7 septembre 1772 au 2 janvier 1773.

CHAPITRE PREMIER.

Voyage du Cap à Rodesand.

Tous mes préparatifs étant finis, je partis du Cap le 7 septembre pour Jan-Besiskraal, petit dépôt de bestiaux appartenant à la Compagnie, sur la côte : nous y arrivâmes à onze heures.

Les plaines de sable que nous traversâmes, nous offrirent la protée hypophylle (1), par-tout rampante, avec ses feuilles élevées des deux côtés.

A Elands-Fonteyn (2), nous vîmes une plante de la même espèce, aussi haute qu'un buisson, avec de plus larges feuilles que la première, et qui lui ressembloit pour le reste (3).

Le 12, nous nous remîmes en route, et nous nous rendîmes à une autre maison, également appartenante à la Compagnie, nommée Riet-Valley (4) ; ensuite à Mostert, maison particulière. Nous passâmes près de Brack-Fonteyn (5), pour nous rendre à Grœne-Kloof (6), lieu agréable où la Compagnie fait

---

(1) *Protea hypophylla.*
(2) Fontaine de l'Elan.
(3) D'après ce que M. Thunberg vient de dire de son port, il paroît plutôt que c'est une autre espèce du même genre.
(4) Vallée des roseaux.
(5) Fontaine salée.
(6) Vallée verte.

élever considérablement de bestiaux ; il est à huit heures de chemin du Cap. Nous y passâmes le reste de la semaine pour rassembler beaucoup d'objets dont nous avions besoin, et pour me guérir d'une inflammation d'yeux très-opiniâtre, causée par la réverbération des rayons du soleil sur le sable échauffé.

Le pays est déjà très-habité et cultivé par des colons européens, mais l'on n'y voit aucun poteau pour indiquer les distances sur les routes, ou les séparations des propriétés. Les rivières n'ont pas même de noms particuliers ; les terres portent ceux de leurs propriétaires, et on évalue les distances par l'espace qu'une voiture peut parcourir en une journée, ce qui équivaut à-peu-près à un mille de mer. Tous ces inconvéniens causent beaucoup d'embarras à un voyageur, et m'obligeront de désigner les lieux que j'ai parcourus, par les noms hollandois sous lesquels ils sont connus.

Les champs bas et sablonneux que nous avons traversés, étoient très-fertiles en plantes bulbeuses ou à oignons, qui, à l'époque où je me trouvois, avoient poussé considérablement, et produit une grande quantité de diverses sortes de fleurs, par les pluies considérables tombées pendant l'hiver. Dans un autre tems ces champs sont nuds et n'offrent que du sable.

On fait cuire les oignons (1) d'*iris-edulis*, pour les manger ; ils ont le goût de pomme de terre.

Les fleurs d'Afrique ont des couleurs extrêmement variées, principalement vers leur partie supérieure ; l'inférieure est presque toujours d'une seule couleur.

Le flamant (2) nageoit en grande quantité dans les trous remplis d'eau, où se tenoient les canards et les bécassines (3). Dans les champs, au milieu des buissons, on entendoit des outardes (4), et le petit oiseau qu'on nomme ici *haantje*, ainsi

---

(1) *Bulbi.*
(2) *Phœnicopterus ruber.*
(3) *Scolopax capensis.*
(4) *Otis.*

que plusieurs espèces de boucs et de chèvres, comme l'antilope-coudou, le grimme, &c. (1) ; enfin, la fière autruche, dont le mâle se distingue par ses plumes noires, la femelle en ayant de grises.

On me montra de la terre grasse mêlée de soufre, qui se trouve près d'une fontaine à Paardeberg.

La gousse de la semence d'une espèce d'euphorbe, bien pulvérisée, tue les loups aussi bien que le gâteau de renard.

Je vis ici pour la première fois de l'huile de ricin : on en fait cuire, me dit-on, le fruit dans l'eau, et l'on en recueille l'huile qui nage sur la surface. Une tasse de cette huile purge légèrement. Les feuilles de ce buisson, séchées et appliquées sur la tête, en appaisent le mal.

Le 14, nous passâmes auprès d'Orange-Fonteyn (2), et de Uyle-Kraal (3), auprès de Thee-Fonteyn (4), en une marche de six heures. Le jour suivant nous passâmes auprès de Elands-Fonteyn (6), et nous nous rendîmes à Saldanhabay.

Les colons qui habitent cette partie du Cap, n'ont pas de vigne ni beaucoup de terre labourable, mais en place beaucoup de bestiaux. On y fait tous les jours du beurre dans un instrument qui ressemble à une pompe ; et le petit-lait, quelque bon qu'il soit, est donné aux veaux et aux chiens. On ne laisse pas à la crème tout le tems nécessaire pour bien monter. On manque ici de tout, sur-tout d'ustensiles de ménage, et la pauvreté y est extrême.

Nous laissâmes nos chevaux de monture dans la maison d'un paysan, avant de traverser le port dans un bâtiment, pour nous rendre au poste de la Compagnie, où nous passâmes plusieurs jours. Je reconnus dans l'équipage Elisœur Hyphoff,

---

(1) *Capra doreas, capra grimmia*, &c.
(2) Fontaine d'orange.
(3) Griffes de hibou.
(4) Fontaine à thé.
(5) Fontaine de l'Elan.

cuisinier de la maison, et fils du commissaire de la banque Hyphoff.

Nous vîmes sur le rivage beaucoup de chèvres, de canards et d'autres animaux.

Le jus du laiteron commun (1), sert à nettoyer et à guérir les plaies.

On mêle avec du vinaigre le jus noir de la sèche (2), et on l'emploie en guise d'encre. Ce mollusque a des yeux véritables, composés de la cornée, la choroïde, et d'un cristallin, avec les humeurs ordinaires.

Le grand albuca (3) croît aux environs, et s'y montre très-droit et fort beau. Les Hottentots et les voyageurs étanchent leur soif avec sa tige, qu'ils mâchent.

Quand l'eau étoit basse, elle laissoit appercevoir beaucoup de bancs de sable dans le port.

Quoique les îles produisent beaucoup d'herbes, elles ne nourrissent aucun troupeau de bœufs ou de brebis.

Tout en botanisant, je trouvai un tigre mort sur le rivage. Selon toutes les apparences, il avoit mangé quelques plantes vénimeuses, et cherché ensuite de l'eau pour se désaltérer avant de mourir.

On prend une immense quantité de phoques (4) dans les îles, dehors et dedans Saldanhabay. Leur graisse procure une huile très-bonne et bien utile. La peau des jeunes sert à faire des carnassières et des bourses à tabac. On assure que les plus grands pèsent de quatorze à quinze cents livres.

J'arrivai à l'instant où un soldat envoyé à la chasse de cet animal, venoit d'éprouver l'accident le plus affreux. Après avoir tiré un phoque qui étoit tombé pour mort, il s'approcha pour lui couper la veine et faire écouler son sang : (cette opération

---

(1) *Sonchus oleraceus.*   (3) *Albuca major.*
(2) *Sæpia.*   (4) *Phoca.*

contribue infiniment à la bonté de l'huile). La bête eut encore la force de saisir la main du chasseur, qui eut le pouce coupé et le nerf très-alongé.

De la baie de Saldanha nous retournâmes à la Fontaine à thé, et nous eûmes l'occasion de voir avec quelle dextérité les paysans châtrent leurs bœufs. Dans une seule soirée, cinquante bœufs de deux ans et un de trois ans, subirent cette opération.

On commence par les abattre et les coucher sur le côté, en leur attachant la corde d'un fouet aux cornes, et une autre aux pieds de derrière ; on leur lie ensuite les quatre pieds. Celui qui fait l'opération, écarte avec un couteau la peau qui couvre les testicules ; il les ratisse et les tord jusqu'à ce qu'ils se détachent.

L'enveloppe de la semence de la patience épineuse (1), a des pointes très-incommodes qui blessent les esclaves, et tous ceux qui, comme eux, vont nuds pieds.

La pharnace mollugine (2) est très-abondante dans les années pluvieuses. On m'a assuré qu'elle contribuoit infiniment à engraisser les troupeaux.

Quoiqu'il soit difficile d'approcher des outardes, nous parvînmes à en tuer une. Elles crient sans cesse en volant, *kok-karry, kok-karry*.

Nous vîmes souvent paroître le secrétaire (3) avec sa belle tête et ses grandes jambes ; il court très-vîte, et ne vit que des serpens qu'il attrape. On ne parvient à en élever des petits que très-difficilement, parce qu'ils sont sujets à se casser les jambes. Cependant j'en vis un vieux privé à Constance. Il pond deux à trois œufs, bâtit son nid avec de petites branches sur des buissons, reste presque toujours seul et jamais en grande troupe.

---

(1) *Rumex spinosus.*   (3) *Falco secretarius.*
(2) *Pharnaceum mollugo.*

Le buisson nommé *kraijebosche* (1) produit un petit fruit ou graine noire très-recherchée par les corneilles du Cap, qui en sont extrêmement friandes.

Le 25, nous quittâmes la Fontaine à thé, et passâmes le bac de Berg-rivier (2).

On mange ici la racine d'anis grillée ; elle a fort bon goût. Il y a différentes façons de l'accommoder ; on la fait ou griller ou cuire, tantôt dans la cendre, tantôt dans du lait, et quelquefois avec de la viande à l'étouffée. Les esclaves des habitans de la campagne ; déterrent une grande quantité de ces racines, et vont les vendre à la ville au profit de leurs maîtres.

On fait encore rôtir sous la cendre une racine nommée *gatagay-wortel* (3), et on la mange, quoiqu'elle ait un goût désagréable.

On rencontre ici par-tout un fouille-merde (4), qui ne cesse pendant toute la journée, de rouler de gros morceaux de crotte avec ses pattes de derrière, en allant toujours à reculons ; ses pattes de devant lui servent à creuser de grands trous dans le sable, qu'il pousse en dehors avec sa tête. Selon toutes les apparences, il dépose ses œufs dans les morceaux de crotte qu'il roule avec tant de peine ; quelquefois ils se mettent deux pour en rouler un seul.

L'avoine que l'on apporte ici d'Europe, passe pour la plus mauvaise plante possible, parce que les épis étant écossés par le vent, l'herbe que produit le grain tombé, étouffe et détruit tous les autres grains qu'on peut semer. On a beau laisser reposer pendant plusieurs années un champ ainsi empesté, dès que la charrue y a passé, l'avoine ne tarde point à reparoître.

On nomme ici rossignol (*nachtigall*), un oiseau qui, par sa démarche et son chant, imite plusieurs autres oiseaux.

---

(1) Buisson des corneilles.
(2) Rivière de la montagne.
(3) Racine de gatagay.
(4) *Trichius laticollis*.

Les *opblasers* (1) sont une espèce de sauterelle qu'on prend tous les soirs après le coucher du soleil. Elles commencent alors à s'annoncer par un cri singulier, qu'elles rendent en pressant leurs pieds de derrière hérissé d'épines, contre leur ventre vide et diaphane ; ce bruit a l'air de venir de loin. Comme j'avois remarqué que tous les insectes nocturnes, ainsi que celui-ci, aimoient et recherchoient la lumière, je fis allumer un grand feu, dont ils s'approchèrent en grand nombre, et où nous en prîmes à discrétion. Leur corps forme une vessie si vide, qu'on ne peut les piquer avec une épingle, comme les autres insectes.

J'admirai l'industrieuse construction des nids de chardonnerets (2), composés de filamens d'herbes, artistement tressés ; ils sont suspendus à des branches d'arbres, au-dessus des mares d'eau. L'entrée de ces nids forme un col long et étroit, qui empêche les oiseaux de proie d'enlever les petits. Les mares au-dessus desquelles ils sont suspendus, les protègent contre l'avidité des renards et autres animaux carnassiers.

Les bestiaux sont sujets à différentes maladies très-dangereuses, qui en détruisent une grande quantité. Nous allons indiquer les principales : 1°. *maladie du sang* (3), ainsi nommée parce que toutes les veines s'enflent considérablement. On la guérit en saignant l'animal, et lui faisant prendre un exercice violent. S'il vient à mourir, sa viande ne vaut rien.

La maladie des *potirons* (4) se déclare par les symptomes suivans : 1°. un pied enfle, et l'enflure gagne tout le corps, ce qui dure quelquefois trois jours ; mais souvent l'animal crève en trois heures. Si on lui ampute le pied à l'instant où l'enflure se déclare, il a quelque espérance de guérison ; mais s'il meurt, sa viande n'est pas mangeable. Cette maladie ne

---

(1) *Pneumora.*
(2) *Loxiæ.*
(3) *Blaar* ou *bloedzickte.*
(4) *Spons-ziekte.*

peut être attribuée qu'à la morsure d'un ces serpens, dont cette partie méridionale de l'Afrique est si abondamment pourvue.

2°. La *débilité* (1) indique assez ses effets par son nom : l'animal ne peut se soutenir sur ses jambes. Elle commence insensiblement, et ses progrès sont lents. Après la mort de l'animal, ses os se trouvent entièrement vides de moëlle ; elle est remplacée par de l'eau.

3°. La *rétention* (2) empêche l'animal malade d'uriner. Tous ceux qui mangent de l'euphorbe génistoïde (3), plante âcre et très-laiteuse, en sont attaqués ; la vessie se trouve rongée, et le conduit de l'urèthre bouché, sans que la bête malade ressente du mal au ventre ou dans les intestins. On fait sortir cette matière gluante en lui pressant la verge ; les cultivateurs la font ainsi sortir dehors, ou bien la repoussent avec un fétu de paille. La maladie ne fait pas de progrès tant que l'animal qui en est attaqué boit de bonne eau ; mais en été que l'eau se salit et s'épaissit, elle ne peut plus résoudre la matière, et la bête malade périt.

A la droite de la grande Berg-rivier, on voit Ribeck-Castel, grande et haute montagne, et à gauche Picket-Berg. Nous passâmes auprès de Honing-Berg (4), et sur le soir nous arrivâmes à une métairie appartenant à Griling.

Le 26, nous traversâmes les Vier-en-twintig-rivier (5), pour nous rendre à la ferme Arnheim, de-là à Kleine-Berg-rivier (6), et par Roode-Sands-Kloof (7), jusqu'à Wafers-Landis ou Rode-Sand (8).

---

(1) *Lamziekte.*
(2) *Pisszickte.*
(3) *Euphorbia genistoïdes.*
(4) Montagne à miel.
(5) C'est-à-dire, les 24 rivières.
(6) La rivière de la petite montagne.
(7) La vallée de sable rouge.
(8) Le pays de Wafer ou le sable rouge.

A RODESAND.

Le passage entre les montagnes que nous franchîmes depuis les plaines de sable près du Cap, lesquelles s'élèvent insensiblement jusqu'à Roode-Land (1), est une des rares ouvertures qu'offre cette longue chaîne de montagnes, pour les traverser en voiture, mais non sans danger. Ce passage est si étroit dans quelques endroits, que deux voitures ne peuvent y passer de front. L'air y est tellement sonore, que les claquemens de fouet s'y font entendre à un mille, de manière que la première voiture engagée dans le chemin, et annoncée par ce claquement, ne craint pas d'en rencontrer une autre en route.

Etant arrivés à Roodesand, sur le revers de la montagne, nous vîmes un sol beaucoup plus élevé que du côté d'où nous venions. A l'une des extrémités, aboutit ce pays de hautes montagnes nommées Vinter-Hoek (2), parce que le sommet en est presque toujours couvert de neige. L'autre extrémité est ouverte, et forme une suite de montagnes nommées Mostaards-Hoek (3), qui vont toujours en s'élargissant du côté du sud.

Nous logeâmes chez Devett, descendant des familles françoises établies ici parmi les premiers colons dans cette partie de l'Afrique, pour y planter des vignes et des arbres fruitiers.

On nomme ici tintirintjes un ornithogal (4) blanc, à cause du son qu'il rend quand l'on frappe deux tiges l'une contre l'autre.

Nous demeurâmes une quinzaine dans ce délicieux séjour, pour faire reposer nos bêtes de somme et les rétablir. Nous eûmes le tems de mettre en ordre et d'arranger les plantes et les semences que nous avions déjà rassemblées, et de visiter les montagnes et les collines d'alentour.

Le 28, nous entreprîmes un voyage à la cascade et à la

---

(1) Terre rouge.
(2) Coin d'hiver.
(3) Coin de moutarde.
(4) *Ornithogalum.*

montagne, pour nous rendre chez un sellier nommé Zchwieger; de-là nous continuâmes notre voyage le jour suivant, jusque chez un certain Olivier, où nous descendîmes de cheval, et montâmes la montagne à pied.

CHAPITRE II.

Voyage de Roodesand à Zwellendam, du 1er octobre au 18.

Le 1er octobre nous montâmes sur le Vitsemberg; de l'autre côté est une gorge de montagnes plus étroite que celle de Roodesand, et quatre fois plus haute. Du haut de cette éminence, on voyoit la montagne de la Table; les plantes y fleurissent un mois plus tard qu'ailleurs. Il y tombe souvent de la neige à la hauteur de trois pieds; il se passe quelquefois plusieurs jours sans qu'elle fonde; elle résiste encore plus longtems sur le sommet. Derrière cette montagne on en découvre d'autres à différentes distances; au-delà sont situées, dit-on, les plaines du Bouc.

Ce petit pays, froid et haut, contient des fermes à bestiaux, mais l'on n'y recueille pas de grains, parce que l'on ne pourroit les transporter de l'autre côté de la montagne. Nous mîmes une heure entière pour la traverser à cheval.

Quand je fus de retour à Roodesand, on me montra la fameuse pierre à serpent, qu'un très-petit nombre d'habitans du pays est parvenu à se procurer. Elle coûte de dix à douze rixdalles; d'un côté elle est ronde, noire, avec une tache couleur de cendre pâle dans le milieu, et poreuse comme du bois de chêne ou comme une pipe de terre; les pores en sont extrêmement petits. Plongée dans l'eau elle produit des petits bouillons, ce qui est une preuve de sa bonté. Il faut également, si on la met dans la bouche, qu'elle s'attache au palais. Appliquée sur la morsure d'un serpent, elle s'attache à la plaie et pompe le poison; quand elle est pleine, elle tombe d'elle-même. On dit qu'il suffit de la plonger dans du lait pour la débarrasser du poison qu'elle a aspiré, et que le lait en devient tout bleu. On scarifie cependant la plaie avec le rasoir avant de l'y appliquer.

Un Hottentot mordu par un serpent, cherche aussi-tôt un crapaud pour frotter la plaie. Ils ont encore le secret de la faire sucer par quelqu'un pour en extraire le poison, après l'avoir ouverte avec un couteau.

On trouve ici un serpent nommé *serpent d'arbre* (1), parce qu'il se trouve ordinairement dessus les arbres. Il a huit pieds de long; il est tout-à-fait brun sur le dos, et a ses écailles munies d'une ligne élevée et tranchante; son ventre est jaunâtre.

On dit que la racine de tulbage (2) sert à charmer les serpens.

Les Hottentots empoisonnent leurs flèches avec du venin de serpent, et le suc d'une espèce de bois de fer (3); ils emploient ces flèches à tuer les gazelles et les buffles sauvages, et à se défendre contre leurs ennemis.

Les habitans mangent quelquefois les bourses des moutons rôtis, qui sont très-indigestes.

L'aponoget distique (4) croît ici abondamment dans différens endroits, sur-tout dans des bourbiers peu profonds. Ses fleurs

---

(1) *Coluber.* (*Abd. 1971 squam. Caudal. 124.*)

(2) *Tulbagia capensis.* Plante de la famille des narcisses, quoiqu'elle ait l'ovaire supérieur : elle est figurée dans l'*Hortus vindeb.* de M. Jacquin, vol. II, t. 115, et dans mes Illustr. des genres tab. 243.

(3) *Sideroxylum toxiferum.* Cette espèce, si elle appartient à ce genre, n'est pas encore connue.

(4) *Aponogeton distichum.* C'est une plante voisine du *saururus* par ses rapports. Voyez-en la figure que j'ai donnée d'après M. Thunberg, dans mes Illustr. des genres, t. 276.

blanches s'étendent en nageant sur la surface de l'eau, et répandent l'odeur la plus agréable. On mange la racine de cette plante grillée.

Les concombres que l'on cultive dans les jardins, font partie du dessert sur les tables. On les fait d'abord mariner dans de l'eau salée, ensuite dans du vinaigre, avec du poivre-long ou piment d'Inde (1).

Les paysans font eux-mêmes un onguent qui jouit d'une grande réputation pour la cure de toutes sortes de plaies. En voici la recette : il font un mélange de cire, de sain-doux, et d'une décoction de *solanum nigrum* sauvage, qui croît par-tout autour des métairies.

Je remarquai pendant les mois de septembre et d'octobre, que les hirondelles étoient fort occupées, matin et soir, à la construction de leurs nids, dans les maisons même des paysans, dont les portes ne sont presque jamais fermées. Elles choisissent rarement les fentes des rochers, ou les cavités des montagnes. Leur nid est composé d'une terre grasse qu'elles apportent dans leur bec par petits morceaux, tout préparés pour entrer dans la composition du nid; elles sont sans cesse occupées à l'arrondir et à le polir. Celles qui viennent ici en automne, disparoissent régulièrement chaque année, comme en Europe, aux approches du froid, sans que les paysans sachent où elles vont passer l'hiver.

C'étoit un bruit très-accrédité à Roodesand, et tout le monde m'assuroit qu'il y avoit sur la montagne un buisson sur lequel on trouvoit des objets vraiment singuliers, tels que des peaux fines tout apprêtées, des bonnets, des gants, des bas à poil ou de laine; et autres objets semblables. Bien déterminé à ne pas passer outre avant d'avoir éclairci un fait aussi étrange, je priai plusieurs habitans de la paroisse de me procurer, s'il

---

(1) *Capsicum annuum.*

A ZWELLENDAM.

étoit possible, quelques-unes de ces singularités. En effet, quelques jours après on me rapporta de la montagne des feuilles couvertes d'un poil épais (1), qui ne ressembloient pas mal à du velours blanc. Les filles accoutumées à manipuler ces feuilles, se mirent à enlever le velouté avec beaucoup de dextérité; sans déchirer ni même endommager les feuilles. Après cette première opération, elles les tournoient de l'autre côté, de manière que les côtes vertes paroissoient d'un côté; ensuite elles profitoient de la forme même de la feuille, pour exécuter quelques-uns des objets ci-dessus indiqués, en recourant aux ciseaux pour terminer ce que la nature n'avoit qu'ébauché. La queue des feuilles procuroit des bas ou de longs gants de femme, les petites feuilles des bonnets. De cette manière le prodige commençoit à devenir un peu moins surnaturel, et ne m'offroit même rien d'extraordinaire. Il ne me restoit donc plus qu'à examiner par moi-même à quelle plante appartenoient ces feuilles, et pour cela il me fallut grimper sur les pointes les plus escarpées de la montagne, où elle étoit très-abondante. Cependant ce ne fut pas sans beaucoup de recherches et de peine, que je m'en procurai des fleurs et des graines, qui me prouvèrent qu'elle appartenoit à une espèce de buplèvre (2). Le velouté des feuilles forme une excellente amadou.

Roodesand a une belle église desservie par un prêtre; tous les habitans des environs font partie de cette paroisse, et n'y viennent cependant tout au plus qu'une fois l'année. C'est alors qu'ils font baptiser leurs enfans.

Le 6, après avoir rassemblé une belle collection de plan-

---

(1) *Tomentum.*

(2) *Buplevrum giganteum.* C'est l'*hermas gigantea* de Linnée fils, Suppl. 435. J'en ai donné la description dans mon Dictionnaire (vol. III, p. 122, n°. 2) d'après des exemplaires que j'ai reçus du Cap, avec des parties de feuilles arrangées comme vient de le dire M. Thunberg.

tes, d'oiseaux, de fleurs et de graines, nos bêtes étant suffisamment reposées, nous quittâmes ce délicieux séjour, et descendîmes dans la campagne en traversant plusieurs rivières, telles que celle de Haartebeest-rivier (1), auprès de laquelle nous nous arrêtâmes pour passer la nuit chez Michel de Plois; Hex-rivier (2), Breed-rivier (3), Mattjes-valley (4), et Brand-Steeg. Nous nous arrêtâmes au-delà de Mattjes-Kloof, chez Pierre de Wett, possesseur d'une métairie où il y a des bains chauds. Nous y passâmes un jour pour prendre des bains et visiter les montagnes des environs.

Avant d'arriver à la métairie de Plois, auprès de la rivière de Haartebeest, nous longeâmes une montagne nommée Slangen-Kap (5), qui peut passer pour une des plus singulières de son espèce. Isolée des autres montagnes voisines, elle ressemble à un amas de rochers, et n'est pas très-haute. D'un côté est une fente ou cavité large et profonde, d'autant plus digne d'attention, qu'elle sert de retraite à tous les serpens des environs; ils viennent y chercher la tranquillité pendant tout le tems que dure leur engourdissement. Aux approches de l'été, dès que les chaleurs commencent à se faire sentir, on voit différentes espèces de serpens, roulés ensemble en anneaux très-volumineux, sortir de cet antre pour se répandre dans la campagne, et chercher dans leurs asyles favoris, une nourriture capable de réparer les pertes qu'ils ont faites pendant l'hiver.

Les bains chauds ont leur source dans un fond de sable, situé au pied même de la montagne. Il y a sept veines ou ruisseaux, dont un beaucoup plus considérable que les autres. Le second, de moyenne grandeur, est le plus élevé; le premier

---

(1) Rivière des cerfs.
(2) Rivière des sorciers.
(3) Rivière large.

(4) Vallées de Matties.
(5) Montagne des serpens.

A ZWELLENDAM.

se trouve tout auprès et au sud de celui-ci ; le troisième n'est pas éloigné ; au-dessous de ceux-ci sont situés le quatrième, d'une force suffisante ; le cinquième à quelques pas de distance ; le sixième placé au milieu, forme plusieurs rigoles ; le dernier et le plus considérable, bout avec tant de force, qu'on peut y échauder des animaux. La fumée qui en sort, ressemble à celle d'une marmite posée sur le feu. Quoique les bords et le lit même de ces ruisseaux n'offrent aucun sédiment, il y croît cependant une conferve verte (1). Les pierres qui se trouvoient dans le courant, et qui s'élevoient un peu au-dessus du niveau de l'eau, étoient couvertes d'une croûte verte. J'en remarquai une espèce particulière, si molle qu'elle se coupe au couteau, et peut servir de craie. Je me convainquis que cette eau ne contient point d'acide, en y plongeant un chiffon de laine bleue et un morceau de papier à envelopper le sucre, qui ne changèrent pas de couleur. Le sucre de saturne que j'y jettai, n'éprouva d'autre altération que de devenir d'un blanc de lait, et la poudre de kina brunit un peu. L'eau a toujours un cours égal, elle ne diminue ni n'augmente ; on prétend seulement qu'elle est plus chaude en été ; enfin, cette eau est pure et si claire, que le linge qu'on y lave ne contracte aucune teinte ; elle ne donne pas de goût à la viande qu'on y fait cuire. En sortant de la source, elle se rassemble dans des trous plus ou moins grands où l'on peut se baigner. Au-dessus on a construit deux petites cabanes pour la commodité des baigneurs ; ils peuvent s'y procurer de l'eau fraîche des ruisseaux qui descendent de la montagne, et dont on a dirigé le cours vers ces cabanes. Il seroit imprudent de se mettre dans ces bains sans être accompagné de quelqu'un, parce que la chaleur de l'eau presse le battement du cœur, attire le sang de la tête vers les parties extérieures, sur-tout en bas ; les veines inférieures se

---

(1) *Conferva viridis.*

gonflent et s'emplissent, de manière qu'on court risque de s'évanouir en moins d'un quart-d'heure. Il survient aussi quelquefois des nausées et des vomissemens.

Parmi les malades que je trouvai à ces bains chauds, il y en avoit deux qui excitèrent ma compassion ; l'un étoit un villageois qui avoit sur l'estomac une plaie envenimée, suite d'un coup de corne qu'il avoit reçu d'un bœuf furieux ; il ne pouvoit prendre qu'un peu d'eau de bains, parce qu'il vomissoit sans cesse. L'autre malade étoit un esclave qui avoit sur l'épaule droite une excroissance de chair, qui lui avoit déboîté le bras en devant ; elle lui étoit venue à la suite d'une chûte considérable.

Les plantes que je trouvai ici, sont le ficoïde comestible (1) ; il y réussit aussi bien que dans les plaines de sable ; les Hottentots le nomment figuier (vygen). Le fruit, parvenu à sa maturité, est bon à manger, après qu'on l'a pelé ; il est d'une couleur de chair, dont la teinte rouge varie beaucoup ; ses fleurs sont blanches et jaunes.

Le baguenaudier (2) pilé, est bon pour les maux d'yeux. Le coignassier (3) sert à faire des haies.

Le 9 octobre, nous franchîmes la hauteur de Moritz pour aller à Koré. Nous jugeâmes, par une colline, que cette montagne est composée d'une ardoise fragile, qui ne peut pas même servir de tablettes à écrire.

Du haut de cette éminence on pouvoit découvrir la plaine de Carro, sèche, stérile, dépourvue d'herbes, et qui ne produit que des plantes grasses et des buissons.

Le buisson épineux nommé arduine (4), avoit alors des fruits

---

(1) *Mesembrianthemum edule.*
(2) *Colutea vesciaria.*
(3) *Pyrus cydonia.*
(4) *Arduina bispinosa.* Depuis longtems j'ai fait voir que cet arbuste ne constituoit pas un genre particulier, mais qu'il appartenoit au genre *Carissa*, dont il est une espèce distincte. Voyez-

rouges ; on m'assura que les Hottentots en mangeoient. La fabagelle (1) est un autre buisson très-beau, dont les fleurs contribuent à l'ornement des collines ; il est très-propre à faire des berceaux.

J'assistai ici à la castration des agneaux, faite par les cultivateurs mêmes. J'avois déjà vu celle des bœufs (2) ; ils ouvrent le *scrotum* avec un petit couteau, en tirent successivement les deux testicules, et les coupent avec une adresse étonnante.

Dans les contrées où les métairies sont voisines les unes des autres, on marque les moutons aux oreilles. Ces animaux deviennent si roides dans les pluies de longue durée, qu'ils en meurent ; ils sont aussi sujets à l'hydropisie (3). Les paysans les guérissent en leur faisant la ponction au ventre. Il est rare qu'on tonde les moutons, et jamais on ne tire parti de leur laine ; on l'abandonne ordinairement aux esclaves avec la peau.

Les parcs où l'on garde les moutons et toutes les bêtes à cornes enfermées et à découvert, se nomment *kraal ;* le kraal est communément auprès de la métairie ; un mur de terre ou une haie en forme l'enceinte ; l'ouverture par laquelle on entre et on sort, est fermée par une porte ou par une barrière. Dans les endroits favorables aux arbres de basse futaie, on environne les parcs avec l'acacie d'Egypte (4) et le calac (5) que l'on abaisse en les ployant. Ce sont les arbres les plus épineux que l'on connoisse dans presque toute l'Afrique. Ces haies

---

en la description dans mon Dictionnaire (vol. I, p. 555), à l'article *Calac d'Afrique* (*Carissa arduina*). Lam.

(1) *Zygophyllum morgsana.*
(2) Voyez ci-dessus.
(3) *Ascitis.*
(4) *Mimosa nilotica.* Il y a deux espèces bien distinctes, confondues jusqu'à présent par les botanistes, sous le nom de *mimosa nilotica.* Comme je les possède, j'en donnerai les différences spécifiques dans mes *Illustrations des genres.* Lam.

(5) *Arduina bispinosa.*

sont des remparts contre les attaques des renards et des loups, autant par leur épaisseur que par leurs épines.

Quand on abat l'acacie d'Egypte (1), il tombe quelquefois sur le bûcheron ; alors ses épines entrent très-profondément dans le corps, se cassent, et y restent. Les gazelles en mangent les feuilles, et ont souvent de ses épines dans les pieds, sans en être estropiées.

On trouve dans le creux des montagnes un grand nombre d'assi ou agouti du Cap (2), qu'on croit sujets aux menstrues.

Les montagnes de sable sont recouvertes d'une couche de ce même sable extrêmement blanc, que le vent agite et pousse à son gré.

Une rivière peu considérable qui formoit une espèce de petite baie, avec un trou profond, me donna le moyen d'observer un tournoiement assez curieux ; l'écume et toutes les ordures nageoient au-dessus du trou vers les extrémités d'alentour, et en sens contraire du cours même du ruisseau. Le centre formoit une espèce de creux.

Le débordement des rivières nous retint ici plusieurs jours. Nous passâmes deux fois la Koré, la Zand-rivier (3), qui est souvent à sec, et Riet-fonteyn (4), et la Claesvogts-rivier, pour arriver à une ferme appartenant à le Roux.

Je remarquai dans cette course le gui du Cap (5), plante parasite semée sur les branches d'arbres, par le moyen des excrémens des oiseaux qui mangent son petit fruit : on la voyoit sur-tout sur une espèce de sumac (6).

De-là nous allâmes à Philip-Bota, non loin de la ferme de Gerts ; il nous fallut traverser une rivière profonde, auprès de laquelle est située la ferme de Droski. Nous nous arrêtâmes à Jacob-Bota.

---

(1) *Mimosa nilotica.*
(2) *Cavia capensis.* Erxleb. p. 352.
(3) Rivière de sable.
(4) Fontaine aux roseaux.
(5) *Viscum capense.*
(6) *Rhus.*

A ZWELLENDAM.

On me montra ici de la mine d'argent (1) mêlée de pierre à chaux transparente et mal crystallisée, et de bitume (2). Les villageois la nomment urine de dassi, parce qu'ils la croient pleine de l'urine de ces gros rats de montagne qui sont si communs. J'appris que l'on en trouvoit une grande quantité dans les crévasses de la montagne (3), principalement auprès d'un énorme quartier de rocher saillant, qui forme une espèce de couronne. Le bitume, quoique sale, est assez recherché des villageois, qui l'emploient pour les foulures et autres accidens semblables.

Le buisson à cire (4) produit un fruit couvert de graisse, semblable à la cire. On le jette tout entier dans une chaudière remplie d'eau bouillante, pour faire fondre la graisse qu'on écume ensuite; cette graisse, semblable à de la cire grise et mal-propre, n'a pas tout à fait autant de consistance, est cependant plus dure que le suif. Les paysans en font de la chandelle, mais les Hottentots la mangent comme du pain, tantôt seule, tantôt avec de la viande.

Nous longeâmes les rivières de Bruynt-Jes et de Leuwe (5); jusqu'à celle de Keure-Boom, qui doit son nom au sophora du Cap (6), qu'on trouve en grande quantité sur ses bords.

On prend la racine de cet arbre infusée avec l'asclépiade ondulée (7), contre la colique.

Le gypse crystallisé que renferment les montagnes d'Afrique, étant réduit en poudre, sert à nettoyer les plaies.

---

(1) *Mica argentea.*
(2) *Bitumen.*
(3) *Cavia capensis.*
(4) *Myrica cordifolia.* Cet arbrisseau est du même genre que notre *gale* de France et que le cirier de la Caroline. Il est particulièrement remarquable par ses petites feuilles en cœur, dentées, un peu roides, sessiles et éparses. On le cultive au jardin des plantes. *Lam.*
(5) Les rivières de Bruynt-Jes et du Lion.
(6) *Sophora Capensis.*
(7) *Asclepias undulata.*

Après avoir traversé la rivière et la vallée de Pus-pàs, nous arrivâmes à Swellendam, résidence d'un landdrost, (ou sous-gouverneur), chargé de l'inspection de tout le pays situé au-delà. Ses fonctions ont quelque rapport avec celles d'un gouverneur de province.

Les habitans m'indiquèrent ici le fruit du fagarier du Cap (1), comme un remède souverain pour la colique.

CHAPITRE III.

Voyage de Zwellendam aux confins du Pays d'Ataquathal: du 18 octobre au 29 du même mois.

M. MENTZ, qui étoit alors sous-gouverneur, nous donna un dîner très-splendide, et l'après-midi même, nous nous remîmes en route, et passâmes la large rivière de Buffel-Jagts (2), pour parvenir à un poste de la Compagnie, nommé Riet-valley (3), où nous demeurâmes quelques jours pour mettre de l'ordre dans nos collections, et sur-tout pour faire raccommoder notre malheureuse voiture, que les rochers et les chemins pierreux avoient, pour ainsi dire, mise en pièces. Au reste, personne ne peut se flatter d'avoir fait un voyage aussi long et aussi périlleux dans un véhicule aussi petit, aussi vieux, aussi fragile, et à travers une contrée aussi montagneuse.

Ici la campagne commence à être plus verdoyante, et à ressembler même, en quelque façon, à une prairie. La montagne qui nous suivoit, pour ainsi dire, depuis Roodesand, se

---

(1) *Fagara Capensis.* Cette espèce n'est pas encore connue, à moins que ce ne soit mon fagarier du Sénégal. *Dictionnaire*, volume II, page 446.
(2) Rivière de la chasse aux buffles.
(3) Vallée des roseaux.

termine ici en pentes considérables et en collines. Nous rencontrions des troupeaux plus nombreux et plus fréquens qu'auparavant; mais en même tems, les vignes et les terres labourées étoient plus rares; cependant on en voyoit encore quelques-unes.

J'appris que les bestiaux y étoient sujets à de fréquentes maladies. La fièvre ardente (1), par exemple, est assez commune ; elle attaque d'abord la langue et le foie, ensuite le reste du corps, et produit une espèce de dissolution de la machine, car la chair se sépare d'elle-même, et tombe par lambeaux.

Cette ferme qui, comme je l'ai dit, appartient à la Compagnie, lui fournit principalement différentes sortes de bois de construction. Elle est située dans une immense vallée, non loin d'un grand bois, nommé Groot-Vaaders-Bosch (2).

Nous le visitâmes pour apprendre à connoître les différentes sortes de bois d'Afrique. Nous passâmes auprès de la maison d'un paysan nommé Riet-Kuyl (3), pour nous rendre sur les bords de la rivière de Duywehoek (4) ; un trou très-profond qui se trouve dans la montagne, a fait donner le nom de *helle* (5) à cet endroit. La forêt est excessivement haute et épaisse ; mais malheureusement pour moi, les arbres n'avoient, à cette époque, ni fleurs ni fruits; ainsi ma curiosité ne fut qu'à demi satisfaite. Je me contenterai donc d'indiquer, en deux mots, les principaux arbres qui ont fixé mon attention.

D'abord le camassie-hout (6), qui est un beau bois qu'on emploie au placage des meubles et dans l'ébénisterie.

Le stink-hout (7) ressemble au noyer, et conséquemment

---

(1) *Brand-ziekte.*
(2) Bois du grand-père.
(3) Fosse aux roseaux.
(4) Rivière aux nids de pigeons.
(5) Enfer.
(6) Arbre aux guêtres.
(7) Bois puant.

est un grand arbre. On en fait des pupîtres et des armoires.

Le geel-hout (1), grand arbre dont le bois très-pesant, est plus ou moins jaune ; il sert à faire des tables.

Le poivrier (2) est très-commun dans les bois ; les villageois nomment son fruit *staart-peper*, et savent l'employer comme épice.

Je vis un crystal de roche trouvé ici ; il étoit de la longueur du doigt.

Nous laissâmes notre charriot au poste de la Compagnie, et on le remplaça par une grande voiture couverte de toile à voile, avec dix bœufs frais, pour continuer notre voyage en Caffrerie, et dans l'intérieur des terres. Ici les paysans, faute d'horloge, comptent le tems par le cours du soleil.

Quelques Hottentots ont fixé leur habitation à peu de distance de la ferme, et sont souvent employés au service de la Compagnie. Ils aiment passionnément le tabac et l'eau-de-vie, et paroissent se plaire infiniment dans l'ordure et dans la puanteur. Tout leur corps étoit barbouillé d'une graisse huileuse, et saupoudré de *buchus dionisa*, pour exciter l'attention de nous autres étrangers, et pour nous plaire. Ils s'étoient diaprés de raies rouges et blanches ; ils avoient une bourse pour cacher leur nudité, et les femmes un morceau de peau quarré devant elles. Des chapelets de grains de verres blancs, bleus, rouges et autres couleurs, formoient plusieurs anneaux autour de leurs bras, de leur col, et même de leur corps. Quelques-uns portoient des bracelets de fer de laiton ou de cuir. Une peau de mouton sur le dos, une autre pendante sur les épaules, formoient tout leur accoutrement. Ils ont toujours la pipe à la bouche, et vivent du produit de leurs bestiaux ou d'oignons, qu'ils ont l'adresse de déterrer dans les champs.

En continuant notre voyage, nous passâmes la rivière et

---

(1) Bois jaune, *ilex crocea*.   (2) *Piper capensis*.

les hauteurs de Kraakous. Le 24 à midi, nous arrivâmes à la rivière Vet (1), que nous traversâmes, après avoir rencontré plusieurs métairies.

Je n'ai vu nulle part autant d'aloës (2) que dans cette contrée ; la résine découle abondamment de chaque feuille.

Je ne vis pas sans étonnement, les moutons manger impunément plusieurs plantes vénimeuses, telles que le sumac luisant, le lyciet d'Afrique, &c. (3) On me dit même que c'étoit leur principale nourriture.

Le lendemain nous allâmes voir un villageois nommé Martin Lagrans, demeurant auprès de la rivière Palmit (4) ; il possédoit une telle quantité de poules, qu'elles lui donnoient journellement cent œufs.

Ensuite nous passâmes la rivière de Zoete-Melk (5), la vallée Swarte (6), auprès de laquelle se trouve la ferme de Welte-Vreede (7), sur la rivière Val (8).

Les rochers situés auprès de la montagne Swarte (9), me parurent ferrugineux.

Le 27, nous longeâmes Groote-Valley (10), et passâmes la rivière Gouds (11), pour nous rendre chez Daniel Pinard.

On me dit que les environs abondoient en chiens et renards enragés (12).

Les villageois ont une plaisante manière de délivrer leurs volailles de la vermine. Les poulaillers sont construits en terre glaise, de la forme et à peu près de la dimension d'un grand four ; quand leurs volailles sont trop tourmentées par la ver-

---

(1) Rivière grasse.
(2) *Aloe perfoliata*. On sait que sous ce nom Linnée a confondu plusieurs espèces très-distinctes.
(3) *Rhus lucidum*, *lycium afrum*, &c.
(4) Rivière aux palmiers.
(5) Rivière de lait doux.
(6) La vallée noire.
(7) Bon contentement.
(8) Fausse rivière.
(9) Montagne noire.
(10) La grande vallée.
(11) Rivière d'or.
(12) *Rabies canina* et *vulpina*.

mine, il ne s'agit que d'allumer un peu de paille dans le poulailler pour le nettoyer.

Le lendemain nous nous remîmes en route et arrivâmes à une métairie située près d'Ataquas-Kloof (1), après avoir côtoyé un rocher monstrueux, qui a tiré son nom de l'immense quantité d'abeilles, auxquelles il donne asyle; on l'appelle Heuning-Klip (2); il est en outre célèbre par la fidélité de son écho qui répète de très-loin, et très-distinctement plusieurs syllabes de suite.

Nous vîmes ici l'olivier du Cap (3), dont le bois blanc et lourd, sert à faire des chaises.

On sème du froment, mais très-clair, car on m'assura qu'une seule racine produisoit de vingt à quatre-vingts épis. Curieux de vérifier par moi-même un fait aussi extraordinaire, j'examinai dans les champs plusieurs grains en effet très-féconds, mais aucun n'avoit plus de quarante-une tiges.

Tous les Hottentots que nous avons rencontrés jusqu'ici, sont nés, ou dans les fermes des Européens ou aux environs; il ne faut pas conséquemment s'attendre à les trouver dans l'état de nature: mais ceux que nous avons trouvés plus avant dans les terres, étoient, pour la plupart, très-éloignés des Européens, avoient leurs villages et leurs domiciles particuliers, et je desirois bien pouvoir les observer de plus près.

Il y a un siècle on avoit bien plus de facilités pour étudier les mœurs et les usages de ce peuple qu'aujourd'hui, parce qu'alors il habitoit bien plus près du Cap, et étoit plus nombreux et plus libre; mais depuis quelque tems il s'est enfoncé dans les terres, et a bien changé d'habitudes et de mœurs. On s'apperçoit aussi de sa diminution, que j'attribue à la gêne où il se trouve (4).

---

(1) Vallée d'Arthaquas.
(2) Rocher aux abeilles.

(3) *Olea capensis.*
(4) Voyez une notice succinte et bien

AU PAYS D'ATAQUATHAL.

Ceux qui travaillent chez les colons parlent assez bien, pour la plupart, le hollandois. Quand les colons commencèrent à s'établir dans la campagne, leur poudre et leurs fusils en imposèrent étonnemment aux Hottentots, qui ne pouvoient rien comprendre à ces flèches qu'on ne voyoit pas voler après que le coup s'étoit fait entendre. Ils étoient aussi très-étonnés de ne pouvoir arracher les vis qui leur paroissoient cependant faites comme des clous.

On parloit encore ici beaucoup d'un Hottentot mort déjà depuis quelques années, et qui avoit vécu douze à treize ans après avoir perdu la mâchoire inférieure d'un coup de corne de buffle sauvage. Cette effroyable blessure ne l'avoit pas empêché de se venger en tuant son adversaire. Il ne pouvoit plus parler, mais il mangeoit et suppléoit à la mastication en broyant ses alimens entre deux pierres, qui forment le mortier des Hottentots; il les fourroit dans son gosier avec ses doigts. Il étoit même parvenu à fumer du tabac, en le soutenant avec la main.

Ici et dans plusieurs autres endroits, les habitans de la campagne se servent d'une espèce de clématite ou d'atragène (1), en guise de mouches cantharides. Ils les appliquent pilées, et en moins d'une demi-heure, il s'élève une grosse vessie, qui reste long-tems ouverte. La racine de la même plante coupée par tranches, tire avec tant de force, qu'une plaie sur laquelle on la laisse une nuit entière, peut rester ouverte pendant plus d'un mois. On l'emploie encore contre les rhumatismes et autres douleurs de cette espèce. Elle croît principalement sur le penchant des montagnes.

---

faite des envahissemens des Européens au Cap de Bonne-Espérance, et de la retraite, j'ai presque dit de la destruction des Hottentots, dans le voyage de *le Vaillant*, tome I. *Note du rédacteur.*

(1) *Atragene vesicatoria.*

Depuis Roodesand, nous avions continuellement tiré vers le sud-ouest, dans un pays environné de montagnes des deux côtés ; la chaîne située à notre droite, ne s'étendoit pas jusqu'à la mer ; mais celle de la gauche étoit bien plus longue, il nous falloit donc la traverser pour pénétrer dans l'intérieur du pays. On peut effectuer le passage par le rocher d'Ataquas, qui est si long, qu'il ne faut pas moins d'une journée pour le franchir.

CHAPITRE IV.

Voyage d'Ataquasthal à Houtniquasland.

Nous résolûmes donc d'envoyer notre voiture par cette route, avec M. Immelman, tandis que nous tournerions nous-mêmes, à cheval, le rocher sur la droite par le pays d'Ataquas, qui est couvert d'herbes et de bois jusqu'au bord de la mer. Nous devions ensuite passer la montagne dans un autre endroit, et rejoindre notre voiture à Lange-Kloof (1).

Nous passâmes donc à cheval près la rivière de Kleyne-ezen-Groote-Bracke (2), et à Zout-Fonteyn (3), métairie appartenant à Vivier. Nous prîmes ensuite une vallée très-boisée, qui nous conduisit auprès d'une habitation nouvelle, où les Hottentots seuls étoient chargés de la garde du troupeau, et nous fîmes halte à Kleyn-Fonteyn (4), près de la rivière de Vittel.

Les jours suivans nous continuâmes de marcher, et, sans nous arrêter dans deux nouvelles habitations situées sur notre chemin, nous allâmes nous reposer directement à la ferme de

---

(1) Longue vallée. (3) Fontaine à sel.
(2) Grande et petite rivière de sel. (4) Petite fontaine.

George Bota, nommée Zand-Vliet (1), près de la rivière Keerom (2).

Nous trouvâmes sous les pierres le long du chemin, des serpens qui n'étoient point vénimeux.

Les Hottentots savent ici faire des cordes avec l'écorce d'une anthyllis (3), et s'en servent pour monter aux arbres sur lesquels ils veulent prendre du miel; ils font d'abord un nœud coulant autour du tronc de l'arbre, et mettent le pied dans ce nœud; ils en font un autre plus haut, y passent l'autre pied et défont le premier, ainsi de suite.

Quoiqu'il n'y ait pas de chemin frayé dans toute cette partie méridionale de l'Afrique, celui que les voyageurs suivent aux environs du Cap, est, pour ainsi dire, battu; mais plus avant dans les terres, on ne voit aucun vestige de pied humain, rien de plus facile, conséquemment, que de s'égarer dans ces immenses plaines, parsemées de buissons. L'unique point de reconnoissance que l'on ait, et qu'un voyageur doit observer avec une grande attention pour retrouver son chemin, ce sont les crottes de moutons qui lui indiquent s'il y a dans le voisinage, quelques bestiaux, quelques fermes, ou quelques terres labourées.

Le pays est par-tout froid, et n'offre guère que des plaines abondantes en pâturages, de petites collines et des vallées couvertes de bois et bien arrosées.

Les forêts sont, en général, composées d'arbres très-élevés, mais tortueux pour la plupart, d'une mauvaise venue, et couverts de mousse comme dans le nord.

Une nérite et une petite porcelaine (4) forment ici la princi-

---

(1) Ruisseau de sable.
(2) Rivière tournante.
(3) *Anthyllidis.* (*Anthyllis barba jovis ?*)

(4) *Nerita histria, cyprea moneta.* La première de ces deux coquilles est rare et encore peu connue; mais la seconde, beaucoup plus commune, sert de bre-

pale parure des Hottentotes; elles en portent sur leur bonnet, ou bien autour de leur poignet, en guise de bracelet. Leur bonnet est une bande de cuir de buffle, large comme la main, et ornée, suivant leurs facultés ou les circonstances, de plusieurs rangs de ces coquilles. Ce bonnet n'a point de fond.

Quelques-unes en ont un autre de forme conique, rayé et composé de bandes de peaux d'agneau blanches, brunes et noires. Ils sont quelquefois ornés de grains de verre attachés de différentes manières, ou pendans comme des perles.

Je vis ici défricher plusieurs endroits par le moyen du feu, d'une autre manière à la vérité que dans le Nord. Il y a beaucoup de champs dont l'herbe est si forte et si dure, que les bestiaux ne peuvent s'en nourrir; elle sert en outre d'asyle aux serpens ou autres bêtes dangereuses, et empêche la jeune herbe de croître. On y met donc le feu, et les buissons qui se trouvent dans ces places incendiées deviennent tout noirs et restent long-tems ainsi; ce qui chagrine et incommode les voyageurs.

On me dit ici qu'il se trouve dans les œufs d'autruche une pierre qui, étant montée, sert de bouton.

Il ne se passoit guère de jour que nous ne fussions percés jusqu'aux os par la pluie qui tomboit en ondées, et qui étoit quelquefois accompagnée de tonnerre. Il sembloit que l'hiver et le mauvais tems n'avoient pas quitté cette contrée, tandis qu'au Cap il faisoit continuellement beau. La pluie nous incommodoit d'autant plus, que les intervalles n'étoient pas assez longs pour que le soleil pût sécher la terre et nos habits. Les descentes et les montées étoient si glissantes, que les chevaux, qui ne sont point ici ferrés, ne pouvoient tenir pied, et nous risquions continuellement de nous rompre bras et jambes.

Mais il est tems de reprendre notre itinéraire.

---

loque à bien des personnes, qui la nomment *pucelage*; et l'on sait que dans la Guinée et quelques autres contrées de l'Afrique, c'est la monnoie du pays.

Le 2 novembre est pour nous une époque remarquable par les averses que nous eûmes à essuyer en passant la rivière de Quaimansdrift (1), qui monte et baisse par la marée, comme plusieurs autres des environs, qui tombent dans la mer, et nous arrivâmes à Magermans-Kraal, étable ou nouvelle habitation appartenant à Frédéric Seele.

Jamais nous n'avions été si mouillés, et jamais nous ne fûmes si mal logés. Il n'y avoit pas un seul Européen dans l'habitation; une esclave noire représentoit son maître, et avoit l'inspection des troupeaux et des Hottentots qui les menoient paître. La maison étoit une chaumière longue, soutenue par des poutres et revêtue de terre grasse. Mon compagnon et moi fûmes obligés de passer la nuit pêle-mêle avec une troupe d'Hottentots, trop heureux encore d'être à l'abri du froid, de la pluie et du vent.

Ayant recueilli différens objets depuis que nous avions quitté notre charriot, et ne pouvant charger le tout sur le dos de nos chevaux, nous prîmes, dans la ferme, trois bœufs de trait pour nos bagages, et trois Hottentots pour les conduire.

Les bœufs de trait sont d'un grand usage dans ce pays comme dans beaucoup d'autres. Les Hottentots les dressent très-bien, et leur passent dans les narines une broche de bois, à laquelle sont attachées deux courroies semblables à des guides, et qui servent à conduire l'animal et à s'en rendre maître. C'est ce qu'ils font avec beaucoup d'adresse. Ils n'en montrent pas moins à la chasse. Ils creusent çà et là, dans la campagne, de grands trous, comme ceux qui nous servent en Suède à prendre les loups; ils ont soin de bien les couvrir: les buffles et différens animaux carnassiers s'y laissent tomber (2).

---

(1) Le trou du Caïman : malgré sa dénomination, il ne s'y trouve pas un seul Caïman, selon la remarque de le Vaillant, *Voyage dans l'intérieur de l'A-frique*, &c. tome I, page 167. *Note du rédacteur.*

(2) Ils plantent aussi, dans le fond de ces trous perfides, des pieux très-

Ils ne se mettent jamais en route sans être munis d'un ou de deux javelots (1). Cette arme représente une lance de fer, longue d'un quart d'aune, et dont les côtés sont courbés, et se termine par un morceau de fer, tantôt rond et uni, tantôt dentelé ; cette lance est attachée avec des courroies de cuir à un bâton rond et mince de curtise (2), qui va en diminuant jusqu'au bout : il peut avoir environ une brasse. Les Hottentots se servent de cette arme avec une agilité étonnante contre les bêtes et contre leurs ennemis ; ils les lancent à plus de cent pas, et manquent rarement leur coup.

Un objet peu ragoûtant, à la vérité, mais qui contribua au moins à faire quelque diversion à l'ennui qui nous assiégeoit dans le triste séjour où nous nous trouvions consignés pour la nuit, ce fut l'énorme gorge d'une jeune fille hottentote, dont les mammelles pendoient jusques sur ses genoux : jamais je n'en ai vu d'aussi volumineuses à aucune de ses compatriotes. Je ne prétends pas cependant les représenter ici comme capables de rivaliser pour les formes cette célèbre coupe de l'antiquité modelée sur le beau sein de la Grèce. Leurs mammelles ont proprement la grosseur et la forme d'une calebasse, de manière qu'elles peuvent les jetter pardessus leurs épaules pour allaiter leurs enfans, qu'elles portent sur leur dos enveloppés dans des peaux de moutons nommés ici *krass*. Ils sont attachés avec deux courroies ; l'une passe autour du col de la mère et de l'enfant, l'autre sous le derrière de celui-ci, et va rejoindre le krass. La

---

pointus, dans lesquels l'animal s'enferre en tombant. L'intrépide le Vaillant tomba dans un de ces trous et pensa y périr. Voyez son *Voyage dans l'intérieur de l'Afrique*, tome I. *Note du rédacteur.*

(1) Nommés *assagay* ou *zagaie*.

(2) *Curtisia faginea*. C'est un nouveau genre dont on n'a encore qu'une figure médiocre et sans détails dans l'ouvrage de Burman sur les plantes de l'Afrique (page 235, tome 82). Ce même genre porte le nom de *Junghania* dans le *Systema naturæ* de Gmelin (vol. II, page 259). On l'a d'abord connu à Paris sous le nom de *Doratium*. Lam.

graisse

graisse dont elles se barbouillent et l'excessive chaleur contribuent à relâcher les fibres de cet organe et à l'amollir. Quelques-unes avoient des grains de verre aux jambes : leurs maîtres leur en donnent en présent, ou pour leur salaire.

Ils m'apprirent une plaisante manière de cuire le pain sans four. Après avoir fait la pâte de la manière ordinaire, ils en façonnent un pain assez épais, qu'on enterre dans la cendre chaude. Il en sort si poudreux, qu'il faut bien le ratisser avant de pouvoir le manger.

Je n'ai pas besoin de peindre l'impatience avec laquelle nous attendions le lever de l'aurore. A peine ses premiers rayons vinrent-ils éclairer le taudis parfumé où nous avions passé la nuit, que nous nous empressâmes de prendre congé de notre nombreuse société. Nous traversâmes plusieurs rivières, telles que celles de Krakokou, d'Ao, de Koukoma et de Neisena ; nous nous engageâmes dans des bois remplis de ronces, et très-épais, dans lesquels il n'y avoit d'autres routes que les sentiers tortueux pratiqués par les Hottentots ; de manière qu'il nous falloit marcher absolument courbés et conduisant nos chevaux par la bride. Comme le jardinier Auge avoit déjà fait ce voyage, il nous servoit de conducteur, et nous avions laissé derrière nous nos Hottentots avec leurs bœufs. Arrivés, dans l'après-midi, auprès de la rivière de Koukoma, et en ayant déjà passé un bras à gué, nous nous disposions à traverser un petit bois touffu pour aller aux étables appartenant à Helgert Müller, et que nous avions apperçues sur la hauteur au-delà du bois. Mais à peine y fûmes-nous entrés, que mes deux compagnons apperçoivent un énorme et vieux buffle mâle, seul au milieu d'une place de quelques aunes en carré, absolument découverte ; et où il n'y avoit ni arbre ni buisson. Le jardinier Auge s'avançoit de son côté ; l'animal le voit et s'élance vers lui en poussant des beuglemens horribles. Notre homme a encore la présence d'esprit et le tems de se jetter avec son cheval derrière un arbre pour se soustraire à l'attaque impétueuse du buffle, qui fond alors sur le cheval du sergent, et d'un coup de corne dans le ventre, le renverse les quatre fers en l'air, et lui fait sortir les entrailles hors du corps. L'animal ne survécut pas une demi-heure. Le jardinier et le sergent cherchèrent leur salut en grimpant sur le premier arbre.

Après cette expédition, le buffle enfila le chemin par où nous étions venus, et j'étois encore engagé parmi les branches d'arbres entrelacées les unes dans les autres, et qui faisoient assez de bruit en frappant sur les selles de nos chevaux et sur le bagage, pour m'empêcher d'entendre ce qui venoit de se passer à quatre pas de moi; et comme il m'arrivoit souvent de m'arrêter pour cueillir des plantes que j'emportois dans mon mouchoir, je me tenois volontiers derrière les autres, de peur de gêner la marche.

Le sergent avoit pris deux chevaux pour faire le voyage; l'un étoit déjà expédié, et l'autre se trouvoit précisément sur le chemin que le buffle prenoit pour sortir du bois. Il l'apperçut, et devenu plus furieux qu'auparavant, il l'abattit d'un coup de corne dans le poitrail; le corps et les jambes furent brisés, la selle même fut percée : l'animal expira en tombant. J'arrivai précisément à l'instant où le buffle venoit de le terrasser. Le passage étoit si étroit qu'il n'y avoit pas moyen de tourner bride; j'abandonnai donc mon cheval, et je montai sur un assez grand arbre. Le buffle poursuivit la route que nous comptions prendre nous-mêmes.

Du haut de mon arbre je voyois un de nos chevaux mort, un autre qui remuoit inutilement les jambes pour se relever, et les deux autres effrayés et tremblans, ne pouvant se débarrasser de l'endroit où ils étoient engagés; mais je ne voyois, ni n'entendois aucun de mes compagnons de voyage : persuadé qu'ils avoient été les victimes de la première furie du buffle, je me mis à les chercher pour voir si je pourrois leur être encore de quelque secours ; mais ne découvrant aucun indice sur le champ de bataille, je pris le parti de les appeller, et ne tardai pas à les appercevoir transis de peur et cramponnés comme deux chats au tronc d'un arbre avec leurs fusils chargés derrière leur dos, et ne pouvant proférer une seule parole.

Je les rassurai de mon mieux, et les invitai à descendre et à sortir le plus promptement possible d'un endroit où nous courions risque d'être attaqués une seconde fois. Le sergent se mit à se lamenter et à pleurer la mort de ses deux bons chevaux. Quant au pauvre jardinier, il demeura si étourdi de la peur, qu'il garda pendant plusieurs jours le plus morne silence.

Cependant nous continuâmes notre chemin, à la vérité d'une manière assez triste et sur-tout très-pénible, car nous ne faisions que monter et descendre des hauteurs assez escarpées. Comme notre sergent n'auroit pu passer la rivière à pied, je le pris en croupe derrière moi, et lui laissai même mon cheval jusqu'à la ferme, où je me rendis à pied.

Notre premier soin, en arrivant, fut d'envoyer des Hottentots dans le bois d'où nous sortions pour en rapporter les selles de nos chevaux morts, qui pouvoient nous être utiles par la suite. Ces Hottentots s'armèrent, avant de partir de leur *assagay*, et nous dirent qu'en effet ils remarquoient depuis quelque tems un buffle très-furieux qui se tenoit seul dans ce bois, d'où il avoit chassé les autres troupeaux de buffles.

Nous ne vîmes pas un seul Européen ; c'étoit tous Hottentots qui n'avoient d'autre demeure que leurs petites huttes. Elles sont tellement remplies de vermine qu'un Européen ne peut se décider à y loger, que dans une extrême nécessité.

Nous préférâmes donc de passer la nuit au bivouac, couchés sur des nattes de paille, la tête appuyée sur les selles de nos chevaux, en guise d'oreiller, et un grand feu à nos pieds ; mais le froid fut si violent qu'il nous empêcha de dormir ; il falloit, d'heure en heure, nous lever pour nous chauffer toutes les parties du corps. Heureusement que la veille nous avions eu la précaution de faire apporter une quantité suffisante de branches et de gros bois.

Je vis un petit champ de chanvre ordinaire (1), cultivé par les Hottentots. Quoiqu'il soit de quelque utilité dans ce pays, ils ne se doutent pas même du parti que sait en tirer l'industrieux Européen. Ce n'est pour eux qu'un objet de friandise. On connoît leur passion pour le tabac et pour l'eau-de-vie, à laquelle ils ont sacrifié ce qu'ils ont de plus précieux, une portion de leur pays natal et de leur liberté ; car c'est à l'appât de ces deux denrées que la Compagnie des Indes les a déterminés à lui céder une vaste portion du Cap, une terre où reposent les cendres de leurs ayeux (2). Le meilleur moyen de s'attacher un Hottentot est de lui donner du tabac ; mais comme ils ne le trouvent pas assez fort pour se procurer un agréable étourdissement et une espèce d'ivresse, ou peut-être afin d'accélérer ces douces jouissances, ils le fument mêlé avec du chanvre haché bien menu. On voit maintenant le motif qui les détermine à s'adonner à la culture de cette plante. On n'exigera pas, je crois, que j'explique pourquoi ce peuple qui, avant l'arrivée des Européens, ignoroit l'existence du reste du monde et se croyoit seul sur la terre, a pris tant de goût pour nos mets les plus dangereux et les plus dépravés : je me borne à rapporter des observations ; c'est au philosophe à les expliquer, ou bien à en déduire des conséquences.

Mais revenons nous morfondre auprès de notre brasier. Nous le quittâmes de bon matin et arrivâmes le soir à la ferme de Pierre Plants, nommée Melk-Hout-Kraal (3) et située auprès de la rivière Diep (4).

---

(1) *Cannabis sativa*. Dakka, dans la langue du pays.
(2) Voy. ci-après le ch. sur les *Hottentots*.
(3) Ferme du bois au lait.
(4) Rivière profonde.

A HOUTNIQUASLAND.

Ce n'étoit pas assez pour notre malheureux sergent d'avoir perdu ses deux bons chevaux ; il fut encore obligé de se jucher sur un bœuf pendant deux jours, faute d'autre monture. Celle-ci détalloit assez bien, mais n'étoit pas tout-à-fait commode pour le cavalier, tant à cause de la largeur de son dos, que par le défaut d'étrier. Il ne lui manquoit qu'un boulet à chaque pied, pour ressembler complètement à un patient sur le cheval de bois.

Nous partîmes de notre ferme le lendemain pour aller à celle de Jacob Bota, et qui porte le nom de la rivière Pisany, auprès de laquelle elle est située. Ce n'est absolument qu'un endroit destiné à élever des bestiaux, assez voisin du rivage de la mer. Ce colon avoit à son service une cinquantaine de Hottentots qui demeuroient dans le voisinage, et vivoient à ses dépens. Le maître étant parti, le jour même de notre arrivée, pour le Cap, un vieil Hottentot, son homme de confiance, remplit envers nous les devoirs de l'hospitalité de la manière la plus affable et la plus obligeante. Il nous fournit tout ce dont nous avions besoin.

Le port est ici grand et beau.

Mes tristes camarades de voyage n'étoient pas encore revenus de leur frayeur, et s'imaginoient toujours avoir le buffle en croupe. Cette inquiétude jointe à la privation du vin, ralentit infiniment leur passion pour les découvertes : il faut aussi avouer que la première aventure n'étoit pas d'un très-heureux présage pour les suivantes. Toutes ces considérations mûrement pesées, les engagèrent à fixer ici le terme de leur promenade. Ils me firent part de la résolution qu'ils avoient prise de retourner au Cap ; comme elle contrarioit beaucoup mes projets, car nous n'avions pas encore ramassé de grandes richesses, je leur représentai qu'un retour aussi prompt pourroit inspirer de terribles soupçons sur leur courage ; en outre, nous étions éloignés de notre voiture, d'un de nos compagnons, et du reste de notre bagage : je finis en leur disant qu'ils étoient très-fort les maîtres de retourner sur leurs pas, mais que pour moi je continuerois seul mon voyage. Soit honte de me quitter, soit crainte de traverser seuls des lieux dangereux, ils se déterminèrent à me suivre.

En récompense de leur docilité, je les laissai quelques jours reprendre courage et haleine. Je profitai de cette halte pour visiter les rivages de la mer et les montagnes voisines qui étoient couvertes de toutes sortes de buissons, et principalement du calac nommé *arduina* (1).

Ils étoient si épais dans certains endroits, qu'il me falloit marcher en rampant, le ventre contre terre, quelquefois même assez loin. Les épines déchiroient mes habits et mes mains; l'Hottentot qui me suivoit avoit les pieds en sang et me faisoit véritablement pitié : mais égaré parmi ces buissons à la recherche des fleurs, je n'avois aucun moyen de le soulager. Je vis, au bas de la montagne, des rochers plats sur lesquels les chiens de mer dormoient à la chaleur du soleil, ce qui lui a fait donner le nom de Robbenberg (2). Elle s'avance si loin dans la mer qu'elle forme une isthme, et elle est couverte de coquilles. Cette montagne me parut mériter d'autant plus d'attention, qu'elle diffère de toutes celles que j'ai vu en Afrique. La couche du milieu est un assemblage et un mélange confus de pierres ponces carrées, et de chaux durcie, qui peut avoir environ quatre brasses d'épaisseur, ce qui ressembloit à une espèce de maçonnerie singulière. La couche supérieure me parut composée de pierres plates brunes, et l'inférieure de grès très-fin; sur un autre côté de la même montagne, étoit un sable durci et façonné par l'eau. Dans plusieurs endroits, la terre étoit mélangée de sable, et formoit des morceaux d'une espèce de pierre poreuse. Dans l'esplanade située au pied de la montagne, du côté de la mer, se trouvoient plusieurs trous de différentes grandeurs, semblables à des marmites de géans, les uns ronds,

---

(1) *Arduina bispinosa.*   (2) Montagne des chiens de mer.

d'autres longs ou ovales, et aussi bien taillés que s'ils l'eussent été de la main des hommes; une terre glaise grise formoit la couche inférieure. D'un autre côté, la même montagne avoit de longues fentes d'où pendoient d'épaisses stalactites (1), couvertes d'un fin duvet, quelquefois verdâtres.

Les environs de la montagne sont ornés de fleurs jaunes et bleues, d'une espèce de bihai (2), dont on voit des oignons en Europe. Les Hottentots en mangent le fruit.

Les colons des villages ne sont pas beaucoup plus avancés dans les arts que les Hottentots. Ils manquent souvent aussi des ustensiles les plus nécessaires; certains sont obligés de mettre leur lait dans des outres de peau ; ils n'ont pas même de souliers, ne pouvant en aller acheter au Cap ; ils se servent de ce qu'on nomme généralement ici *souliers de campagne*, et qu'ils font eux-mêmes avec de la peau de buffle, de bœuf, ou même quelquefois de zèbre, qui est rayée.

Ces peaux sont préparées par les Hottentots d'une manière fort simple ; ils les tendent sur la terre avec des piquets, les couvrent de cendre chaude, et en enlèvent le poil avec un couteau ou un hoyau. Ces peaux ne leur manquent pas, car les campagnes voisines sont couvertes de buffles sauvages, qui se promènent par troupeaux de cent et de deux cents. La plupart sont tranquilles dans les bois pendant le jour, et la nuit vont paître dans la plaine.

La maison de notre hôte étoit grande, commode, et bien bâtie en terre glaise, avec des portes et des volets en place de fenêtres vitrées, parce qu'il est difficile et même impossible de se procurer des carreaux à une aussi grande distance du Cap. Tout le plafond de la cuisine étoit garni de morceaux de buffle séché, fumé, et destiné pour la consommation de la métairie.

Les colons envoient les Hottentots à la chasse des buffles,

---

(1) *Stalactites.*   (2) *Strelitsia.*

et donnent à chaque tireur un nombre de balles proportionné au nombre de buffles qu'ils veulent avoir. C'est ainsi qu'ils nourrissent leur monde sans frais, et même sans toucher à leurs troupeaux qui constituent leurs principales richesses. Les Hottentots mangent la plus grande partie du buffle, mais la peau appartient au colon.

Je m'amusai beaucoup à voir quel plaisir les Hottentots de la ferme et ceux qui nous suivoient, prenoient à fumer et à se régaler réciproquement de la pipe; ils étoient assis à terre en rond, elle faisoit le tour du cercle; chacun, après en avoir tiré quelque forte bouffée, la passoit à son voisin; ils avaloient une portion de la fumée, et en rendoient le reste par la bouche et par les narines.

Les paysans qui demeurent entre Mussel-bay (1) et les bois des Houtniquas, font un commerce de soliveaux, de madriers et autres bois de charpente, quoique le transport en soit long et pénible; mais ils n'ont pas d'autres marchandises avec leurs bœufs et leur beurre. Si l'on avoit établi une communication par mer, d'ici ou de Mussel-bay au Cap, le commerce y gagneroit, le bois de charpente, principalement, seroit à bien meilleur compte; mais au lieu de s'en occuper, on regarde même cet établissement comme inutile.

Les regrets de notre sergent étant un peu appaisés, et ayant trouvé le moyen de lui procurer un cheval d'emprunt, je m'enfonçai plus avant dans le pays, en tirant vers la montagne, dans l'espérance de rencontrer notre voiture de l'autre côté, et sur-tout d'être un peu moins grossièrement traités par les habitans, dont nous allions si pacifiquement visiter les asyles. Après avoir passé auprès d'une autre ferme appartenant à Bota, nous traversâmes deux rivières pour aller à

---

(1) Baie aux coquilles.

Malakas-

Malacas-kraal, ensuite celle de Keurboom, et de-là à Jackal-Kraal (1).

Le pays des Houtniquas finit de ce côté à la rivière de Keurbooms ; il est riche en pâturages, en bois et en buffles.

CHAPITRE IV.

Voyage du pays des Houtniquas jusqu'au fleuve de Camtour,
ou *les limites de la Caffrerie.*

Nous longeâmes la montagne de Keurbooms-rivier, pour arriver aux étables de Pierre Jagers.

Nous nous régalâmes ici en étanchant notre soif avec ce qu'on appelle le *lait au sac* (2) des Hottentots. Fort peu de voyageurs, à moins d'être violemment tourmentés de la soif, ne pourront se résoudre à prendre un pareil breuvage, qui n'est pas très-appétissant, si l'on en juge par l'extérieur du vase qui le contient. J'avouerai que l'apparence n'est pas trompeuse, c'est un lait aigre et rafraîchissant. J'imaginois que le lait bouilli et caillé du Norrland, nommé dans le pays *lait épais* (3), et que l'on conserve quelques mois, étoit le plus vieux du monde : cependant le *lait au sac* des Hottentots seroit pour le moins le grand-père de celui de Norrland ; on le conserve dans une peau de gazelle (4) bien cousue, et pendue à la muraille. Les autres peaux sont toutes également bonnes pour cet usage ; on verse dans cette outre du lait qui se tourne en fromage, chaque jour on en verse de nouveau qui ne tarde

---

(1) Vallée des Jakals.
(2) *Schlauchmilch*, littéralement *lait à l'outre*. On le conserve en effet dans une outre. *Note du rédacteur.*
(3) Dicke milch.
(4) *Capra oreas* (éland).

Tome I. T

pas à s'aigrir. Il se passe plusieurs mois, et même des années entières, sans que cette outre soit vide et nettoyée.

Les Hottentots font rarement du beurre, à moins que ce ne soit pour se graisser.

Voici la façon dont on m'a dit que les Hottentots Maquas faisoient leur beurre. Ils mettent du lait doux dans un sac de peau; deux hommes le tiennent aux deux extrémités, et l'agitent jusqu'à ce que le beurre surmonte.

Le 11, nous franchîmes la haute montagne décrite ci-dessus, pour arriver à Lange-Kloof (1), chez le colon Matthieu Soadang. Des nues épaisses environnoient cette montagne, et nous mouillèrent, quoiqu'il ne plût pas. Je ne m'abuse point sur les périls que nous courûmes dans certains passages, si étroits et si escarpés, que la tête nous tournoit, en jettant les yeux au fond des précipices qui nous environnoient.

Le pays du côté de Lange-Kloof est beaucoup plus haut que celui que nous quittions, conséquemment la montagne étoit plus basse que du côté de la mer, où se trouvent ces effroyables précipices dont j'ai parlé.

On fabrique dans cette métairie du savon avec la lessive d'un buisson (2) qu'on fait long-tems bouillir avec de la graisse de mouton, jusqu'à ce qu'il ait la consistance nécessaire; alors on le met égoutter dans des formes longues et quarrées.

Nous allâmes ensuite à la ferme de Pierre Frere, grand chasseur d'éléphans, et qui avoit fait de longues courses dans le pays des Caffres. Il m'apprit entre autres choses, que les Hottentots ne savent pas compter au-delà de cinq (3).

---

(1) Longue vallée.
(2) *Salsola aphylla*. Cette plante, succinctement décrite dans le Supplément (p 173) de Linnée fils, semble se rapprocher des salicornes par quelques particularités de son port; elle prouve les rapports qui existent entre les salicornes et les soudes. *Lam.*

(3) Ils ont cependant comme nous dix doigts aux deux mains; mais il

AU FLEUVE DE CAMTOUR.

En sortant de cette ferme, nommée Missgunst (1), et située sur la rivière Diep (2), nous passâmes encore auprès d'une autre métairie qui appartient au même colon, sur la rivière d'Aapjes (3). A Klippdrift (4), nous traversâmes la rivière de Krakeel (5), et descendîmes chez Matthias Streiding.

Je vis dans le voisinage une grande quantité de tombeaux, formés par de petites élévations de pierres. Aucun Européen ne put m'expliquer l'origine de ce cimetière ; un vieil Hottentot me dit que les habitans de ce pays étoient morts, pour la plupart, de leurs plaies.

D'après cette tradition, je jugeai que cet endroit avoit été autrefois très-peuplé, mais ensuite ravagé par la petite vérole.

En poursuivant notre chemin, nous passâmes auprès de la ferme de Pierre Nückert, nommée Onverwacht (6), et nous arrivâmes chez Hendrieck Krüger, après avoir traversé la rivière de Waageboom (7).

Les coqs d'Inde sauvages (8), qui commençoient à se montrer, s'en vont, dit-on, avant l'hiver, et reviennent en septembre et octobre. On les nomme ici dindons sauvages (9).

Le meloë de la chicorée (10), mangeoit les feves et autres légumes dans les jardins.

---

paroît qu'ils recommencent le même nombre pour chaque main, ce qui forme alors pour eux deux idées qu'ils ne sont pas capables d'assembler. *Note du rédacteur.*

(1) Jalousie.
(2) Rivière profonde.
(3) Rivière des singes.
(4) Torrent du rocher.
(5) Rivière de la dispute.

(6) Imprévue.
(7) Rivière des brancards.
(8) *Tantalus.* C'est sans doute d'une espèce de courlis ou d'ibis dont parle ici M. Thunberg ; car les coqs d'Inde (*meleagris gallo-pavo*) sont habitans de l'Amérique, où ils vivent en troupes. *Lam.*
(9) Wilde-Kalkoon.
(10) *Meloe cichorei.*

L'hiver est très-froid à Lange-Kloof (1), et la neige y tombe aussi abondamment que derrière Vitsemberg.

Le 18, nous arrivâmes chez Thomas Frere, à la rivière Kromme (2).

Le pays baisse insensiblement jusqu'à la mer, de manière que Lange-Kloof est bien plus haut que le pays de Kromme-rivier.

Nous vîmes ensuite Esschen-Bosch (3), beau pays presque plat et couvert de bois magnifiques.

Il étoit tombé de la pluie presque toute la journée; elle continua le soir et pendant toute la nuit. Quoique mouillés jusqu'aux os, il nous fallut rester dans notre charriot, où nous attendions avec impatience une matinée plus belle. Les Hottentots qui nous accompagnoient se blotirent sous notre voiture, puisqu'il étoit impossible d'avoir du feu.

Le lendemain nous eûmes un beau tems; mais ne pouvant changer d'habits, il fallut attendre que le soleil les séchât sur notre corps. Nous partîmes pour les rivières Diep, de Leuwenbosch et de Zeeke (4).

On nous dit qu'il se trouvoit encore quelquefois des lions dans la montagne, qui en étoit autrefois infestée; mais ils sont presque tous détruits (5).

Le zamia ou l'arbre à pain des Hottentots (6), est une espèce

---

(1) Longue vallée.

(2) Tortueuse.

(3) Forêt de frêne.

(4) Les rivières profondes, du bois, des lions et des vaches marines.

(5) Vers la fin du siècle dernier, ces animaux rodoient en troupes nombreuses dans les environs même du Cap. Le savant missionnaire Tachard parle de plusieurs personnes attaquées et même dévorées en 1685 auprès des habitations, dispersées alentour de la ville. Voyez le *Voyage de Siam* des PP. Jésuites, page 92, édit. in-4°. *Note du rédacteur.*

(6) *Zamia Caffra*. Il ne faut pas confondre ce palmier nain avec le véritable arbre à pain des îles de la mer du sud (*artocarpus incisa*), dont j'ai donné la description et l'histoire dans mon *Dict. de Botanique*, vol. III, page 107, à l'article JAQUIER. *Lam.*

de palmier qui croît sur le penchant de la montagne et dans les environs. Il n'a souvent qu'une seule tige, de la hauteur et de la grosseur d'un homme, avec des branches très-étendues. Je dois observer que j'ai vu plus d'une fois deux ou trois tiges sortir de la même racine; en outre, j'ai remarqué qu'il croît lentement dans les endroits secs et pierreux. C'est avec sa moëlle (1) que les Hottentots préparent leur pain; ils l'enterrent et la laissent pourrir pendant deux ou trois mois, ensuite ils la pétrissent et la font cuire sous la cendre avec leur propreté ordinaire.

On me dit qu'il se trouvoit dans des trous du rivage de la rivière Kromme, une espèce de coquilles (2), qu'on ne peut pas prendre en faisant des excavations; mais on les tire avec un petit bâton.

La chaîne de montagnes que l'on voit à gauche depuis Roodesand, et à sa droite à Lange-Kloof, continuent jusqu'à Vitsemberg, et finit avant d'arriver au rivage de la mer. Ces montagnes situées à gauche, cachent derrière elles les plaines de Carro.

Le fruit du buisson guarri (3) qui a un goût très-doux, et que les Hottentots mangent, écrasé et fermenté, donne un vinaigre aussi épais que le pontac. Une poignée de crassule tétragone (4), bouillie dans du lait, est un excellent astringent très-efficace contre la diarrhée.

Le jour suivant nous prîmes notre gîte chez Jacques Kok, à l'embouchure de la rivière de Zeeke (5), dont nous approchions pour la seconde fois depuis notre voyage.

On me dit ici que la taie du ventre des moutons séchée et

---

(1) *Medulla.*
(2) *Solens siliqua*, le manche de couteau.
(3) *Euclea undulata.*
(4) *Crassula tetragona.*
(5) Rivière des vaches maigres. Voyez ci-dessus, page 26*.

pulvérisée, excite un vomissement et guérit de la fièvre. Le sang de lièvre s'emploie pour les érésypèles ; on en imbibe un linge qu'on fait sécher, et qu'on applique ensuite sur le corps du malade, mais non pas à la place même de l'érésypèle.

Plusieurs personnes m'assurèrent aussi que le sang de tortue, appliqué sur la plaie, ou pris en breuvage, est souverain contre les blessures faites par les flèches empoisonnées.

Nous passâmes quelques jours chez notre hôte, autant pour nous reposer que pour mettre en ordre tous les objets que nous avions recueillis. Enfin, je me promenai dans les environs, tandis que nos bêtes, exténuées et maigries, reprenoient un peu de force et d'embonpoint.

Cependant nous prîmes des chevaux pour aller jusqu'à la rivière de Cabeljaus (1), et de-là à celle de Camtour, qui est très-profonde et fort large ; elle reçoit le Locris et va se décharger dans la mer.

Les Hottentots et les Caffres habitent pêle-mêle sur les bords de cette rivière, qui forme, à certains égards, la démarcation des deux pays, car à quelques milles au-delà, commence véritablement celui que l'on nomme la Caffrerie (2).

---

(1) Rivière des cabillauds.
(2) Ce mot, d'origine arabe, signifie le pays des Infidèles. *Caffre* et *Guèbre* ont la même étymologie et la même signification. Quoiqu'on ait donné ces noms à deux peuples bien différens, ce sont toujours des Infidèles aux yeux des Musulmans. L'identité de ces mots ne paroît pas frappante, mais les personnes accoutumées à étudier les langues la sentiront aisément. *Note du rédacteur.*

CHAPITRE V.

Notice sur les Caffres : parallèle entre eux et les Hottentots.

Les Caffres que je vis là, étoient d'une plus haute taille, mieux faits, plus forts, plus hardis et plus courageux que les Hottentots, plus adroits qu'eux à manier le zagaie. Ils portoient à chaque bras des anneaux d'ivoire assez larges.

Leurs danses ont un genre de beauté singulier ; deux et même plus, se mettent sur le côté ou sur le dos, et se balancent sur les doigts des pieds en frappant aussi les talons, et remuant en même tems tous les membres en mesure ; tous leurs muscles, particulièrement les yeux, le front, la bouche, le menton, toute la tête et le col sont en action. La musique est un chant grasseyant et grossier, entre-mêlé de tems en tems d'un sifflement qu'ils poussent en retirant les lèvres et laissant voir leurs dents. Les femmes courent autour des danseurs en sautant, suivant la même mesure, et en agitant la tête et les autres membres.

Ils se percent le bas de l'oreille pour y passer un piquant de porc-épic (1).

Ils nous montrèrent deux espèces de pendans d'oreille en cuivre, mêlé d'argent, qu'ils nous dirent avoir reçus d'une nation plus enfoncée dans l'intérieur des terres.

Nous vîmes aussi des corbeilles et des paniers si bien tissus par les Hottentots, qu'ils servent à contenir du lait et de l'eau. Ils font aussi avec la vessie de la licorne, des bouteilles pour le même usage.

---

(1) *Hystrix.*

Les Caffres ont, comme les Hottentots, un chef dans chaque village ou dans chaque famille ; ce chef les conduit à la chasse et contre l'ennemi. Ils le nomment ordinairement capitan (capitaine).

Quoique ces peuples n'aient point d'armes à feu, ils n'en tuent pas moins adroitement les buffles et autres animaux, avec leurs javelots ou *assagay* (1). Dès qu'un Caffre a découvert un troupeau de buffles, il souffle dans un flageolet, formé d'un os de mouton, qui se fait entendre de fort loin. Plusieurs autres Caffres accourent et environnent les buffles, s'en approchent et leur jettent leur assagay ; sur huit à douze buffles, il en échappe rarement un seul. Ce qui arrive plus fréquemment, c'est que ces animaux, en voulant fuir, tuent quelques-uns des chasseurs ; mais ils ne paroissent pas grandement effrayés de ce danger. Dès que la chasse est finie, chacun découpe la pièce qu'il a abattue.

Outre la chasse, les Caffres qui habitent de belles prairies ou le long des côtes de la mer, possèdent d'immenses troupeaux de bêtes à cornes, qu'ils défigurent d'une étrange manière, tantôt en leur découpant la peau du col qui pend en longues lanières, tantôt en forçant leurs cornes de prendre les formes les plus bisarres.

La compagnie des Indes leur achetoit autrefois, ainsi qu'aux Hottentots, beaucoup de bestiaux pour du tabac, de l'eau-de-vie, des grains de verre et des morceaux de fer. Aujourd'hui ces échanges ont rarement lieu, et sont expressément défendus aux colons.

Les Hottentots qui sont au service de ceux-ci, fument avec une pipe de terre, qui est un véritable brûle-gueule, car la

---

(1) C'est probablement le mot général *zagay*, auquel les Caffres ont joint l'article *il*, qui se change en *ds* devant un mot commençant par une *s*. *Note du rédacteur.*

tête

tête de la pipe touche à leurs lèvres; comme on les tire du Cap, les tuyaux ont tout le tems de se casser durant ce long trajet. Ils se servent encore, ainsi que les Caffres, d'un bâton long et creux, terminé par un trou, dans lequel ils adaptent une cheville également percée et surmontée d'une pierre creusée de forme cylindrique, où ils mettent le tabac. Ils ont encore une autre espèce de pipe, dont le tuyau est formé par la corne d'une gazelle (1): au bout est une cheville percée de part en part, et surmontée d'une tête de pipe en pierre. Les fumeurs ouvrent la bouche aussi grande que l'ouverture même de la corne, et tirent quelques bouffées de fumée qu'ils retiennent quelque tems, en avalent une partie, et rendent l'autre par la bouche et le nez. Ils se passent successivement la même pipe, qui fait ainsi le tour de l'assemblée. Quand un étranger arrive dans un *kraal* ou village, on ne manque pas de le régaler de la pipe à la ronde.

Les Hottentots font eux-mêmes des marmites de terre cuite, pour y préparer leurs alimens. Ils mangent les fèves du schotia (2), quoiqu'elles poussent sur un buisson vénimeux.

Nous vîmes sur le bord de la rivière Camtour, quelques Hottentots occupés à manger une vache marine, tuée depuis quelque tems ; ils puoient de manière à empoisonner tous ceux qui passoient auprès d'eux. Cette même rivière nourrit considérablement d'hippopotames : à la vérité, depuis quelques années on en a beaucoup détruit, et ils sont considérablement diminués ; nous en blessâmes plusieurs, mais n'en tuâmes aucun, parce qu'il n'en parut point pendant la nuit que nous passâmes toute entière sur le bord de la rivière.

---

(1) *Capra oris*, ou *oreas*.
(2) *Guajacum afrum*. Cet arbrisseau n'est pas une espèce de gayac, comme Linnée l'avoit pensé ; mais il forme un genre particulier, que M. Jacquin a nommé *schotia*. J'ai peine à croire qu'il soit vénimeux ; car les plantes de la famille des légumineuses, dont il fait partie, ne sont point dans ce cas. *Lam.*

On prétend que les élévations mamillaires (1) de cet animal, sont un antidote contre la pierre.

Un grand nombre de Caffres nous suivirent à notre retour vers la rivière Zeekoe, et s'évertuèrent à faire des tours devant nous, sans doute pour avoir un peu de notre tabac, qui paroissoit fort de leur goût. Cependant ils voulurent bien faire trêve à leurs gambades, pour me donner des détails sur l'accident arrivé depuis peu à un paysan, qui avoit été mordu par un serpent à sonnettes.

Ce malheureux marchoit pieds nuds dans l'herbe, comme c'est l'usage dans ce pays, où l'on ne met des bas et des souliers que pour aller à l'église ou au Cap. Il étoit à un mille environ de chez lui, quand le serpent le mordit; aussi-tôt il envoya chercher un cheval par son esclave, et se serra fortement le pied pour empêcher le poison de monter. En arrivant il se trouva tellement accablé de sommeil, que sa femme eut toutes les peines du monde à le tenir éveillé. Il eut une cécité qui dura quinze jours, et sa jambe s'enfla au point que la chair formoit un bourrelet au-dessus du bandage; on ne l'ôta qu'avec beaucoup de peine. Enfin, on ouvrit la plaie avec un couteau, et on lava le pied malade dans de l'eau salée; on lui fit prendre du lait en grande quantité, plusieurs seaux même dans une seule nuit, quoiqu'il le vomît continuellement; enfin on lui appliqua la pierre à serpent. Sa guérison fut très-longue, et plusieurs années après cet accident, il ressentoit des douleurs dans les changemens de tems; quelquefois même sa plaie se rouvroit.

Les colons de cette contrée n'ont d'autre bien que leurs bestiaux, qui sont sujets à plusieurs maladies.

1°. La maladie de la langue est une espèce d'aphthe qui attaque les bêtes à cornes; il leur vient sur la langue des vessies

---

(1) *Processus mamillaris.*

pleines d'une matière claire, qui les empêche de manger; elles maigrissent à vue d'œil, et finissent quelquefois par en mourir. Les villageois frottent ces vessies avec du sel.

La maladie des pieds leur vient quand on leur fait faire, en été, une marche forcée pendant le jour. Le sabot se lâche de manière qu'ils ne peuvent plus aller. On doit attribuer cette maladie aux grandes chaleurs. On prétend qu'elle est contagieuse; en effet, elle attaque les bœufs l'un après l'autre, et j'ai vu un attelage entier malade; mais je crois qu'il y a identité de cause, et non pas contagion; l'animal malade se guérit de lui-même en une semaine ou deux.

On trouve ici chez les paysans quelques cochons d'Inde.

Je vis une chrysomèle (1) jaune, qui faisoit un dégât effroyable parmi les herbes potagères des jardins.

CHAPITRE VI.

Retour de la Caffrerie au Cap.

Après avoir été au-delà des habitations européennes dans cette partie du Cap, nous nous disposâmes, vers le commencement de décembre, à revenir sur nos pas.

En allant à Lange-Kloof, je vis quel parti les villageois savent tirer des eaux qui descendent des montagnes, pour arroser leurs vignes et leurs jardins. Ils la conduisent en petits ruisseaux à leurs plantations, et la font circuler en petites rigoles entre les ceps ou les plates-bandes. Quand ils n'en ont pas besoin, ils bouchent l'entrée de ces rigoles avec un peu de terre; ils conduisent de cette manière l'eau aux moulins, aux viviers, et autres endroits où elle est nécessaire.

---

(1) *Chrysomela.*

1772. RETOUR DE LA CAFFRERIE

Le 6 décembre, nous arrivâmes chez Matthieu Sondag, et les jours suivans nous allâmes à Wolfe-Kraal (1), traversâmes les rivières de Keurboom, Diep, et arrivâmes le 10 à Gans-Kraal.

Au-delà des montagnes basses qu'on voit ici, est situé le pays de Cammassie. La vesseloup carcinomale (2) y croît sur les fourmillères, et sa poudre jaune passe pour un remède souverain contre le cancer.

Les jours suivans nous passâmes successivement à Ezelsjagt (3), Dorn-rivier (4), Groote-Dorn-rivier (5), en tirant toujours à droite, et laissant sur la gauche Ataquas-Kloof. Nous traversâmes les plaines arides de Carro, pour nous rendre chez Gert van Nimwegen.

Les moutons mangent ici les jeunes feuilles de l'acacie d'Egypte (6).

Le meloë de la chicorée (7), nuit beaucoup aux pommiers et autres arbres des jardins, dont il mange les feuilles.

Les Hottentots savent amollir et préparer les fleurs blanches d'un ficoïde (8), qu'ils mâchent ensuite, pour étancher la soif.

L'espèce de cochenille (9) qui se trouve sur les feuilles, est, dit-on, très-funeste aux moutons qui en mangent, car on prétend qu'ils en meurent.

Enfin, nous arrivâmes chez Gert Clutes, dont la ferme est située sur la rivière de Slange (10), et si avant dans la montagne, que personne ne pourroit se douter que cet endroit fût habité. Il n'avoit pas d'autres troupeaux que des moutons, et toute la plaine étoit extrêmement sèche et maigre.

---

(1) Vallée des loups.
(2) *Lyroperdum carcinomale.*
(3) Chasse aux ânes.
(4) Rivière des épines.
(5) Grande rivière des épines.
(6) *Mimosa nilotica.*
(7) *Meloe cichorei.*
(8) *Mesembryanthomum.*
(9) *Coccus.*
(10) Rivière des serpens.

Le haut de cette montagne étoit couvert d'une prodigieuse quantité de tigres; jamais je n'en avois tant vu.

Le sol est une terre grasse imprégnée de sel, car on en voyoit beaucoup de crystallisé par la chaleur, sur les bords de la rivière. J'avois fait la même observation sur les collines voisines du Cap.

Nous avions à traverser une vaste plaine stérile et brûlante pendant le jour, dépourvue d'eau, et où nous n'aurions pu trouver un seul abri pour nous reposer. Nous ne crûmes pas à propos d'attendre l'après-midi pour reprendre notre marche ; dès qu'une certaine fraîcheur commença à se répandre dans l'air, nous partîmes, et après avoir traversé le lit de plusieurs grandes rivières, environnées de bois, et entièrement à sec, nous arrivâmes le matin à une ferme abandonnée, auprès de la montagne à gauche.

Les haies sont ici formées de calodendron (1).

Les principaux endroits que nous visitâmes du 17 au 21, furent les métairies de Welgevunden (2), Waaterwal (3), Muysen-kraal (4), celle de Schmidt, la montagne de Platekloof (5), jusqu'à la ferme de la Compagnie nommée Riet-valley (6).

Tandis que mes compagnons de voyage reprenoient haleine,

---

(1) J'ai publié les caractères et une figure de cet arbrisseau intéressant, dans le *Journal d'Hist. Naturelle*, n°. 2, page 56, tab. 3, et j'ai fait voir que ses rapports avec le dictame, *dictamnus*, étoient si grands, que l'on pouvoit même l'y rapporter comme espèce, quoique ses fleurs n'aient que cinq étamines fertiles, les cinq autres étant changées en pétales étroits. Je présume même que c'est le *dictamnus capensis* de Linnée fils (Suppl. page 232), quoique l'exposition de ses caractères ne soit ni fort exacte, ni suffisamment développée. Lam.

(2) Bien trouvé.
(3) Chûte d'eau.
(4) Vallée des souris.
(5) Vallée plate.
(6) Vallée des roseaux.

je retournai à Groot-vaaders-Boch (1), où l'on coupe plusieurs espèces d'arbres pour le service de la Compagnie. J'espérois en trouver quelques-uns en floraison ; mais la saison n'étoit pas encore assez avancée, et il n'y avoit que le calodendron (2). De jolis papillons venoient voltiger autour de ses fleurs et les sucer, sans que je pusse en attraper un seul. Un coup de fusil chargé à dragées, fit tomber quelques branches avec leurs fleurs.

Les jours suivans nous tirâmes vers les rivières Breede et Zonderende (3); cette dernière est si profonde, qu'il faut la traverser dans un bac. Auprès est situé un poste de la Compagnie, nommé Tigerhoek (4), que nous visitâmes, et en longeant la même rivière, nous rencontrâmes un autre poste nommé Zoete-Melk-Valley (5).

La chaleur dévorante de l'été et le vent, avoient déjà desséché la campagne.

Le psoralier pinnée (6), est une herbe extrêmement incommode pour le cultivateur, à cause de ses immenses racines qui pénètrent profondément dans la terre, et qu'ils ont beaucoup de peine à extirper.

Une chrysomèle (7) bleue, mangeoit l'orge et y faisoit beaucoup de tort.

Vis-à-vis Plaatte-kloof (8), sur le côté de la montagne, sont situés les bains chauds, connus sous le nom d'*olifans bad* (9). Cette fois je n'eus pas occasion de les voir.

Depuis l'augmentation de la chaleur, les mouches s'étoient multipliées dans beaucoup de fermes, et devenoient très-

---

(1) Bois du grand-père.
(2) *Calodendrum.*
(3) Rivière large et rivière sans fin.
(4) Coin du tigre.
(5) Vallée du lait doux.
(6) *Psoralea pinnata.*
(7) *Chrysomela.*
(8) Vallée plate.
(9) Bain des éléphans.

incommodes. Le moyen le plus simple d'en diminuer la quantité, est d'accrocher au plancher de petits balais qu'on trempe plusieurs fois par jour dans du lait doux; quand il est suffisamment chargé de mouches, on les fait tomber dans un long sachet, que l'on tord pour les y écraser.

Si les serpens se font craindre des hommes, ils ont aussi pour leur compte un ennemi redoutable. L'oiseau dit le secrétaire (1), en détruit et en mange une grande quantité; il les étourdit si bien avec ses ailes, qu'ils ne peuvent le piquer, et il les écrase avec ses pattes. Cet oiseau mange aussi de la viande et des racines.

Les sangliers sont si friands des fruits du brabey (2), qu'il en reste rarement sur la terre pour semence, à moins qu'ils ne tombent entre les pierres.

Le 27, nous allâmes aux bains chauds de la montagne noire, qu'on nomme ici Badagter de Berg (3).

Ces bains ont leur source dans une colline à gauche sous la montagne, avec deux ouvertures principales. L'eau qui est passablement chaude, dépose dans le fond des rigoles qu'elle forme, un sédiment d'un jaune clair. La colline est constituée d'un minerai de fer, ou d'une lave ferrugineuse, pesante, noire, brillante et très-compacte; elle donne du feu avec le briquet; le chemin est tout noir par le minerai pulvérisé qui le couvre, et qui ressemble à de la suie. L'eau a un goût d'encre ferrugineux, mais non pas sulphureux. La poudre de squine (4), ainsi que le vitriol de cuivre (5), la noircit; le sucre de plomb la blanchit. Les malades boivent de cette eau et s'y baignent sans observer de régime. L'eau forme un petit ruisseau depuis sa source jusqu'à une maison de planches, dans laquelle on a

---

(1) *Secretaris. Falco serpentarius.*
(2) *Brabejum stellatum.*
(3) Bain de derrière la montagne.
(4) *China.*
(5) *Vitriolum cyprinum.*

pratiqué de petits escaliers, par le moyen desquels on descend dans l'eau, jusqu'à la hauteur que l'on veut.

La Compagnie a fait construire à ses frais, une maison en pierre, dont la garde est confiée à un vieillard : le petit nombre de chambres qu'elle renferme, est destiné à loger les baigneurs. On les a distribuées en petites cellules séparées par des toiles à voiles. Certains logent dans des tentes, ou dans des voitures, d'autres dans la ferme qui est plus bas. On prend les bains pendant toute l'année, et principalement en été, depuis le mois d'août, jusqu'en février. La montagne supérieure se nomme la montagne noire.

Nous partîmes le 28 pour la ferme de Badenhorst ; ce colon étoit occupé à battre son froment. Dans ce pays on n'enferme pas le grain dans les granges, on n'en connoît même pas l'utilité, puisqu'il ne pleut point dans cette saison, et qu'on peut par conséquent mettre le bled en meules. La chaleur dessèche tellement la paille, qu'elle se brise en petits brins. On ne peut y toucher que le matin ou le soir, après qu'elle a été amollie par la fraîcheur : les faucilles ont d'un côté des dents aiguës, comme celles d'une scie. On dispose pour battre le bled une place unie, environnée d'un mur de terre glaise fort bas. On y étend la paille avec ses épis, sur lesquels on fait promener plusieurs chevaux attachés ensemble ou séparés, qui écossent le grain avec leurs pieds. Au milieu du cercle qu'ils décrivent, est un homme qui tient le premier cheval à la laisse ; en dehors, un autre armé d'un fouet, les fait aller au grand trot. La paille est hachée, et ne peut servir à couvrir les maisons. Six hommes avec les chevaux suffisans, peuvent battre et vanner trente tonnes de grains par jour. Il est rare que l'on emploie les bœufs à battre les grains. En partant d'ici, nous traversâmes la rivière Booter (1), d'où l'on découvroit la mer, et passâmes au pied

---

(1) Rivière au beurre.

de la montagne nommée Kleyne-hout-hock, par-dessus le Groote-hoet-hock (1); enfin à travers Hottentots-Hollands-Kloof (2), qui est fort haute, je vis un chemin pratiqué sur cette montagne, et dont la direction est vers le Cap : quoiqu'il soit très-escarpé et fort dangereux, c'est pourtant le seul qui passe au-dessus de Roodesand, et le plus fréquenté par les colons qui sont obligés d'y faire passer des charges considérables. Je visitai bien soigneusement cette montagne, et quelques fermes situées au pied. Je poussai même jusqu'au bord de la mer.

Nous célébrâmes ici la nouvelle année avec presque tous les habitans de la contrée, et nous passâmes la journée entière à nous divertir sur le rivage, où la mer dépose beaucoup de varech-trompette (3), dans laquelle on souffle comme dans l'instrument dont elle porte le nom : nous marchâmes une journée entière sur ces vastes plaines de sable qui séparent les Hottentots-Hollands du Cap, où nous arrivâmes le 2 janvier 1775.

---

(1) Petit et grand coin de bois.
(2) Vallée Hottentote-Hollandoise.
(3) *Fucus buccinalis.* C'est la tige de ce singulier varech qui forme, en quelque sorte, une trompette. Elle est presque ligneuse, cylindrique, fistuleuse, presque aussi grosse que le bras, quelquefois fort longue, et souvent contournée, soit en serpent, soit en spirale. Cette tige est amincie vers ses extrémités, et la supérieure se termine en une feuille longue, plane, coriace, sans côte, pinnatifide et crépue latéralement, quelquefois même pinnée ou palmée.

QUATRIEME PARTIE.

Séjour au Cap, après le premier voyage dans l'intérieur de l'Afrique : du 2 janvier à la mi-septembre 1773.

CHAPITRE PREMIER.

Excursion dans le voisinage du Cap.

De retour au Cap, je n'eus rien de plus pressé que d'arranger mes collections d'animaux, de plantes et de graines, fruits de quatre mois de voyage. Je les mis en état d'être embarqués sur le premier bâtiment qui feroit voile pour l'Europe. Ainsi, après que les graines furent bien séchées, les plantes collées sur de grandes feuilles de papier royal, les oiseaux et les insectes bien arrangés dans des boëtes, les arbres, les oignons enterrés ou encaissés, le total formoit un envoi très-considérable destiné pour les jardins botaniques de Leyde et d'Amsterdam. Je le distribuai sur plusieurs vaisseaux hollandois qui retournoient en Europe. Je destinai les objets qui me restoient, à mes amis et protecteurs de Suède, et particulièrement pour le savant Linnée et le docteur Montin : j'eus bientôt l'occasion de faire passer ces envois par des vaisseaux suédois, dont je connoissois les officiers.

J'employai les mois suivans, comme je l'avois fait l'année dernière, à botaniser autour du Cap, et à faire de petites promenades dans l'intérieur. Je m'amusai aussi à examiner mes collections, à les mettre en ordre, et à décrire les objets utiles ou inconnus précédemment.

M. Sonnerat, voyageur françois, qui dessinoit très-bien et

qui avoit fait un très-long voyage avec M. Commerçon, et parcouru plusieurs isles des Indes, venoit d'arriver avec un vaisseau françois de l'Isle de France. J'eus bientôt occasion de faire sa connoissance chez le secrétaire diplomatique Berg. Je me liai même particulièrement avec lui dans cette maison, et pendant notre séjour aux environs de Constance, où nous passâmes plusieurs semaines à botaniser et tuer de beaux oiseaux du Cap, pour différens cabinets d'Europe.

La course la plus intéressante que nous fîmes ensemble, fut de visiter la montagne de la Table, vers la mi-janvier, pour connoître quelles pouvoient être ses productions à cette époque. Nous louâmes deux esclaves pour porter nos deux fusils, nos provisions, du papier et autres objets.

Nous nous mîmes en route à trois heures du matin, et nous eûmes escaladé la montagne avant le lever du soleil, dont les rayons brûlans nous auroient bien incommodés; un peu après huit heures nous nous trouvions juchés sur le sommet de cette montagne, où l'on respiroit un air assez frais. Nos peines furent amplement récompensées par l'immense quantité de plantes rares qui s'offrirent à nous. Je me contenterai d'indiquer les principales: telles sont plusieurs orchides (1), que je n'ai jamais pu trouver dans une autre saison, soit ici, soit sur d'autres montagnes. Parmi ces plantes on voyoit briller les grandes fleurs rouges de la disa-grandiflore (2). Je ne trouvai qu'une seule tige de l'elléborine tabulaire (3). J'eus beaucoup de peine, et je m'exposai même pour me procurer l'elléborine mélaleuque (4), aux fleurs blanches et noires, et qui est peut-être la plus rare

---

(1) *Orchides*.

(2) *Disa grandiflora*, *disa uniflora*. (*Vid*. Bergii, *Plantas Capenses*, tab. 4, f. 7). Voyez le Supplémment de Linnée fils, page 406, et mon *Dictionnaire*, volume II, page 292. *Lam*.

(3) *Serapias tabularis*. Elle n'est pas encore connue.

(4) *Serapias melaleuca*. De même.

au monde ; je la vis ici pour la première et dernière fois. La disa bleue ou à longue corne (1), qui est si belle et d'une forme si singulière, ne croît que dans un seul endroit, sur un rocher escarpé et si élevé que nous eûmes toutes les peines du monde à y parvenir. Nous gravîmes aussi haut qu'il nous fut possible, ensuite je montai sur les épaules de M. Sonnerat, et avec un long bâton, j'arrachai cinq tiges, les seules qui fussent en fleurs ; mon compagnon ramassa ce jour là plus de trois cents plantes, c'est-à-dire, beaucoup plus qu'il n'en avoit encore recueilli au pied de la montagne. L'amour de la botanique le réduisit à s'en retourner au Cap pieds nuds, quoiqu'il eût apporté pour cette seule promenade, trois paires de souliers qui furent mis en pièces par les cailloux aigus détachés de la montagne, et dispersés dans tous les sentiers. L'empeigne n'étoit pas moins maltraitée que la semelle. En outre, les souliers françois sont trop minces et trop mignons pour de pareilles courses ; il faut en avoir en cuir ciré, avec des semelles fort épaisses.

Ce fut sur ces entrefaites que des vaisseaux de Hollande apportèrent le corps du gouverneur Rheede-van-Ouds-Horns, mort pendant la traversée. Le vaisseau amiral avoit son pavillon en berne, pour annoncer la perte qu'il avoit faite : on transporta le corps à terre avec toute la pompe et les cérémonies qui ont ordinairement lieu aux enterremens des gouverneurs : on sonna toutes les cloches ; on tira le canon de minute en minute. Devant le corps marchoient deux chevaux qui portoient les armes et le bâton de commandement du défunt ; ensuite venoient les trompettes, les tambours, les soldats, et la garde bourgeoise à cheval, conduite par le major.

La mort de ce gouverneur étoit une grande perte pour moi; car il m'avoit bien promis, en Hollande, de me faciliter tous les moyens de parcourir l'intérieur du pays.

---

(1) *Disa longi-cornis.*

CHAPITRE II.

Voyage à pied autour des montagnes situées entre le Cap de Bonne-Espérance et la Baie Falso : du 13 au 19 mai.

LE 13 mai j'entrepris avec M. Gordon et un maître jardinier anglois nommé Masson, arrivé depuis peu, de faire à pied le tour de la montagne qui sépare le Cap de la baie Falso. Après avoir traversé le premier vallon et être monté sur la croupe de la montagne de la Table, nous apperçûmes à droite un autre vallon qui prend sa direction du côté de la mer. A gauche coule un ruisseau étroit, tellement couvert de broussailles, qu'on ne peut en découvrir la source; il descend du haut d'un gros rocher de la montagne. Toutes les vallées plates, grandes ou petites, sont couvertes d'eau ou de mousse, et forment des espèces de marais. La montagne de la Table s'abaisse insensiblement, se termine au sud-est, en collines et en vallons, vers Hout-Bay (1).

Pour arriver à cette baie, nous fûmes obligés de traverser la vallée des Babouins, qui commence à la montagne de la Table, et partage la chaîne de montagnes, qui s'étend depuis Constance, jusqu'à la pointe méridionale du Cap la plus avancée. Nous trouvâmes à Hout-Bay une ferme nouvellement bâtie, et nous vîmes à gauche la petite montagne du Lion, qui est pointue, et qui ressemble à la grande montagne du même nom, plus voisine du Cap, et Kafunkelberg (2), autre montagne ovale, dont le pied est couvert d'un sable fin et léger; elle s'étend jusqu'au rivage de la mer, où elle forme un cap conique, dont la partie supérieure est tellement saillante et recourbée,

---

(1) Baie au bois.   (2) Montagne de Kafunkel.

qu'on la nomme lèvre pendante (1) : une profonde vallée sépare
cette montagne de celles de la Table et du Lion.

Sur la cime même de la montagne de la Table, coule un ruisseau considérable dont une branche se décharge dans Hout-bay. La mer qui est très-basse dans cette baie, forme une espèce de rivière dont les bords sont extrêmement escarpés, surtout vers l'embouchure, à cause de la quantité de sable qui s'en est détaché ; en outre, la baie étoit parsemée de pierres rondes, à-peu-près comme les rivages du Vetters en Suède.

Sur la gauche on voit une montagne de pierre, au revers et au pied de laquelle sont situés le grand et le petit Constantia, qui s'avancent dans la mer, et y forment un cap nommé Steenberghoek (2) : on y a construit une maison appartenant à la Compagnie, nommée Muysenburg.

De Hout-bay nous nous rendîmes à Nord-hock (3), en traversant la montagne, sur laquelle sont trois fermes et une mare d'eau. Nord-hock est un cap dépendant de la montagne située vis-à-vis celui de Slange-cap.

Toutes les dunes sont ici formées de sable volatil, distribué en monticules plus ou moins hautes. Les plus nouvelles sont encore nues, mais celles anciennement formées sont couvertes de différentes espèces de buissons, particulièrement de celui qui porte de la cire (4), que l'on voit ramper de tous côtés. Je remarquai au sud-est une cuve à sel, haute de trois ou quatre aunes vers les bords. Elle étoit alors à-peu-près remplie d'eau, couverte à la surface de flamans (5) ; le fond étoit de sable ou de terre grasse entre-mêlée de sable : cette espèce de cuve est pleine d'eau pendant plusieurs mois de l'hiver : comme c'est de

---

(1) *Hanglip.*
(2) Cap de la montagne de pierre.
(3) Cap Nord.

(4) *Myrica cordifolia.* Voyez ci-après les détails sur ce buisson.
(5) *Phœnicopterus ruber.*

l'eau du ciel et non pas de la mer, qui est à une certaine distance, le flux ou le reflux n'y ont aucune influence.

On trouve dans les environs un buisson garni de feuilles charnues, nommé Duyn-hout ou Zwart-hout (1), qui me parut une nouvelle espèce.

Je vis ici un paysan nommé Jean Bruyns, renommé dans tout le pays pour son adresse à tirer. Il a fait avec Heupner le malheureux voyage de Rio de la Goa, à travers le pays des Caffres. Sept de ses compagnons furent assassinés par les Caffres, et il n'y en eut que cinq qui se sauvèrent avec lui.

Je remarquai l'armoselle (2), qui se prend bouilli ou en décoction contre les vers.

Nous poursuivîmes notre route vers Wildschutsbrand, à travers la montagne, sur le sommet de laquelle nous ne trouvâmes qu'une seule habitation de Hottentots, au milieu d'un beau pâturage. Nous revînmes un peu sur nos pas, en passant de nouveau la montagne à Bay-Falso.

Les montagnes qui s'étendent depuis cette baie à une très-grande distance en mer, sont connues sous le nom de Norvege par les colons et les marins.

Falso-bay ou Simons-bay, est le nom de la partie du port où les vaisseaux n'abordent qu'en hiver. Ils y sont à l'abri des orages et des vents du nord-ouest, qui, dans cette saison, sont extrêmement dangereux, sur-tout pour les bâtimens qui se mouillent à la baie de la Table. Il y a ici un port beaucoup plus grand que celui de la Table ; cependant le rivage a peu de largeur, parce que la montagne le couvre dans certains endroits presque tout entier. Les maisons construites sur les collines des environs, ne sont pas toujours suffisantes pour donner asyle à tous les étran-

---

(1) Bois des dunes, ou bois noir : *foliis compositis* (*foliolis cuneiformibus carnosis*). *Cussonia.*

(2) *Seriphium. Slange Bosch.* bois ou serpent.

gers. Les objets les plus remarquables sont un grand rocher rond, situé dans le port, et nommé Ark; un autre nommé le rocher des Romains; plus loin à l'est, l'isle Malagas; une maison appartenant à la Compagnie, et habitée par le Résident; un hôpital, une douane, une boucherie, et quelques maisons particulières. Un peu plus loin se trouve le jardin de la Compagnie.

En quittant Bay-Falso, nous eûmes à traverser des plaines unies et sablonneuses pour arriver à Muysenberg (1), dépôt de la pêche de la Compagnie pour le Cap. Des espèces de petits lacs qui n'avoient pas encore été desséchés par les chaleurs, étoient épars çà et là dans les plaines de sable; les insectes et les vers qui nageoient à la surface de ces eaux, servoient de pâture à des flamans (2), dont le plumage blanc et rouge foncé, ne forme pas le moindre ornement de cet asyle. Nous en tirâmes un à qui nous cassâmes l'aile; et quoiqu'il ne pût plus voler, nous eûmes encore beaucoup de peine à l'attraper, parce qu'avec ses longues jambes, il traversoit des flaques d'eau d'un pied de profondeur, et couroit beaucoup plus vîte que nous.

CHAPITRE III.

Naufrage d'un vaisseau de la Compagnie. — Action héroïque d'un gardien de la ménagerie. — Naufrage mémorable.

LE premier juin, il s'éleva un vent très-violent de nord-ouest, accompagné de terribles rafales et de pluie; il continua la nuit suivante avec tant de véhémence, qu'un des quatre vaisseaux de la Compagnie qui étoit encore en rade, eut les cables de ses quatre ancres successivement rompus, et fut jetté sur un

---

(1) Montagne aux souris.   (2) *Flamingo. Phœnicopterus ruber.*

banc

1773. NAUFRAGE MÉMORABLE.

banc de sable vis-à-vis le rivage de Zout-rivier, où le poids de sa cargaison le fit fendre en deux. Les flots montoient à une telle hauteur, et la rivière étoit si extraordinairement enflée, qu'on pouvoit à peine la traverser. Quoiqu'il soit expressément défendu aux vaisseaux de la Compagnie de rester ici en rade depuis la mi-mai jusqu'à la mi-août, il arrive pourtant que le gouverneur permette à quelques-uns d'y rester, à cause des inconvéniens et des difficultés qu'on trouve à charger à Falsobay.

Il seroit difficile d'évaluer la perte que la compagnie des Indes orientales essuya, par le naufrage dont je viens de parler ; et pour comble de malheur, la plus grande partie de l'équipage périt de la manière la plus lamentable, faute de secours. Soixante-trois hommes seulement se sauvèrent, et cent-quarante-neuf furent noyés ; et je dois avouer ici, à la honte de l'humanité, que l'on mit beaucoup plus d'activité à sauver les marchandises, qu'à porter des secours à ces infortunés : ceux même qui savoient nager ne furent pas plus heureux que les autres ; car entraînés par les vagues, ou ils venoient se briser les membres et le corps contre les rochers, ou ils étoient repoussés au milieu de la mer.

Immédiatement après le naufrage du bâtiment, dès la pointe du jour on prit les plus sages mesures pour sauver les marchandises appartenantes à la Compagnie ; mais je ne remarquai pas qu'on se fût seulement occupé des hommes. Trente soldats de la citadelle, commandés par un jeune lieutenant, eurent ordre de se rendre au lieu du naufrage, et de bien veiller à ce qu'il ne se commît aucun vol. On dressa en même tems une potence avec un placard qui menaçoit de la corde, sans aucune forme de procès, tous ceux qui approcheroient. Ainsi les bourgeois compatissans qui étoient venus de la ville exprès pour donner quelques secours aux malheureux, furent obligés de retourner sur leurs pas, après avoir été témoins, ainsi que moi, de l'extrême dureté et de l'insouciance de plusieurs chefs, qui ne paroissoient pas même s'appercevoir qu'il y avoit sur le navire des hommes affoiblis par la faim, par la soif et la fatigue, et plus encore par le désespoir.

Parmi une foule de particularités, qui contribuèrent à rendre cette catastrophe encore plus lamentable, je me contenterai de citer le traitement qu'essuya le constable, qui fut assez heureux pour être du nombre de ceux qui se sauvèrent. Jetté nud et demi-mort sur le rivage, il vit son coffre devant lui, et demanda au lieutenant la permission d'en tirer son surtout; mais celui-ci la lui refusa, quoiqu'il vît bien la clef attachée au coffre à la manière des marins, et le nom du pauvre constable gravé sur le coffre même. Cet officier crut, sans doute, donner une grande marque de zèle et de courage, en accompagnant son refus de coups de canne, qu'il eut l'inhumanité d'appliquer lui-même sur le dos nud et sanglant d'un infortuné qui n'avoit pas besoin d'implorer la pitié pour l'exciter. Enfin, après avoir passé la journée entière, exposé au vent et au froid, sans le moindre vêtement et mourant de besoin, il fut conduit à la ville avec ceux que la Providence seule avoit conservés. Quand on lui donna la permission de fouiller dans son coffre pour y prendre des hardes, il le trouva complètement dévalisé. Un bourgeois, touché de compassion, ôta son propre surtout et le lui prêta. Tous ces pauvres naufragés furent obligés de mendier des habits et leur pain dans la ville, pendant plusieurs jours, jusqu'à ce qu'ils eurent obtenu leur paie de la Compagnie, et qu'ils furent rentrés à son service.

Les détails que je viens de présenter, laisseroient dans l'esprit de mes lecteurs, des sentimens trop pénibles pour ne pas les racheter par une anecdote vraiment touchante. Il est si doux de rencontrer un homme généreux et bienfaisant, parmi des ogres altérés de sang et d'or!

Un vieillard européen, nommé Woltemad, chargé du soin

des animaux vivans de la ménagerie, située au-dessus du jardin, avoit un fils, caporal dans la garnison de la citadelle, et qui fut un des premiers commandés pour aller à Parden-Eyland (1), où l'on devoit poser la garde pour la sûreté des marchandises qui seroient retirées du naufrage. Ce digne père emprunte un cheval, et va de très-grand matin porter une bouteille de vin et un pain à son fils, qui avoit un pressant besoin de ce restaurant ; il étoit de si bonne heure, qu'on n'avoit pas encore dressé la fatale potence, ni placardé les horribles affiches qui en indiquoient la coupable destination. Tandis que ce vieillard s'entretenoit avec son fils, il entendit les cris des malheureux qui se lamentoient sur le navire échoué ; plein de confiance dans son cheval, qui nageoit en effet fort bien, il s'avance jusqu'au bâtiment, en ramène deux personnes : enhardi par ce premier succès, il répète six fois ce dangereux voyage, et sauve ainsi quatorze hommes. Son cheval lui parut si épuisé, qu'il ne croyoit pas devoir retourner. Cependant ému par les cris et les prières de ceux qui restoient, il s'élance encore au milieu des flots, et ce dernier acte de générosité lui coûta la vie. Son cheval environné de tous côtés, saisi par la queue, par la bride, succomba sous le nombre et le poids, et tous furent noyés.

Cet héroïque dévouement qui avoit d'abord si bien réussi, prouve combien on auroit pu sauver de monde, en attachant au vaisseau une corde, le long de laquelle un homme se seroit coulé, soit en se tenant avec les mains, soit en se mettant dans un grand panier dont on auroit passé l'anse dans la corde même.

Quand l'orage fut appaisé et les vagues tranquilles, le vaisseau se trouva si près du rivage, qu'on pouvoit, pour ainsi dire, s'élancer du bord à terre.

Les rigoureuses mesures que l'on prit pour sauver les effets de la Compagnie, ne furent pas très-efficaces. Ce naufrage

---

(1) Isle des chevaux.

enrichit plusieurs employés ; on les voyoit apporter des charges de fer sur des chevaux, et les vendre aux forgerons de la ville. L'impudeur avec laquelle ils vendoient cette grossière marchandise, prouve assez qu'elle n'avoit fixé leur attention, que lorsque des objets plus chers et moins volumineux, leur avoient manqué. Les soldats imitoient assez bien l'exemple de ces dignes employés : la garde descendante revenoit le soir dans la ville avec les canons de ses fusils remplis de galons d'or ou d'argent, qui, quoique gâtés par l'eau de la mer, n'en étoient pas moins bons à fondre. On ne doit donc plus s'étonner de l'extrême rigueur des consignes et de la ponctuelle exactitude avec laquelle on les observoit.

Que ne puis-je terminer ce récit affligeant et honteux pour l'humanité, par quelque acte de générosité, ou plutôt de justice, de la part du gouverneur envers la mémoire de ce généreux vieillard ! Son fils demanda à lui succéder dans la misérable place de gardien de la ménagerie, elle fut donnée à un autre. La seule faveur qu'il ait pu obtenir, et que l'on regarde généralement ici comme une punition, ce fut d'aller chercher fortune à Batavia (1), où son frère demeuroit déjà depuis quelque tems, et faisoit le commerce. Mais notre jeune caporal ne put résister au mauvais air de l'île ; une mort prématurée l'empêcha de jouir des hommages que les directeurs de la Compagnie en Hollande, ont rendus à la mémoire de son vertueux père. Ils ordonnèrent à la régence du Cap, de pourvoir, le plus promptement possible, à l'avancement des enfans de Woltemad, qui pouvoient être employés dans les départemens civil ou militaire (2). De pareils ordres font autant d'honneur à ceux qui les

---

(1) Voyez, sur l'insalubrité de cette isle, la note de la page 176.

(2) Ces mêmes directeurs ordonnèrent aussi que l'on donnât à un vaisseau nouvellement construit le nom de ce héros, et qu'on peignit sur la poupe tous les détails de cette action à jamais mémorable. C'est dans ce bâtiment que

ont donnés, que de honte aux vils administrateurs auxquels ils étoient adressés. Courageux et trop obscur Woltemad! puisse le souvenir de ton héroïsme transmis d'âge en âge, apprendre à la postérité la plus reculée, qu'il a existé dans ces contrées lointaines, un Européen digne du nom d'homme !

L'indifférence coupable et même atroce qu'on a témoignée pour l'équipage du vaisseau, dans la catastrophe que je viens de raconter, s'accorde parfaitement avec la manière dont on traite les matelots et les soldats de la Compagnie ; à certains égards ils sont plus à plaindre que les esclaves même. En effet, il est de l'intérêt des propriétaires que ceux-ci soient passablement bien nourris, vêtus et soignés dans leurs maladies ; on s'embarrasse fort peu, au contraire, que les autres soient bien ou mal entretenus ; la plupart meurent de faim, manquent d'habits, ou en ont qui ne vont pas à leur taille ; quand ils périssent de froid ou de misère, les administrateurs s'en consolent en répétant avec le sang-froid de l'apathie et de la cruauté : *la Compagnie peut en avoir un autre pour neuf florins.*

Parmi les nombreux naufrages, causés dans cette rade par les vents de nord-ouest, on en cite encore deux qui paroissent faire époque. En 1692, trois vaisseaux, dont un anglois et deux hollandois, furent jettés sur la côte ; il y a eu trente ans le premier mai dernier, que sept vaisseaux de la Compagnie éprouvèrent le même malheur.

C'est peut-être ici l'occasion de faire remarquer au lecteur, que les Anglois sont incontestablement les plus hardis navigateurs de l'Europe, et par conséquent du monde entier. J'en ai vu souvent louvoyer dans la rade, tandis qu'un vent violent du

---

le citoyen le Vaillant alla au Cap de Bonne-Espérance. Voyez l'intéressante *Relation de son voyage dans l'intérieur de l'Afrique,* tome I, page 3 ; et le *Voyage du docteur Sparrman,* tome I, page 119, trad. franç. édit. in-8°. *Note du rédacteur.*

sud-èst obligeoit les vaisseaux hollandois de tenir la pleine mer, ou d'en attendre un plus doux sur leurs ancres à Robben-Eyland. Il faut avouer que les Anglois gouvernent leurs vaisseaux avec une adresse et une sagacité étonnantes ; ils ont, en outre, de fins voiliers. Les Hollandois, au contraire, montant des bâtimens lourds et maussades, sont obligés de se conformer aux instructions de la Compagnie.

CHAPITRE IV.

Observations géographiques, physiques, &c. sur le Cap de Bonne-Espérance.

STELLENBOSSH est un village d'une trentaine de maisons, avec une église, située entre deux hautes montagnes ouvertes du côté du sud-ouest, vers Bay-Falso. Un sénéchal ou juge du territoire y réside ; il a sous sa jurisdiction la partie du nord et du nord-ouest ; la portion orientale de la colonie, est du ressort du sénéchal de Swellendam.

Bay-Falso est composé de deux rues plantées de chênes ; une rivière les traverse.

Le Hucken est un village françois, peu éloigné de Stellenbosch, au bas de la montagne, et dans un de ses enfoncemens. Sa fondation, postérieure de bien peu à celle de la ville du Cap, est due aux François réfugiés, à l'époque de la stupide et atroce révocation de l'édit de Nantes. Ils vinrent de Hollande depuis 1680, jusqu'en 1690, et s'occupèrent de la culture des vignes.

Dracken-Stein, autre colonie du voisinage, auprès des mêmes montagnes, qui prennent ici différentes directions, principalement du nord au sud, sur-tout du côté de la ville. La direction et la hauteur de ces montagnes, font que les fermes situées dans les vallées, ont le jour et la nuit à des époques différentes : mais je reviendrai sur cet objet dans le cours même de ce chapitre.

Plus près du Cap, et en face de la ville du côté du nord, sont les montagnes du Tygre, dans la même direction qu'Olifants Kop et Blauwe-Berg (1), toutes montagnes séparées par des vallées.

La montagne de la Table doit son nom à sa forme, parce qu'en effet du côté du port, elle ressemble à une table. La surface de la partie la plus voisine de la mer, est assez unie et assez plate ; mais du côté opposé, elle se termine en pente.

Plusieurs ruisseaux d'eau douce sortent des fentes de cette montagne, et se répandent dans la ville et dans la campagne ; mais je ne trouvai ni ces sources, ni ces étangs poissonneux, que certains voyageurs prétendent avoir vus. Cette montagne tire son eau des nuages et de la pluie, quoiqu'il n'en tombe pas dans le bas. Je remarquai plusieurs pierres d'une forme singulière, et qui semblent avoir été élevées par l'art.

Mesurée à sa partie occidentale, qui est la plus basse, la montagne de la Table a trois mille trois cents cinquante-trois pieds de hauteur. Celle du Diable, située dans le voisinage et à l'orient de la précédente, est plus basse de trente pieds réellement, quoique son sommet paroisse plus haut. Les montagnes de la Table, du Diable et du Lion, n'en font véritablement qu'une, car elles se tiennent par la base, et sont séparées par de vastes vallées.

On peut monter sur la montagne de la Table et en descendre de différens côtés, comme je l'ai fait souvent moi-même : car pendant l'espace de trois ans, il ne s'est, pour ainsi dire, point passé de mois que je n'aie gravi sur son sommet. Le devant est d'un accès facile jusqu'à un enfoncement qui s'apperçoit très-bien dans le milieu même de la montagne ; c'est là

---

(1) Tête de l'éléphant et montagne bleue.

le sentier que l'on prend le plus communément, quoiqu'il soit le plus escarpé, sur-tout vers le sommet de la montagne, où il s'étrécit aussi. Il se trouve extraordinairement resserré des deux côtés, par des espèces de murailles taillées à pic. La base de cette montagne où la ville est située, fait un tiers de sa hauteur; elle s'élève insensiblement par une pente et des collines couvertes de buissons, qui deviennent ensuite bien plus escarpées, et sont jonchées de grosses pierres détachées du sommet de la montagne; enfin on arrive à l'ouverture dont j'ai déjà parlé, elle a cinquante ou soixante pieds de largeur dans le bas, et six ou sept seulement dans le haut, où des pierres énormes forment une espèce de voûte et la ferment. Au-dessus je vis des mottes de sable plus ou moins grosses, qui, en tombant, se brisoient et se pulvérisoient.

La montagne de la Table, celles du Lion, du Diable et les autres, sont disposées par couche (1), comme celles d'Europe. La couche supérieure est horisontale, mais les inférieures sont obliques. La première paroît composée d'une espèce de grès, ou cendre volcanique; elle sépare alternativement les autres couches jusqu'à la dernière qui est d'ardoise.

Au-dessus de la montagne de la Table, on trouve des pierres détachées, et d'autres corps solides couchés et creusés dessus, dessous et dans les côtés; ces cavités, quelquefois assez considérables, sont formées non-seulement par l'eau qui séjourne sur ces corps, mais encore par l'air qui s'insinue par les pores et ronge sans cesse. Les grandes pierres éparses sur les côteaux, au bas de la montagne, paroissent y séjourner depuis bien long-tems; elles ont des trous plus ou moins grands qui semblent avoir été creusés avec un instrument quelconque. On voit dans leur intérieur comme sur leur surface, des morceaux de quartz qui ne s'y sont pourtant pas formés, quoiqu'ils s'y trouvent enfermés, parce

---

(1) *Stratum.*

qu'ils

SUR LE CAP DE BONNE-ESPÉRANCE. 177

qu'ils ne sont pas adhérens à la pierre qui est passablement dure, et qui a une surface unie et polie.

Les pierres qui constituent les couches inférieures de ces montagnes sont tendres, et d'une couleur brune et pâle, tirant sur celle de la cendre; elles se coupent aisément; l'air et l'eau les rongent. Des lamelles de la largeur de la main, forment une espèce de crête de coq sur les côtés. Ces couches d'ardoise inférieure constituent quelquefois la moitié de la hauteur de la montagne, et sont recouvertes jusqu'au sommet d'une terre végétale qui produit de l'herbe : ces couches dirigées du nord au midi, ne sont pas tout-à-fait horisontales, mais inclinées vers l'occident, et élevées à l'orient, avec des lamelles creusées et aiguës qui se prolongent sous l'eau, comme le prouvent les rochers qui s'avancent dans la mer.

Je passois toutes les journées du mois de mars sur le sommet de la montagne de la Table, où je jouissois vers le soir de la perspective la plus singulière et la plus étonnante qu'on puisse imaginer.

Cette montagne prend, comme toutes les autres, sa direction du nord-ouest au sud-est; elle offre conséquemment un flanc très-prolongé au nord-est et un autre au sud-ouest; le soleil en se levant ne dirige pas sa course vers le midi comme en Europe, mais vers le nord, de manière qu'il semble se plonger dans l'Océan à l'ouest de la montagne : ce qui procure sur cette montagne des matinées et des soirées plus longues que dans tout le reste du pays ; cet astre lançant au-devant de lui une lueur considérable du côté du nord-est, et en laissant une après son coucher dans la région sud-est de l'horison.

Juché sur la cime de la montagne, je contemplois, pour ainsi dire, deux mondes différens. Un soleil brillant éclairoit encore l'horison du monde occidental, tandis que l'oriental étoit plongé dans les ténèbres et environné des brouillards qui s'élevoient des campagnes brûlantes, et se rassembloient dans l'atmosphère.

Tome I.   Z

nouvellement rafraîchi; ils étoient épais au point de dérober entièrement la vue de la contrée, et formoient un nuage impénétrable aux yeux les plus perçans. Ainsi les fermes situées au pied oriental de la montagne, jouissent du jour bien plutôt, quand le soleil se lève sur son sommet qui est couvert de neige, et qui conséquemment paroît blanc; dans le même moment, toute la partie orientale se trouve éclairée. Celles, au contraire, qui se trouvent dans la partie occidentale, ont le soleil bien plus tard sur leur horison. Je visitai plusieurs fois la montagne du Lion, située à la gauche de celle de la Table, et dont la cime forme une pointe presque inaccessible; une pente longue et rapide règne depuis cette pointe, et aboutit à une colline courbée qu'on nomme *la queue du lion* (1). La base de cette pointe est tellement escarpée d'un côté, qu'on ne peut y monter qu'à l'aide d'une corde attachée au rocher, qui d'un côté est taillé à pic. Sur le sommet on a établi, pour découvrir les vaisseaux en mer, un corps-de-garde, avec une batterie de trois canons et un grand mât pour hisser le pavillon; on tire autant de coups de canon qu'on apperçoit de bâtimens qui approchent du Cap. Par ce moyen le gouvernement en connoît bien précisément le nombre avant leur arrivée. Le corps-de-garde est un bâtiment construit sur le rocher même; il y a une cheminée pour préparer la nourriture des soldats. La surface de ce rocher est recouverte d'un sable rouge, qui se mine et laisse en roulant des trous considérables.

Le soir, la sentinelle descend auprès de sa guérite, placée entre la montagne de la Table et celle du Lion.

Dès que les vaisseaux qu'on a reconnus approchent, on hisse un pavillon sur le dos du lion (2), et dans la citadelle quand ils entrent dans le port, jusqu'à ce qu'ils aient salué. Quand un

---

(1) *Lewen-start.* (2) *Lewerug.*

bâtiment ne fait que passer à la vue du Cap sans s'arrêter, on baisse le pavillon de la montagne du Lion, après qu'on l'a perdu de vue.

Le pavillon des signaux change chaque mois, et ressemble au mot d'ordre de nos armées; car ce sont les directeurs d'Europe qui en ordonnent la couleur. Elle n'est connue que des gouverneurs du Cap et de Batavia, et indiquée dans un paquet cacheté qu'on remet aux capitaines de vaisseaux qui doivent doubler le Cap en allant aux Indes ou en venant en Europe. En tems de guerre ils peuvent connoître si le Cap est tombé au pouvoir des ennemis, et savent conséquemment s'ils peuvent s'y arrêter.

L'espace situé entre la montagne de la Table et la citadelle, étant également exposé au vent et au soleil, conséquemment très-aéré, a été désigné pour l'emplacement du nouvel hôpital que la Compagnie se propose de faire construire; il doit être plus vaste et plus commode que l'ancien, qui, depuis long-tems, n'est, pour ainsi dire, plus habitable. Il est arrivé déjà d'excellens ouvriers, munis de tous les outils nécessaires, et le gouverneur Von-Plettemberg a posé la première pierre au mois de novembre de l'année dernière. Quoiqu'on y travaille jour et nuit, il n'avance pas vîte, parce que messieurs les inspecteurs trouvent leur intérêt à le prolonger, et préfèrent d'employer les ouvriers et les matériaux à leurs propres bâtimens.

Au bas de la montagne de la Table sont plusieurs petits bancs de sable volant, qui changent de position une ou deux fois par an, selon la direction du vent. Quelques-uns deviennent stables, se couvrent d'herbes et même de plantes. J'en remarquai un au bas de la queue du lion, qui est vraiment singulier; car il peut servir à démontrer la formation de la montagne et de ses couches. La plaine de sable est située au-delà des batteries, du sud au nord, dans la même direction que la montagne: elle s'étend dans tout le pays, en faisant des détours plus ou moins grands d'orient en occident, et suivant l'impulsion des vents dominans. La partie occidentale, voisine de la mer, est courbée et baisse ensuite insensiblement, soit parce que l'autre plaine de sable, située auprès et dans la même direction, est assez solide pour qu'on y plante les potences où l'on exécute les criminels, et ne fournit pas par conséquent d'aliment à la première, soit parce que la queue de la montagne du Lion intercepte l'action du vent. Le sable de cette plaine est fin et volatil en été ; en hiver la pluie le rend plus compact ; mais il n'a jamais plus de consistance qu'un monceau de neige. A la vérité il est possible que quelques portions soient plus solides.

Les couches se forment dans la direction du vent qui pousse le sable. Elles sont inclinées vers l'horison, comme les autres couches des montagnes, les unes plus légères, d'autres plus solides, selon que le sable volant a été plus ou moins mêlangé, avant que la pluie le consolidât ; tantôt unies, tantôt ondées comme des vagues, et tantôt par bandes noires et blanches, et semblables de loin à une agate ; c'est la mer qui jette le sable noir et le blanc, le premier en petites quantités, tandis que l'autre voltige de tous côtés et forme des éminences.

La plaine ou banc de sable dont nous parlons, est située directement en face du frontispice de la montagne de la Table. Elle est d'une hauteur médiocre et escarpée du côté du nord, parce que le sable est emporté par le vent loin de l'abri qu'il se forme à lui-même. Elle se termine en pente vers le midi ; de ce même côté les pierres et autres corps solides sont à nud. Dans les grands vents le sable vole comme la neige, et peut former en un jour une couche de l'épaisseur d'un pouce. On remarque sur la partie septentrionale une grande raie pointue de sable, disposée comme la neige, chassé par un grand vent vers le nord. Selon toutes les apparences, les couches de la montagne ont été formées de la manière que nous venons d'indiquer, c'est-à-dire, par les vagues de la mer, par le sable qu'elles apportent et que les deux vents dominans ont successivement poussé.

Ces deux vents ont une telle influence sur toute la pointe méridionale de l'Afrique, je dirai même du continent, qu'ils méritent une attention particulière.

Celui d'été, qu'on nomme la bonne saison (1), et celui d'hiver ou de la mauvaise saison (2). Le premier, du sud-ouest, est violent, mais accompagné d'un beau tems; celui du nord, très-orageux, est ordinairement suivi de pluie.

Le vent d'été souffle presque tous les jours par bouffées courtes et fréquentes; il a assez de force pour non-seulement enlever le sable et la poussière, mais chasser même de petites pierres au visage des voyageurs, qui, ne voyant plus, sont obligés de s'arrêter, quelquefois même de se coucher à plat-ventre par terre. Dans les rues même du Cap, il arrive des scènes assez comiques aux étrangers qu'on voit courir après leurs chapeaux, leur bourse à cheveux ou leur perruque, que le vent leur enlève. Il cause des accidens plus sérieux : cette année, trois barques grandes ou petites, vinrent échouer sur le rivage, et tous ceux qui les montoient furent noyés. Aussi dès que le vent commence à souffler avec violence, personne n'ose aller aux vaisseaux ou en sortir.

Le vent sud-est s'élève ordinairement vers midi à la suite d'une matinée belle, chaude et calme : il va en augmentant depuis onze heures jusqu'à une heure, continue jusqu'à trois ou cinq heures et même plus tard, et la soirée est souvent très-agréable. On peut cependant s'habiller le matin à la légère, car il n'est pas rare qu'il fasse très-chaud. Mais dès que le vent commence à souffler, il rafraîchit l'air, et un surtout n'est pas inutile. Ces changemens de température causent beaucoup de

---

(1) *Goede mousson.* (2) *Vade mousson.*

fraîcheur, et voilà pourquoi les habitans sont tourmentés de rhumatismes : ce vent violent nuit beaucoup aux agrémens de l'été, mais il en rend aussi la chaleur plus supportable. Avant qu'il s'élève, il est communément précédé de nuages qui se rassemblent au-dessus des montagnes; celle de la Table particulièrement est environnée de nuages légers qui forment autour de sa cime une espèce de perruque (1). Dès que le vent augmente, on voit ces nuages se précipiter au bas du frontispice de la montagne sans verser une seule goutte de pluie. Il arrive pourtant, mais bien rarement, que le vent sud-est souffle sans être précédé de nuages sur la montagne, et quand ils sont tous dissipés, il continue encore avec un tems serein et beau. Il rase ordinairement la terre; c'est ce qu'on appelle un vent bas. Celui de l'ouest souffle quelquefois en même tems que l'autre, et pousse les nuages en sens contraire, de manière que, dans un tems calme, les oiseaux peuvent voler entre les nuages balottés par ces deux vents.

Ceux du nord-ouest et du sud-ouest règnent en hiver, amènent la pluie, et sont dangereux pour les vaisseaux qui se trouvent en rade ou sur la côte.

Avril et mai, août et septembre sont des mois calmes, et les plus beaux de toute l'année, les jours qu'il ne pleut pas.

C'est en janvier et dans le mois suivant que les vaisseaux d'Europe et des Indes viennent ici se rafraîchir, dans un endroit où l'air est sain et frais, et où ils trouvent abondamment du vin et des comestibles de toute espèce. Quand un vaisseau est venu mouiller à la rade, il est défendu aux habitans de la ville, sous peine de payer une amende de quarante rixdalles, d'aller

---

(1) Selon le Vaillant, cette expression est devenue proverbe au Cap : nous aurons du vent, dit-on, la montagne de la Table a mis sa perruque. *Note du rédacteur.*

à son bord avant qu'il se soit écoulé trois jours depuis son arrivée.

On peut nommer à juste titre, le Cap, l'auberge des vaisseaux des Indes, puisqu'ils viennent tous s'y rafraîchir, et que c'est à-peu-près la moitié du chemin, tant pour ceux qui y vont que pour ceux qui en reviennent.

Les voyageurs qui arrivent d'Europe, attrapent fréquemment la diarrhée par la quantité de légumes frais et de fruits qu'ils dévorent, et qui cependant ne sont pas à beaucoup près aussi dangereux qu'à Batavia.

Mais nous n'avons pas encore fini avec nos montagnes et nos vents. Dans les différens voyages que j'ai faits dans l'intérieur du pays, tant cette année que la suivante, j'ai eu toutes les facilités de me convaincre que le Cap entier n'est qu'une seule montagne; car toutes celles dont j'ai parlé jusqu'à présent, ont leur direction du sud-est au nord-ouest, c'est-à-dire, la même que les vents impétueux qui soufflent régulièrement ici. A la vérité elles deviennent à différentes distances toutes parallèles entre elles. Certains vallons sont habités, d'autres n'ont pas assez de largeur pour l'être. Je n'ai pas eu occasion de visiter leur extrémité nord-est; mais il y a toute apparence qu'elles aboutissent immédiatement à la mer dont elles ne doivent être séparées par aucun rivage; elles se terminent toutes par un escarpement du côté du sud-ouest, à l'exception de l'Hollands, montagne des Hottentots, qui s'abaisse et diminue insensiblement avant d'arriver au rivage de la mer.

J'ai remarqué avec étonnement qu'en sortant de la ville pour aller vers le nord, et après avoir franchi une première montagne, le pays est plus élevé; au-delà de la seconde il l'est davantage, et ainsi jusqu'à la troisième ou quatrième. Les espaces qui séparent ces montagnes ne sont réellement que des ouvertures ou vallées, mais si larges qu'on leur a donné le nom de province; elles contiennent plusieurs fermes. En gravissant sur les montagnes qui les environnent, on apperçoit au-delà, des côtes et des vallées à-peu-près semblables, mais beaucoup plus étroites et rarement habitées, car elles ont au plus un demi-mille, ou un quart de mille de large; mais les autres ont généralement plus d'un mille. Certains sommets de montagnes ne sont pas éloignés du jet d'une pierre les uns des autres. Il s'en faut donc de beaucoup que ce pays soit égal et uni. La partie méridionale est la plus creuse, parce que les ruisseaux les plus considérables s'y réunissent, et coulent parallèlement avec les côtes de ces montagnes, qui s'élèvent par une pente assez douce. Celles situées à la pointe même du Cap, c'est-à-dire, à la dernière extrémité du continent, sont les plus ramassées; ainsi plus on avance dans la contrée, plus elles s'élargissent et s'alongent, plus le sol s'élève et plus le climat devient froid. Il tombe souvent de la grêle d'un quart d'aune d'épaisseur. Elle reste plusieurs jours dans les vallées, et des semaines entières sur les montagnes sans se fondre; tandis que les plaines inférieures brillent de tout l'éclat du printems. Le froid augmente en proportion de la hauteur du pays, et les végétaux y sont aussi plus tardifs. J'ai observé dans certains endroits la différence d'un et même plusieurs mois.

Le sol du Cap étant bas, et l'air conséquemment plus doux que dans tout le reste de la contrée, on y trouve abondamment des plantes et des fleurs de toute espèce. Il en est de même de toute la côte du sud où les montagnes baissent insensiblement; c'est la partie la plus chaude et la plus habitée de toute la colonie.

Je me suis peut-être un peu trop appesanti sur la description des montagnes, leur direction, leur hauteur et la situation de la contrée en général. Mais on me pardonnera d'avoir insisté sur des détails qui peuvent contribuer à répandre de nouvelles lumières sur la géographie de cette partie de l'Afrique. J'ai tâché d'expliquer pourquoi un pays si fertile, si peuplé

d'un

d'un côté, étoit de l'autre sec, aride et presque inaccessible.

Constantia ou Constance est le nom de deux fermes considérables, distinguées en grande et petite, situées au pied oriental des montagnes. Ce site est renommé par l'exquise bonté de ses vins qui en portent le nom, et qu'on appelle encore quelquefois vin du Cap. On sait combien il est cher et estimé en Europe. Ce vin moëlleux, d'un goût agréable, ne se boit qu'au dessert et en petite quantité. Si l'on en faisoit excès, il pourroit gâter l'estomac par son extrême douceur.

On recueille environ soixante tonneaux de vin rouge, et quatre-vingt-dix de vin blanc. La récolte varie dans ce canton comme dans tous les autres. Ces deux fermes ont joui pendant long-tems du privilège exclusif de produire d'aussi bon vin; mais depuis quelques années, on est parvenu dans les environs à se procurer et à élever des plants qui soutiennent le parallèle avec ceux de Constance. Leur vin se nomme vin stomacal; il est moins cher que l'autre. La majeure partie se vend aux bâtimens étrangers : quant à celui de Constance, la compagnie des Indes s'en réserve exclusivement le débit : il fait partie des articles prohibés ou de contrebande.

On ne peut en acheter, encore moins le transporter en Hollande sous le nom d'aucun particulier.

La rivière Zout (1) est assez considérable, et tire sa source de la montagne de la Table : elle se décharge dans le port; le voisinage de la mer en a rendu l'eau jaunâtre ; le flux et le reflux s'y font sentir.

Dans les grandes pluies d'hiver on voit des torrens jaillir des crevasses des montagnes et se précipiter en cascades bouillonnantes sur des rochers nuds et escarpés.

---

(1) Rivière à sel.

CHAPITRE VI.

Différentes observations sur la Zoologie du Cap de Bonne-Espérance.

Le rhinocéros porte sur l'extrémité de son nez, une corne qui jouit d'une grande réputation parmi les habitans de la ville et de la campagne, car ils lui attribuent des vertus merveilleuses.

Cette corne est de forme conique, épaisse et large du bas, arrondie du haut. Celle des vieux rhinocéros a quelquefois un pied de long; quelques-uns, que l'on nomme à cause de cela rhinocéros à double corne (1), en ont une plus petite à deux ou trois pouces de la première ; elles sont à-peu-près de la même couleur que celles des bœufs.

Mais revenons aux propriétés qu'on leur attribue.

Non-seulement on la regarde comme un objet rare, on l'emploie encore comme un remède pour certaines maladies, et sur-tout comme un préservatif contre le poison; on l'administre râpée aux enfans, pour les guérir de la colique. C'est un préjugé généralement répandu, qu'un gobelet fait avec cette corne, et qui renfermeroit une liqueur empoisonnée ne tarderoit pas à la faire fermenter au point de n'en pas garder une seule

---

(1) *Twee hornings hoorn.* On trouve dans le Voyage du P. Tachard une gravure assez fidelle de cet animal. *Note du rédacteur.*

Linnée a distingué ce rhinocéros comme étant une espèce particulière à l'Afrique, et même Pallas pense que c'est à cette espèce qu'appartiennent les ossemens qu'il a trouvés dans le nord de la Russie. Au reste, plusieurs zoologistes, entre autres Erxleben, regardent le rhinocéros à deux cornes comme une variété de celui qui n'en a qu'une seule. Il est assez bien représenté dans le Voyage de Bruce (vol. V, pl. 25). *Lam.*

goutte. Quant à moi, j'ai essayé de mettre différens poisons dans ces cornes taillées en gobelet, ou dans leur état naturel, jeunes ou vieilles, sans m'être jamais apperçu de la moindre fermentation; la solution du mercure sublimé corrosif, faisoit monter quelques bulles d'air renfermées dans les pores de la corne.

On prétend que celles des jeunes rhinocéros sont les meilleures et les plus sûres ; mes expériences cependant n'ont pas été plus heureuses sur les unes que sur les autres.

On en fait des gobelets et on les incruste en or et en argent. Ces gobelets sont si estimés, qu'on les présente aux personnes les plus distinguées. Ils se vendent jusqu'à cinquante rixdalles.

Dans mes différens voyages à la montagne de la Table, je vis des daims et des babouins nichés dans ses différentes ouvertures. On apperçoit sur-tout les premiers sur la cime même de la montagne, au moment où le soleil se lève ; ils viennent là jouir de la clarté de ses premiers rayons. Il faut tirer ces singes avec bien de la justesse, et se servir d'un excellent fusil, afin qu'ils restent sur le coup, car s'ils ont encore la force de se traîner, ils vont se cacher dans des trous, où il est impossible de les prendre ; ceux qui sont blessés mortellement, se débattent encore long-tems avant de rendre les derniers soupirs.

Les babouins sont très-nombreux et incommodes pour les voyageurs, sur lesquels ils font rouler des pierres de différentes grosseurs. Ils se tiennent courageusement sur la cime des rochers, à la portée du fusil; cette arme est indispensable pour les débusquer et les chasser à une distance d'où l'on ne puisse pas redouter leurs pierres. Quand elle rate, ils regardent bien tranquillement brûler l'amorce ; mais quand ils se décident à prendre la fuite, c'est un spectacle assez curieux de les voir courir avec leurs petits sur leur dos, faire des sauts surprenans, et franchir des hauteurs extraordinaires.

On enchaîne ces babouins à des perches, et rien de plus

curieux que de voir leur agilité à monter et à se sauver, quoiqu'ils soient attachés d'assez court. Il est presque impossible de les attraper avec une pierre, à une certaine distance, car ils reçoivent la pierre comme une balle avec la main, ou bien ils l'évitent avec agilité.

Ces singes vont de tems en tems mettre au pillage les jardins des Européens, pour y déterrer plusieurs plantes et oignons, qu'ils mangent avec délices ; c'est pourquoi on trouve des tas de pelures auprès des pierres sur lesquelles ils se posent. Ceux du Cap montrent une prédilection toute particulière pour le glayeul plissé (1) ; c'est ce qui a valu à cette plante le nom de *plante des singes*. Les colons la disputent à ces animaux, et en mangent la racine cuite.

Il y a ici trois espèces de petits animaux, connus sous le nom général de *taupe*. Elles détruisent les racines des jardins et dans les environs de la ville.

La première espèce se nomme *taupe blanche* (2), et c'est la marmotte d'Afrique (3). Elle est à peu-près de la grosseur d'un

---

(1) *Gladiolus plicatus.*

(2) *Witte mol.*

(3) *Marmotta Africana.* C'est le *mus maritimus* du *Systema naturæ* de Gmelin (vol. I, p. 140), espèce qui a de très-grands rapports avec le *mus capensis* du même ouvrage, c'est-à-dire, avec la taupe du Cap de Bonne-Espérance de Buffon. Mais cette marmotte d'Afrique paroit suffisamment distinguée de la taupe du Cap de Bonne-Espérance, 1°. par sa couleur, 2°. par la longueur de ses dents incisives ; 3°. enfin, par la grandeur même de l'animal, qui a environ un pied de longueur ; tandis que la taupe du Cap n'est longue que de cinq pouces et demi.

Au reste, pour faciliter la comparaison de ces deux animaux différens, quoique très-voisins par leurs rapports, on a donné dans cet ouvrage une figure de l'un et de l'autre. Voyez planche I, la marmotte d'Afrique (*mus maritimus*, Gmel.) représentée d'après un dessin que M. Thunberg a fait faire, et dont il nous a communiqué la gravure ; et dans la pl. II, fig. supérieure, voyez la taupe du Cap de Bonne-Espérance (*mus capensis*, Gmel.), copiée dans le *Spicilegia zoologica* de M. Pallas. Il paroit que ces deux quadrupèdes ont été confondus par Erxleben, sous le

d'un petit chat, mais avec une courte queue, et d'une blancheur éblouissante. Elle habite par préférence les plaines de sable voisines du Cap, et y creuse des trous considérables, recouverts de petites monticules, sur lesquelles on ne passe qu'en risquant de s'y enfoncer, ce qui incommode beaucoup ceux qui se promènent ou qui voyagent. Cet animal est méchant et cherche à mordre quand il est pris; il se nourrit de différentes racines et oignons, qui abondent dans cette contrée, mais il donne sur-tout la préférence à celles du glayeul, de l'antholize, des ixies, et des iris (1).

Pennaut la décrit sous le nom de rat d'Afrique (2); mais aucun naturaliste n'en ayant encore donné le dessin, j'ai cru devoir le joindre à mon ouvrage.

La seconde espèce, qui n'est pas moins nuisible aux jardins que la première, se nomme marmotte houppée (3), ou *marmotte du Cap* (4); elle est plus petite que l'autre, tachetée de blanc et de bleu.

La troisième espèce s'appelle *taupe verte*, *d'argent*, ou *aveugle* (5), ou bien encore *taupe asiatique* (6). Elle creuse ses terriers dans les jardins, et culbute les plates-bandes, déracine les haies, les myrthes et les buis qui forment les compartimens.

Les deux premières espèces se trouvent à quelque distance du Cap, dans des plaines de sable (7).

---

nom de *cavia capensis*, p. 352, quant à la synonymie; ou ce *cavia* est le même animal que l'*hyrax capensis* de Gmelin. *Lam.*

(1) *Gladiolus izia*, *antholiza*, *iris*.

(2) *African rat*. Voyez Pennant's zoologie, p. 472.

(3) *Bles mol*.

(4) *Marmotta capensis*. C'est vraisemblablement le *mus capensis* de Gmelin, ou la taupe du Cap de Bonne-Espérance de Buffon, dont j'ai parlé dans la note précédente. *Lam.*

(5) *Geelgroene*, ou *blande moll*.

(6) *Talpa asiatica*. Ne serait-ce pas plutôt la taupe dorée de Sibérie, ou le *mus aspalax* de Gmelin, décrit et figuré par M. Pallas? *Lam.*

(7) Les deux premières espèces ne sont pas des marmottes, mais elles ap-

Le carabe moucheté (1), nommé aussi fort coureur (2) parce qu'en effet il marche très-vite, se voit dans beaucoup d'endroits, et sur-tout le long des chemins.

Quand on lui donne la chasse et qu'on parvient à le prendre, il lance avec violence par derrière, comme notre carabe pétillant (3), une liqueur semblable à de la fumée, ce qui forme un jet assez considérable; elle s'insinue même quelquefois dans les yeux, qui cuisent alors comme si l'on y avoit seringué de l'eau-de-vie. Cette cuisson vous aveugle pendant une minute ou deux, et l'insecte en profite pour s'échapper de vos mains.

Le porc-épic (4) ronge ordinairement la racine de la belle calle d'Ethiopie (5) : il veut bien quelquefois se contenter de choux et autres légumes, de manière qu'il cause de grands dégâts dans les jardins.

Je ne terminerai pas l'article des quadrupèdes sans dire un mot de l'énorme queue des moutons. Certaines pèsent jusqu'à vingt livres. On en tire une graisse que les matelots achètent préférablement au beurre. Les Hottentots en font leurs délices. On la vend assaisonnée de sel et de poivre dans de petits barils. Les voyageurs sur mer en font des bourrées (6). Outre le camé-

---

partiennent incontestablement à une des branches de cette immense famille, désignée par les naturalistes sous le nom de *mus*. La taupe à houpe (*bless moll.*) a déjà été décrite par le professeur Pallas, dans son ouvrage intitulé *Nov. specim. quadr. et Glirium ordine*, page 172, tabul. VII, sous le nom de *mus capensis*. Cet animal mérite de fixer l'attention des observateurs, ne fut-ce que par la cécité complète à laquelle l'a condamné la nature. La taupe dorée est également aveugle. Notre auteur a bien tort de la

nommer taupe d'Asie (*talpa Asiatica*), car on ne la rencontre dans aucun endroit de cette partie du monde. *Note du docteur Forster, insérée dans la version allemande de ce Voyage, et traduite par le rédacteur François.*

(1) *Carabus guttatus.*
(2) *Hard looper.*
(3) *Carabus crepitans.*
(4) *Hystrix cristata.*
(5) *Calla Æthiopica.*
(6) Le Vaillant prétend qu'on a beaucoup exagéré la grosseur des queues de moutons du Cap. Selon lui,

léon qui change de couleur, il y a encore deux sortes de lézards fort communs sur les collines des environs de la ville, entre autres le stellio et le lézard orbiculé (1), qui se trouvent par-tout sur les pierres quand il fait beau soleil. Les pointes dont ils sont hérissés, leur donnent un aspect hideux ; au moindre bruit ils s'enfuient et se cachent sous ces mêmes pierres.

Parmi les différentes espèces de poissons qu'on sert sur les tables du Cap, je remarquai la tête de mort ou le joseph (2), qui est le même que la chimère à museau lisse (3) qui a la chair blanche et de fort bon goût. On pêche aussi dans le port, des miraillets et des torpiles (4), mais on n'en sert pas sur les tables.

Les homares (5) du Cap sont aussi gros que ceux d'Europe (6) que l'on pêche sur les côtes de Suède : quoique très-raboteux et armés de pointes aiguës, leurs pattes ne sont pas plus grandes, et ils ont le goût plus fort et moins agréable que l'autre espèce.

L'étoile de mer qu'on nomme tête de méduse (7), est la production la plus singulière de la nature. On en pêche de tems en tems dans la haute mer devant le Cap; mais il est rare que les vagues en jettent de mortes sur le rivage. Les pêcheurs qui s'avancent en pleine mer, en rapportent quelquefois. Il faut

---

le poids ordinaire est de quatre ou cinq livres: de son tems on promenoit, de maison en maison, comme une merveille, un mouton dont la queue pesoit neuf livres et demie. *Voyage dans l'intérieur de l'Afrique*, tome II, page 81.

Il y a d'ailleurs tant de conformité entre nos deux voyageurs, que je n'ai pas cru devoir omettre cette légère différence, qui consiste principalement dans les poids dont ils se sont servis. *Note du rédacteur.*

(1) *Lacerta stellio et orbicularis.*
(2) *Dods Kopf, Joseph.* C'est le roi des harengs du Sud de l'*Encyclopédie*, page 556.
(3) *Chimera callorynchus.*
(4) *Raja miraletus, et raja torpedo.*
(5) *Cancer arctos.*
(6) *Cancer gammarus.*
(7) *Asterias caput medusæ.*

une attention toute particulière pour empêcher que l'animal ne se rompe quelques membres, ou qu'il ne se replie sur lui-même, de manière à mêler l'extrémité de ses rameaux fins et délicats. Vivant ou mort depuis peu de tems, il est rougeâtre et d'une couleur de chair un peu foncée. On le fait sécher à l'ombre par un beau tems, car il fondroit au soleil, et se pourri-roit dans un endroit trop abrité. Quand cet animal est bien conservé on l'enferme dans une boëte garnie de coton, pour l'envoyer en Europe à quelqu'amateur d'histoire naturelle. Les pêcheurs le vendent bien séché et bien conservé, de six à dix rixdalles.

On ramasse au bas de la ville sur le rivage, plusieurs espèces de coquilles nues, et particulièrement une immense quantité de grandes et belles patelles.

On appelle ici dubbeltje de rivage, l'opercule (1) ou le couvercle d'une coquille parsemée de bosses.

La tortue terrestre (2), la plus belle de son espèce, se trouve en grand nombre dans les dunes au fond des buissons. Les plus petites ont la plus belle écaille et servent à faire des tabatières.

Il arrive souvent, dans l'hiver, que les ouragans du nord-ouest poussent des baleines (3) sur la baie de la Table. J'en vis une longue de plus de deux brasses, elle avoit échoué sur le sable. On lui coupoit de gros morceaux sur son dos qui étoit hors de l'eau pour en extraire l'huile.

Dans la même saison les chiens de mer viennent en troupe habiter et déposer leurs petits dans les îles voisines du Cap. Ils ont même donné leur nom à une île (4) qui le conserve encore,

---

(1) *Umbilicus veneris.*
(2) *Testudo geometrica.* On la nomme géométrique, parce que son écaille supérieure présente, sur un fond noir, un réseau de couleur jaune très-bien dessiné, et qu'on a comparé à des figures de géométrie. *Lam.*
(3) *Nord Kaper. Balæna mysticetus. B.*
(4) *Robben Eyland.* Isle des chiens de mer.

depuis

depuis l'expulsion de ces animaux. Elle est située à l'entrée du port, à un mille environ de la ville. Les vaisseaux qui veulent entrer dans le port sont obligés de la doubler. Alors elle hisse pavillon hollandois ; si l'excessive violence du vent sud-est les empêche d'arriver, ils vont mouiller auprès de cette île, où les caméléons, les cailles et les forçats ont succédé aux chiens de mer. Ces derniers travaillent à ramasser les coquillages dont on fait de la chaux pour les bâtimens de la Compagnie. Ces forçats sont des nègres ou des européens coupables de quelques grands crimes.

Mais pour revenir à notre amphibie (1), je dirai qu'il m'a toujours paru étonnant qu'il ne sût pas naturellement nager, en venant au monde ; il a besoin des instructions de sa mère. Il en est de même de certains oiseaux à qui leur père et mère apprennent l'usage de leurs ailes.

Dès que le chien de mer est parvenu à une certaine grosseur, sa mère le prend par le col et le traîne à la mer, où il se débat jusqu'à ce qu'il aille au fond. Alors elle le retire et le force ensuite de s'essayer de nouveau, jusqu'à ce qu'enfin il sache nager et aller seul.

Aux descriptions que nous avons déjà données, de différens oiseaux à mesure qu'ils se présentoient sur notre passage, nous en ajouterons ici quelques-unes qui n'ont pas de place déterminée.

Le fiscal et le canarry biter (2) est un oiseau blanc et noir très-commun dans la ville ; il habite préférablement les jardins. Comme il est, malgré sa petitesse, de la race des oiseaux de proie, il se nourrit d'insectes, tels que des sauterelles, des

---

(1) C'est sans doute d'un *squalus* que parle ici M. Thunberg ; il est dommage qu'il n'en ait pas déterminé l'espèce.

(2) *Lanius collaris*. Pie-grièche du Cap de Bonne-Espérance. Buff. pl. enlum. n°. 477, f. 1.

fouille-merdes qu'il prend avec une étonnante agilité ; quand sa chasse est trop abondante pour la manger d'une seule fois, il en dépose une partie sur des haies pour ses besoins à venir ; ils sont enfilés dans les épines avec une telle adresse, qu'on croiroit que l'opération a été faite par la main d'un homme. Il donne aussi la chasse aux moineaux et aux canaris ; mais il n'en mange que la cervelle.

Un beau merle (1) verd fréquente les jardins et charme les oreilles par son agréable ramage.

Le pélican (2), avec sa grande bourse sous son bec, n'est nullement sauvage ; on le voit souvent se promener sur la côte et pêcher du poisson dont il se nourrit.

Les autruches pondent dans les plaines de sable, une douzaine et quelquefois une vingtaine d'œufs à la fois. Les esclaves qui mènent paître les troupeaux, découvrent ces nids. Pour les prendre, ils ont soin de ne pas y porter la main, mais de les tirer à eux avec un long bâton ; car l'oiseau qui reconnoîtroit leur odeur, ne manqueroit pas de déposer sa ponte ailleurs. Ils les vendent aux équipages des vaisseaux étrangers ; ils coûtent ordinairement un schilling de Hollande la pièce. Ils sont bons pour la pâtisserie, et on les mange aussi brouillés, en y mettant force beurre. Un seul suffit pour plusieurs personnes.

Les œufs d'autruche se conservent bien à bord, à cause de leur grosseur et de l'épaisseur de leur coquille ; tandis que ceux de poule qu'il faut retourner tous les jours, ne tardent pas à se gâter.

L'oiseau astrild (3), ainsi nommé à cause de son bec rouge, est fort commun dans les jardins des habitans de la campagne ;

---

(1) *Turdus ceilonus*. Merle à collier, du Cap de Bonne-Espérance. Buff. pl. enlum. n°. 272.

(2) *Pelicanus onocrotalus*.

(3) *Loxia* (*astrild*). Le Senegali rayé. Buff. *Hist. nat. des Ois.* 4. pag. 101, tom. II, f. 2, planche enlumin. n°. 157, f. 2.

DU CAP DE BONNE-ESPÉRANCE.

il vole presque toujours en grandes bandes et s'enfonce tellement dans l'herbe qu'on ne peut le voir ; mais, grace à leur innombrable multitude, on ne manque guère d'en tuer quelques-uns, quoique ce soit un des plus petits oiseaux connus.

La tourterelle (1) se plaît généralement dans toute la contrée, mais plus particulièrement encore dans les lieux garnis de buissons. Il est assez singulier que cet oiseau ne change jamais de place, sans rire ensuite ; ce ris et ses *hou-hou* le trahissent bientôt, et indiquent le lieu de sa retraite ; sa chair rôtie m'a paru assez sèche. Cependant les villageois en mangent beaucoup.

Les hirondelles vertes de montagnes (2) habitent aussi quelquefois dans les environs des fermes, et s'y réunissent même en très-grand nombre. Cet oiseau est parfaitement beau, avec un plumage jaune et verd de mer ; il passe la journée dans les champs à y chercher des insectes pour sa nourriture, et vers le soir ils reviennent en troupes nombreuses, en faisant un gazouillement à fendre la tête. Les jardins sont leurs rendez-vous ordinaires ; ils s'y rassemblent et se posent, avant qu'il soit nuit, sur les branches d'orangers et de différens autres arbres.

Dans les plaines de sable voisines du Cap, et particulièrement autour des métairies, on voit voler en été une quantité innombrable de beaux gros-becs rouges et noirs (3), remarquables par leur couleur rouge. Ils prennent leur parure d'été précisément à l'époque de la maturité du froment : le plumage du col et du dos qui est ordinairement d'un gris-brun, acquiert la rougeur du velours ; il n'y a que les ailes et la queue qui ne changent pas.

---

(1) *Columba riforia.*
(2) *Merops apiaster.* Le guêpier. Buff. *Hist. nat. des Ois.* 6, page 480, tome 23.

(3) *Loxia orix.* Le cardinal du Cap de Bonne-Espérance. Buff. *Hist. nat. des Oiseaux*, 3, p. 496, pl. enlumin. n°. 6, f . 2, et 134, f. 1.

La femelle reste grise toute l'année.

Quoiqu'il n'y ait peut-être pas d'endroit sur la terre plus abondant en gibier que les environs du Cap, la chasse y est cependant défendue, comme en Europe, une partie de l'année. Depuis le mois de mai jusqu'au mois d'août, qui que ce soit n'a la permission de tirer un coup de fusil, sur-tout à l'entour de la ville.

CHAPITRE VI.

OBSERVATIONS BOTANIQUES.

IL suffit d'avoir les premières notions de la botanique, pour savoir qu'il y a certaines plantes qui indiquent, en s'ouvrant ou en se fermant, l'heure de la journée, la pluie ou le beau tems. Ces espèces de plantes ne sont pas rares sur les collines du Cap.

La morée onduleuse (1) indique l'heure avec une grande précision; car sa fleur ne s'ouvre jamais qu'à neuf heures, et se referme avant le coucher du soleil, à quatre du soir.

L'ixie odorante (2) s'ouvre au moment où la précédente se ferme, c'est-à-dire, à quatre heures précises. Elle répand toute la nuit, une odeur très-agréable.

Plusieurs fleurs à oignons annoncent le mauvais tems. Par exemple, les fleurs délicates des ixies, des morées, des iris, des galaxies (3) ne s'ouvrent pas le matin quand il doit pleuvoir. Et quand le tems menace dans l'après-midi, ces fleurs se ferment avant qu'il ne tombe quelque ondée.

---

(1) *Morea undulata.*
(2) *Ixia cinnamomea* (*avound bloem canel bloem*). Ses fleurs répandent une odeur suave, qui a quelque chose de celle de la canelle. Voyez mon Dict. vol. III, page 537, n°. 15. *Lam.*
(3) *Ixia, morea, iris, galaxia.*

Plusieurs de ces fleurs, telles que celles du glayeul bigarré et recourbé, de l'ixie velue, en faucille et odorante (1), exhalent, sur-tout le soir et pendant la nuit, une odeur très-suave, assez semblable à celle de l'œillet, mais un peu plus douce.

J'appris ici à connoître la fleur de terre (2), ainsi nommée par les habitans de la ville et les colons. C'est une fleur basse d'un rouge foncé (3), qui croît dans les plaines sablonneuses tant autour de la ville que sur la côte. Elle a, au plus, un doigt de haut, sans branches ni feuilles.

L'antholyse à grandes lèvres (4) avec ses fleurs bâillantes, et le glayeul plissé (5), abondant en variétés, font l'ornement de ces plaines de sable. Leurs oignons charnus sont profondément ensevelis dans la terre ; la tige de leurs fleurs n'est guère plus haute que celle de l'hiobanche.

On voit fleurir, au milieu de l'hiver, dans les jardins de la Compagnie, trois belles espèces de gardène.

La gardène à large fleur (6) vient des Indes, à ce que je crois ; car, dans toutes mes courses dans l'intérieur de l'Afrique, je n'en ai pas trouvé une seule plante spontanée ou sauvage ; celle qui croît dans les jardins de la Compagnie ou dans ceux des colons les plus éloignés, porte toujours des fleurs doubles,

---

(1) *Gladiolus tristis* et *recurvus*, *ixia pilosa*, et *falcata*, *cinnamomea*.

(2) *Aard roos*.

(3) *Hyobanche sanguinea*. Cette plante a le port d'une orobanche ; mais elle est d'une couleur de sang ; elle forme un genre particulier, distingué des autres de la famille des personnées, par son calice à sept folioles, et sa corolle unilabiée. *Lam. Diction.* vol. 3, p. 158.

(4) *Antholyza ringens*.

(5) *Gladiolus plicatus*.

(6) *Gardenia florida*. Cet arbrisseau, intéressant par la beauté, et sur-tout par l'odeur agréable de ses fleurs, est véritablement originaire des Indes orientales : mais comme il est cultivé dans les jardins, au Cap de Bonne-Espérance, on lui donne vulgairement ici le nom de jasmin du Cap. Voyez-en la synonymie et la description dans mon *Diction.* vol. II, page 606. *Lam.*

conséquemment n'a point de fruit. Les Chinois emploient la fleur dans leur teinture jaune.

La gardène campanulée (1) a des fleurs moins grandes que la précédente; elles noircissent ainsi que ses fruits, quand on les fait sécher.

La gardène verticillée (2), quoique petite, peut être regardée comme un des plus beaux arbustes que l'on connoisse, à cause de ses fleurs. Il y a quelques années qu'on l'a transplanté des bois du pays où il est assez rare ; il croît lentement, mais son bois est d'une telle dureté, qu'il sert à faire des maillets. Ses fleurs, d'une blancheur qui ne s'altère pas, épaisses comme la peau d'un gant, ont presque un quart d'aune de long, et une odeur très-agréable.

J'ai déjà parlé de l'extrême disette de bois à brûler, tant au Cap même que dans ses environs; elle est telle, que les habitans seroient fort à plaindre si le froid étoit vif ou long. C'est avec beaucoup de peines et de dépenses qu'on se procure des broussailles pour la cuisine. En examinant les bourrées ou fagots, je reconnus des racines de plusieurs espèces de protées (3), ainsi que celles de différentes espèces de bruyères et de brunies (4).

C'est, en grande partie, le fruit du travail et des recherches des esclaves ; ils font, de toutes ces broussailles, de petits

---

(1) *Gardenia Rothmannia.*
(2) *Gardenia Thunbergia.* M. Sonnerat est le premier qui ait décrit ce bel arbrisseau : il le nomma berg-kias. *Voyage à la Nouvelle Guinée,* page 48, planche 17. Et depuis on en fit un genre particulier, sous le nom de Thunbergia. *Montin. in Act. Stockholm.* 1773, page 288, tome II. Mais M. Thunberg, appercevant ses vrais rapports,

en fit une espèce de gardène. Ce qu'il a de plus remarquable, c'est la forme du calice, ses fleurs, et le long tube de leur corolle. Voyez-en la description dans mon *Diction.* vol. II, page 607, n°. 3.

(3) *Protea grandiflora, conocarpa, speciosa, horta, mellifera, argentea.*
(4) *Erica, brunia.*

fagots, qu'ils attachent aux deux extrémités d'un bâton, pour les porter plus aisément sur leurs épaules, au logis. Deux de ces fagots coûtent une journée de travail à ces esclaves, et se vendent deux schillings de Hollande. C'est, en général, la somme qu'un esclave doit rapporter à son maître; ce qui fait quatre-vingt rixdalles par an. De cette manière, celui-ci se trouve remboursé, en peu d'années, du prix de son nègre, sans alléger en rien la peine de cet infortuné.

L'impossibilité de préparer des drogues dans le pays, et la cherté exorbitante de celles qu'on apporte d'Europe, oblige les habitans d'user d'industrie et de prévoyance : en essayant différentes plantes indigènes, ils y ont découvert des vertus inconnues jusqu'alors, et les emploient dans certaines maladies. En qualité de botaniste et de médecin, je ne négligeai pas des connoissances qui pouvoient être utiles tant à moi-même qu'aux colons que je rencontrerois dans mes courses. Il étoit, en outre, très-possible que je leur indiquasse le véritable usage de certaines plantes sur lesquelles ils se méprenoient.

Les racines rouges et charnues des géraniums (1), qui croissent dans les plaines de sable à l'entour de la ville, sont astringentes, et les colons savent très-bien les employer contre la diarrhée, la dysenterie ou flux de sang.

La racine de la bryonne (2) d'Afrique est à la fois vomitive et purgative.

Ils administrent aux hydropiques les racines des asclépiades ondulées et crépues (3), et l'ériocéphale (4), plante et racines.

La racine d'hémanthe écarlate (5) remplace pour eux celle de scille maritime (6); ils la nomment scille de montagne, parce que cette plante croît au pied des montagnes, sur les collines.

---

(1) *Gerania.*
(2) *Brionia.*
(3) *Asclepias undulata* et *crispa.*
(4) *Eriocephalus.*
(5) *Hæmanthus coccineus.*
(6) *Scylla maritima.*

Cette racine est grosse, blanche, glaireuse, un peu aigre ou rêche, et pleine de filamens. On la met mariner dans le vinaigre, coupée par rouelles, et on en fait une espèce d'oximel scillitique, plus foible que le véritable, qu'on administre contre l'hydropisie et l'asthme.

La renouée ou persicaire barbue (1) qui croît dans les fossés, est âcre comme toutes les plantes de cette même famille ; elle a quelques vertus contre l'hydropisie et l'enflure des pieds.

Le poivre du Cap (2) est regardé, dans plusieurs endroits, comme un excellent stomachique, et remplace toute autre espèce de poivre.

On a vu d'excellens effets produits par le fagarier du Cap (3), dans la paralysie et la colique venteuse.

Le jus du ficoïde comestible (4) s'administre intérieurement et extérieurement. On le fait prendre aux enfans pour la dysenterie et les aphthes, et on l'applique sur les brûlures.

Ils font un cas tout particulier de l'osmite camphrée (5), qu'il leur a plu de nommer *bellis*. Les principes de camphre dont cette plante est imprégnée, la rendent très-précieuse ; son goût piquant et son odeur forte annoncent assez sa vertu dissolvante. On applique des sachets de cette plante sur les inflammations et sur l'estomac dans la colique. L'esprit qu'on en tire par le moyen de l'alembic, et qu'on nomme esprit de paquerette (6), a une réputation bien méritée par sa vertu contre la toux et l'extinction de voix. Mais elle me paroissoit trop chaude pour ces maladies, et je l'ai employée avec succès contre

---

(1) *Polygonum barbatum.*
(2) *Piper Capense.*
(3) *Fagara Capensis.* M. Thunberg n'a pas encore publié les caractères de son *fagaria Capensis.* Je soupçonne que c'est le même que mon fagarier du Sénégal. Voyez mon *Diction.* vol. II, p. 446.
(4) *Mesembryanthemum edule.*
(4) *Osmites camphorina.*
(6) *Spiritus bellis.*

l'apoplexie

l'apoplexie et la paralysie. La véritable espèce ne se trouve que sur le sommet de la montagne de la Table, qui n'en produit pas même une grande quantité ; on tâche d'y suppléer par l'osmite buphthalme (1), dont l'odeur et la vertu sont bien plus foibles.

On arrête souvent la diarrhée avec l'écorce du protée à grandes fleurs (2).

Voici encore d'autres plantes qui croissent particulièrement autour de la ville, et que les habitans ont le talent d'employer comme médicinales.

L'adonide du Cap et l'adonide vésicatoire (3) leur tient lieu de mouches cantharides ; elle croît sur les collines et les flancs des montagnes. Elle est aussi très-efficace contre les rhumatismes et la goutte sciatique.

Le capillaire ou adianthe d'Ethiopie (4) abonde particulièrement sur la montagne du Diable. On le donne en décoction, comme le thé, contre la toux et toutes les maladies de la poitrine.

La salicorne ligneuse (5) croît sur les bords de la mer ; malgré son goût salé, les soldats la mangent en salade avec de l'huile et du vinaigre.

---

(1) *Osmites asterioïdes*. Cette plante est figurée, dans les Décades des plantes d'Afrique de J. Burmann, page 161, tome 58, sous le nom de *leucanthemum fruticosum camphoratum, foliis crassis angustis acutis*. Ses feuilles sont veloutées ou légèrement tomenteuses ; elles paroissent entières, mais elles ont sur les bords de petites dents écartées les unes des autres. Le calice n'est point scarieux et luisant dans cette espèce ni dans l'osmite camphrée, comme il l'est dans l'*osmites bellidiastrum*, et dans l'*osmites calycina*. Lam.

(2) *Protea grandiflora*.

(3) *Adonis Capensis* et *astragene vesicatoria*. C'est l'*adonis vesicatoria* du Suppl. de Linnée fils, p. 272. Ces deux adonides d'Afrique, très-différens des adonides d'Europe, devroient constituer un genre particulier. Lam.

(4) *Adianthum Æthiopicum*.

(5) *Salicornia fructuosa*. Zée koral, corail de mer.

L'oxalide penchée ou le syring sauvage (1), le plus grand et le plus abondant de tous ceux de son espèce, donne un excellent sel d'oseille (2).

Après que les collines desséchées du Cap ont été profondément humectées des pluies de l'hiver, elles se parent de différentes fleurs à oignons, parmi lesquelles je remarquai l'ixie bulbocode (3) qui varioit beaucoup pour la grandeur et la beauté, les morées collines et spathacées (4), dont les feuilles pendantes enveloppent souvent les pieds des passans, et les font tomber; la morée ondulée (5) dont la fleur ressemble à une grosse araignée, et qui, par sa mauvaise odeur, attire les grosses mouches.

Les différentes espèces d'iris me parurent plus belles les unes que les autres; j'en remarquai une sur-tout, la papillonacée (6), qui est d'une magnificence que l'on ne sauroit décrire.

On plante dans les jardins la nyctage ou belle de nuit, dichotome (7), à cause de ses belles fleurs, qui se ferment tous les soirs à quatre heures; ce qui lui a valu parmi les colons le nom d'herbe de quatre heures (8).

Le restion fourchu (9) sert à faire des balais pour les planchers.

Mais je ne dois pas oublier une autre fleur aussi remarquable par sa dimension et sa beauté, que par la singularité de son nom. C'est l'hémanthe écarlate, vulgairement nommé le roi de

---

(1) *Oxalis carnea.*
(2) *Sal acetosellæ.*
(3) *Ixia bulbocodium.*
(4) *Morea collina* et *spathacea.* Cette plante, que je possède en herbier, et dont M. Jacquin a donné une figure, sans détails, dans le second volume de ses *Icones rariores*, &c. me paroit une bermudienne, *sisyrinchium*, plutôt qu'une morée. *Lam.*
(5) *Morea undulata.*
(6) *Iris papillonacea.*
(7) *Mirabilis dichotoma.*
(8) Vier uur bloem.
(9) *Restio dichotomus.*

Candie (1), nom qu'on donne aussi à l'hémanthe à feuilles de colchique.

Ses feuilles se flétrissent et meurent à l'entrée de l'hiver, un peu avant l'apparition de la fleur qui brille à rase terre par gros bouquets rouges, et conséquemment sans feuilles. Ensuite vient le fruit; les feuilles lui succèdent, elles sont disposées deux par deux, et couchées à plat sur la terre, comme celles de l'amaryllis ciliée (2), qui sont recouvertes, tout à l'entour, d'un velouté noir. Cette dernière plante croît ici de tous côtés, mais je ne crois pas qu'elle y fleurisse.

Le camphrier (3), transplanté ici des Indes orientales, est assez beau et croît passablement bien; mais on n'a pas encore cherché à le multiplier, ni à en tirer du camphre.

On cultive sur une petite couche du jardin de la Compagnie, un curcuma (4). On ne fait presqu'aucun usage de sa racine, quoiqu'elle serve beaucoup aux teinturiers d'Europe. Dans les Indes orientales on la mange et on la fait entrer dans les ragoûts.

La galiène d'Afrique (5) sert à faire des haies dans les endroits où les autres buissons manquent.

On a apporté les fraisiers (6) d'Hollande, et on en a planté dans les jardins qui environnent la ville; il faut les renouveller tous les trois ans. Les fraises, quoiqu'assez bonnes, ne sont pas

---

(1) *Kœnig vom Candia. Hæmanthus coccineus* et *puniceus*.

(2) *Amaryllis ciliaris*. Je crois que cette plante, qui est figurée dans les *Centuries* de Breyne, planche 39, est plutôt une hémanthe qu'une amaryllis. Voyez *Hæmanthus ciliaris*, dans mon *Dict.* vol. III, page 102. *Lam.*

(3) *Laurus camphoriphera*.

(4) *Curcuma longa*. C'est l'amome, racine jaune, *amomum curcuma*, dans mes *Illustrat.* n°. 8. Voyez-en la description, sous le nom de *curcuma long.* dans mon *Diction.* vol. II, page 227. *Lam.*

(5) *Galenia Africana*.

(6) *Fragaria vesca*.

comparables à celles d'Europe. On les vend cependant cher, et cette culture est d'un bon rapport.

Le mûrier noir (1) vient dans quelques fermes situées hors de la ville; son fruit parvient à la maturité, et n'est pas mauvais; cependant il s'en vend fort peu dans la ville.

Au commencement de septembre, les esclaves se mettent à sarcler le seigle qui mûrit et se coupe au mois de novembre ; ils font la même opération au froment que l'on récolte au mois de décembre. Le froment est le grain le plus universellement cultivé dans le pays, et qui récompense le plus largement la peine et les soins du laboureur. On a essayé d'en exporter dans l'Inde pour faire du pain et de la pâtisserie pour la table des grands ; mais ce voyage ayant paru trop considérable et trop dispendieux, depuis deux ans on a transporté le bled du Cap en Hollande, où il s'est trouvé avoir plus de poids qu'aucun de ceux d'Europe. La Pologne, qu'on doit regarder comme le grenier de la Hollande, ayant été dévastée par la guerre ces années dernières, la Compagnie résolut de tirer ses grains du Cap de Bonne-Espérance. Elle envoya donc, l'an passé, Hucker-de-Son avec deux frégates qui sont arrivées cette année, et que l'on a chargées de grains.

Le cultivateur vend un charriot de froment dix-huit rixdalles. Un charriot (2) contient dix mult, ou environ cinq tonneaux.

On ne sème guère de seigle que par curiosité ; dans quelques cantons à la vérité la paille sert, au lieu de restion (3), à couvrir les maisons.

La houque ou le sorghe des Caffres (4) est cultivée dans quelques jardins particuliers, comme une plante rare et curieuse. Elle parvient à la hauteur d'un homme, et porte de grosses

---

(1) *Morus nigra.*
(2) *Frackt.*
(3) *Restio tectorum.*
(4) *Holcus Caffrorum* (*Caffers korn*).

touffes de fleurs, qui produisent une grande quantité de grains. Elle demande beaucoup de chaleur.

On plante assez volontiers, autour des maisons de campagne situées aux environs de la ville, des arbres d'Europe, pour les orner et procurer de l'ombre ; particulièrement des chênes, des chataigniers, des sapins, &c. Les citronniers et les orangers répandent, dans le tems de leur floraison, une odeur délicieuse.

On environne les dépendances de ces maisons, avec des haies ou des murailles faites avec des morceaux de minerais qui se trouvent dispersés de côté et d'autre, et que l'on ramasse exprès.

Malgré ces soins et ces recherches, les habitans ne peuvent se procurer qu'une image bien imparfaite de nos étés d'Europe : au lieu de ces bois touffus, asyle délicieux et impénétrable aux rayons dévorans du soleil ; au lieu de ces molles prairies dont l'émail verdoyant repose doucement les yeux, on ne rencontre ici que des brins d'herbes rares et dispersés au milieu d'un sable brûlant et aride, des arbres dépouillés de leur parure et hérissés d'épines.

Quand un habitant de la ville plante un arbre devant sa maison, il fait ensorte d'avoir un chien mort pour mettre dans le trou, dans la persuasion que cette charogne accélérera la croissance de l'arbre.

La Compagnie possède à Zeeko-Walley, une plaine fertile en restion (1), qu'on prépare pour couvrir les toits. Après avoir coupé cette plante avec une serpette, on en fait des paquets, en attachant ensemble l'extrémité des fleurs, et on les secoue assez fort pour en faire tomber toutes les pailles courtes ; on étend ce qui reste pour le faire sécher, et on le lie en bottes.

---

(1) *Restio tectorum.* On peut voir les descriptions et les figures de plusieurs espèces de restion dans le bel ouvrage de Rottboll, intitulé *Descriptiones et icones rarior. plantarum*, qui traite des plantes cypéroïdes. *Lam.*

La plupart des maisons de la ville et de celles de la campagne, comme je l'ai déjà observé, sont couvertes avec cette plante qui sert même quelquefois à faire des chaumières; ces toits durent vingt et trente ans, et dureroient encore davantage si le vent du sud n'y introduisoit beaucoup d'ordures qui en accélèrent la pourriture.

Les buissons à cire (1), sur lesquels j'ai déjà donné quelques détails, croissent abondamment à Muysemberg (2), lieu élevé et situé sur le bord de la mer.

Son fruit est parfaitement rond, rabotteux, mou et gros comme un pois; sa couleur naturelle est un noir foncé. Mais la poussière qui le couvre, lui donne une teinte grisâtre; il mûrit au mois de mars. Alors on le cueille, on le fait bouillir dans l'eau, jusqu'à ce que la poussière blanche soit fondue et nage sur la surface de l'eau, comme de la graisse; on la retire avec une écumoire, et quand elle est refroidie, elle a presque la consistance de la cire; elle prend alors une couleur de gris-verd ou de cendre. Quand les colons parviennent à en ramasser une certaine quantité, ils en font des chandelles, et les Hottentots en mangent comme du fromage.

Dans le printems on voit fleurir les chênes, les abricotiers, les amandiers et les pêchers.

La fleur du chêne ne paroît qu'après ses feuilles; mais dans les autres arbres elle les devance.

L'olivier (3) croît sur toutes les collines situées hors de la ville, et même ailleurs; il a des feuilles plus étroites que celui

---

(1) *Myrica cordifolia.*
(2) Montagne aux souris.
(3) *Olea Europea.* D'après les rameaux que j'ai reçus du Cap de cet olivier, j'observe qu'il a les grappes de fleurs plus lâches que celui d'Europe, et les feuilles plus alongées et semblables à celles de mon *olea lancea* (*Illustr.* n° 78). Je le regarde néanmoins comme une variété de l'olivier d'Europe. *Lam.*

d'Europe, et son fruit qui parvient rarement à la maturité, ne peut servir à faire de l'huile ; mais on l'emploie avec succès contre la diarrhée : il a tant de conformité d'ailleurs avec nos oliviers, qu'il ne paroît pas former une espèce différente.

Le tamarin, par son acide, supplée ici au vinaigre; et voici de quelle manière : on met des pulpes de tamarin un peu séchées au soleil, sur des tranches de bœuf qu'on fait cuire ensuite dans la poële ; elles ont un excellent goût.

L'oursine (1) est une plante basse, sans tige, qui ne s'élève point du tout. Elle croît sur les collines situées au pied de la montagne et tout à l'entour de la ville. Les pointes aiguës dont sa semence est hérissée quand elle est parvenue à sa maturité, incommodent beaucoup les esclaves qui marchent pieds nuds.

Sur les collines du Cap croissent la cliffortie à feuilles de fragon, et la borbonne lancéolée (2), qui ressemble beaucoup au genévrier, et dont les pointes, comme celles de la polygale héistère (3), piquent les passans qui en approchent de trop près.

L'asperge du Cap (4), avec des pointes recourbées, déchire aussi les habits. C'est pourquoi les habitans l'ont nommée *attendez un moment* (5).

La tulbage alliacée (6), qui croît dans le sable hors de la ville et dans plusieurs endroits du pays, s'emploie avec succès contre l'éthysie, cuite dans l'eau ou mêlée dans une soupe.

Le laurier sert à faire des haies si épaisses qu'on ne peut voir à travers. Elles cèdent aux efforts des ouragans sans se rompre.

Les choux-fleurs acquièrent dans les jardins du Cap, et dans

---

(1) *Arctopus echinatus.*
(2) *Cliffortia ruscifolia* et *borbonia lanceolata.*
(3) *Polygala heisteria.*
(4) *Asparagus Capensis.*
(5) *Wacht een beetje.*
(6) *Tulbagia alliacea.*

ceux de Robben-Eyland au-dessus du port, une bonté dont on n'a pas d'idée; ce sont incontestablement les meilleurs du monde. On les confit dans du vinaigre, avec du poivre-long ou poivre d'Espagne (1), et on les mange en salade, avec de la viande.

Le gouverneur a fait construire une serre pour les ananas, dans le jardin de la Compagnie; ce fruit si exquis à Batavia, ne parvient jamais ici au même degré de maturité et de bonté, qu'aux Indes orientales.

Le pisang (2), qu'on cultive aussi dans quelques jardins du Cap, fleurit rarement; et son fruit n'est jamais mûr ni bon à manger.

L'agave d'Amérique (3), transporté ici des jardins botaniques d'Europe, croît spontanément sur les collines qui environnent la ville, au pied même de la montagne; elle fleurissoit, chaque année, très-régulièrement, et dans une profonde obscurité; car il s'en faut bien qu'elle ait autant d'admirateurs ici, que dans les jardins d'Amsterdam.

CHAPITRE VII.

Économie rurale et domestique des habitans du Cap.

Ayant eu occasion de voir faire le vin dans plusieurs maisons de campagne voisines du Cap, et de prendre des renseignemens sur les différens vins, je crois devoir communiquer ce que j'ai pu apprendre.

La vendange se fait ici au mois de mars, d'une manière plus

---

(1) *Capsicum annum.*   (3) *Agave Americana.*
(2) *Musa paradisiaca.*

simple qu'en Europe, faute des ustensiles nécessaires. Les esclaves coupent les raisins et les portent dans une grande cuve où on les presse. Le fond et les côtés de cette cuve sont criblés de trous, et elle est renfermée dans une autre plus grande, et élevée sur un pied en croix; celle-ci a un robinet pour soutirer le jus du raisin. Quand la cuve intérieure est pleine de grappes, trois ou quatre esclaves bien lavés et bien baignés dans un baquet d'eau, entrent dans cette cuve, en se tenant à des cordes attachées au plancher, et écrasent le raisin avec leurs pieds; le jus qui en coule est transporté dans de vastes cuves à hauts bords pour y fermenter : si quelque raisin ou quelque grappe engorgent le robinet, on les écarte avec une brosse adaptée au bout d'un bâton. Avant de presser le marc plus fortement, on le met égoutter dans un tamis de joncs grossièrement entrelacés, ou sur un cadre de lit; on le presse avec les mains : quand on en a exprimé de cette manière, le jus autant qu'il est possible, on jette les grappes, parce qu'on prétend qu'elles rendent le vin dur et amer. Ensuite on verse le reste du marc dans la cuve à fermenter.

Le lendemain, la fermentation est en pleine activité; le marc finit par tomber au fond, et le vin éclairci est transvasé dans des tonneaux; on l'y verse par le bondon à travers une corbeille posée sur le trou. Le marc qui reste dans la cuve à fermenter, est transporté dans une autre de forme carrée, percée de toutes parts, et placée sur un pied en croix, dans une plus grande, et on exprime tout le jus qui peut rester, par le moyen d'une presse à vis en métal ou en bois. On distille le résidu, et on en tire encore de l'eau-de-vie.

Les raisins blancs et verds donnent du vin blanc; les noirs, du vin rouge. Le vin de Constance se fait avec du raisin muscat blanc ou noir. Le Pontac, avec un raisin rouge très-foncé. On nomme les différens vins, d'après la ressemblance qu'on leur trouve avec ceux d'Europe, quoiqu'elle ne soit pas toujours trèsfrappante. On en soufre quelques-uns, afin de les empêcher de fermenter plus long-tems, et qu'ils acquièrent de l'acide dans le tonneau ; ensuite on les soutire. Quand il s'agit de soufrer un tonneau, on attache des bandes de linge soufrées à un crochet de fer suspendu à la bonde par un anneau ; on les plonge toutes enflammées dans l'intérieur même du tonneau, que l'on bouche ensuite avec le bondon enveloppé de chiffons : quand le soufre est consommé, il ne s'agit plus que de retirer le crochet de fer, et de bien boucher la bonde, afin que la fumée pénètre le bois. L'opération bien finie, on y verse le vin qui ne fermente pas davantage.

Presque toutes les fermes et les métairies nourrissent une grande quantité de chiens qui gardent les bestiaux dans les pâturages, conjointement avec les esclaves, défendent quelquefois le maître contre les derniers, écartent des habitations les bêtes féroces qui rodent souvent à l'entour, et servent enfin à la chasse ou en voyage.

Outre l'apothicairerie attachée à l'hôpital, tout citoyen a la permission de débiter des drogues; et c'est un avantage pour les colons qui les paient bien meilleur marché chez ces marchands qu'aux chirurgiens.

Les paysans font rarement du fromage, et quand ils en font, ce n'est que par curiosité ou par passe-tems. Leur lait maigre, en comparaison de celui de Hollande, ne donne que des fromages petits, minces et assez mauvais.

Les vaches, comme tous les autres bestiaux, restent toute la journée dans les pâturages; on les ramène le soir à la ferme, et ils passent la nuit dans un parc non couvert. L'herbe qu'ils broutent dans de vastes prairies fertilisées par les pluies d'hiver, et desséchées ensuite par la chaleur et les vents de l'été, est presque toujours dure et grosse. Il ne faut donc pas s'étonner si ces vaches donnent du lait en petite quantité et peu épais. Les bestiaux, dans d'aussi mauvais pâturages, dépérissent en peu

DES HABITANS DU CAP.

d'années, quoique les bêtes à cornes qui forment la plus grande partie des troupeaux, soient de race hollandoise. Une vache qui vient directement de Hollande, et qui se vend 40 ou 50 rixdalles, donne plus de lait que trois autres; mais sa race ne tarde pas à dégénérer, et sa troisième ou quatrième génération ne vaut pas mieux que les autres, qui ne donnent ordinairement qu'une demi-pinte de lait par jour.

Le beurre que l'on fait avec du lait doux, se vend à la ville; frais il coûte 8, 12 et même 16 sols la livre, et salé, 2, 4 et 6 sols. Le prix varie cependant beaucoup selon le débit.

Quoique tout le pays soit occupé par la colonie, les fermes ne se ressemblent pas. Les Hottentots ont commencé par vendre, pour du tabac, de l'eau-de-vie et autres denrées : le port, l'emplacement de la ville et les environs, ensuite les colons, ont gagné du pays, et s'y sont installés en chassant les naturels. Les fermes les plus voisines du Cap, jusqu'à Pickelberg, et un peu au-delà, appartiennent en propre aux fermiers qui ne paient aucune rétribution, et qui peuvent en disposer comme il leur plaît. Les fermes situées au revers de la montagne, se nomment lieux d'emprunt ou à redevance : ce sont celles que les paysans occupent avec la permission du gouvernement, et pour lesquelles ils paient 24 rixdalles de redevance annuelle; ils ne peuvent en aliéner les terres sans une permission du gouverneur; mais elle ne leur est pas nécessaire pour disposer des maisons.

Les planches et toutes les espèces de solives dont on se sert pour la construction, sont très-chères, parce qu'il est difficile de s'en procurer, et qu'elles viennent de très-loin, soit de l'intérieur des terres, soit des Indes ou d'Europe. Elles se vendent au pied ou à l'aune; la planche coûte deux schillings de Hollande le pied, ou dix schillings de Suède.

On fume les vignes avec le fumier de mouton, et les jardins avec celui de cheval. Les parcs de nuit sont quelquefois couverts de fumier de mouton, de l'épaisseur d'un pied.

Les champs à bled, les vignes, les jardins constituent la plus grande richesse des fermes voisines de la ville et du port. On y recueille le meilleur vin, parce que les raisins y sont plus gros, et mûrissent mieux qu'ailleurs. Ces colons sèment peu de grains, et abandonnent cette culture à ceux qui habitent plus avant dans l'intérieur. Comme ils possèdent une grande quantité de terres, celles à bled se reposent plusieurs années de suite ; quand il s'agit de défricher une terre qui est restée ainsi en jachère pendant plusieurs années, c'est une opération extrêmement pénible ; on lui donne la première façon au mois d'août ; on y passe encore la charrue au mois de mai suivant, et ensuite on sème. La charrue d'Afrique est montée sur deux roues de grandeur inégale.

Les villageois font sécher des raisins et différens autres fruits, pour les gens de mer; ils vendent leurs denrées et marchandises aux bourgeois du Cap ou à la Compagnie. Mais il leur est défendu de faire la moindre fourniture aux étrangers. Quoiqu'ils aient des vivres au-delà de leur nécessaire, ils manquent souvent de meubles ; quelques-uns sont obligés de faire eux-mêmes leurs chaises et leurs tables qu'ils couvrent de peaux de veaux ou de nattes ; ils battent et unissent le terre-plein de leurs maisons, pour le durcir, et y versent de la fiente de vache, délayée avec de l'eau ou du sang de bœuf; ce qui le rend un peu glissant.

CHAPITRE VIII.

Mœurs, usages, commerce et industrie des habitans du Cap.

Les étrangers qui viennent s'établir au Cap, y vivent à leur guise; ils ont, comme en Hollande, la liberté d'exercer un métier, ou de faire le commerce; ils emploient même ces deux moyens de subsister.

A l'époque de mon séjour dans cette ville, les François y étoient peu considérés; d'abord, parce que, débarquant presque toujours sans argent, ils prenoient tout à crédit, et payoient en lettres-de-change. En outre les habitans craignoient toujours qu'ils ne s'emparassent de l'établissement par un acte d'hostilité imprévu; tandis que l'on n'avoit pas les mêmes craintes de la part des Anglois alliés de la Hollande. Un officier François, décoré de la croix de S. Louis, et très-proprement habillé, étoit fort peu regardé, tandis qu'on témoignoit beaucoup de considération à un pilote anglois couvert d'un habit très-simple, et avec des cheveux plats. A la vérité celui-ci a la bourse bien garnie, et sa nation est amie des Hollandois. Cependant, de tous les Européens, les François étoient ceux qui contribuoient le plus à enrichir les habitans du Cap. Etant obligés de prendre à crédit, ils payoient beaucoup plus cher tout ce dont ils avoient besoin; ce qui montoit très-haut, parce qu'il leur falloit considérablement de marchandises pour leurs bâtimens et pour la garnison de l'Isle de France.

Ces observations ne doivent pourtant pas donner une opinion désavantageuse de l'hospitalité et de la politesse des habitans du Cap. Leurs formules sont assez simples : le maître de la maison va au-devant de ses hôtes, leur serre la main en les saluant, leur souhaite le bonjour, et leur demande des nouvelles de leur santé. Si ceux-ci sont en voiture ou à cheval, il les prie de descendre et d'entrer; sa femme ne se lève point, et se contente de saluer de la tête; elle se place à un bout de la table, et son époux à l'autre, et les étrangers à côté d'eux.

C'est ici la coutume, comme dans tous les pays chauds, de dormir une heure ou deux l'après-dîner, pendant la plus grande chaleur du jour.

L'argent dont on se sert dans le commerce, vient moitié d'Europe, que l'on nomme ici la patrie (1), et moitié des Indes orientales : celui d'Europe consiste en ducatons, schillings et liards (2) ; les ducatons neufs ou vieux gagnent ici, comme toutes les autres monnoies, 25 pour cent, de manière qu'un ducaton équivaut à 12 schillings ou 72 stubers (sous) de Hollande. Les schillings ne sont autre chose que des pièces de six sols et demi (3), qui valent, en Hollande, cinq stubers et demi. Les simples et les doubles stubers sont rares. Les ducatons et la monnoie d'or le sont aussi ; on ne voit presque jamais de florins de Hollande; ceux du Cap sont une monnoie fictive que l'on évalue seize sols pièce. Une rixdalle vaut huit schillings, et un ducat dix-huit. On reçoit volontiers les piastres d'Espagne, à raison de neuf schillings de Hollande la piastre. L'argent qu'on apporte ou qu'on tire de Hollande, gagne 25 pour cent. On perd autant sur celui qu'on exporte du Cap en Europe.

Les roupies de différentes espèces qu'on apporte des Indes orientales, s'évaluent une demi-rixdalle, et sont fort recherchées. Il est expressément défendu de battre monnoie au Cap.

Les officiers des vaisseaux hollandois, tant ceux qui partent que ceux qui arrivent, vendent toutes sortes de marchandises. Les derniers apportent ordinairement du vin, de la bière, des

---

(1) *Vaderland.* (3) *Zehsthale.*
(2) *Duyten.*

jambons fumés, du fromage, des pipes de terre, du tabac et même de la clincaillerie ; les autres, des indiennes grosses et fines, de la toile de coton, du riz, du thé, &c. Quand ils n'ont pas le tems de traiter de ces articles avec des marchands, ils les vendent à la criée. Des bourgeois les achètent quelquefois en gros, et les vendent ensuite en détail. Les criées, pour le compte des particuliers, ou pour celui de la Compagnie, ont lieu dans le printems et en hiver. Mais le gouvernement a la précaution ordinairement de ne permettre à aucun particulier, de faire des ventes à la criée, avant que la Compagnie se soit débarrassée de ses propres marchandises.

De tous les officiers étrangers, ce sont les Anglois et les Danois qui font le plus gros commerce. Les premiers apportent sur-tout de fortes pacotilles de clincaillerie, telles que des couteaux de matelots, des ciseaux et autres objets. Les autres vendent, en allant dans l'Inde, de la bière de Danemarck, du goudron; et en revenant, de l'indienne fine du Bengale. Les officiers suédois ne font presqu'aucun commerce ; à leur retour des Indes, ils vendent quelques boëtes de thé, du nankin, des soieries chinoises, tout juste pour payer leur frais d'auberge, pendant le court séjour qu'ils font au Cap. Les marchandises de Suède les plus estimées ici, sont la bure grise ou draps grossiers, les planches simples et doubles, les poutres, le cuivre, le laiton, les bêches, les harengs, le brai, le charbon et le fer qui est très-cher. La Compagnie vend le quintal de fer, huit rixdalles, quoiqu'il soit forgé à froid et bien inférieur en bonté à celui de Suède. Les marchandises vendues pour le compte des particuliers, paient cinq pour cent au fisc. L'argent provenant des ventes publiques, ne se compte que six semaines après qu'elles sont finies.

Les habitans de la ville s'abonnent assez volontiers avec le chirurgien de l'hôpital, à raison de tant par an, pour les traiter ainsi que leurs esclaves, et même leur fournir les médicamens nécessaires ; c'est un usage d'autant plus économique, que les maladies sont fréquentes, et il en survient quelquefois de contagieuses.

Ces abonnemens empêchent que les médecins et chirurgiens étrangers, qui ne séjournent ici que très-peu de tems, et en passant, ne soient consultés; on ne les appelle que pour des maladies désespérées. Ainsi, la médecine-pratique ne me donnant pas d'occupations dans la ville, je ne cherchois pas à les augmenter, afin de n'être pas détourné de mes recherches en botanique; il me restoit aussi beaucoup plus de tems à donner aux habitans de la campagne, à qui mes soins étoient bien plus utiles, et en qui je trouvois bien plus de reconnoissance que chez l'indifférent citadin.

J'ai toujours remarqué que les remèdes avoient bien plus d'activité chez les esclaves non exténués par la diète, ni accoutumés à se médicamenter.

CHAPITRE IX.

Administration et état politique du Cap.

Outre le gouvernement qui réside à la ville, l'intérieur du pays est administré par deux jurisdictions présidées par un sénéchal.

Nous avons indiqué dans le chapitre des *Observations géographiques*, quelques-uns des chefs-lieux les plus remarquables (1).

Le fiscal est absolument indépendant du gouverneur, et correspond immédiatement avec la direction de la Compagnie, en Hollande, envers laquelle seule il est comptable. Il fixe

---

(1) Voyez ci-dessus, page 174.

arbitrairement

arbitrairement les amendes pour les querelles qui s'élèvent entre les bourgeois ; elles sont en général proportionnées à la fortune des délinquans, et lui font un revenu considérable.

Mais puisque, dès les premières lignes d'un chapitre qui traite de l'administration de cette colonie, je me vois obligé de parler des malversations des agens, il faut accorder la priorité à celui qui a droit de la réclamer.

Le gouverneur trouve le moyen de gagner même sur les vins achetés pour le compte de la Compagnie. Elle les paie trente rixdalles le tonneau; le cultivateur donne une quittance de pareille somme et ne touche que vingt-sept rixdalles, parce qu'on en déduit trois pour le dixième. Les habitans de la ville payoient de mon tems leur vin d'ordinaire dix rixdalles le tonneau de cent cinquante pintes ; ce qui me paroissoit très-bon marché.

Les employés en sous-ordre imitent le chef de leur mieux, et chacun perçoit le droit de son industrie, sur les objets qui lui passent par les mains. La modicité des appointemens dans un pays où tout est plus cher du double qu'en Europe, excuse, à certains égards, ces rapines.

D'après le compte indiqué ci-dessus, on voit que le gouverneur perçoit trois rixdalles par tonnes de vin. Les employés volent d'une autre manière: ils s'adjoignent des passe-volans qui ne font pas de service, et dont ils couchent les appointemens sur les états de dépenses de la Compagnie, pour se les partager. Les uns gagnent sur des pesées, d'autres sur des marchandises gâtées; le naufrage d'un vaisseau fait leur fortune.

Le patron et le pilote rognent la ration de l'équipage de leur vaisseau : l'officier vole le soldat : les malades souffrent de l'avarice des administrateurs des hôpitaux. Les effets des morts deviennent la proie du premier venu; quelquefois on les vend à la folle enchère, dans le coffre même, sans les avoir seulement examinés. Cet achat est une espèce de loterie. Le produit sert à payer les frais de l'enterrement. Quoiqu'on en ait détourné la meilleure partie, quand ce produit excède les frais du convoi, on régale le mort d'un cercueil de dix rixdalles, et on donne du vin à ceux qui viennent lui rendre les derniers devoirs. En un mot, on s'arrange de manière à ne rien laisser aux héritiers.

Chaque soldat reçoit deux ou trois livres de pain par semaine, et est obligé d'abandonner à l'ordonnance deux sous de sa paie, par mois, pour nettoyer ses bottes, et de faire le service de celui-ci ; des cuisiniers de la citadelle leur préparent leur nourriture, et leur vendent des portions.

En tems de guerre, et même lorsque la paix n'est pas très-assurée, les vaisseaux hollandois ne partent du Cap qu'en bon nombre, et forment une ou plusieurs flottes ; mais pendant la paix ils mettent à la voile séparément ou en très-petit nombre, comme j'ai eu occasion de le voir moi-même pendant mon séjour au Cap.

Avant de lever l'ancre, on fait le décompte de tous ceux qui doivent monter le bâtiment, et ils savent ce qui leur revient de bon sur leur solde ; ils vont le toucher, quand cela leur convient, au bureau des payeurs (1) : si quelqu'un reste au Cap ou dans un autre endroit pour le service de la Compagnie, il peut recevoir ses appointemens tous les trois ou quatre mois; mais on ne lui compte le florin que sur le pied de quinze à seize sols, ce qui fait une perte considérable ; mais si l'on ne veut rien toucher de toute l'année, les directeurs apurent leurs comptes au mois d'août, et donnent un mandat qu'on touche soi-même ou qu'on vend à raison de dix-huit, dix-neuf et même vingt sols le florin; ainsi la perte est très-foible et même nulle. Ce compte de l'année ressemble à une lettre-de-change dont la Compagnie acquitte la valeur entière en Europe, ou

---

(1) *Soldy comptor.*

qu'on passe aux négocians qui ont des sommes à remettre dans cette partie du monde.

On m'assura que tout bâtiment étranger paie ici cinq cens florins pour avoir la permission d'y mouiller. Les rafraîchissemens et les provisions dont ils peuvent avoir besoin sont très-chers, à cause des droits que la Compagnie perçoit sur la viande et sur le vin : ils paient la viande deux sols de Hollande la livre, tandis qu'elle ne revient à la Compagnie qu'à trois liards (1), et même à moins, comme on va le voir par les détails suivans.

La Compagnie tire un profit immense de la ferme des vins et de la viande. Le dernier août de chaque année, on adjuge le premier article au plus offrant et dernier enchérisseur. L'adjudicataire devient fermier-général de tous les vins; il a le droit d'en vendre non-seulement à tous les officiers des vaisseaux hollandois et aux étrangers, mais encore à tous les aubergistes. Les propriétaires-vignerons peuvent aussi en fournir directement aux bourgeois pour leur consommation seulement; mais il est défendu à ceux-ci, sous peine d'une très-forte amende, d'en faire le commerce, et même d'en recéder à qui que ce soit. Ces entraves occasionnent la cherté du vin, qu'on paie dans les auberges le double de son prix originaire. L'adjudicataire général a aussi le droit exclusif de vendre du vin en détail; il peut à la vérité rétrocéder ce privilège aux aubergistes, qui lui paient une certaine somme.

La ferme des vins se monte annuellement de trente à quarante mille florins.

Celle de la viande s'adjuge au contraire au rabais : on conçoit aisément qu'il ne s'agit pas de recevoir, mais de fournir de la viande fraîche pour le service de la Compagnie, qui ne touche point d'argent pour cet objet, mais toutes ses fournitures en nature même, c'est-à-dire, en viande fraîche. De

---

(1) Duit.

cette manière, elle s'en procure à bien meilleur marché; mais en récompense, le bourgeois et les étrangers la paient beaucoup plus cher. Les premiers la paient quatre liards; les autres, deux sols de Hollande la livre, et la Compagnie, deux liards seulement. Un bœuf de cinq rixdalles se vend dix et même plus aux étrangers. Cette ferme s'adjuge pour une, deux, trois, cinq ou sept années; et on y joint toujours quelques pâturages pour les bœufs, auprès de la Gorge verte.

Ces variations de prix jointes à la difficulté de se faire entendre, car tous les étrangers ne savent pas le hollandois, obligent ceux qui mouillent ici d'avoir un commissionnaire chargé de leur procurer tout ce dont ils ont besoin. Cet agent ne prend pas toujours les intérêts de ses commettans, et fait souvent à leurs dépens, la cour à ses compatriotes.

Les étrangers qui veulent acheter et emporter du froment, sont obligés de traiter directement avec la Compagnie des Indes, qui s'est exclusivement réservée la vente de cette denrée. L'année dernière, les François venoient souvent en chercher ici pour transporter à l'Isle de France.

Dans l'espace d'un an et demi que j'ai passés au Cap, il ne y est pas tenu une seule foire; il paroît que ce n'est pas l'usage dans le pays; mais des ventes publiques de différentes marchandises étrangères, particulièrement de celles qui proviennent des différens comptoirs des Indes orientales, tiennent, à certains égards, lieu de foires.

Aucun habitant de la ville ou de la campagne, n'a le droit de se marier sans le consentement du gouverneur. On présente sa demande le jeudi; quand elle est accordée, on donne, le samedi suivant, au futur, en présence de la jeune personne, un ordre pour le conseil de justice, qui examine si les fiancés ne sont pas trop proches parens. Après cet examen, le gouverneur donne son consentement au mariage et l'ordre de publier les bancs à l'église, pendant trois dimanches de suite.

Le gouverneur est bien le maître de refuser son consentement ; mais il ne peut empêcher les jeunes gens de vivre ensemble, jusqu'à ce qu'il en vienne un autre moins sévère. Le futur s'adresse aussi quelquefois au conseil de justice, qui se trouve forcé d'ordonner la conclusion du mariage ; mais quand le jeune homme est engagé au service de la compagnie des Indes, le gouverneur a quelquefois la cruauté de le faire partir pour un des établissemens de la compagnie dans les Indes orientales.

Les filles se marient fort jeunes, ce qui contribue à augmenter la population de la colonie, qui croît de jour en jour.

Les prêtres de la colonie prétendent que la présence du père est indispensable pour le baptême de son enfant, ou qu'on doit au moins le connoître. Si celui-ci ne se présente pas, ou que l'enfant ne soit pas regardé comme légitime, on ne lui administre pas le sacrement ; mais on ne peut le lui refuser, quand même il seroit né d'une mère noire ou hottentote, pourvu que le père soit chrétien ; et voilà pourquoi la Compagnie fait baptiser les enfans d'esclaves, nés dans sa loge, quoique l'on n'accorde jamais cette faveur aux esclaves mêmes ; mais j'attribue cette exception à la presque certitude où l'on est que l'enfant a un Européen pour père ; et en effet il porte presque toujours des marques de cette origine. J'ai eu souvent occasion de voir des enfans d'un Européen et d'une femme noire ; ils ne se ressemblent pas toujours entre eux. J'ai remarqué un garçon noir avec de grands yeux, et ressemblant en tout à sa mère, tandis que son frère blafard, avec des taches noires, ressembloit au père, et la sœur étoit à demi noire (1).

Les prêtres, par un motif qu'on devine aisément, ne veulent pas entendre parler de baptême de nécessité ; ils obligent les

---

(1) Quand les Nègres ont quelques plaies et qu'elles se cicatrisent, la peau commence par blanchir, et après la guérison parfaite, elle reprend la teinte noire du reste du corps.

colons de venir à l'église du Cap faire baptiser leurs enfans et se marier ; de manière que ceux qui sont établis à une certaine distance dans l'intérieur des terres, n'apportent leurs enfans qu'à l'âge de six mois et même un an.

C'est sans doute avec bien du regret que les ministres de la religion laissent aller les morts tout seuls à leur dernière demeure; mais enfin, les enterremens se font sans cérémonie, le climat ne permettant pas de conserver les cadavres assez long-tems, pour qu'un prêtre puisse l'honorer de sa présence.

Un garçon parvenu à l'âge de quinze ans, doit être inscrit sur le rôle des hommes, et faire serment de fidélité à la nation, et se trouver tous les ans à l'exercice à pied et à cheval. Les bourgeois le font dans l'intérieur de la ville ; les autres habitans de la colonie, à Stellenboch et à Swellendam. Ceux qui y manquent paient une amende. Un père qui fournit deux enfans pour le service militaire, en est exempt lui-même.

Comme l'hôpital ne m'offroit aucune occasion de m'instruire, j'y allois très-rarement. Cependant j'eus encore le tems d'y remarquer que les infirmiers étoient armés d'un bout de corde, destiné à mettre les malades à la raison : remède bien digne d'un hôpital. En général, les chirurgiens de la Compagnie employés dans cet établissement ou sur les vaisseaux, manquent à la fois de savoir et d'expérience. Si par hasard il se trouve parmi eux un habile homme, à coup sûr c'est un étranger.

Chaque matin, le premier chirurgien fait son rapport au gouverneur, sur la situation et le nombre des malades.

Les ordonnances sont écrites sur une petite planche attachée au lit du malade, et on lui en administre une portion tout de suite. Un coffre plein de drogues toutes préparées, marchent à la suite du chirurgien ; mais ce qui vaut mieux que toutes ses ordonnances, ce sont les viandes et les légumes frais qu'on donne aux malades.

Quoique la colonie soit très-étendue, plus peuplée de jour

en jour, et qu'il y reste peu d'Hottentots, car on les a exterminés ou chassés, il n'est pas rare cependant que les esclaves s'enfuient et se cachent dans les montagnes, qui leur servent particulièrement d'asyle. Quant aux soldats et aux matelots, il leur arrive rarement de déserter, parce qu'il est très-aisé de les retrouver. Quand on rattrape un esclave idolâtre qui s'est enfui, son maître, ou les valets du fiscal de police, lui donnent des coups de fouet. Le prix qu'il a coûté, lui sauve la vie. Les loix sont moins indulgentes pour les chrétiens attachés au service de la Compagnie ; quand ils désertent on les pend sans miséricorde, parce qu'ils n'ont exigé aucuns déboursés. Nous avons déjà dit qu'il en coûtoit tout au plus dix florins pour les remplacer.

Ceux que l'on prend en flagrant délit de bestialité, ne sont ni interrogés ni examinés ; on les noie comme indignes d'aucune espèce de jugement ou de secours quelconque ; car on ne leur accorde pas même de prêtre. Je vis ainsi expédier un esclave convaincu de ce crime.

Dans les premiers jours de mars de cette année, on justicia les Hottentots que nous avions rencontrés dans notre voyage en Caffrerie. Plusieurs ne furent condamnés qu'au fouet, d'autres au fouet et à la marque ; certains eurent le tendon d'achille coupé : ensuite on les mit tous en liberté pour qu'ils s'en retournassent chez eux, et servissent d'exemple aux autres.

A-peu-près à la même époque on apprit que les Hottentots boschismans voloient et assassinoient les paysans.

Le 31 juillet on exécuta un esclave qui avoit assassiné son maître. Il fut attaché sur une croix, et tenaillé dans huit endroits des bras et des jambes, avec des pinces de fer rouge à dents de scie. Ensuite on le rompit, et on finit par lui couper la tête, qui fut plantée sur un pieu. Le conseiller de justice qui a examiné l'affaire et porté le jugement, assiste en personne à l'exécution ; il s'y rend même en cérémonie pour y donner plus de solemnité. Des soldats forment le cercle. Le lieu du supplice est un peu élevé, et se trouve situé entre la ville et la citadelle.

Le 8 août on pendit un esclave, pour un crime capital.

Après que les coupables ont subi leur supplice dans la ville sur la place des exécutions, on les transporte le soir aux fourches patibulaires, dressées hors l'enceinte des murailles ; on y accroche le cadavre enfermé dans une armure de fer, où il se conserve très-long-tems; ou bien on l'expose sur une roue. Celles destinées aux Européens sont au bas de la queue du Lion. Il y en a hors de la citadelle, auprès de la rivière Zout, pour les esclaves et les Hottentots.

CHAPITRE X.

OBSERVATIONS *sur les Hottentots et sur les Caffres.*

LES Hottentots se choisissent ordinairement un chef, qu'ils nomment *Kaptain* (capitaine), et ont une espèce d'alliance avec la compagnie hollandoise des Indes orientales, et le gouverneur du Cap confirme cette nomination. Cette année je vis arriver un de ces capitaines Hottentots, avec quelques hommes de sa nation, pour recevoir l'approbation suivant l'ancien usage. On lui donne, pour marque de sa dignité, une canne surmontée d'une grosse pomme de laiton, sur laquelle sont gravées les armes de la Compagnie. Ce chef conduit sa troupe contre l'ennemi en tems de guerre, ou à la chasse des bêtes fauves : alors il lance le premier son zagaye. Ce sont les seules circonstances où il ait une prééminence marquée ; car par-tout ailleurs il ne jouit pas de plus de considération que les autres. A la vérité, il porte ordinairement une peau de veau ou de tigre, tandis que la plupart n'en ont qu'une de mouton.

En

SUR LES HOTTENTOTS, &c.

En parcourant cette immense contrée, je ne trouvai que quelques restes rares et épars de cette nombreuse nation d'Hottentots, qui, au commencement de ce siècle, couvroit de ses tentes les plaines et les vallées; mais à mesure que les colons se sont étendus, ceux-là ont été obligés de se retirer et d'abandonner leur pays natal et leurs pâturages à ces nouveaux venus. En outre, la petite vérole, fléau jusqu'alors inconnu parmi eux, en a fait périr une innombrable multitude.

On ne trouve plus maintenant que quelques hameaux (1) dont les habitans pourvoient par eux-mêmes à leur propre subsistance, ou sont attachés tantôt au service de la Compagnie, tantôt à celui des colons, pour la garde et l'éducation des bestiaux.

C'est sur-tout auprès du Cap que cette nation est vraiment foible et peu nombreuse; car, à quelque distance dans l'intérieur des terres, elle conserve encore quelques restes de son ancienne vigueur.

Cependant ces foibles débris portent encore leurs anciens noms, qui servoient autrefois à désigner chacune des nations qui habitoient des provinces particulières, et les rivières qui arrosoient ces provinces ou en formoient les limites. Elles étoient plus ou moins nombreuses et riches en bestiaux, selon que le pays abondoit en eau. La nation en masse étoit composée de quelques milliers d'hommes, et chaque pays avoit à-peu-près l'étendue d'une province.

On nomme *Goüieman* (2) les Hottentots qui habitent le plus près du Cap. Ils s'étendent jusqu'à Bay-Falso, à la montagne Hollandoise-hottentote, et de-là à gauche, jusqu'à Stellenbosch. L'espace renfermé entre ses limites est assez considé-

---

(1) Ces hameaux, composés d'un certain nombre de hutes, se nomment *kraal*. *Note du rédacteur.*

(2) Corruption de *goot man*, homme bon, selon le Vaillant. *Note du rédacteur.*

rable, et entremêlé d'endroits sablonneux et incultes. Les Hottentots le cédèrent à la Compagnie hollandoise des Indes orientales, de manière qu'il en resta fort peu, ou pour mieux dire aucun.

La nation des Kokoquas habite au nord et près du Cap, aux environs de la Gorge verte. En parcourant ces contrées, je rencontrai encore quelques-uns de ces Hottentots; et deux, attachés au poste de la Compagnie, me servirent de guides dans mon voyage. Leur pays ne vaut pas mieux que celui des Gouïemans; il est bas, uni, sablonneux, sans eau, n'a jamais été très-peuplé, et les colons n'ont pu le défricher entièrement. L'Océan le baigne d'un côté, et l'on y rencontre peu de collines.

En poursuivant ma course vers le nord, à la Baie de Saldanha je rencontrai quelques misérables restes des Soussaquas : leur pays est par-tout bas, sablonneux et manque d'eau douce. Ces Hottentots, qui ont été de tout tems fort peu nombreux, se livrent à l'*éducation* des bestiaux.

Ceux qui habitent plus loin du côté du nord, descendent de hordes autrefois bien plus nombreuses qu'aujourd'hui; mais je ne fus pas dans le cas de les voir, tirant à l'orient vers la montagne située de l'autre côté. Les habitans à qui j'eus occasion de parler, me donnèrent des renseignemens exacts sur leurs voisins, que j'espérois bien aussi visiter un jour. J'appris que tout le terrein situé jusqu'au bord de la mer et autour de la baie de Sainte-Hélène, est bas, maigre et sablonneux.

Les Odiquas sont voisins des Soussaquas, ainsi que des Chirigriquas : ces derniers sont les plus nombreux et les plus puissans; ils habitent un pays riche en pâturages, arrosé par la grande rivière des éléphans : on rencontre dans leur voisinage deux grandes nations fort connues, les petits Namaquas qui habitent près de la mer, et les grands Namaquas qui en sont à une certaine distance.

SUR LES HOTTENTOTS, &c.

Pendant mon voyage l'été dernier, je visitai presque toutes les nations qui habitent la côte orientale. Après avoir franchi la montagne nommée Hottentots-Holland, on entre dans une contrée froide et montagneuse, possédée par les Koop-mans, et qui s'étend jusqu'aux bains chauds. Entre ces bains et la mer sont les Sonquas, que je laissai sur ma gauche en revenant. Leur sol est assez mauvais, et les Européens y ont fait peu d'établissemens.

Il ne reste plus que quelques Hessaquas auprès des Koopmans; et plus loin, à l'est, aux environs de la grande et profonde rivière de Zonder-end, commence le pays autrefois habité par les Dunquas.

Celui des Gauripas s'étend plus loin vers le nord-est; il est excellent, riche en pâturages: la grande rivière de Goud l'arrose; il étoit anciennement fort peuplé.

Plus loin, le long des côtes de l'Océan, on entre chez les Houtniquas, que les Européens ont laissés long-tems tranquilles dans leur pays froid et fourré de bois. Ils sont encore si peu gênés, que je n'avois pas vu de nation Hottentote plus nombreuse avant d'arriver à la rivière Kamtour.

Du côté du nord, non loin du grand défilé qu'il faut passer pour se rendre à la vallée longue (1), dans un territoire montagneux et riche en pâturages, sont les Ataquas.

Plus loin, à l'est, en longeant la côte, on rencontre d'abord la nation des Kamtours, celles des Heykoms, et enfin les Caffres. Comme les Européens n'ont pas encore empiété sur leurs domaines, à l'exception de quelques endroits consacrés aux bestiaux de la Compagnie ou des colons. Ces nations sont encore nombreuses et riches en troupeaux; elles sont répandues dans des plaines un peu montueuses, coupées par différentes rivières, et conséquemment abondantes en pâturages.

---

(1) *Lange-Kloof.*

1773. OBSERVATIONS

On désigne sous le nom de *Hottentots*, toutes les hordes errantes qui habitent la pointe méridionale de l'Afrique, sur la droite et sur la gauche du Cap de Bonne-Espérance. Quoique toute l'étendue de cette contrée ne soit pas très-bien connue, on sait que ces peuplades sont nombreuses et diffèrent beaucoup entre elles ; il est cependant aisé de s'appercevoir qu'elles sortent toutes de la même origine, et qu'elles ont peu de conformité avec les Nègres, les Maures, et tous les autres habitans des côtes de l'Afrique.

Les Hottentots, leurs femmes sur-tout, sont de la petite taille : on voit cependant parmi eux des hommes de six pieds. Ils sont maigres, fluets, avec des joues élevées, le nez plat, la bouche avancée, le menton pointu, le dos arqué et le ventre gros ; leur couleur, quoique très-éloignée du blanc, n'est pas noire, mais elle tire plutôt sur le jaunâtre. La quantité d'ordures qui s'attache sur leur corps par la graisse dont ils s'oignent, les rend noirs et dégoûtans.

Leur figure, comme celle de tous les autres peuples, a des traits caractéristiques qui leur sont particuliers. La pommette de leurs joues (1) a tant d'élévation et de protubérance, qu'ils paroissent toujours maigres. Ils ont le nez plat vers le haut, gros par le bout et un peu camard, quoiqu'il ne soit pas trop court. Leurs lèvres sont très-épaisses, leurs cheveux d'un noir de geai, peu épais et semblables à de la laine frisée. On pourroit les comparer aux boutons de la grosse ratine : déroulés, ils n'ont qu'un pouce ou au plus un doigt de long. Leur barbe est également crépue, mais ils se l'arrachent si soigneusement, qu'on n'en voit presque aucun vestige. L'épine de leur dos est extraordinairement courbe ; certains sont si voûtés et ont une croupe si large, que deux personnes pourroient s'y asseoir. Malgré leur maigreur, ils parviennent à faire étendre leur peau.

---

(1) *Os zygomaticum*.

Ce talent et ce goût dominent encore plus parmi les femmes. On se rappelle l'intéressant tableau que j'ai fait de leur gorge.

Les Boschismans sont plus ventrus que les autres Hottentots.

Les Hottentots se plaisent dans la puanteur et dans l'ordure; après s'être frottés le corps avec de la graisse, ils se barbouillent de bouze de vache, de manière que leur corps est couvert d'une croûte qui bouche hermétiquement tous leurs pores; ce qui les garantit en été des dangereux effets de la chaleur excessive du soleil, et de la rigueur du froid en hiver. Ils mêlent dans leur graisse, la poudre d'une plante dont l'odeur est très-forte et qu'ils nomment *boukou* (1), et qui leur donne un fumet si désagréable, qu'il m'étoit quelquefois impossible, dans mes voyages, de supporter les Hottentots qui conduisoient mon charriot.

Une peau de mouton sur les épaules, une autre sur les hanches, composent tout leur costume. Ils mettent les poils en-dessous dans l'hiver, et en-dessus dans l'été. Ces peaux, préparées simplement avec de la graisse, ne couvrent que le dos et laissent tout le devant à découvert. C'est pourquoi les hommes renferment leurs parties naturelles dans un étui de peau de renard gris du Cap, semblable à une bourse et lié autour des reins. Les Caffres en ont une semblable, mais d'une autre peau, et si petite qu'elle ne couvre qu'une partie de leur nudité. Les femmes ont un morceau de peau carré, quelquefois double, qui leur descend jusqu'à la motié des cuisses.

Les Gonaquas et les Caffres portent des peaux de veau; leurs chefs, des peaux de tigre.

Ils marchent assez souvent pieds nuds, et ont les jambes chargées d'anneaux de cuir, barbouillés de graisse, depuis le coude-pied jusqu'au mollet. Cet ornement les garantit des morsures de serpens, et leur sert de nourriture dans un moment de di-

---

(1) *Diosmæ species*, ou *diosma pulchella*.

sette ; car ils font rôtir ces anneaux sur des charbons et les mangent. Rien de plus simple que la manière de préparer ces anneaux. On bat des courroies de bœuf jusqu'à ce qu'elles soient bien arrondies et les bouts confondus de manière à ne pas laisser voir la jointure. Les enfans portent des anneaux de jonc, pour s'accoutumer d'avance à ceux de cuir.

Ils ont ordinairement la tête nue ; mais les petits-maîtres s'affublent d'un bonnet de peau, de forme conique ; quelques-unes de leurs femmes se serrent la tête avec une large courroie de peau de buffle ornée de coquilles. Je ne dois pas oublier les anneaux de fer et de cuir dont ils se chargent les bras, les enfilages de perles de verre qu'ils achètent par échange aux Européens, et qui circulent autour de leur col et de leur corps. Malgré leur paresse et leur saleté, la vanité perce à travers l'ordure dont ils sont enduits. Outre les breloques dont ils se chargent et qui leur paroissent charmantes, ils ne manquent pas, dès qu'ils doivent se trouver avec des étrangers, de se barbouiller le visage et d'y dessiner diverses figures en brun ou en noir.

Quelques-uns s'attachent, avec des courroies derrière les épaules, un sac de cuir qui leur descend jusqu'aux reins : des bandes pendantes comme des franges et chargées de coquilles qui font, en s'entre-choquant, une espèce de cliquetis, ornent la partie inférieure de ce sac, qui leur sert à conserver différens objets.

Outre ce sac de cuir, ils suspendent encore à leur collier une écaille de tortue pour conserver leur boukou et leur tabac.

Les Caffres portent des pointes de porc-épic (1) enfilées dans leurs oreilles, et les femmes qui habitent plus avant dans la partie orientale de la contrée, relèvent la couleur brune de leur teint par des pendans d'oreilles en cuivre.

---

(1) *Hystrix.*

Les Caffres se passent dans le bras gauche des anneaux d'ivoire ou de laiton. Ils sont encore plus curieux que les Hottentots de plaques polies, soit en cuivre ou en fer. Ils les attachent à leurs cheveux et sur différentes parties de leur corps.

Tous ces peuples, excepté les Boschismans, sont bergers, et possèdent en général de nombreux troupeaux, sur-tout les Namaquas et les Caffres, dans les pays desquels les Européens n'ont pas encore fait d'établissement. C'est une cérémonie assez plaisante de voir les Hottentots faire passer un troupeau entier devant le feu, afin que l'odeur de la fumée qu'ils y contractent les préserve des attaques des chiens sauvages. Ils subsistent du produit de leurs troupeaux et de leurs chasses, car ils ne manquent pas de buffles, de gazelles de toute espèce, de vaches marines et d'éléphans. Ils mangent aussi différentes espèces de racines, telles que celles des iris, des ixies (1) et des fèves de schotia (2).

Les hommes boivent du lait de vache qu'ils traient eux-mêmes, et les femmes du lait de brebis. Quelquefois ils le mêlent avec de l'eau pour étancher leur soif, ou bien ils boivent de l'eau pure, ou, comme nous l'avons déjà remarqué, ils sucent des ficoïdes (3) et autres plantes juteuses.

Chaque sexe et chaque âge a chez eux ses occupations particulières. Les hommes font la guerre, traient et tuent les animaux, travaux interdits aux femmes, fabriquent leurs armes, &c. Les femmes ont soin des enfans, vont chercher le bois, déterrent les oignons et apprêtent le manger. Elles font bouillir ou rôtir la viande, et pour la plupart du tems la retirent du feu à moitié cuite; ils la mangent ainsi sans sel et sans pain. Ils se procurent du feu en frottant deux morceaux de bois dur l'un contre l'autre. Les enfans des Caffres s'amusent à lancer

---

(1) *Irides, ixiæ, moræœ gladioli.*   (3) *Mesembryanthema, albucæ.*
(2) *Schotia afra.*

un bâton pointu, jusqu'à ce qu'ils soient assez forts pour manier la zagaye. Les Caffres sont les seuls habitans de cette portion de l'Afrique qui se livrent un peu à l'agriculture. Ils font venir ce que nous appellons le grain des Caffres (1), des fèves, du chanvre, &c. Pour les Hottentots c'est un grand effort de semer quelques poignées de chanvre; il n'y a que l'extrême friandise qui puisse les déterminer à prendre cette peine.

Leurs cabanes rondes et hautes de deux aunes suédoises, ont absolument la forme d'une meule de foin ; la construction n'en est ni longue ni difficile. Ils commencent par planter en terre quelques fortes branches d'osier qu'ils courbent par le haut afin d'arrondir le toit qui doit former une voûte, et les couvrent ensuite de nattes ou de joncs. Cette couverture résiste au vent et à la pluie. Ils ont soin de ménager une ouverture haute d'une aune, pour servir de porte à la hutte et d'issue à la fumée. On fait le feu tout auprès de cette ouverture; on répand du fumier en-dehors autour de la hutte, pour empêcher le froid d'y pénétrer: les hommes et les femmes s'y tiennent accroupis sur leurs talons. Ces dernières placent sous elles leur petit tablier carré. Chaque cabane ne renferme qu'un très-petit nombre d'habitans. Ils y laissent pulluler la vermine au point de ne pouvoir y résister. Alors ils se contentent d'abandonner la cabane pour s'en construire une nouvelle. Elles sont ordinairement disposées en rond, ce qui forme un village : on y fait entrer les bestiaux, ou au moins les moutons, pour y passer la nuit en sûreté contre les attaques des bêtes féroces. Ils restent dans le même endroit tant qu'il y a des pâturages, mais ils s'en vont aussi-tôt qu'ils en manquent, ou quand quelqu'un de la horde vient à mourir. On voit que les Hottentots sont des nomades comme les Lapons et les Arabes-Bédouins.

---

(1) *Holcus.*

Leu

Les autres arts ne sont pas plus avancés chez eux que l'architecture. Cependant ils ont un goût décidé pour la musique et pour la danse.

Leur principal instrument se nomme *seekoa*; c'est une espèce de tambour composé d'une marmite, sur laquelle on a étendu une peau de mouton bien mouillée et attachée avec une courroie. Ils appuient les quatre doigts de la main gauche sur le bord du tambour, et le pouce au milieu; tandis qu'ils frappent à l'autre bout avec les deux premiers doigts de la main droite, et en tirent un son sourd qui n'a rien de désagréable.

Je leur ai vu aussi un assez joli instrument qui avoit la forme d'un orgue, ou plutôt d'une flûte de Pan. Il étoit composé de bâtons carrés de différentes longueurs, serrés entre deux autres bâtons; on frappoit dessus avec deux marteaux de bois, comme sur un timpanon; les bâtons rendoient différens sons suivant leur dimension.

Ils en ont encore un autre nommé *kora*, qu'on prendroit, au premier coup-d'œil, pour un archet, ou même pour un arc. C'est un bâton sur lequel on a tendu une corde. À l'une des deux extrémités on attache un tuyau de plume, dans lequel on souffle en jouant avec les lèvres. Cet instrument rend un son rauque.

Le rabékin est une espèce de guittare, composée d'une callebasse et d'une planche étroite, montée de trois ou quatre cordes qu'on tend avec des vis. Les Hottentots jouent de cet instrument avec les doigts.

C'est au bruit de cette harmonieuse musique qu'un Hottentot exécute la danse que je vais décrire.

Il tient de la main droite une courroie attachée au toit d'une cabane, ou bien à un mur, et danse toujours sur la même place en sautant et en marquant la mesure avec ses pieds; son corps se tourne de différentes manières, et sa tête va sans cesse à droite et à gauche. Le danseur chante en mesure. Cet exer-

cice, qui dure assez long-tems, provoque une sueur abondante;
et il s'essuie avec la queue d'un renard, frottoir bien fait pour
celui qui s'en sert.

Quoique le chant soit chez eux inséparable de la danse, j'ai
remarqué qu'ils ne peuvent prononcer certains mots, tels que
café, houppe, compagnie, &c.

Au reste, leur langage, qui sert particulièrement à les distinguer des animaux, est pauvre et diffère de tous les idiomes
que l'on connoît; il se prononce avec beaucoup de claquement
de langue, et ne s'écrit pas. Quoiqu'il ne soit pas le même
pour les différentes hordes hottentotes, les dialectes ne varient
pas pour la prononciation.

Je remarquai trois accens ou battemens de langue si difficiles
pour les Européens, qu'il leur est impossible de jamais bien
parler le hottentot. Leurs enfans y parviennent quand on les
instruit de bonne heure.

La première prononciation est dentale, et exige que l'on frappe
la langue contre les dents.

La seconde est palatiale, et se produit en frappant la langue
contre le palais.

La troisième, gutturale, est la plus difficile; elle se tire du fond
du gosier avec la racine de la langue. Ces différens clapemens
doivent s'exécuter en prononçant le mot, et non pas avant ni
après; il y en a quelquefois deux dans un même mot, composé
de deux à trois syllabes. Quand une demi-douzaine de Hottentots assis jasent ensemble, on croiroit entendre caqueter des
oies. Il m'a paru, par la contraction de leurs lèvres, que cette
prononciation étoit pénible pour eux-mêmes. Cependant ils
peuvent parler avec la pipe dans la bouche, pourvu qu'ils ne
fassent pas de longues phrases.

La langue des Caffres est beaucoup moins difficile; ces clapemens si fréquens dans les discours des Hottentots, ne se rencontrent que dans un très-petit nombre de mots caffres.

SUR LES HOTTENTOTS, &c.

Le défaut de lettres et d'écriture empêche les habitans de la pointe méridionale de l'Afrique de conserver aucune espèce de monumens relatifs aux sciences ou à l'histoire. On peut les ranger parmi les nations les plus ignorantes de la terre. Ils n'ont pas même dans leur langue de mots pour exprimer les différens ustensiles de ménage ou d'agriculture qu'ils voient chez les colons, tels que jatte, chaudron, soc de charrue, tabac, &c.

Ayant été obligé de séjourner quelque tems parmi les Hottentots, il falloit bien que je susse m'exprimer dans leur langue, au moins pour les objets les plus pressans. Afin de me souvenir des mots les plus usuels, j'en formai un petit vocabulaire. Celui que Kolbe (1) a donné est bien plus ample que le mien. Le docteur Sparrmann (2) a rapporté aussi quelques mots de cette langue. Comme je ne suis pas d'accord pour plusieurs mots avec ces voyageurs, je crois devoir soumettre au lecteur le fruit de mes recherches, pour qu'il puisse au moins faire lui-même la comparaison. J'ai désigné l'A dental ainsi, *a* ; le palatial A, et le guttural *A*, ainsi pour les autres voyelles.

VOCABULAIRE HOTTENTOT.

1. *Un*, Koise.
2. *Deux*, Kamse.
3. *Trois*, aruse.
4. *Quatre*, GnATol.
5. *Cinq*, MelukA.
6. *Six*, Krubi.
7. *Sept*, GnAtignA.
8. *Huit*, Gninka.
9. *Neuf*, Tuminkma.
10. *Dix*, Gomatse.
Chien, arikœ.
Tou Tou, Tup.
Chienne, Tus.
Puce, atti.

---

(1) Description du Cap de Bonne-Espérance, tome I, page 53.

(2) Voyage autour du monde et au Cap de Bonne-Espérance, tome III, page 341. Le Vaillant a donné également quelques détails sur le langage des Hottentots, tome II, page 151 et suiv.

Lait, Bi, Bip.
Pain, BrE.
Donnez du pain, BrE marE.
Beurre, BingO!.
Bonjour, dablE, dabeEè.
Chanvre, DAkhan.
Feu, el, elp, nelp.
Faites du feu, el koa kOi.
Où est le chemin jusqu'au prochain village? Danna Haa se akroi aDu?
Où est? Demma?
Vache, GOs, GO, Osa.
Lait de vache, GOs Bip.
Bon soir, Gol motski.
Logement, GEihep.
Mauvais tems, ho ma.
Viens ici, Hævaha, kOng.
Viens ici, mon ami, Hagatschi.
Bœuf, HO GO, kumap.
Amène ici, Hanka.
Cheval, Hakva, Haap.
Où est le cheval? Hakva demma Ha.
Amène le cheval ici, Hakva sco.
Table, Heip.
Femme, HonnEs, kus.
Eau, Kamma.
Lion, Kàma.
Bouche, Kám.
Délicat, Kenji.
Bonne matinée, Koa motschi.
Pipe à tabac, Kop.

Homme, Kupp.
Boire, Ka.
Le plus court chemin, Kudu.
Maison, logis, Komma.
C'est bon, Kal Hem.
Buffle, Kaw.
Vache marine, Kou.
Fusil, KabU.
Priapus, Hop.
Glans penis, Koutere.
Père, Ambup, Tikkop.
Mère, Andes, Tissos.
Sœur, Kans, TikAndi.
Frère, KArup, Tikakwa.
Beau tems, Tam.
Marmite, tambour, Su.
Grain des Gaffres, Semi.
Chaud, Sang.
Manger, Sinno.
Couteau, NOrap.
Chaise, NEnamhop.
Dormir, om.
Coudre, om.
Maison, Omma.
Donne, MarE.
Œil, Mu.
Argent, Mari.
Bail, Mum.
Bonnet, chapeau, Kaba, Taba.
Loup, Koka.
Œuf, Kabika.
Coq, KOukekurr.
Froid, Korosa.

Voiture, Kroi, krojim, kulE.
Corail de verre, Krakwa. *Caffris*, Kiti, kiti.
Elan, Capra oreas, Ken.
Elan femelle, Kens.
Troupeau d'élans, Kanna.
Viande, Kop.
Gens, Keuna.
Dent, Kom.
Nez, Koyp.
Fer, cuivre, Korup.
Sein, tettons, Samma.
Où est la voiture? Hava krojim?
Voici la voiture, Hævakrojim.
Jument, Hass.
Renard, GlEp.
Coure, Su se kOn.
Tigre, Gvassup.
Viverra ichoneumon, ep.
Mouton, Gona.
Coffre, GEip.
Capra dorcas, KAmmap.
Rocher, Oip.
Avez-vous vu? Musko?
Troupeau de bœufs, manqva.
Si vous voulez, KunnseA Hunkòp.
Rebroussez chemin avec la voiture, KArra, Karra.
Habit des Hottentots, Namkva.
Euphorbe (1), *osiere*, Kuijop.

Leurs ustensiles de ménage sont peu nombreux. Les peaux qui couvrent à demi leur corps, leur servent de matelas : depuis quelque tems ils ont acheté des marmites de terre aux Européens : ceux qui ne peuvent s'en procurer, font cuire leur viande dans des outres pleines d'eau; ils la font bouillir en y jettant des cailloux rougis au feu. Ils conservent leur lait dans des outres, des vessies, des corbeilles de joncs ou de roseaux, si bien tressées qu'elles ne laissent pas échapper la liqueur. Une coquille de tortue de terre (2) leur sert de tasse pour boire. Une bourse à tabac, en peau, et une pipe en pierre ou en bois, voilà tout leur mobilier; sans parler, à la vérité, de leurs armes,

---

(1) *Euphorbia viminalis.*
(2) Sur-tout de l'espèce nommée tortue géométrique, *testudo minuta geometrica*, qui habite les plaines de sable et se niche dans les buissons. *Voyez* sur cette tortue la note de la page 305.

qui ne sont qu'offensives. Elles consistent en lances (1), javelots (2), arcs et flèches empoisonnées ; ils s'en servent à la guerre et à la chasse.

Leur arc est un bâton rond, gros comme le pouce, long de plus d'une aune suédoise, et garni d'une corde ou d'un nerf. Leurs flèches ne sont pas beaucoup plus artistement travaillées ; ils prennent simplement un roseau gros comme le tuyau d'une plume, long d'une demi-aune suédoise, et lient, avec un nerf fin, à l'une des deux extrémités de ce roseau, une pointe de fer en lancette qu'ils ont eu soin de tremper dans du venin de serpent.

Ils mettent plusieurs de ces flèches dans un carquois gros comme le bras et long d'une aune, garni d'un couvercle attaché avec des bandes de cuir.

Ils aiment passionnément toutes les liqueurs enivrantes, telles que le vin, l'eau-de-vie, l'arrak, et savent très-bien préparer un hydromel très-fort, avec différentes racines indigènes et du miel. Ils fument le tabac avec délices, et le mêlent avec du chanvre : au défaut de tabac ils fument du dakka sauvage (3), ou de la fiente de licorne et d'éléphant.

Le mariage, chez ces nations sauvages, se ressent de la simplicité de leurs mœurs. Les jeunes gens des deux sexes sont nubiles de très-bonne heure.

Aussi-tôt que la demande du prétendu a été acceptée par les parens de la jeune fille, on fixe le jour de la célébration du mariage : une espèce de prêtre du village, arrose de son urine les deux époux : on tue un bœuf ou un mouton, suivant leurs facultés, pour régaler les gens de la noce : les hommes et les femmes, assis sur leurs talons, faute de siège, forment deux cercles séparés. Malgré tout leur penchant pour l'ivro-

---

(1) *Korrsi.* (3) *Phlomis.*
(2) *Assagai.*

gnerie, je dois remarquer, à leur honneur, que dans ces circonstances ils ne s'enivrent, ni ne jouent, ni ne dansent. Les jeunes mariés couchent ensemble et ne se lèvent que très-tard le lendemain.

On ne manque pas de donner un nom aux enfans nouveau-nés, et ce nom est ordinairement celui de quelqu'animal domestique ou sauvage. Kolbe prétend qu'ils avoient autrefois coutume de châtrer leurs enfans à l'âge de huit ans : on leur enlevoit le testicule gauche, afin de les empêcher de produire des jumeaux, et de les rendre aussi plus agiles à la course.

Un jeune homme ne peut se marier avant d'avoir été élevé à la dignité d'homme : il lui est également interdit, avant cette époque, de manger du gibier tué à la chasse. Le maître des cérémonies de la horde l'arrose de son urine : on tue une pièce de gibier ou de bétail, et on lui en met les boyaux autour du col : dès ce moment il est séparé d'avec sa mère, et ne fréquente plus que les hommes. Cette cérémonie, qui n'est pas encore abolie, doit avoir lieu avant que le jeune homme ait atteint l'âge de dix-huit ans.

Quoique l'adultère soit chez eux un crime capital, il arrive souvent à un homme d'avoir deux femmes, à une femme d'avoir deux maris ; c'est-à-dire, un époux légitime et un suppléant.

Une veuve qui se remarie, doit souffrir l'amputation d'un doigt, à chaque nouveau mariage.

Les Hottentots ont, pour la paresse, un penchant qui les ravale au niveau des bêtes brutes. Quelques-uns sont plongés dans un sommeil continuel ; il n'y a que la faim qui soit capable de les en arracher : ils se réveillent pour manger ou pour chercher à manger. Quand ils ont été assez heureux pour attraper quelque pièce de gibier, ils allument un grand feu, s'accroupissent à l'entour, font rôtir la viande, la mangent et dorment ; ils continuent ainsi jusqu'à ce qu'ils aient épuisé leurs provisions.

C'est à cette léthargique indolence qu'il faut attribuer l'absence de toute idée religieuse qu'on leur a souvent reprochée. Cependant ils ne méconnoissent pas l'existence d'un Être suprême, paroissent même avoir quelqu'idée de l'immortalité de l'ame.

Mais ils n'ont ni temple, ni culte ; ils ne songent pas même aux récompenses, ni aux punitions après cette vie. S'ils n'ont pas une opinion bien fixe sur l'existence de Dieu, ils croient au moins bien fermement au diable, et ils attribuent à ce mauvais esprit, qu'ils redoutent infiniment, les maladies, la mort, le tonnerre et tous les malheurs qui leur arrivent.

Quoiqu'ils dansent à la nouvelle et à la pleine lune, et qu'ils fassent alors beaucoup de singeries, on ne peut attribuer cela à des idées d'idolatrie, ni les accuser d'adorer l'astre de la nuit : ils n'en ont pas moins beaucoup de superstitions, et surtout beaucoup de foi aux sortilèges. Quand un Hottentot tombe malade, on le croit ensorcelé: on l'agite, en poussant de grands cris, pour lui rendre la santé et chasser le mauvais esprit. Le mari et la femme ne peuvent manger ensemble ni le cœur, ni le péricarde d'un même animal.

Quelques-uns d'entre eux regardent la sauterelle (1) comme un insecte d'heureux augure ; mais je ne me suis jamais apperçu qu'ils lui rendissent le moindre culte.

La circoncision est une cérémonie dont ils ignorent l'origine ; elle date des tems les plus reculés : mais elle commence à tomber en désuétude. Peu de Hottentots sont maintenant circoncis. Ceux d'entre eux qui vivent encore dans l'état sauvage, et qui n'ont ni liaison, ni commerce avec les Européens, ont encore conservé des usages barbares. Ils enterrent tout vivans les vieillards de l'un et de l'autre sexe, ou bien ils les conduisent dans des crévasses de rocher et les y abandonnent avec peu de vivres ; de manière que ces infortunés ne tardent pas à

---

(1) *Mantis fausta.*

mourir

mourir de faim ou à devenir la proie de quelque bête féroce.

Il y a plusieurs occasions où ils abandonnent leurs enfans et les exposent. Par exemple, quand une mère vient à mourir, pendant ou peu de tems après ses couches, ils enterrent l'enfant avec elle, parce qu'il ne seroit pas possible de trouver une nourrice chez un peuple qui n'a pas même d'idée de ce moyen supplémentaire.

Une femme qui accouche de deux jumeaux et qui ne se croit pas en état de les allaiter tous deux, ne fait pas difficulté d'en abandonner un : quand il se trouve parmi eux une fille, le sort tombe toujours sur elle. Ils en agissent avec la même barbarie envers les enfans estropiés.

Ceux qui demeurent dans le voisinage des colons, enterrent leurs morts ; les autres les mettent dans des fentes de rochers ou dans des grottes. On tire le cadavre hors de la hutte par un trou fait exprès, et non pas par la porte. On l'enveloppe dans son habit de peau, et trois ou quatre hommes l'emportent peu d'heures après sa mort. A sa suite marche une procession d'hommes et de femmes distribuée en deux grouppes, et qui poussent de grands cris. On dresse sur la fosse une écaille de tortue remplie de poudre de senteur et trois branches d'un buisson quelconque. Quand le défunt a un peu de bien, on tue une bête de son troupeau pour régaler les assistans, et tout le village ne tarde pas à décamper.

Le fils aîné est de droit légataire universel de son père.

Leur commerce et leurs richesses sont aussi bornés que leurs besoins.

Les Namaquas ont dans leur pays quelques montagnes qui renferment des mines de cuivre et de fer ; ils savent fondre ces deux métaux d'une manière fort simple ; ils les forgent ensuite et les emploient à différens usages. Tout leur trafic se fait en nature, parce qu'ils ne connoissent pas même le besoin de la monnoie.

Leur existence étant principalement fondée sur la chasse, elle est pour eux un amusement et une occupation de la dernière importance. Outre les chasses particulières, il y a des battues générales faites par des villages entiers, soit pour se procurer du gibier, soit pour se délivrer de quelques bêtes féroces, dangereuses pour leurs troupeaux. Alors chacun sort de sa hutte, et ils marchent en masse contre l'ennemi commun.

En parlant de différens objets d'histoire naturelle, j'ai déjà indiqué quelques-uns des mets favoris des Hottentots; ainsi l'article de leur cuisine ne sera pas ici très-étendu.

Leur principale nourriture consiste en tranches de buffle fumées et légèrement grillées sur des charbons, ou cuites à demi dans la cendre. Ils les mangent sans pain, et ne s'apperçoivent même pas de la mauvaise odeur de celles qui sont corrompues.

Ils mangent aussi les vaches stériles, et c'est un mets privilégié permis seulement aux gens mariés.

La graisse est une de leurs grandes friandises; non-seulement ils en mangent avec délices, mais ils peuvent même en boire sans être incommodés.

Leur sobriété et la salubrité de leurs mets dans lesquels il n'entre nul assaisonnement, les préservent des maladies. Quant aux blessures qu'ils peuvent recevoir, il est rare qu'il en résulte des plaies envenimées. Cependant j'ai vu un vieil Hottentot qui avoit un ancien érésypèle à la jambe, qui paroissoit de tems en tems, et dont le rouge foncé contrastoit avec le fond noirâtre de sa peau. Ils sont tous parfaitement bien faits, et à peine ont-ils une idée des difformités corporelles si communes parmi les Européens.

L'esquisse que nous venons de tracer des facultés intellectuelles des Hottentots, nous dispensent de parler de leurs connoissances scientifiques et historiques. Elles sont à-peu-près nulles. Le nouvel an, par exemple, qui forme, pour la majeure partie des nations les moins civilisées, une époque intéressante, n'est pas même connue des Hottentots. Ils ne font nulle attention aux opérations périodiques et régulières de la nature. Un des plus grands efforts de leur intelligence est d'observer l'époque de la croissance et de la floraison de certaines plantes à oignons. Ils n'ont pas cependant d'autre almanach pour calculer le tems et leur âge, avec une telle inexactitude, qu'ils ne connoissent pas la durée de la vie de l'homme.

Il seroit très-inutile de chercher chez eux des monumens antiques, pour connoître l'ancienneté de leur pays, l'époque de sa population, l'origine de ses habitans et les révolutions qu'il a éprouvées. La contrée n'offre aucun vestige de ville ou de château ruinés. Les habitans ne donneroient pas l'explication des cérémonies qu'ils pratiquent. A peine se ressouviennent-ils de ce qui est arrivé chez eux antérieurement à la génération qui les a précédés.

CHAPITRE XI.

Préparatifs pour un second voyage dans l'intérieur de l'Afrique.

Nous étions au commencement de septembre : des fleurs nouvellement écloses annonçoient le retour du printems, et me rappelloient le projet conçu dès l'année dernière, d'un long voyage dans l'intérieur des terres; mais il se présentoit plus d'obstacles que je ne devois en attendre. Les foibles fonds que j'avois apportés d'Europe étoient épuisés, et pendant dix-sept mois écoulés depuis mon arrivée, je n'avois rien reçu de Hollande. J'avois à la vérité de riches soutiens dans les bourgmestres Drik-Temmink, Vander-Poll, et les conseillers Vander-Deutz et Ten-Hoven, aux dépens desquels je voyageois; mais ma mauvaise fortune voulut que les deux gouverneurs Tulbagh et

Rheede-Van-Oudshoorn, à qui j'étois fortement recommandé, et dont je pouvois attendre tous les secours possibles, moururent tous deux, l'un avant mon arrivée au Cap, et l'autre pendant la traversée pour s'y rendre. Jetté dans une contrée lointaine, sans secours et sans connoissances, j'éprouvai le plus cruel embarras jusqu'à ce que mes généreux patrons d'Amsterdam en furent instruits et travaillèrent à m'en délivrer.

Un malheur marche rarement sans un autre; c'est ce que j'éprouvai. Quand je me présentai pour recevoir les appointemens que la Compagnie m'avoit assignés, on s'apperçut que le vaisseau sur lequel j'étois venu, n'avoit pas le rôle de revue, sans lequel personne ne pouvoit rien toucher. Quand nous partîmes du Texel, les visiteurs pressés avoient oublié de nous le donner, et le capitaine ne l'avoit pas demandé. Cet oubli impardonnable fit qu'aucun de tous ceux qui étoient enrôlés sur le vaisseau, ne purent de deux ou trois ans toucher leurs appointemens, ni retourner en Europe.

Ces malheureux visiteurs ont eu une telle influence sur mon sort, que je ne puis m'empêcher de dire deux mots sur leur compte.

Ils forment deux compagnies de valets de la plus basse classe, logés sur les vaisseaux tant qu'ils restent à l'ancre au Texel. Tout ce qu'on transporte à bord, est soumis à leur inspection; ils sont aussi chargés de toutes les fournitures de bouche et autres, jusqu'à ce que le bâtiment mette à la voile. On est donc obligé de leur confier le rôle de l'équipage pour les détails dont ils sont chargés. Ces mercenaires uniquement occupés des moyens de rapiner, songent plus à vendre du beurre et du fromage qu'à remplir leurs devoirs.

J'avois déjà contracté, l'année dernière, des dettes assez considérables, et mon crédit se trouvoit épuisé; il m'étoit aussi impossible de faire les dépenses nécessaires pour un nouveau voyage, que de rester dans l'inaction au Cap. Quoiqu'il

DANS L'INTÉRIEUR DE L'AFRIQUE.

pût m'en coûter de tourmenter un homme dont la bourse m'avoit été constamment ouverte dans toutes les occasions, je m'adressai encore au secrétaire de police Berg : cet ami généreux vint encore à mon secours dans cette occasion, et me fournit tous les fonds nécessaires pour ma nouvelle entreprise dans l'extrémité méridionale de l'Afrique.

Mon équipage étoit positivement le même que celui de l'année passée, à l'exception que je fis remplacer mon ancienne voiture brisée, par une nouvelle, garnie d'une tente faite en toile à voile. Cette fois-ci je me la réservai uniquement pour moi, et ne la partageai pas, comme l'année passée, avec le sergent et le maître jardinier, qui m'avoient bien gêné.

Outre le papier, les boëtes, les munitions nécessaires, j'emportai avec moi plusieurs médicamens pour les malades, quand je trouverois des hôtes bien disposés et officieux. J'eus soin aussi de me munir d'un excellent fusil suédois que m'avoit donné M. Eckeberg, capitaine d'un vaisseau suédois qui étoit à l'ancre. Je conservai cette arme précieuse pendant mon séjour en Afrique et à Java. Elle me fut d'autant plus utile que je m'étois déjà blessé au bras et au visage, en tirant des pélicans qui volent par troupes tous les soirs. Mon fusil s'étoit crevé : ces événemens sont d'autant plus fréquens, que l'on ne vend ici que de très-mauvais fusils. Un chasseur dernièrement, qui parcouroit la campagne avec le commandant de la garnison, eut la main emportée en tirant sur un oiseau (1). Le feu gouverneur Tulbagh, qui, de simple soldat, étoit parvenu à la première dignité militaire, avoit aussi perdu un œil de la même manière. Enfin je pourrois citer mille exemples d'accidens causés par les mauvais fusils dont on se sert et qu'on vend au Cap.

Je pris pour camarade de voyage, un jardinier anglois nommé

---

(1) *Korrhan.*

1773. SECOND VOYAGE, &c.

Masson, envoyé par le roi d'Angleterre, et chargé de rassembler toutes les plantes de l'Afrique qui lui tomberoient sous la main pour le jardin de New à Londres.

Masson avoit débarqué ici l'année dernière, avec le vaisseau du capitaine Cook, dans lequel cet immortel marin, ainsi que les professeurs Sparrmann et Forster, devoient faire le tour du monde, et visiter le pole méridional. Ce jardinier étoit arrivé pendant mon voyage au pays des Caffres, et, peu de tems après, avoit entrepris une excursion dans l'intérieur du pays avec M. Oldenbourg, qui lui servoit à la fois de compagnon et d'interprète.

Masson avoit un bon chariot bien conditionné avec une bonne tente de buldan, conduit par un Européen, homme digne de la plus grande confiance. Nous avions plusieurs paires de bœufs de trait pour nos voitures, et un cheval de main pour chacun de nous.

Trois Européens et quatre Hottentots composoient notre suite ; ils étoient résolus à braver avec nous les dangers et les fatigues de toute espèce, pendant plusieurs mois, à s'enfoncer dans les déserts, et à s'isoler, pour ainsi dire, du reste des hommes.

CINQUIEME PARTIE.

*Second voyage sur les côtes de la Caffrerie :
du 11 septembre au 26 décembre 1773.*

QUOIQUE mon équipage fut des plus minces, comme le prouve assez la description que j'en ai donnée plus haut, je n'en tenois pas moins au projet de parcourir la partie nord-ouest de l'Afrique, jusqu'à la montagne couverte de neiges, en tirant d'abord vers le nord, en passant ensuite par Camdebo et autres endroits presque inhabités, et en m'écartant toujours des chemins les plus courts et les plus battus.

Ce projet pouvoit paroître un peu trop vaste, eu égard à mes foibles moyens. Cependant la curiosité ne me permettoit pas de rester en place, et je voulois voir les contrées que je n'avois pas encore parcourues, et y rassembler de nouvelles plantes.

Je partis donc du Cap avec mes compagnons de voyage, le 11 septembre 1773. Notre première halte fut au poste de la Compagnie, nommé Jan-Besis-Kraal (1) ; ensuite à Riet-Valley (2), étables où l'on nourrit des vaches pour le service du gouverneur. On y fait aussi du beurre pour sa consommation, et on lui en porte de frais à la ville, une fois par semaine. C'est le seul endroit dans les environs duquel il soit défendu à tous les voyageurs de faire paître leurs chevaux ou leurs bœufs ; car par-tout ailleurs cette partie de l'Afrique ressemble à une vaste commune dans laquelle chacun envoie ses bestiaux. En poursuivant notre route, nous laissâmes à droite Tiger-Berg (3),

---

(1) Ferme de Jan Besis.   (3) Montagne du tigre.
(2) Vallée des roseaux.

Blauwe-Berg (1) à gauche; nous passâmes même sur l'extrémité de cette dernière. Autour du pied de ces montagnes, sont dispersées quelques éminences, sur lesquelles on n'apperçoit aucune pierre ; elles paroissent pour la plupart formées d'un sable volatile du rivage de la mer.

Tout le pays est fort sablonneux, avec des éminences dispersées de côtés et d'autres. Nous y vîmes encore beaucoup de mares (2) formées par le reste des pluies d'hiver : l'herbe commençoit à pousser en abondance ; c'est pourquoi les maîtres de la plupart des métairies se bornent à élever des bêtes à cornes, sèment peu de froment, et ne recueillent point de vin : l'eau y est généralement saumâtre et même rare une grande partie de l'année.

Quelques mares nourrissent des tortues d'eau; quelques particuliers se plaisent à en conserver dans des bocaux remplis d'eau, pour les transporter où l'on veut. On prétend que quand il doit tomber de la pluie, les tortues montent vers le haut du bocal.

Le soir, nous arrivâmes à la ferme de madame Müller; les filles de la maison s'étoient fait apporter par les esclaves, plusieurs tortues de terre, pour les manger. Nous en avions vu beaucoup sur la route ramper parmi les buissons (3). M'étant glissé dans la cuisine, pour assister à la préparation de ce mets, je vis avec peine que les filles avoient la barbarie de renverser les tortues toutes vivantes sur des charbons ardens. Ces pauvres bêtes remuoient la tête et les pattes, jusqu'à ce que la chaleur les ait fait périr. Leurs œufs qui forment un volume assez considérable, et qui n'ont que du jaune, sont la partie la plus délicate et la plus recherchée de cet animal.

---

(1) Montagne bleue.
(2) Walley.

(3) On mange en général l'espèce nommée *testudo pusilla*.

EN CAFFRERIE.

Le 13, nous arrivâmes à la Gorge (1) Verte des montagnes, poste appartenant à la Compagnie, après avoir passé auprès de Dassenberg (2), du poste de Burgers, et de la montagne de la Gorge Verte. Je remarquai au poste de Burgers, et à Koberg, un canon placé au pied du haut mât d'un pavillon : dans les momens de danger il sert à rassembler les habitans de cette partie du Cap.

Le pays est ici couvert de dunes et d'un sable très-épais qui rend les chemins extrêmement pénibles. Les maisons sont construites en terre grasse, non cuite, mais taillée par carreaux, et un peu séchée à l'air, car on y manque de bois.

Après nous être reposés ici quelques jours, nous nous rendîmes à cheval à Ganse-Kraal, et de-là sur le rivage de la mer.

Je visitai aussi la chaudière à sel située à quelque distance du rivage de la mer; elle étoit alors pleine d'eau.

On appelle dans ce pays, chaudière à sel, de grands amas d'eau salée, qui après l'hiver s'évaporent, diminuent peu à peu, et laissent un sel que l'habitant de la campagne recueille pour s'en servir dans son ménage. La colonie entière n'emploie que de ce sel, travaillé uniquement par la nature sans le secours de l'art. Vers la fin de l'hiver, après la saison des pluies, l'eau s'évapore, tant par la chaleur que par la violence du vent; alors le sel se cristallise et tombe au fond. La plus forte cristallisation a lieu dans les mois de novembre et de décembre, vers le milieu du jour, entre dix heures du matin et trois heures d'après-midi. C'est sur-tout à cette époque de la journée qu'on peut observer de quelle manière la surface du sel se coagule, comme une crême, avant que le poids entraîne ce cristal au fond de l'eau. Cette croûte est mince, et donne un sel très-fin qu'il faut recueillir le plutôt possible, dès qu'il est cristallisé, sur-tout avant que le vent sud-est l'ait poussé du côté

---

(1) Kloof. (2) Montagne des daims.

du nord-ouest. Le sel qu'on n'a pas ramassé, tombe par grosses couches au fond de la cuve, et y forme un lit épais. Ce sel a des grains très-gros et gris par les ordures dont il est imprégné ; il sert à saler le poisson et les viandes. On emploie le sel fin qui est plus blanc et plus pur, sur les tables, dans les cuisines et dans le beurre frais qu'on veut saler.

Le 19 septembre, nous partîmes de la Gorge Verte, en laissant à droite toute l'étendue de la montagne nommée Burgers-Post (1), et à gauche, la montagne de la Gorge, ou de la vallée verte ; devant nous, un peu sur la droite, nous avions Reebocks-Kop (2), et positivement en face, le Kouterberg (3), derrière lequel se trouve, dit-on, Babianberg (4).

Arrivés dans la plaine, après avoir passé les montagnes, nous découvrîmes Riebeck-Castel (5), Vier-een-Twintig, Riviersberg (6), et Picket-berg. Nous trouvâmes une prodigieuse quantité de gazelles (7), de grimmes (8), et d'autres espèces d'antilopes, sans parler des korrhans et des autruches.

Le 22, nous descendîmes à la baie de Saldanha, qui a beaucoup d'isles et de fonds dangereux : certains endroits n'ont que trois brasses d'eau.

La Compagnie a su tirer parti de plusieurs îles de cette baie : les principales sont Fundling-Eyland (9), Taxen-Eyland, Jutland qui renferme de gros tas de pierres, Merven-Eyland et Dassen-Eyland (10) ; elles sont toutes hérissées de rochers, et d'un accès difficile pour les barques.

Dans l'île de Fundling, on prépare de l'huile de chien de

---

(1) Poste des bourgeois.
(2) Pointe du chevreuil.
(3) Rivière de Kouter.
(4) Montagne des babouins.
(5) Château de Riebeck.
(6) Rivière de la montagne de vingt-quatre heures.

(7) *Capra* (*haarte beest*) ; *capra doreas*.
(8) *Capra grimmia*.
(9) L'île de l'Enfant-trouvé.
(10) Isle des daims.

mer dans des cuves de terre. On commence par la faire évaporer à la chaleur du soleil ; on la cuit ensuite avec du bois, et enfin avec de la graisse qui ne peut pas fondre.

On a transporté à Taxen-Eyland une colonie de lapins, qui a considérablement multiplié.

Dassen-Eyland est sur-tout le séjour favori des pingouins (1), sorte d'oiseaux de mer qui ne peut pas voler, mais qui plonge supérieurement bien ; ils passent la plus grande partie de leur vie sur la mer.

Il est rare que les vaisseaux entrent dans la baie de Saldanha, excepté ceux qui se sont trop approchés de la terre pour entrer dans la rade du Cap. Ce port a plusieurs détours, et les vaisseaux ont besoin de différens vents pour en sortir.

Le 28, nous reprîmes notre route vers le rocher blanc, ferme appartenant à Tobias Moster, et qui a tiré son nom d'une petite montagne, ou d'un large rocher passablement haut, et situé tout auprès de cette ferme ; il est remarquable par ses crêtes nues. Ce n'est pas la chaux, comme on le croit dans les environs, mais une mousse blanche (2), qui lui a donné la couleur dont il porte le nom.

Vis-à-vis la ferme est un grand trou, ou une espèce de grotte en demi-lune, avec un toit semblable à une voûte, qui servoit de retraite à des hirondelles.

Il n'est pas aisé de parvenir à cette étrange grotte, parce que le rocher où elle se trouve, est non-seulement uni et escarpé, mais saillit même en bosse en avant, sans parler de quelques fentes formées par l'eau de la pluie. Le desir d'examiner de près un objet aussi curieux, me fit surmonter toutes les difficultés que cette entreprise pouvoit présenter. J'espérois aussi

---

(1) *Diomedea. Aptenodita demersa.* (2) *Byssus lactea.*
Le manchot du Cap. *Buff.*

découvrir quelques plantes rares sur les bords : ayant ôté mes souliers et mes bas, j'y parvins assez heureusement pieds nuds; mais j'eus bien plus de peine à descendre, en me laissant glisser sur le derrière; car je n'avois pas d'autre moyen. Je ne trouvai d'autre singularité dans cette grotte que sa forme et la difficulté de son entrée. Elle a deux brasses de largeur, sur autant de hauteur, et se trouve dans le milieu du rocher à vingt aunes suédoises de sa base. Il n'y avoit dans l'intérieur qu'une hirondelle morte.

Les autruches sont assez communes dans les environs : on dit qu'un mâle fait son nid avec trois ou quatre femelles à la fois, lesquelles pondent ensemble vingt ou trente œufs : elles les couvent tour-à-tour dans un nid qu'elles creusent en grattant dans le sable; mais si quelqu'un met la main dans leur nid, elles s'en apperçoivent à l'odeur, et vont pondre ailleurs : elles cassent même, avec leurs pieds, les œufs qu'on peut y avoir laissés.

Les plaines sablonneuses et basses ne sont ornées de fleurs qu'au printems et au commencement de l'été. Elles montent en graines, dès que la sécheresse et les vents du sud-est se font ressentir. La graine se trouve dispersée, avant d'être parvenue à sa pleine maturité; et j'ai été plus d'une fois obligé d'en ramasser de semblable pour les jardins botaniques d'Europe, sur-tout celles des plantes éphémères : il falloit alors les faire mûrir et sécher sur du papier.

Le 30, nous remontâmes à cheval pour aller à Honing-Klip (1), ferme qui appartient à Nicolas Klein.

Nous vîmes ici les choucas ou corneilles (2), perchées sur le dos des vaches et leur chercher les mites (3), qui les incom-

---

(1) Rocher à miel.   (3) *Acari.*
(2) *Corvus Hottentotus.*

modent beaucoup. Elles ont la fâcheuse habitude de manger le froment dès qu'il est semé.

On avoit apprivoisé dans cette ferme, une gazelle grise (1), à-peu-près de la taille et de la force d'un agneau médiocre; elle avoit été prise dans la plaine de sable. On prétend que quand ces gazelles sont poursuivies, elles cachent leur tête, et croient n'être plus vues. C'est pourquoi elles ne sortent pas volontiers de leur buisson, à moins qu'on n'en approche de très-près.

Les buissons de ces plaines de sable sont petits, et composés de plantes déliées, hautes au plus de deux aunes suédoises. Leur tige est quelquefois si mince et leurs branches si menues, qu'elles ne peuvent servir pour le chauffage. Cependant ils offrent un asyle au gibier, et m'ont donné souvent de la mauvaise humeur, parce que je ne pouvois y retrouver les oiseaux que j'avois tirés sur leurs branches vacillantes.

Nous continuâmes notre voyage, en passant près de Patrisberg, pour aller à la ferme de Péterlospers nommée Rosendal.

Le premier octobre, nous descendîmes dans la ferme d'un colon du même nom que le précédent. Toute la plaine est renfermée entre la baie de Saldanha, et celle de Sainte-Hélène, non loin du rivage de lamer. Il est ici bas, rempli de dunes et de marais (2), qui se trouvent submergés par les pluies de l'hiver, et par les inondations de Berg-rivier (3).

Nous espérions bien nous rendre le 2, sur le bord de cette rivière; il n'y eut pas moyen, à cause de la grande quantité d'eau répandue dans ces marais ou vallées : nous ne pûmes pas non plus aller à la ferme de Melks, parce qu'il faut traverser la rivière en bateau. Nous nous déterminâmes donc à aller à la

---

(1) *Capra* (*greis bock*).   (3) Rivière de la montagne.
(2) Walley.

ferme de Brandt, par Zout-rivier (1), de-là à celle de son fils, non loin de Matje-Fonteyn.

Cette Zout-rivière est bien différente de celle du même nom, qui coule dans les environs du Cap, sur-tout quant à la salure de ses eaux. On sait en outre, que dans cette portion de l'Afrique il y a plusieurs montagnes, îles, fermes, &c. qui portent le même nom, ce qui répand un grand embarras dans la géographie. Les colons proposent le nom qu'ils veulent donner à leur ferme, le gouvernement le confirme : il pourroit être mieux adapté si le gouverneur prenoit plus de soin d'une aussi vaste colonie, qui occupe un terrein beaucoup plus étendu que les sept Provinces-Unies de l'Europe.

La pointe même de l'Afrique, la ville et toute la colonie portent en général le nom de Cap. Cette ville, quoique bâtie depuis cent cinquante ans, n'a pas encore reçu de nom particulier. D'après une négligence aussi impardonnable, il n'est pas étonnant que les fermes prennent les noms les plus ridicules.

L'endroit où nous nous trouvions, fourmilloit de serpens ; les Hottentots se garantissent de leurs morsures, en s'enveloppant les jambes d'un grand nombre de bandes de cuir, qui montent quelquefois par-dessus le gras de jambe.

J'appris ici que le cardinal du Cap (2) mange d'abord la fleur du bled (3), et ensuite le grain même. Cet oiseau est très-commun dans ces cantons, sur-tout auprès des ruisseaux ou des marais couverts de hauts joncs, sur lesquels il bâtit son nid. On entend son ramage de fort loin, sur-tout le soir, quand il revient au gîte ; la femelle est toujours grise; mais depuis le mois de juillet jusqu'en janvier le mâle se pare peu à peu de plumes rouges. Cet oiseau plus petit que le colion du Cap (4), a des œufs verds, également moins gros : ceux de ce dernier

---

(1) Rivière à sel. (3) *Antherœ tritici.*
(2) *Loxia orix.* (4) *Loxia Capensis.*

sont gris et tachetés de noir : il ressemble à tous les roitelets pour la stupidité : on parvient difficilement à lui faire peur, et conséquemment à le chasser des champs ensemencés. Ces oiseaux sont quelquefois si nombreux, qu'ils causent beaucoup de dommage au cultivateur.

J'observai ici que les oiseaux nommés korrhans, mangent les fleurs de la cotule turbinée (1), qui croît dans tous les fonds et les sables de la contrée.

Le 3, nous arrivâmes chez Floris Fischer : depuis la vallée et même au-delà, tout le pays se nomme Svart-Lande (2). Quoiqu'il y ait une église, elle manquoit de desservant depuis la mort du dernier pasteur, arrivée il y a trois ans. Il ne lui étoit pas encore venu de successeur de Hollande : cependant un prêtre de la ville venoit prêcher une fois par mois. Certains paysans demeurent à deux journées de cette paroisse dont ils dépendent.

Le lendemain, nous continuâmes notre voyage à cheval, et franchîmes la montagne noire, pour nous rendre à Stoffel-Smidt. Nous commencions à ne plus voir de dunes, et le pays s'affermissoit en devenant plus élevé.

Je vis ici les paysans faire griller et manger une espèce d'oignons qu'ils nomment rollock (3) ; ils prennent aussi le gui d'Éthiopie (4) comme du thé, et l'administrent contre la diarrhée.

Le 6, nous arrivâmes chez Slabbert le jeune, en laissant derrière nous, à gauche, Picketberg. Les différentes montagnes

---

(1) *Cotula turbinata.*

(2) Terre noire.

(3) Oignons de proie *(raa puntjet)*, *cyanella capensis.* Petite plante liliacée, de la famille des jacinthes, et qui a ses fleurs ouvertes comme les scilles ou les ornithogales, mais un peu irrégulières, sur-tout les étamines. Voyez-

en la figure dans mes *Illustrations des genres*, planche 239. *Lam.*

(4) *Viscum Æthiopicum.* Cette plante n'est pas encore connue : elle sera sans doute mentionnée dans le *flora Capensis*, que les botanistes attendent avec impatience de M. Thunberg. *Lam.*

que je viens de décrire, vues du Cap, paroissent ne former qu'une chaîne; mais en les parcourant, je vis qu'elles étoient disposées sur plusieurs plans.

Rebeck-Castel est une chaîne de montagnes qui s'étend de l'est à l'ouest, et terminée par la montagne noire; elle n'est pas tout-à-fait parallèle avec la file de montagnes situées au-delà.

Arrivés à la ferme d'un sellier, nommé Cornelis Gosen, il fallut y laisser un de mes bœufs qui boitoit de la hanche, et qui se trouvoit hors d'état de continuer la route.

Nous trouvâmes la grande Berg-rivier extraordinairement enflée par les pluies, et nous ne pûmes la traverser au gué ordinaire de Vleermuys (1) : cependant nous la traversâmes le lendemain, dans un bac, près de la ferme de Pit Isbert.

Ce cultivateur a toujours un bac en bon état, et se fait bien payer de ce soin. Chaque propriétaire de fermes situées au-delà de la rivière, lui donne huit florins par an. Cette contribution est la même pour toutes les fermes grandes ou petites, pour les colons pauvres comme pour les riches, soit qu'ils se servent souvent ou rarement de ce bac; quelques-uns même n'y passent jamais, parce qu'en été l'eau de la rivière est assez basse pour qu'ils puissent la traverser à gué avec leurs charriots chargés de marchandises. Pit Isbert reçoit encore un droit de tous les passans qui entrent dans son bac pour aller de l'autre côté de la rivière.

Après cette traversée, nous tirâmes vers Johannes Liebenberg, où nous commençâmes à voir des vignes, des jardins plantés en citronniers et en orangers. Le chemin est solide et composé de rochers rougeâtres; les champs me parurent assez riches en pâturages.

Les deux journées suivantes furent consacrées à visiter la

---

(1) Montagne aux chauves-souris.

ferme

ferme de Christian-Liebenberg, Gert-Kemp, auprès de Dassi-Klipp (1), et le défilé de la montagne de Karton. Enfin nous arrivâmes, mouillés jusqu'aux os, chez Vilhem Burgen : pendant toute cette traite nous n'avions cessé d'avoir la pluie sur le dos. En outre, il seroit difficile de se former une idée de la difficulté et de l'escarpement des chemins que nous rencontrâmes. En effet, tout le monde s'accorde à regarder la gorge de Karton comme un des plus dangereux défilés des montagnes d'Afrique; elle traverse la chaîne des montagnes de Roodesand-Kloof (2), mais plus près de l'extrémité inférieure du côté du nord.

Dans la partie orientale sur-tout, le chemin est pierreux, étroit, escarpé, bordé à gauche par un affreux précipice. Si l'on s'écartoit de la voie, de la largeur de la main, la voiture, les hommes et les bœufs seroient abîmés. Ce passage étoit d'autant plus dangereux que la pluie avoit rendu le chemin très-glissant, et les bœufs ne tenoient point pied. La ferme est située au pied de la montagne ; le colon et sa femme ne furent pas peu surpris de l'arrivée imprévue de leurs hôtes par ce passage et par un pareil tems.

Le pays forme, comme Roodesand, une vallée large, environnée de montagnes de tous côtés, arrosée par un ruisseau nommé Olifants-rivier (3). Il est fort riche en pâturages : elle est absolument séparée de Winter-Hock (4) et autres montagnes voisines. Elle diffère aussi de Roodesand en ce que le sol est beaucoup plus bas ; elle n'a que quelques portées de fusil de large.

Ravis, d'avoir sauvé nos équipages d'un pas si dangereux, nous partîmes pour nous rendre chez Stolk Burger, et nous traversâmes la rivière d'Olifant, que nous laissâmes ensuite sur la gauche.

---

(1) Montagne des daims.
(2) Défilé du sable rouge.
(3) Rivière de l'éléphant.
(4) Coin d'hiver.

Après un léger déjeûné, nous allâmes aux bains chauds, situés à quelque distance de la ferme. Le chemin qui conduit au pied de la montagne est bas, marécageux et pénible.

Les bains chauds d'Olifant se nomment aussi bains d'Engela, parce qu'un fiscal nommé Engelmann, les fit nettoyer, et bâtit aux dépens de la Compagnie une belle maison de pierres pour la commodité de ceux qui viennent prendre les bains. Les sources de la fontaine viennent du côté oriental de cette longue chaîne de montagnes, un peu au-dessus de la base de la principale, dans une vallée qui tourne vers le sud en y formant une gorge transversale. Quoiqu'il y ait plusieurs sources, on en distingue particulièrement trois, qui conduisent leurs eaux dans différentes petites cabanes séparées, tant pour les colons que pour leurs esclaves et les Hottentots. Chaque bain est garni de trois ou quatre marche-pieds sur lesquels le malade peut s'asseoir: il y a aussi un lit de camp en planches pour s'y coucher pendant la transpiration.

L'eau n'est que tiède et non pas bouillante ; elle n'a point de goût ni de dépôt, on ne voit dans ces ruisseaux qu'une plante verte (1). Ils sont de la même espèce que ceux de Brand-valley (2), décrits dans la première partie de mon voyage (3). On peut y laver du linge comme dans la première, sans qu'il contracte la plus légère teinte. On y fait cuire des mets qui ne prennent pas non plus de goût ; le papier bleu du sucre, trempé dans cette eau, ne change pas de couleur.

Les fermes situées ici produisent du vin, possèdent des vergers et de bons pâturages pour les bestiaux.

La montagne située à droite, sépare la plaine des Antilopes (4) de cette vallée, et paroît former cinq côteaux considérables, divisés par de profondes vallées. Un coup de fusil que nous y ti-

---

(1) Conferva. (3) Voyez plus haut.
(2) Vallée brûlante. (4) Beke-Weld.

râmes fut répété plusieurs fois par l'écho, comme le retentissement d'un coup de tonnerre. On désigne ici sous le nom de petite montagne de la Table une montagne assez élevée, plate sur son double sommet et sur les côtés : vers le sud-est elle finit en pointe.

Le 11 nous passâmes à cheval auprès d'André Labbes, ferme dépendante d'une autre plus considérable, qui appartient à Pierre Gans.

On a si bien expulsé les lions et autres bêtes féroces de ces montagnes, qu'elles viennent rarement incommoder les villageois, qui n'en paient pas moins encore un ancien impôt, nommé argent du lion et du tigre, à raison de quatre rixdalles pour le lion, et dix florins pour le tigre. Cette caisse fut formée à l'époque du défrichement de la contrée, parce qu'alors les habitans, extrêmement incommodés par ces animaux, payoient la somme que nous venons d'énoncer à ceux qui en tuoient ou en prenoient de vivans. Depuis leur destruction, il n'y a plus que les colons très-enfoncés dans les terres qui aient droit à cette prime, encore n'en profitent-ils pas, car on exige qu'ils conduisent l'animal vivant au Cap ; condition impossible à remplir. Mais quoique la cause de l'impôt n'existe plus, on ne continue pas moins à le percevoir comme les autres.

Outre le fermage de sa métairie, le colon paie annuellement quatre rixdalles pour la bougie, un sol de Hollande pour chaque cheval, et un florin pour chaque centaine de moutons. Tout bourgeois, riche ou pauvre, propriétaire d'une ferme quelconque, est imposé à une certaine somme pour l'entretien des chemins, des rues, des ponts et des bacs, soit qu'il y passe ou non. Mais en récompense il n'a rien à payer pour la construction et la réparation des chemins ; il est exempt de la dixme, des fournitures relatives à la guerre, et n'est pas obligé de prêter des chevaux pour la poste ou pour les voyageurs.

Je remarquai ici une fille qui gardoit depuis trois ans un mauvais reliquat de rougeole ; c'étoient des taches bleues (1) qui paroissoient sur son front, sur ses bras et autres parties de son corps, pendant deux ou trois semaines, s'en alloient et revenoient alternativement : son front sur-tout étoit devenu hideux. Un colon avoit été attaqué d'une espèce de pulmonie après la même maladie ; je fus assez heureux pour que les remèdes que je lui ordonnai le guérissent radicalement.

Le lendemain nous continuâmes de suivre la vallée jusque chez Bareul Labbes, en laissant à gauche le défilé de Pickenier et la ferme de Matton.

Le 14 nous nous arrêtâmes au défilé, chez le jeune Bareul Labbes ; le pays commençoit à devenir froid et montagneux.

La racine d'un stoebée qui croît ici, a la même odeur que la valériane des jardins (2), et pourroit avoir quelque vertu contre l'épilepsie.

Munis de différens comestibles, nous nous préparions à passer la montagne pour aller à la ferme de Kis-Koop-mans, à celle de Spannenberg, enfin à celle de Clas-Loper, située dans la partie la plus basse de la plaine des Antilopes, en passant la Doorn-rivier (3) : mais nous n'étions pas encore parvenus sur le sommet de la montagne, que le cocher eut la mal-adresse de me verser ; le timon de mon charriot fut brisé, de manière que je me vis hors d'état de continuer mon voyage par des chemins raboteux et difficiles, à travers des montagnes non fréquentées. Nous commençâmes donc par réparer ce malheur de notre mieux, et retournâmes à la ferme pour réfléchir sur le parti que nous prendrions.

La voiture étant raccommodée, nous lui fîmes rebrousser chemin avec la charrette par le défilé de Pickniers, ensuite par Roodesand-Kloof (4) jusqu'à Roodesand (5) même, où nos équi-

---

(1) *Fugellationes.*
(2) *Valeriana phu.*
(3) Rivière aux épines.

(4) Défilé du sable rouge.
(5) Sable rouge.

pages devoient nous attendre. Mon compagnon anglois et moi, nous revînmes à cheval par le haut de la vallée ; nous descendîmes à la ferme de Gans, et traversâmes Lange-Elands-Kloof (1), et de la montagne nous descendîmes dans Koude-Boekveld (2) pour nous rendre chez Bernard Forster.

Le défilé des Elans est très-large : une petite rivière l'arrose.

Toute la contrée située entre la plaine basse, Koude-Boekveld, Olifants-Kloof (3) et Carroveld, est très-haute ; l'hiver s'y fait même assez fortement ressentir, mais pas tout-à-fait autant qu'à Rogge-veld (4), qui est assez éloigné de l'autre côté de Carro. Les habitans sont même contraints, par le froid et par les neiges, de passer plusieurs mois de l'année, depuis avril jusqu'en septembre dans les campagnes de Carro, qui sont plus chaudes ; en outre, le tonnerre y procure de l'eau de pluie. Les colons des champs des Antilopes émigrent également pendant un certain tems de l'année avec leurs bestiaux, au-delà de la montagne, pour aller à Carro. Ces émigrations temporaires sont cependant très-défendues.

Le froid Boekveld est à-peu-près aussi large qu'Olifants-Kloof ; de hautes montagnes l'environnent des deux côtés ; elles se joignent au nord-ouest, et ne laissent qu'un passage étroit qui conduit dans une petite plaine unie, située de l'autre côté. Il y tombe quelquefois de la neige qui ne fond pas toujours tout de suite.

Quoique le pays soit froid, il étoit autrefois bien plus peuplé de Hottentots qu'il ne l'est maintenant d'Européens. Ces derniers y ont établi fort peu de fermes.

Les Hottentots vivent en société et forment des villages de quelques centaines d'habitans. Ils subsistent de racines, de

---

(1) La longue gorge des élans.
(2) La froide campagne des Antilopes.
(3) Le défilé des éléphans.
(4) Champ de seigle.

la viande des animaux sauvages, du produit de leurs troupeaux qui trouvent dans tout le pays d'abondans pâturages, et sont, en général, d'une grande sobriété.

Les colons, au contraire, vivent très-isolés les uns des autres; chacun doit avoir sa ferme : ils sèment du bled dans une portion de leurs terres, plantent des vignes dans une autre. Ils possèdent de nombreux troupeaux, font une guerre impitoyable au gibier, tant pour s'amuser que pour détruire les bêtes nuisibles, ou pour avoir leur cuir et leur peau. Au reste, la plaine des Antilopes est fort unie, sans bois ni buissons, à l'exception de quelques-uns, qu'on nomme ronoster; elle ne produit que de l'herbe et un peu d'osier en certains endroits. Au pied de la montagne sont dispersés quelques pieds de protée à grandes fleurs, qui forment des arbres rares et peu élevés (1).

Ce pays doit son nom à la gazelle sautante (2), dont on voit des troupeaux dispersés çà et là : dans certaines années, elles viennent des contrées lointaines en très-grand nombre.

Les montagnes situées des deux côtés sont complètement nues, et s'élèvent comme un vieux mur, sans la plus foible pente; elles n'ont pas même de colline à leurs pieds, comme les autres montagnes. L'air agissant continuellement sur leurs masses en changera la forme. Les pluies successives entraînent les portions déjà dissoutes, sans parler des quartiers qui se détachent et qui tombent. L'eau de la pluie qui séjourne dans les cavités, finit par y former des grottes assez profondes.

Les rochers divisés en beaucoup de pointes, sont ordinairement composés d'un mélange de pierres de grès et de sable, que l'humidité fait fendre. Elles se détachent et roulent par gros morceaux.

Ces dégradations font des espèces de déchiremens dans les

---

(1) *Protea grandiflora*, (*vaage boom*).
(2) *Capra pygargus* (*spring bock*), le klipspringer. *Buff*.

montagnes, et indiquent à la fois leur ancienne existence et leur prochaine destruction. Ces pierres n'étant pas toutes de la même consistance, elles ne se décomposent pas de la même manière. Dans certains endroits, ce sont de gros morceaux de pierre-ponce, dispersés çà et là par centaine : ailleurs, de grandes collines composées de pierres de sable, dont la partie inférieure est blanche comme de la craie, ou comme de la chaux; la superficie est jaune, mélangée de rouge. Dans les vallées, sur le bord des ruisseaux, est un sable extraordinairement fin, entraîné par la pluie de la cime des montagnes. Celle des plaines des Antilopes ou gazelles a toutes ses couches inclinées dans la partie orientale, comme si la montagne même eût éprouvé un affaissement. Cette inclinaison est sensible même dans les couches les plus épaisses, de manière qu'elles sont plus basses vers le nord-ouest, et plus hautes vers le sud-est.

Ces grandes et hautes montagnes, divisées en plusieurs branches et séparées par des vallées ou des campagnes plus ou moins larges, sont les plus élevées de la pointe méridionale de l'Afrique.

Parmi les plantes que produisent ces montagnes, je remarquai le singulier buisson à mouches (1), dont les feuilles, couvertes d'un fin duvet et d'un sédiment un peu glutineux, retiennent les petits insectes qui veulent les ronger. Elles servent, dans l'intérieur des maisons, à prendre des mouches.

Le 18, nous nous rendîmes à cheval chez Isaac Visage.

---

(1) *Roridula dentata*. Arbuste à feuilles presque verticillées, chargées de poils séparés et glanduleux comme celles des rossolis de France (*drosera rotundifolia* et *longifolia*); il a en effet des rapports évidens avec le genre *drosera*. Il seroit intéressant de savoir si ses feuilles sont irritables comme celles de la dionée (*dionæa muscipula*), et comme celles de plusieurs rossolis. Au reste, voyez la figure d'un rameau de cet arbuste dans mes *Illustrations*, planche 111. LAM.

C'est l'usage, dans cette ferme et dans beaucoup d'autres, de compter les brebis, matin et soir, quand elles sortent et qu'elles rentrent. Chacun reconnoît aisément les siennes, parce qu'elles sont marquées tantôt à une oreille et tantôt aux deux. C'est toujours la maîtresse de la maison qui fait ce dénombrement. Elle donne aussi un nom à chaque bête. Il faut conséquemment qu'à une expérience journalière elle réunisse une excellente mémoire. Celle que je vis ici possédoit ces deux qualités à un si haut degré, qu'elle s'appercevoit du premier coup-d'œil, si sur plusieurs centaines de brebis il lui en manquoit une.

Le 19 nous passâmes auprès de la ferme de Nicolas Jansen, pour aller à celle de Carl-van-der-Merwel.

Le froment n'étoit pas encore ici en épis. Nous en avions pourtant déjà vu de l'autre côté de la montagne. On s'occupoit à planter des pois. En général, on sème et l'on moissonne ici deux mois plus tard que dans les environs du Cap et dans la contrée plus basse, située de l'autre côté.

Je remarquai ici un idiotisme assez plaisant parmi les colons de ces montagnes. Quand ils parlent d'aller au Cap, ils disent toujours qu'ils monteront au Cap, quoique le terrein aille toujours en descendant, et que l'emplacement même de la ville soit bien plus bas que la base même de ces montagnes.

Le 20, nous partîmes pour rendre une visite à Vilhem Pretoris, propriétaire d'une belle ferme bien située ; mais le froid y est si vif en juin, juillet et août, qu'il y tombe souvent de la neige pendant plusieurs jours de suite, et on voit pendre des glaces aux toits.

Tous les poulains, les veaux et les agneaux qui naissent pendant cette rude saison, périssent de froid et de faim dans l'étable où on les tient enfermés, parce qu'il n'y a pas moyen de les laisser aller aux pâturages.

En continuant notre route, nous passâmes auprès des fermes
de

de Jean Rasmus et Van-Heeres, et arrivâmes à celle de Jacob Pinard, auprès de laquelle il se trouvoit un peu de bois. Le maître et sa femme étoient absens; il n'y avoit que deux esclaves et quelques enfans hottentots : il fallut donc nous contenter de l'abri qu'ils voulurent bien nous donner sans le moindre rafraîchissement, quoique nous n'eussions pas mangé de la journée, et qu'il nous restât encore quelques milles à faire pour aller à la ferme suivante.

Comme la réception que nous éprouvâmes ici ne nous engageoit pas à y prolonger notre séjour, le lendemain, dès le matin, nous nous remîmes en route et arrivâmes de bonne heure chez Skalk-van-Heer, qui nous fit l'accueil le plus amical, nous donna même à déjeûner, et nous fit boire d'excellent vin du crû du pays.

Ici commencent les chaudes montagnes des Antilopes, que l'on distingue des froides par la hauteur et l'escarpement de celles-ci; nous les passâmes le même jour. Elles sont beaucoup plus basses et bien moins froides que les autres. Aussi les vignes y réussissent-elles bien mieux et rapportent un vin bien supérieur à celui des montagnes froides. C'est un petit pays ni trop long ni trop large, mais rond et renfermé entre des montagnes comme dans un cercle. On n'en sort que par des ouvertures étroites du côté de Mosterts-Hoek (1) et de Hex-rivier (2). Le sol est uni et par-tout couvert d'herbes, sans buisson. Il y reste peu de gazelles sautantes (3).

Trouvant ici deux jeunes colons disposés à passer à cheval les hautes montagnes, parce que c'est le plus court chemin pour se rendre à Roodesand, nous partîmes avec eux : mais à peine eûmes-nous fait quelques pas, que mon compagnon s'apperçut qu'il avoit oublié son porte-manteau ; il fallut retourner sur

---

(1) Coin de moutarde. (3) Klipspringer. *Buff*.
(2) Rivière des Fées.

Tome I.   L l

nos pas pour le chercher; en outre, nos chevaux harrassés de fatigue, ne pouvoient suivre nos guides au milieu des montagnes; il fallut donc les abandonner : nous finîmes par nous écarter du sentier, de manière que nous nous estimâmes très-heureux de regagner la ferme, quoique nous eussions fait inutilement beaucoup de chemin. Nous parcourûmes à cheval une grande partie du pays chaud de Boeck-veld : la soirée précédente, nous étions descendus à une grande et belle ferme, riche en bestiaux, en lait et en beurre, appartenant à Pierre Funère.

Nous n'avions pas d'autre chemin de-là pour nous rendre à Roodesand, que par Mosterts-hoek, vallée fort basse et étroite, bordée des deux côtés par de hautes montagnes. Ce voyage étoit dangereux à l'époque où nous nous trouvions; car il nous falloit passer à gué des ruisseaux larges et remplis d'eau. Nous louâmes donc un guide pour franchir ce passage dangereux; connoissant bien les lieux, il devoit marcher devant nous à cheval, et nous indiquer les endroits les moins dangereux.

Nous repartîmes le 22.

Dès l'entrée de Mojterts-hoek commence un chemin pierreux, montagneux et escarpé : nous passâmes à gué plusieurs bras de rivières et des ruisseaux, tels que Brug-drift (1), Stroom-drift (2), Else-rivier (3) et Diep-drift (4) et autres courans, dont la réunion forme la grande rivière large. L'eau touchoit au ventre de nos chevaux. Ils avoient aussi beaucoup de peine à marcher, à cause des grosses pierres rondes détachées de la cime des rochers voisins et dispersées dans le fond des ruisseaux. Le courant étoit quelquefois si violent, que les chevaux n'y résistoient qu'avec beaucoup de peine.

Nous arrivâmes enfin heureusement chez de Wett à Roode-

---

(1) Le torrent du pont. (3) Rivière d'une aune.
(2) Torrent du flux. (4) Torrent profond.

sand. Nos bœufs s'étoient déjà un peu reposés dans ses étables ; ils avoient même repris de l'embonpoint et des forces suffisamment pour continuer le voyage.

Le pays de Roodesand a pour limite, du côté du nord, Winter-hoek (1), qui le sépare d'Olifants-kloof (2). Cette dernière entrée étoit encore couverte de grêle en différens endroits.

Je visitai plus exactement cette année la montagne de Winter-hoek, et je montai sur ses plus hauts sommets. On y voyoit en abondance le buisson à mouche ; le rare protée (3), dont la fleur ressemble à la rose, et ne croît que dans cet endroit. D'un côté de la montagne est une belle cascade, dont l'eau tombe perpendiculairement. Une grotte remplie de différens buissons est creusée au pied de la montagne. J'avois grande envie de la visiter, mais l'ennui de faire un grand détour me détermina à hasarder un saut de dix à douze brasses ; les buissons me soutinrent, et je fus assez heureux pour ne me faire aucun mal. Parmi les plantes précieuses qui poussoient dans cet endroit, je remarquai la disa bleue (4).

Cette montagne renferme de larges lits d'une belle ardoise rouge en feuilles fines. Il y en a de très-gros morceaux qui se sont écroulés avec d'autres pierres semblables à du marbre. Je fus un peu étonné de ne pas trouver sur toute la montagne de la pierre à chaux, du marbre, des pierres à fusil et un filon de plâtre que j'avois remarqués dans la montagne voisine de Hex-rivier.

---

(1) Coin d'hiver.
(2) Défilé des éléphans.
(3) *Protea nana. Protea rosacea.* Illustrat. gen. n°. 1251. Linnée avoit donné le même nom à cette belle plante, et ce nom lui convient parfaitement, à cause de la conformation de sa fleur. J'ignore pourquoi M. Thunberg l'a changé pour l'appeller *protea nana*, nom qui convient mieux à l'espèce n°. 1208 de mes *Illustrat.* Lam.
(4) *Disa cœrulea.* Belle plante de la famille des *orchides.* Voyez l'article *Disa* dans mon *Diction.* Lam.

1773. SECOND VOYAGE

Je vis dans la ferme la femme d'un paysan qui étoit devenue si puissante par sa vie sédentaire et inactive, que je n'ai jamais connu personne qu'on lui pût comparer : elle pesoit trois cents trente-quatre livres.

Les côtes élevées des montagnes de Roodesand ne sont séparées que par une seule vallée ; les trous creusés par les torrens qui s'étoient même pratiqués des canaux d'une ou deux brasses de profondeur, montroient un fond composé de rochers nuds avec leurs différentes couches, taillés à pic sur les côtés, et tant soit peu inclinés ; cependant dans la partie du sud-est ces couches sont très-humectées, tendres et pâles, et semblables à une terre durcie : l'eau a conduit et déposé du sable entre chaque couche.

Les fermes de cette contrée ne sont pas très-éloignées les unes des autres, et les propriétaires, généralement parlant, ont beaucoup de vignes, sèment une grande quantité de froment. Leurs vastes vergers sont composés de citronniers, d'orangers et autres arbres fruitiers. Cependant les froids y sont quelquefois très-vifs ; car l'hiver dernier, par exemple, les jeunes plants de vignes ont souffert considérablement, et dans plusieurs endroits ont été entièrement gelés.

On n'entretient de bêtes à cornes et de moutons que le nombre suffisant pour la consommation de la maison. Il leur arrive même d'acheter ailleurs des bœufs de trait.

Je vis dans leurs jardins un petit pigeon de la plus petite espèce (1), qui se nourrit de graines. Ces jardins produisent en abondance une sorte d'oignon (2) à fleur rouge, quoiqu'elle soit

---

(1) *Columba Capensis* (*maqvas duiv.*). C'est la tourtelette de Buff. *Hist. nat. des Ois.* 2, p. 554, et la tourterelle à cravate noire du Cap, du même, pl. enl. n°. 140. Elle est un peu plus grosse qu'une alouette. *Lam.*

(2) *Ixia Bulbifera*. Cette ixie varie apparemment dans la couleur de ses fleurs ; car les individus que j'ai décrits n'avoient pas les fleurs rouges, mais jaunâtres. Voyez ixie bulbifère, dans mon *Dictionnaire*, espèce, n°. 24.

assez clair-semée ; cependant la plaine où elle croît, paroît, de loin, rouge comme de l'écarlate.

C'est ici le seul endroit où l'on trouve sur les bords des ruisseaux une autre plante à oignon, très-belle et très-singulière, qui est une variété verte de l'ixie tachée (1). Elle porte des fleurs vertes en forme d'épis : elle est généralement fort rare.

Nous traversâmes le lendemain Breede-rivier (2), dont les bras font beaucoup de sinuosités ; il fallut les passer plusieurs fois à gué, avant d'arriver à la ferme de Jan Slabbert où nous couchâmes.

Le 29 nous visitâmes Philip-plaisir, près de la vallée de safran, où se trouve un sentier, par le moyen duquel on peut passer la montagne à cheval. De-là chez Jan de Toi : ici le pays s'élargit et devient plus uni.

Tois-kloof est le nom d'un sentier qui conduit par-dessus la montagne ; en le suivant, on peut se rendre à cheval à Dracken-stein, vis-à-vis de Paal.

Nous laissâmes Breede-rivier sur la droite ; le pays plat qui environne cette rivière et en est submergé, se nomme *Gondena*.

Plus loin est Brand-walley, et vis-à-vis, de l'autre côté de la montagne, Stellenbosch.

Le 30 nous passâmes à cheval auprès de la ferme de Plois, et arrivâmes à la métairie de Keijser, après avoir traversé Hex-rivier.

Nous nous trouvions dans la plaine de Carro, où les moutons mangent des ficoïdes (3).

---

(1) *Ixia maculata*. La prétendue variété dont parle ici M. Thunberg, est pour moi une espèce distincte. Je l'ai décrite sur le vivant, dans mon *Dict.* sous le nom d'ixie à fleurs vertes, n°. 28 (*ixia viridiflora*). Elle est mentionnée dans mes *Illustrations*, au n°. 477. La couleur verte de ses fleurs, avec une belle tache noirâtre à la base de ses pétales, la rendent fort remarquable. *Lam.*

(2) La rivière large.

(3) *Mesembryanthema* (*voyez Desche*).

On m'assura que le fumier qui provient des bestiaux nourris avec cette plante, n'est pas bon pour l'engrais des terres.

La contrée nous parut plus vaste et plus froide.

Le 31 nous arrivâmes à la ferme d'Aloyen-Smidt, vis-à-vis Hottentots Holland. Tout le terrein est entre-coupé de collines et de côteaux disposés en travers.

Le 2 novembre nous prîmes notre gîte dans la ferme de madame Bruel. Nous franchîmes à cheval une des collines transversales de la montagne, et nous nous trouvâmes ensuite dans une espèce de vallée.

Les montagnes de la gauche décrivent ici une courbe vers l'ouest-sud-ouest.

De-là nous allâmes à la ferme de Philip Bota, située vis-à-vis Tiger-hoek (1). Ce dernier endroit est derrière des montagnes qui font partie de celles de Hottentot-Holland.

La chaîne de montagnes qui se prolonge depuis Witsemberg jusqu'ici, paroît s'incliner vers l'est et faire une espèce de solution de continuité. Mais en les examinant avec beaucoup d'attention, on retrouve un peu plus loin d'autres côtes qui font partie de la même chaîne.

Nous traversâmes ensuite la rivière de Clas-vogt, qui doit son nom à un colon ainsi appelé, et qui fut tellement écrasé et moulu par un éléphant, qu'on ne pouvoit pour ainsi dire retrouver ses os dans la poussière. Nous poursuivîmes notre marche pour nous rendre, dans le cours de la même journée, à la ferme de Gertnels auprès de Kokmans-kloof-en-rivier (2).

Les ruisseaux produisent ici des souchets longs de deux aunes, gros comme le tuyau d'une pipe et remplis de moëlle (3). Ils

---

(1) Coin du tigre.
(2) Montagne et rivière des cuisiniers.
(3) Ce jonc se nomme *matje goed* (matière aux tapis). Je l'ai désigné sous le nom de *cyperus textilis*, souchet aux tapis.

servent à tresser des tapis dont les colons se servent pour couvrir leurs voitures : ils couchent même dessus. Ces tapis sont assez moëlleux et très-maniables.

Le 3 nous allâmes à la ferme de Droskis : il ne pleut ici et dans les environs que par le vent de sud-est. C'est absolument l'opposé de ce qui arrive au Cap.

Le 4 nous demandâmes l'hospitalité au célèbre Jacques Bota, vieillard de quatre-vingt-un ans, qui avoit eu douze fils, et comptoit plus de cent petits-enfans. Il ne faut pas attribuer sa renommée à cette prodigieuse fécondité, qui n'est pas très-rare dans une colonie où l'on se marie de très-bonne heure, et où la population est très-abondante. Il est connu par une aventure assez curieuse pour que j'en fasse ici mention.

Bota étoit un des plus fameux chasseurs de la colonie; il a même amassé une fortune assez considérable à vendre des dents d'éléphans : à l'âge de quarante ans, il s'avisa un jour de tirer un lion dans des broussailles fort épaisses; l'animal tomba sur le coup, mais il avoit un compagnon que notre chasseur n'avoit pas apperçu, et qui fondit sur lui avant qu'il eut pu recharger son fusil : l'animal furieux, non-seulement le blessa cruellement avec ses griffes, mais le mordit au bras et le laissa pour mort sur la place. Le lion dédaigne de poursuivre sa vengeance sur un cadavre, à moins qu'il ne soit pressé par la faim. Celui-ci probablement avoit bien déjeûné.

Les domestiques de Bota recueillirent leur maître et le transportèrent chez lui. Sa femme, personne active et intelligente, fit bouillir beaucoup d'herbes aromatiques et lava les plaies de son mari avec cette décoction. Ces remèdes eurent les plus heureux effets. Il se rétablit très-bien; mais il resta tellement incommodé du bras, qu'il n'a jamais pu porter un fusil sur l'épaule, ni tirer un seul coup.

Ce chasseur m'apprit que dans sa jeunesse, les Hottentots étoient encore si nombreux, que les colons chrétiens couroient

1773. SECOND VOYAGE

les plus grands dangers à passer plus loin que Swellendam. Les éléphans venoient en troupes jusques dans les environs du Cap; de manière qu'on pouvoit en tuer en se promenant. Il en abattoit régulièrement quatre ou cinq par jour; quelquefois douze ou treize; enfin, il lui est arrivé deux fois d'en tuer vingt-deux dans une journée. Il n'y a guère que les bons tireurs qui aillent à la chasse des éléphans. Il faut que l'animal tombe du premier coup : si la balle frappe au pied de devant et vient à se briser, il faut en lancer une seconde; le chasseur vise toujours à travers la poitrine. Les balles doivent être composées de trois quarts de plomb et d'un quart d'étain, pour leur donner plus de solidité; elles pèsent un quarteron. Je n'ai pas besoin de dire qu'un fusil de ce calibre est d'un poids considérable.

Les dents des éléphans mâles pèsent de trente à cent-trente livres; la Compagnie les paie un florin la livre. Mais il est tems de reprendre notre itinéraire.

Je trouvai la contrée très-froide et riche en pâturages; les ruisseaux qui sortent des crévasses des rochers, y entretiennent la fraîcheur et l'abondance.

Les montagnes qui se prolongent jusqu'ici depuis celles de Hottentots-Holland, s'abaissent un peu plus loin, et ne forment plus que des éminences isolées, et disparoissent entièrement.

Le 5, nous passâmes à cheval auprès de la ferme de George Bota, un des fils du vieillard dont je viens de parler; ensuite auprès de celle de Blankenberg (1) : nous fîmes halte à Keurboours-rivier.

Je vis ici un singe qui venoit des bois d'Houtniquas; il ressembloit un peu au callitriche (2). Il avoit les pieds noirs, l'extrémité de la queue brune, et le *scrotum* bleu comme du vitriol de cuivre.

---

(1) Montagne blanche.   (2) *Simia sabæa*.

Enfin,

Enfin, nous allâmes par Swellendam (1), nous reposer quelques jours au poste de la Compagnie, situé auprès de Buffeljagts-rivier (2).

Ce poste fut d'abord établi pour la sûreté des colons qui faisoient des défrichemens dans les environs, et établissoient des fermes pour y élever des bestiaux ; c'est pourquoi on y construisit d'abord une redoute gardée par sept hommes et un caporal. Mais les Européens s'étant multipliés et ayant chassé les Hottentots, ces défenses devinrent inutiles : la redoute fut métamorphosée en étable à bestiaux ; et les soldats furent occupés à abattre, dans la forêt nommée Groot-Vaders-Bosch (3), des bois de menuiserie pour les bâtimens de la Compagnie. On en conduit une voiture tous les trois mois à la ville, sans compter ce que les employés vendent à leur profit.

Les Hottentots que l'on emploie aux différens travaux de cette ferme, sont les restes d'une nation autrefois très-nombreuse.

On découvre dans le lointain, en face de la ferme, du côté du rivage, une montagne nommée Potteberg (4), qui est éloignée d'environ six milles.

Je remarquai ici une singulière espèce de sauterelle de couleur rougeâtre avec des demi-aîles, qui venoient en grand nombre chercher leur nourriture sur les buissons : elles ont sous l'estomac une humeur glaireuse, semblable à du savon mousseux : l'insecte en est barbouillé ; elle s'attache aux doigts et se renouvelle à mesure qu'on l'essuie. D'après cette observation, je crus pouvoir nommer cette sauterelle *gryllus spumans*. Quoique nous en ayons beaucoup vu pendant toute la journée dans une

---

(1) Swellendam est une colonie gouvernée par son landrost ou sénéchal. Elle doit son nom à Swelling, rebel, gouverneur du Cap à l'époque de son établissement. Le premier sénéchal fut Rennis ; le second, Onack, qui vit encore, mais qui a donné sa démission ; et le troisième, que j'y vis en 1773, se nommoit Mentz.
(2) Rivière de la chasse aux buffles.
(3) Bois du grand-père.
(4) Montagne de terre à pot.

demi-croissance, tant sur les buissons qu'ailleurs, nous ne pûmes en trouver une seule avec des ailes parfaites. Ces plaines froides, mais riches en pâturages, nourrissent considérablement de chevreuils (1), de gazelles (2), de gazelles tachetées (3). Le mâle et la femelle de cette espèce ont des cornes : le petit de la gazelle tachetée est d'abord d'un brun rougeâtre; mais il lui vient des taches blanches par la suite du tems. Quoiqu'il ne soit pas aisé d'en approcher à la portée du fusil, parce qu'il fait très-froid et que l'animal est très-soupçonneux, nous en tirâmes un avec une balle. Il faut le tirer à une certaine distance; car s'il ne tomboit pas sur le coup, il pourroit faire beaucoup de mal au chasseur avec ses cornes.

Je fis encore ici une singulière observation; c'est qu'il arrive souvent qu'un canard tiré, soit sur un ruisseau, soit dans un marais rempli d'eau, disparoisse tout-à-coup, ou qu'on le retrouve avec les pattes mangées; ce sont les tortues qui leur font la guerre, et qui mangent souvent leurs petits.

Le 10, à Duyvenhocks-rivier (4), chez la veuve Fores, par la ferme de Bota, Riet-kuy (5), Kerremelks et Slange-rivier (6).

Les ruisseaux qui arrosent l'étendue du pays que nous avons traversé depuis Hex-rivier, ont leurs bords couverts d'acacie d'Egypte (7), dont le bois est fort épineux.

Les montagnes qui s'avancent jusqu'à Swellendam, divergent ensuite directement vers l'orient et l'occident.

Le 11, de bonne heure, nous prîmes congé de notre aimable hôtesse : arrivés sur les bords de la rivière de Buyven-hoek, à quelque distance de la ferme, nous la trouvâmes; elle étoit

---

(1) Rhebock.
(2) Retbock.
(3) *Capra scripta* (Bonte-bock). C'est le guib de Buff. *Hist. nat.* 12, page 305, &c. t. 40, 41, f. 1.

(4) La rivière du coin des pigeons.
(5) Fosse rouge.
(6) La rivière de lait caillé et celle des serpens.
(7) *Mimosa nilotica*.

extraordinairement enflée par les pluies tombées depuis quelque tems. On nous dit qu'il y auroit du danger à la traverser, quoique pendant leurs plus fortes crues, les rivières de ces cantons aient toujours quelque gué (1) où l'on peut les passer à cheval ou en voiture. Notre hôtesse avoit eu l'attention de nous donner un esclave pour nous indiquer un gué ; mais ne parlant ni n'entendant pas même le hollandois, il fut obligé de nous diriger par des signes: soit ignorance, soit malice ; il nous fit faire un demi-cercle à droite, tandis que nous aurions dû prendre à gauche. Comme le plus hardi de la compagnie, je marchois toujours à la tête : j'entrai sans hésiter dans l'eau, et aussi-tôt je m'enfonçai jusqu'aux oreilles dans un trou de vache marine : c'eût été mon tombeau, si mon cheval n'eût bien nagé, et si je n'eusse moi-même conservé ce sang-froid qui ne m'a jamais quitté dans les plus grands dangers. L'animal continuellement soulevé par les vagues, se tournoit à droite et à gauche ; mais je me tenois ferme sur la selle. Arrivé à l'autre bord, j'eus le bonheur d'en sortir, quoique le rivage soit ordinairement escarpé et qu'on ait beaucoup de peine à y prendre pied (2). Les hyppopotames creusent beaucoup de ces trous dans les rivières pour s'y loger ; mais ils les quittent souvent pour des endroits plus écartés, ou bien ils sont tués par des chasseurs : voilà pourquoi la plupart de ces trous sont vuides.

Mes compagnons de voyage épouvantés de mon escapade, étoient restés de l'autre côté et hésitoient à suivre mon exemple : cependant après être descendu de cheval, et avoir un peu laissé égoutter l'eau dont j'étois inondé, j'ordonnai à mes Hottentots de repasser la rivière ; et quand nous eûmes pris de meilleurs renseignemens, mes compagnons les suivirent.

---

(1) On nomme ces gués *drift*, mot hollandois qui signifie courant.
(2) C'étoit positivement le jour de mon anniversaire et la trentième année de ma vie, que j'eus le bonheur d'échapper à cet imminent danger.

Dès que nos voitures eurent passé la rivière, je ne me donnai pas le tems de changer de linge, ce qui nous auroit causé de l'embarras et beaucoup retardé : nous marchâmes toute la journée sans nous arrêter même à la maison de Christophe Lombard, et nous arrivâmes un peu avant le soir chez Daniel Plaisir, qui nous reçut d'une manière très-amicale.

Mon premier soin fut d'arranger mes tablettes, de faire sécher ma montre et tous les objets susceptibles d'être endommagés par l'eau.

Je remarquai ici et dans beaucoup d'autres endroits une sorte de corbeau (1) plus petit qu'un geai, de couleur noire, avec le croupion blanc. Cet oiseau suit toujours les bêtes à cornes et les moutons, sur-tout les matins et les soirs, avant qu'on ne les conduise aux champs ou quand on les en ramène. Il s'amuse à éplucher les insectes (2) qui tombent des buissons sur leur dos et qui leur causent des douleurs très-vives en s'attachant à leur peau. Il est d'ailleurs si sauvage qu'il s'envole du plus loin qu'il apperçoit quelqu'un : ses cris avertissent les autres de prendre la fuite. On dit qu'il creuse son nid sur les bords des ruisseaux et des rivières.

Les insectes dont nous venons de parler et qui tourmentent tant les bestiaux, n'étoient pas moins incommodes pour nos chevaux : souvent en parcourant les buissons pour chercher les fleurs des plantes, mon cheval avoit la tête si complètement couverte de ces insectes qui sucent le sang, que je ne voyois pas ses oreilles. Je le faisois nettoyer par mes Hottentots, avant qu'ils s'attachassent trop fortement à sa peau.

Les deux jours suivans, chez Clas Bruyeas et à la maison de campagne de Pierre de Welt.

L'aloës est très-abondant dans ces cantons ; les côteaux et

---

(1) *Corvus.*   (2) *Acarus.*

les penchans des montagnes en sont quelquefois si couverts qu'on croiroit voir de loin une armée : ces buissons sont de la hauteur d'un homme, leur tronc est nud par le bas et couronné de larges feuilles épaisses et pleines de jus.

Les esclaves étoient alors occupés à tirer le suc de ce buisson pour en préparer de la gomme d'aloës, dont on fait depuis long-tems un si excellent usage en médecine.

Tout le terrain occupé par ces buissons appartient à de Welt, qui le premier a commencé à préparer cette gomme : on prétend qu'il a un privilége exclusif de la Compagnie, pour lui vendre sa récolte à un prix fixe. Plusieurs paysans ont appris la préparation de cette gomme, et vendent la leur aux étrangers la moitié meilleur marché que celle de Welt.

Je vis ce procédé : il est très-simple. Il ne s'agit, pour me servir des expressions des colons, que d'extraire le suc et de le faire cuire. On peut tirer ce suc dans tous les tems de l'année. Après les pluies, les feuilles en rendent davantage ; mais il est plus foible. On choisit ordinairement pour cette opération, les jours les plus sereins & les plus beaux, où le vent ne souffle pas, parce qu'il fait crisper les feuilles, et qu'alors elles rendent moins de suc ; en outre, il se fige trop tôt.

On emploie à cette récolte les esclaves et les Hottentots. La première feuille qu'on coupe sert de rigole. On met ensuite les autres dessus celle-ci, les gros bouts tournés en dedans : on en place ainsi plus d'une douzaine, mais toujours de manière que le jus puisse découler dans la rigole de la première : on ne s'amuse pas à couper en plusieurs morceaux les feuilles qui ne se trouvent pas trop près du tronc, parce que, suivant l'opinion des paysans, elles n'en rendroient pas plus de jus. Après que les esclaves ou les Hottentots ont disposé plusieurs de ces tas et que le suc a cessé de couler, on retire les feuilles et on conserve le suc dans des calebasses, qui servent ici, comme dans plusieurs autres endroits, de bouteilles aux pauvres. Un bon ouvrier ne peut pas en recueillir dans toute sa journée, plus que plein une calebasse ou un petit sac. On fait cuire ensuite ce jus à la maison dans des marmites angloises de fer, jusqu'à ce qu'il s'épaississe et qu'il n'en tombe plus une seule goutte d'un petit bâton que l'on y plonge : pendant la cuisson, l'on enlève avec une écumoire toute l'ordure qui peut s'y trouver. Ce suc ainsi tari de plus de la moitié, est versé dans des formes de bois où il se fige. Une quantité quelconque de suc produit tout au plus un tiers de gomme figée. Chaque forme en renferme quatre à cinq cens livres. Les colons, comme je l'ai déjà observé, la vendent, dans la ville du Cap, aux étrangers, trois ou quatre sols de Hollande, quelquefois deux seulement la livre.

Le 15, nous arrivâmes chez Daniel Pinard, après avoir traversé la rivière de Goud (1), l'une des plus considérables du pays. Ses rivages sont fort escarpés du côté du couchant. La ferme est bâtie du côté opposé sur une assez haute colline : ce fleuve s'étend au loin dans le pays, et tire ses eaux de la montagne située à plusieurs journées d'ici au milieu d'une contrée sèche, mais qui, à certaines époques de l'année, est arrosée par des pluies abondantes, accompagnées de tonnerre : ces chûtes d'eau précipitées ont bientôt rempli le lit du fleuve. Dans les plus beaux tems il monte quelquefois à une hauteur considérable, et je ne conseille pas aux voyageurs de camper sur ses bords, ni même dans aucun de ses bas-fonds. Nous avions de l'eau jusqu'à la selle de nos chevaux.

Nous allâmes le même jour au logis de Didelof, et le lendemain à Mussel-bay, dans la maison de campagne du vieux Bernard, qui est très-bien située. Nous ne jugeâmes pas à propos d'entrer dans les fermes de Dork, de Marcus, de Bernardson et de Plants le jeune.

Ici le port est beau et vaste ; mais aucun bâtiment n'y aborde

---

(1) La rivière d'or.

que par nécessité, ou par quelqu'accident, qui le pousse sur la côte.

Il n'y avoit pas long-tems que le vaisseau danois nommé *Krou Prinssessau*, capitaine Swenfinger, avoit péri sur la côte : on en voyoit encore des vestiges.

Après avoir bien soigneusement visité le rivage de la mer et ses collines sablonneuses, autrefois abondamment peuplées par les Damaquas-Hottentots, nous revînmes, le 18, chez Derk-Marcus, vieux chasseur d'éléphans très-renommé, à Hagel-Kraal, en passant devant les métairies de Clasmeyer et de Jacob-Tunisson Bota.

Nous vîmes ici de quelle manière on rend souples les courroies de cuir qui servent de traits et à d'autres usages. On les graisse et on les frotte ensuite fortement contre du bois.

Le 19, nous dirigeâmes notre marche vers la montagne, dans le défilé d'Hartequas, pour nous rendre à un dépôt de bestiaux nommé Paarde-Kraal (1) : nous nous vîmes obligés ici, pour la première fois depuis notre départ du Cap, de coucher au bivouac.

Nous employâmes la matinée du jour suivant à visiter bien soigneusement les hauteurs des environs; et l'après-midi, nous poursuivîmes notre route par Hartequas jusqu'à Saffrankraal (2). nous entrâmes ensuite, au-delà de ces hauteurs, dans un pays plus égal et plus uni, nommé *pays de Cannar*, et par quelques-uns *pays de Canaan*.

Nous allâmes camper le 21 au soir sur les bords de Klipp-rivier, sans nous arrêter à la ferme d'Aker-Heljas. Le terrein qui s'étend entre ces montagnes, a plusieurs fois la largeur de Roodesand : il est aussi sec que Carro et plus haut que le pays des Houtniquas situé de l'autre côté des montagnes.

---

(1) Etable des chevaux. (2) Etable au safran.

La contrée occidentale au-delà des montagnes, se nomme Kankou.

Le 22, nous traversâmes Brack-rivier (1), le gué de Matjes par le défilé du même nom, qu'on appelle encore la gorge longue (2). En allant chez Van-Stade, nous vîmes la ferme de Helbeck. Au milieu de la plaine s'élève une haute montagne longue et plate en dessus, dans la même direction que les grandes chaînes. Cette plaine est plus qu'aucune autre couverte de buissons et d'arbres ; mais il n'y a pas proprement de bois : elle ressemble beaucoup à celle que l'on nomme Brockeveld. J'attribue le manque de bois sur ces hauteurs, à la longue sécheresse et à la rareté des pluies : on n'en voit que dans les vallons, dans les crevasses des montagnes et quelquefois aussi sur leur sommet. Les vallons en général sont arrosés par les ruisseaux, et les montagnes par les nuages.

Le 23, à Diep-rivier, chez Gerl-van-Royen, par la métairie de Buys.

Nous avions, à notre droite, les montagnes qui constituent la longue chaîne de Lange-Kloof : à gauche, une autre chaîne qui commence à Matje-Kloof et plus basse que celle de la droite; car on en découvre bien distinctement le sommet.

Au revers de cette chaîne basse, dont je viens de parler, on en trouve une autre plus élevée, nommée Camenassie, où des colons laborieux se sont déjà établis. Au-delà de Camenassie, toujours sur la gauche, sont les campagnes sèches et maigres de Carro, qui s'étendent jusqu'à la rive orientale d'Olifants-rivier.

J'observai que généralement ici toutes les montagnes prennent leur direction vers l'ouest-nord-ouest.

Le 24, chez Tunis Bota.

Ici se partage la chaîne de montagnes qui nous a conduits pour entrer dans une vallée traversée par des éminences éloignées

---

(1) Rivière à rochers.   (3) Lange-Kloof.

les unes des autres de deux portées de fusil. Cette vallée, que nous laissâmes sur la droite, aboutit aux montagnes de Houtniquas; de manière qu'il est possible d'aller à cheval jusqu'à leurs forêts.

Auprès de la ferme d'Hannes-Olfson, nous trouvâmes un chemin frayé par les voitures et qui aboutit au pays de Camenassie. Les bains chauds d'Olifants sont situés directement vis-à-vis cette plaine, mais de l'autre côté de la chaîne de montagnes qui la bordent.

Le 25, nous continuâmes notre route par le Lange-Kloof, jusqu'à la ferme de Mat. Sondag. Comme la plupart de ces cultivateurs manquoient des meubles les plus indispensables, je remarquai que chez celui-ci on avoit suppléé aux lanternes par des calebasses évuidées et percées. Quoique cette vallée soit entièrement à découvert, sans un seul buisson, elle abonde en pâturages. Il y fait très-froid dans l'hiver, et la neige y reste quelquefois trois ou quatre jours sans se fondre.

Comme je l'avois assez exactement visitée l'année passée, et que j'y avois même ramassé le peu de plantes qui croissent aux environs, je voulus gravir sur le sommet des montagnes, afin de mieux connoître leur direction. Mes peines furent amplement récompensées par la magnifique perspective dont je jouis. Devant moi se déploya une immensité de montagnes larges de plusieurs milles, divisées en différentes chaînes et séparées par des vallées, comme sur une carte géographique. Je reconnus que tout le pays que nous avions laissé derrière nous, n'étoit également qu'une suite de montagnes et de vallées, qui servoient d'asyle à plusieurs milliers d'hommes et à des millions d'animaux, qui trouvoient là une subsistance abondante, tandis que les plaines de l'intérieur ou du centre de l'Afrique, faute d'eau, ne peuvent donner retraite à un seul animal. Je remarquai que les chaînes orientales de ces montagnes divergent beaucoup les unes des autres : de manière que plus elles se prolongent à l'est, plus elles occupent de terrein.

Le 26, chez Pierre Frere, l'un des plus hardis et des plus adroits chasseurs d'éléphans du pays. Il parloit très-bien la langue hottentote.

Ici se termine le canton de Camenassie : du même côté, un chemin propre pour les voitures, conduit au-delà des montagnes.

Dans toute cette étendue de pays, on ne s'occupe que de l'éducation des bestiaux, et l'on porte une grande quantité de beurre à la ville; les colons ne le vendent que trois, quatre, ou au plus six sols la livre, quoique la Compagnie le paie deux schellings.

Quoique ce soit l'usage parmi les voyageurs de ne marcher que la nuit et de se reposer le jour, nous étions obligés de faire le contraire pour rassembler des plantes, puisque c'étoit là le principal but de notre voyage. Nous ne pouvions conséquemment laisser paître nos bœufs que pendant la nuit, dans les lieux où nous les croyions le plus en sûreté.

Aujourd'hui nous les avons laissés aller dans des pâturages peu éloignés de la ferme. La soirée fut plus obscure que de coutume; les chiens firent un tapage effroyable, et tous les bestiaux se refugièrent auprès de la ferme, sans que nous puissions leur être d'aucun secours avec nos fusils, à cause de la profondeur des ténèbres.

Le lendemain nous nous apperçûmes qu'ils avoient été poursuivis par une hyène (1) : un de mes bœufs avoit été mordu dans le flanc; une portion de sa peau avoit été emportée, mais ses entrailles étoient intactes.

L'hyène est un animal vorace et hardi, qui mange les selles des voyageurs sous leur tête, et leurs souliers à leurs pieds, tandis qu'ils dorment en rase campagne. Quand il entre dans un

---

(1) *Hyæna maculata. Canis crocuta.* Erxleben, page 578.

parc de brebis, il ne leur fait aucun mal : mais les pauvres bêtes ont si peur et se pressent tellement les unes contre les autres, qu'il y en a toujours plusieurs d'étouffées.

Le 27, chez Matthias Struding; le lendemain, chez Pierre Nuckert; et enfin chez André Dupré.

Nous tuâmes, dans ces montagnes, plusieurs coudous (1), espèce de bouc, de la grandeur d'un cheval ordinaire. Sa chair est délicate, d'un excellent goût; mais le morceau le plus friand de l'animal, est la langue, que l'on sale pour la vendre au Cap. On prétend qu'elle ne le cède pas à celle du renne : il ne se défend pas avec ses cornes comme le bonte-boucu, dont il est fait mention plus haut, ou comme le pasan (2).

On me montra dans une de ces fermes, un jeune cabri provenant d'un petit bouc fort rare, nommé crébi (3). Il étoit brun, un peu plus gros qu'un chat et très-beau. Il habite les plaines de Lange-Kloof. On m'assura que la femelle seule a des cornes : il me paroît bien plus probable cependant que ce soit le mâle.

Il est aisé de s'appercevoir que toute l'étendue de ce pays fait partie de la possession des colons hollandois, devant lesquels le foible Hottentot est obligé de se retirer, et de s'enfoncer dans l'intérieur des terres. Ces colons commencent par s'emparer des bons pâturages et des plus belles vallées, ne laissent aux Hottentots que les mauvais terrains, jusqu'à ce qu'ils jugent à propos de les chasser entièrement de leur cher pays natal.

Sur la gauche est une langue de terre, entre les montagnes,

---

(1) *Capra oreas.* C'est le *coudou* de Buffon, et l'*antilope oreas* de Gmelin (*Syst. nat.* I, p. 190, n°. 17), espèce qu'Erxleben nomme *antilope oryx.* Mais ce dernier nom spécifique est maintenant appliqué au pasan. *Lamarck.*

(2) *Capra oryx. Antilope oryx.* Gmel. *Antilope recticornis.* Erxleb. p. 272.

(3) *Capra monticola.* Seroit-ce l'*antilope pygmæa* de Gmelin ?

nommée Kouke : les colons s'en sont déjà emparés; mais elle est si petite, qu'ils n'ont pu y établir que deux fermes.

Le 29 au soir, nous arrivâmes chez Thomas Frère, après une marche très-pénible. La pluie avoit rendu les chemins très-glissans : les ruisseaux qui coulent dans la vallée, et qu'il nous fallut passer plusieurs fois à gué, étoient très-profonds; de manière qu'il n'étoit pas toujours aisé de trouver le véritable passage. Mon cocher eut le malheur de se tromper de chemin : il passa un courant dans un endroit si creux, que l'eau entra dans la voiture. Les roues enfonçoient tellement dans la terre glaise, dont le fond de la rivière étoit composé, que mes bœufs avoient peine à nous tirer. Ils avoient de l'eau jusqu'au harnois. Elle mouilla mes plantes, mes insectes, mes habits et autres objets. En arrivant à la couchée, il fallut tout visiter, et j'eus une peine incroyable à faire sécher au feu mon butin, dont une partie fut perdue.

Je m'étois installé dans cette misérable voiture, parce que mon cheval étant épuisé de fatigues, je l'avois laissé dans la dernière ferme.

Le 30, nous passâmes par un joli petit bois nommé Essenbosch (1); il doit son nom aux grands ekebergs (2) dont il est rempli, et qui en langue du pays se nomment *essenboom*. Ses feuilles ressemblent à celles du frêne (3). Les babouins mangent les fruits du grand figuier du Cap (4) qui croît aussi très-abondamment dans cette forêt. Comme il ne s'y trouve pas une seule ferme, nous restâmes toute la nuit au bivouac, couchés le long

---

(1) Bois de frêne.
(2) *Ekebergia Capensis*. C'est un arbre encore peu connu des botanistes; il paroît de la famille des azedarachts et se rapprocher du gnaré (*guarea*) par ses rapports. Voyez-en la figure dans mes *Illustr.* pl. 358. Lam.
(3) *Fraxinus*.
(4) *Ficus Capensis*.

d'un buisson et la tête appuyée sur nos selles, qui nous servoient d'oreillers.

Le premier décembre, nous descendîmes dans la contrée arrosée par Kromme-rivier (1), qui a tiré son nom des différens détours qu'elle fait. Cette vallée, qui n'est qu'une continuation de Lange-Kloof, se rétrécit insensiblement, et n'a pas, dans certains endroits, une portée de fusil de large. Il n'y a presque pas de terrein plat et uni; toute cette vallée consiste en pentes parallèles aux montagnes, d'où découlent plusieurs petits ruisseaux qui forment la rivière dont nous venons de parler.

Les environs de Lange-Kloof et ceux de Kromme-rivier, étoient considérablement peuplés de Hottentots Heykoms; mais il reste aujourd'hui bien peu de ces anciens habitans.

Les montagnes situées à l'extrémité droite de la vallée, commencent à multiplier leurs pointes et à s'abaisser; elles ne vont pas même jusqu'au rivage de la mer. Les deux files de montagnes qui forment la vallée, décrivent une courbe assez considérable du côté du sud-est.

Nous vîmes les montagnes de Lange-Kloof et de Kromme-rivier, se terminer auprès de la ferme de Vermak : elles sont séparées du rivage par une étendue de terrein assez considérable, qui va jusqu'aux bains chauds d'Olifant.

Les deux chaînes de montagnes de Bockeveld se terminant ici, nous n'apperçûmes que celle d'Olifant sur la gauche, qui prend sa direction vers l'est-ouest-nord-ouest : elle est entremêlée de quelques éminences, qui vont de l'ouest au nord-ouest, mais qui ne sont pas longues. La première paroît avoir une certaine étendue; mais on s'apperçoit aisément qu'elle se termine par différentes pointes, à différentes distances.

Les montagnes de la gauche se nomment montagnes de Zee-koe-rivier (2), et aboutissent à la ferme d'Isaac Meyer que

---

(1) Rivière tortueuse.   (2) Rivière de l'Hippopotame.

nous visitâmes. Derrière est une autre chaîne nommée montagnes de Meulen-rivier, qui se terminent à la ferme de Kok, la plus avancée de la colonie dans ce canton : nous y avions logé quelques jours avant d'arriver ici. La montagne de Kabeljaus-rivier gît encore plus loin, et se termine à la rivière du même nom.

La rivière de Zeekoe se jette dans la mer à peu de distance de la ferme où nous étions, et nourrit ici beaucoup de poissons : ceux qu'on pêche dans toutes les rivières de cette contrée, sont tout différens de ceux du sud de l'Afrique. Les paysans établis sur les bords des rivières, y pêchent avec des filets.

L'amour de la botanique me conduisit à la suite de quelques enfans de Hottentots qui alloient pêcher : l'eau étoit fort large et si peu profonde, qu'en m'y promenant, je n'en avois pas jusqu'à la ceinture. J'y restai plusieurs heures de suite, tant pour me baigner que pour chercher sur le rivage différentes plantes, ou des insectes ; je n'avois qu'un mouchoir autour des reins, et je ne prévoyois pas les suites dangereuses de cette promenade à l'ardeur du soleil. En sortant de la rivière, je fus très-étonné de voir toute la partie supérieure de mon corps qui n'avoit pas été plongée dans l'eau, couverte de rougeurs et très-enflammée. Le mal augmenta tellement, que je fus obligé de garder le lit pendant plusieurs jours. Toute cette partie de ma personne, les épaules sur-tout, étoient si douloureuses, que je ne pouvois y supporter une légère chemise de coton avant de m'être bien frotté avec de la crème douce pour amollir cette peau brûlée.

Les campagnes sont très-riches en pâturages, et nourrissent considérablement de troupeaux. Voilà pourquoi les colons fournissent une si grande quantité de beurre au Cap. Ils le battent ici presque tous les jours. On exige des servantes chargées de ce soin une extrême propreté : il faut qu'elles se lavent bien soigneusement les mains et les bras jusqu'au-dessus du coude,

Comme les animaux mangent peu de petit-lait, on en jette tant, qu'il coule quelquefois par ruisseaux.

Beaucoup de Hottentots sont au service des colons.

Je vis souvent ici, et particulièrement dans les endroits marécageux, un beau loriot (1), qui me parut assez remarquable, sur-tout par sa queue qui est bien plus longue que son corps. Il ressemble d'ailleurs à la fauvette ou au pinçon. Le mâle brille dans cette saison par sa robe d'un rouge velouté. Le reste de l'année, il est gris ainsi que la femelle, qui conserve cette couleur toute l'année, et qui n'a pas la longue queue : ce doit être un ornement bien incommode, car elle semble tirer l'oiseau en-bas, et l'empêche même de voler droit. Soit qu'il s'élève, soit qu'il s'abatte, il lui est impossible de se diriger, de manière qu'on le tire très-facilement, et pour le peu qu'il fasse de la pluie ou du vent, on l'attraperoit à la main en courant.

J'avois eu occasion l'année passée de voir dans plusieurs endroits comment les Hottentots suppléent aux chevaux par les bœufs, soit pour porter des fardeaux, traîner des charriots, ou même pour servir de monture. J'appris ici les moyens qu'on emploie pour les dresser à ces différentes espèces de service.

L'éducation des bœufs commence dès leur naissance. A peine ont-ils quinze jours, qu'on attache sur le dos de ceux qu'on destine à porter des fardeaux, une peau plus ou moins lourde, avec laquelle ils suivent leur mère au pâturage. Quand ils ont une certaine force, on les attache avec d'autres pour qu'ils les dressent, et les enfans des colons les montent. Ces cavalcades de veaux sont fort plaisantes, et finissent ordinairement par la chûte du cavalier, dont le veau se débarrasse quand il lui plaît.

---

(1) *Loxia macroura*. Le père noir à longue queue. Buff. pl. enlum. n°. 183, f. 1. (*lang staart*, longue queue.)

Je vis ici et ailleurs une petite espèce de sauterelle grise (1), que l'on nomme dieu des Hottentots, parce qu'on prétend qu'ils l'adorent. Je n'ai rien remarqué qui ressemblât à ce culte. Ils se contentent de ne faire aucun mal à ces insectes, et regardent comme très-heureux la personne ou l'animal sur lequel il s'est posé.

Comme les tortues d'eau étoient assez abondantes, j'en pris une pour faire un essai avec son sang contre les morsures de serpens. Cette tortue, plus grosse que le poing, ne rendit que peu de sang. La partie lymphatique ne tarda pas à se séparer, de manière que le rouge surnageoit : je le mis sécher sur du papier ; il devint noir et se fendit.

Je tâchai de me procurer des fruits de l'arbre à pain (2), qui, quoique très-rare, se trouve dans les environs : j'en rassemblai aussi de la graine. Certains de ces arbres ne produisent que des fleurs par gros bouquets sans semence ; d'autres portent des pommes grosses comme la tête, avec des noyaux ou de la graine. La peau de cette pomme est recouverte d'une multitude innombrable de boutons (3), qui renferment une espèce de farine de semence assez gluante (4). Il n'y a que les arbres femelles qui produisent de la semence grosse comme des amandes tendres. Elle est recouverte de la pelure même du fruit, et nage dans une espèce de bouillie rougeâtre très-mangeable. Il est à remarquer que le fruit vient sur le sommet de l'arbre, quelquefois aussi sur la terre, avant que son tronc soit bien formé. La semence réussit beaucoup mieux quand elle a été

---

(1) *Mantis fausta.*
(2) *Zamia Caffra. Zamia cycadis.* Linn. f. Suppl. page 443. J'ai déjà dit que ce zamia, qui est un palmier, est fort différent du véritable arbre à pain des Moluques et des îles de la mer du Sud : arbre précieux de la famille des figuiers, et qui est connu des botanistes sous le nom d'*artocarpus incisa.* Lam.
(3) *Anthères.*
(4) *Pollen.*

trempée

trempée dans de l'eau tiède, sur-tout si, après l'avoir enterrée, on la couvre de paille à laquelle on met le feu.

Dans toute la vaste étendue de pays, depuis Roodesand jusqu'à Camtoul-rivier, je n'ai pas rencontré une seule église, quoique cette partie de la colonie soit bien peuplée. Les habitans avoient demandé et obtenu de faire bâtir une église à leurs frais dans un lieu commode.

Le projet étoit de construire cette nouvelle église à Kaffer-Kuyls-rivier, c'est-à-dire, au milieu de la contrée et dans un endroit où les colons sont obligés de passer pour se rendre à la ville. L'exécution a toujours été retardée par le landrost (1) et par ses voisins, qui vouloient qu'on la construisît plus près de sa résidence à Zwellendam, quoique ce soit à une des extrémités de cette vaste colonie. Mais voilà trop de détails sur un objet dont je n'aurois peut-être pas dû entretenir le lecteur. Revenons à notre métairie.

Notre hôte étoit un honnête Européen un peu sur l'âge, l'un des plus habiles chasseurs du pays. Il avoit fait des voyages de long cours sur les côtes de la Caffrerie, pour chasser aux éléphans : la vente de leurs dents lui avoit procuré une certaine aisance, et il avoit acheté un petit bien dans un site avantageux. Il me communiqua différentes observations qu'un simple voyageur n'a presque jamais l'occasion de faire.

Un jour étant à la chasse, il apperçut un hippopotame (2) qui étoit monté sur le rivage pour mettre bas à quelque distance de la rivière ; aussi-tôt il se cacha, ainsi que ses camarades, dans des broussailles : dès que le jeune hippopotame parut, il tira la mère si juste qu'elle tomba sur le coup. Les Hottentots qui croyoient saisir le petit, furent bien étonnés de voir cet animal tout gluant leur échapper et se sauver dans la rivière,

---

(1) Ou sénéchal.   (2) *Hyppopotamus amphybius.*

sans que personne lui eût indiqué ce chemin, mais seulement par un instinct tout naturel.

Le même chasseur m'assura que dans l'accouplement, la femelle de l'éléphant se met à genoux, et que le mâle ne peut la couvrir, à moins qu'elle ne soit en chaleur.

Il étoit également très-expérimenté dans la chasse au lion. Il connoissoit parfaitement les coutumes et les habitudes de ce redoutable animal : je le questionnai avec d'autant plus de curiosité, que me proposant de passer encore quelque tems au milieu des champs, sans autre toit que le ciel, et parmi des bêtes sauvages, il m'importoit beaucoup de bien connoître leurs habitudes et leurs rusés.

On peut passer auprès d'un buisson dans lequel un lion est couché, sans qu'il se remue, pourvu que l'on marche d'un pas assuré et que l'on ne se mette pas à courir.

Cependant un lion affamé est plus dangereux et d'une humeur moins paisible : mais il lui arrive bien rarement d'attaquer un homme, au moins il hésite long-tems. Il mange un chien préférablement à un bœuf, et un Hottentot plutôt qu'un Européen, peut-être parce que le premier est toujours graissé, ce qui lui donne une espèce de fumet : en outre, il ne se sert pas, comme nous, de sel et d'épices dans ses alimens; de manière que sa chair est bien moins âcre que la nôtre : le lion préfère un Hottentot à un esclave; il se contente de viande de buffle quand il en trouve. Mon hôte fut lui-même témoin d'un trait de discrétion de ce genre. Un lion qui se disposoit pendant la nuit à attaquer des Hottentots endormis, prit simplement des morceaux de buffle qu'il trouva pendus à des branches d'arbres. Il n'y a pas de plus sûr asyle contre la poursuite du lion, qu'un bon arbre bien élevé ; mais le tigre sait très-bien grimper dans un moment où il est poursuivi par les chiens. Tant que le lion ne remue pas la queue, on peut être tranquille : dès qu'elle s'agite, on court le plus grand danger;

car à coup sûr il a faim. Pourvu que vous en soyez séparé par un ravin, vous ne risquez rien de faire feu sur lui, il ne franchira pas le fossé pour fondre sur vous : ou bien vous pouvez encore gagner quelque éminence où il ne vous atteindra pas.

Toutes les bêtes féroces ont été chassées ou exterminées à mesure que les colons se sont emparés du terrein et y ont fait des constructions : il n'y avoit pas encore long-tems que notre hôte avoit été inquiété par un de ces animaux.

Quand un lion veut attaquer un buffle il se met en embuscade derrière quelques buissons, sur-tout auprès des ruisseaux où ces animaux vont boire ; il saisit le moment favorable pour fondre sur sa proie : il lui saute sur le dos avec une extrême agilité, lui enfonce dans le col ses dents terribles et lui presse les flancs avec ses griffes, jusqu'à ce que l'animal tombe épuisé de foiblesse. Le lion a la vigueur de le charger sur son dos et de sauter avec ce fardeau, par-dessus des haies hautes de deux aunes suédoises; les pieds du buffle traînent à terre. Malgré son intrépidité, sa force et son adresse, il y a peu d'animal plus aisé à détruire que le lion. Quand on peut savoir à-peu-près le nombre d'une de leurs troupes, on braque autant de fusils qu'il y a de lions, dans l'endroit où l'on suppose qu'ils viendront. On attache un morceau de viande avec une corde qui correspond aux détentes des fusils ; on a soin de les pointer de manière que le coup parte et porte à la tête, dès que l'animal touche à la charogne. Les autres, sans être effrayés du sort de leur compagnon, fondent quelquefois sur le fusil déchargé, et tombent successivement par les balles des autres ; de manière qu'en une seule nuit, toute la troupe est détruite. Quand un lion n'est pas blessé à mort, il se garde bien des endroits où l'on a placé des fusils, et il cherche même à se venger sur des hommes, quand même il ne seroit pas pressé par la faim.

Il nous survint ici un nouveau contre-tems : les chaleurs de l'été, jointes à la fatigue de la marche, engendrent parmi les bœufs une maladie nommée la demangeaison; plusieurs bœufs de l'attelage de mon compagnon de voyage, en étoient déjà attaqués ; il fut obligé de les troquer contre d'autres qui paroissoient plus frais. Il faut avouer que ces pauvres animaux n'avoient pas d'autre maladie que la fatigue. Ils étoient si maigres et si foibles, qu'ils ne pouvoient pas même en avoir d'autre. Après que les miens se furent bien reposés, nous nous disposâmes à gravir sur la *montagne à neige;* et comme nous allions nous engager dans des pays déserts ou habités seulement par des Hottentots, nous en prîmes ici quelques-uns avec nous pour nous servir d'interprètes et de guides, et nous eûmes soin de nous pourvoir de quelques provisions.

Notre bonne hôtesse nous prépara, pour ce voyage, beaucoup de biscuit de froment, du pain, un baril de beurre, un gros mouton salé et confit dans sa peau.

Approvisionnés de tous les vivres nécessaires et d'armes en bon état, nous reprîmes notre route pour aller à Cabbeljausrivier, sur laquelle est située la ferme de Van-Rhenen, riche propriétaire du Cap: c'est le dernier établissement de ce canton : un valet en a l'administration.

Le 10, nous passâmes Cantous-rivier, qui forme les limites de la colonie hollandoise. Il est défendu aux cultivateurs de former des établissemens au-delà de cette rivière : il leur est également bien défendu de faire la guerre aux Caffres ; car la Compagnie n'auroit pas bon marché de ce peuple, aussi beau que brave : d'ailleurs les campagnes des environs sont riches et fertiles en herbes.

A Luris-rivier, nous trouvâmes une contrée aussi froide et aussi montagneuse que celles de Houtniquas : les vallées et les bords des courans, produisent de très-beau bois. Les Hottentots creusent ici de ces grands trous dont j'ai déjà parlé, pour prendre des éléphans et des buffles : ils plantent au milieu de ce trou, un poteau fort pointu dans lequel la bête s'embroche (1).

Un capitaine de Hottentots établis ici, vint nous rendre visite le soir même de notre arrivée, et dressa sa tente à quelque distance de la nôtre; il étoit distingué des autres par un manteau de peau de tigre et un bâton qu'il portoit à la main.

Le 11, nous passâmes Golge-bosch, et nous rendîmes sur les bords de Van-Stades-rivier : nous y allumâmes nos feux pour y passer la nuit. Les Hottentots Gonaquas mêlés avec les Caffres, vinrent nous visiter en troupes nombreuses; nous les régalâmes de bon tabac ficelé de Hollande. Quelques-uns avoient des peaux de tigres tués de leur propre main : leur valeur reconnue à la chasse, leur avoit mérité le privilège de porter cette marque distinctive. Ils avoient presque tous une queue de renard enfilée dans un bâton pour essuyer la sueur. Comme ils sont propriétaires d'un grand nombre de bestiaux, nous eûmes du lait en abondance : mais il étoit si sale qu'il fallut, avant de le boire, le passer dans un linge.

Le 12, après avoir traversé Van-Stades-rivier, nous arrivâmes à deux villages considérables formés de cabanes, disposées en demi-cercle. Les habitans, au nombre de deux ou trois cents au moins, venoient en foule admirer nos voitures. Notre tabac étoit une espèce d'aimant pour ces bonnes gens : après en avoir reçu un petit morceau, ils s'en alloient très-contens chez eux ou dans la campagne. La plupart avoient des peaux de veau et non pas de moutons, comme presque tous les autres Hottentots.

Leur simplicité m'amusoit beaucoup : parmi les objets que nous avions apportés du Cap pour capter leur bienveillance et récompenser leurs services, les miroirs attiroient sur-tout leur attention et nous procuroient des scènes très-plaisantes : il s'y regardoient l'un après l'autre, quelquefois plusieurs en-

---

(1) Voyez page 130.

semble, et se mettoient à rire à gorge déployée : les plus curieux regardoient derrière ce miroir et étoient bien étonnés de n'y trouver personne.

Toute cette horde nous parut composée d'hommes bien faits, bien adroits et braves. Ils se parent d'aigrettes qu'ils font avec les crins de la queue de différens animaux, ou avec leurs cheveux. Quelques-uns portent des courroies de peau, des perles ou grains de verre, qui faisoient plusieurs fois le tour de leur corps : mais leur ornement favori consiste en plaques de cuivre ou de laiton poli, ovales, longues ou carrées; ils les nettoient fort bien et se les attachent avec des cordons, soit aux cheveux, au front, sur la poitrine, ou même sur la nuque du col et aux fesses. Quand ils en ont beaucoup, ils en mettent tout autour de leur tête.

Mon compagnon de voyage avoit sur lui un des médaillons destinés aux peuples du pôle méridional, et dont on avoit eu soin d'approvisionner les vaisseaux destinés à faire des découvertes dans ces parages. Il donna ce médaillon à un Caffre, qui nous témoignoit la plus grande confiance : ce cadeau lui fit tant de plaisir, qu'il voulut nous accompagner, et ne nous quitta qu'à notre retour dans sa horde : pendant tout le voyage, il portoit son brillant médaillon suspendu au milieu du front.

Leur costume étoit à-peu-près le même que celui décrit plus haut (1). Les uns avoient un sac de peau, de forme conique, avec quatre petites bandes de peau passées autour du corps, et dans lequel ils conservoient leur tabac : d'autres se paroient de colliers de coquillages, qu'on nomme *pucelages* ou monnoie de Guinée (2), enfilés dans une corde, à l'extrémité

---

(1) Voyez page 229.
(2) *Cyprea moneta*. C'est une espèce du genre des porcelaines. Elle est ovale, un peu déprimée, longue de sept lignes, large de quatre lignes ou un peu plus; blanchâtre ou jaunâtre, bleuâtre sur le dos lorsqu'elle est dépouillée, bordée, noueuse, avec une

de laquelle pendoit une écaille de tortue qui renfermoit de la graisse de *boukou*, avec laquelle ils se frottent; ils avoient presque tous une poignée de javelots à la main.

Leurs cabanes sont couvertes de nattes de jonc aussi fortement tissues que leurs paniers, dans lesquels ils portent de l'eau ou du lait sans en perdre une seule goutte.

Le pays qu'habite cette horde de Caffres est rempli de toute sorte de gibiers, et conséquemment très-dangereux, à cause des bêtes féroces : nos bœufs de trait, qui pouvoient d'un moment à l'autre devenir la proie du lion, nous causoient de bien vives inquiétudes.

Nous trouvant trop foibles et trop peu armés pour résister, en cas d'attaque, aux naturels, dont nos Hottentots n'entendoient que bien imparfaitement la langue, nous essayâmes d'enrôler ici avec nous, une bande de Hottentots à qui nous promîmes du tabac et différens colifichets de leur goût, avec l'assurance de tuer autant de buffles qu'il leur en faudroit pour leur consommation : nous en eûmes bientôt plus que nous n'en voulions, et notre troupe se monta tout-à-coup à plus de cent personnes.

Le 10, nous séjournâmes dans le pays de Krakakama, qui est riche en pâturages, en bois, et qui abonde en toute sorte de gibiers, que les colons laissent assez paisibles. On y trouve des buffles, des éléphans, des licornes (1), des zèbres (2), divers antilopes, et sur-tout des troupeaux nombreux de gazelles (3).

---

gibbosité sur le dos. Les nègres en ornent leurs bonnets, leurs colliers, et s'en servent en outre comme d'une sorte de monnoie. *Lam.*

(1) Qu'est-ce que M. Thunberg entend ici par licorne ? Celle des anciens est un animal fabuleux ; la dent ou corne du narval (*monodon*) passoit pour lui appartenir. *Lam.*

(2) *Zebra zvagga, equus quagga.*

(3) *Capra doreas.*

De Krakakama-Valley nous descendîmes jusqu'au rivage de la mer, qui est couvert d'une immense quantité de buissons et même de bois de haute-futaie, habités par des troupeaux de buffles, qui paissent l'herbe des environs.

Après-midi, dès que la grande chaleur fut passée, nous fîmes une chasse avec quelques-uns de nos Hottentots, pour tuer les buffles nécessaires à l'approvisionnement de notre nombreuse suite. Un troupeau composé de cinq à six cents bêtes (1) paissoit à peu de distance du bois : comme ils avoient la tête baissée en mangeant, nous n'étions plus à trois cents pas d'eux quand ils la levèrent et nous fixèrent : il falloit être déjà un peu familiarisé avec ces animaux pour ne pas craindre de trop fixer leur attention : afin de ne point les effrayer, nous restâmes un moment tranquilles ; ils se remirent paisiblement à brouter : nous profitâmes de leur insouciance pour nous en approcher davantage : à la distance de quarante pas ils nous regardèrent encore d'un air fier et intrépide. Nous crûmes qu'il étoit tems de les mettre en joue : six seulement de notre bande, les trois Européens et trois Hottentots, étoient armés de fusils ; les autres Hottentots n'avoient que des javelots. Nous fîmes feu tous à-la-fois, et à l'instant le troupeau étonné du bruit et du feu, tourna le dos et s'enfuit vers le bois. Cette déroute offroit un spectacle qu'il est plus aisé de se représenter que de peindre. Les buffles blessés se séparèrent du reste de la bande et prirent une autre route. Un vieux taureau qui avoit reçu un coup de feu, vint droit sur nous : il auroit été inutile de vouloir l'éviter par la vîtesse des jambes, mais il y a un moyen plus sûr quand on a le champ libre ; c'est de se jetter de côté : car le buffle, malgré la grosseur de sa tête, n'ayant que de très-petits yeux ne voit guère que devant lui, et perd de vue son ennemi, dès que celui-ci se voyant serré de près, se met à plat-ventre d'un côté

---

(1) *Bos caffer.* Le zébu ou le petit bœuf de Bélon. *Buff.*

ou de l'autre : nous employâmes la même ruse pour nous soustraire aux poursuites du taureau furieux. Il passa très-près de nous sans nous voir, et tomba avant d'avoir gagné un petit bois peu éloigné.

Cependant nos autres Hottentots suivoient de leur côté une femelle mortellement blessée ; ils avoient tué un veau avec leurs javelots.

En revenant de leur course, ils trouvèrent notre vieux buffle abattu ; la balle étoit entrée dans la poitrine et avoit pénétré très-avant dans le corps, ce qui ne l'avoit pas empêché de galopper l'espace d'une centaine de pas. Il étoit d'un gris noirâtre, sans un seul de ces poils noirs que l'on voit aux jeunes. Je ne pouvois enjamber par-dessus son corps ; il falloit que je sautasse. Dès que nos conducteurs eurent commencé à le dépecer, nous cherchâmes les morceaux les plus charnus pour les saler, et fîmes un excellent repas sur le lieu même. Je m'attendois à lui trouver une chair coriace et dure ; mais je fus étonné de sa délicatesse et de son bon goût ; il étoit aussi tendre qu'un jeune buffle. Nous abandonnâmes les restes, la vache et le veau à nos Hottentots, qui se les partagèrent. Ils allumèrent un grand feu pour y faire rôtir différens morceaux, d'abord les jarrets et les os des cuisses qui leur firent un repas délicieux ; ils pendirent les boyaux et des morceaux de viande aux branches des arbres voisins, et avoient ainsi l'air d'être au milieu d'une boucherie. Vers la chûte du jour, mon camarade & moi, nous regagnâmes nos voitures. En route, nous rencontrâmes cinq lions, qui n'étoient pas à cent pas de nous ; ils nous fixèrent et voulurent bien se retirer paisiblement dans le bois.

Après avoir attaché nos bœufs aux roues de nos chariots, tiré deux coups de fusil et allumé différens feux autour de notre campement, pour éloigner les éléphans et les lions, nous nous couchâmes avec un fusil chargé de chaque côté, et reposâmes sous la protection de l'Être suprême.

Tome I.

Ces précautions sont indispensables quand il s'agit de bivouaquer au milieu de ces campagnes, dont les sauvages et les bêtes féroces semblent s'être partagé l'empire ; les premiers pendant le jour, et les autres pendant la nuit.

Le 15 au matin, je m'avançai dans la forêt pour voir si les différentes espèces de bois qui la composent portoient des fleurs ; mais la saison n'étoit pas encore assez avancée. Je trouvai la forêt si épineuse et si épaisse, qu'il n'y avoit pas moyen de s'y frayer un chemin : ses habitans ne contribuoient pas à la rendre très-sûre. Nous vîmes, auprès des mares, des traces toutes fraîches des pieds des buffles, de la fiente d'éléphans, de licornes et autres animaux.

Les zèbres, les couagas, les condomas et les gazelles (1) restent dans la plaine et vont par grandes troupes.

Nous continuâmes de marcher jusqu'à Swarts-Kops-rivier, à peu de distance de la chaudière à sel ; nous y restâmes pendant la plus grande chaleur du jour. Nous jouîmes ici d'une des plus belles vues du monde.

La chaudière à sel de Swart-Kop étoit alors plus belle que pendant tout le reste de l'année. C'est une vallée longue d'un quart de mille suédois, large d'un demi-quart. L'eau, dans le milieu, avoit à peine deux aunes suédoises de profondeur. Des bois garnissent les bords de cette vallée, qui est plus ovale que ronde. Je mis une demi-heure à tourner tout autour en marchant très-vîte. Le terrain du voisinage est sablonneux, mais au-delà on trouve différentes portions composées d'une ardoise pâle, feuilletée.

Cette chaudière, comme je l'ai déjà observé, n'est pas très-profonde ; une couche unie de sel en tapisse le fond ; la surface ressemble à un étang couvert d'une glace claire au milieu de l'été et sous des climats brûlans. L'eau a une salure dépouillée

---

(1) *Equus zebra, equus zvagga, capra doreas, capra strepsiceros.*

de toute espèce d'amertume : à mesure que la chaleur du jour la fait évaporer, un sel fin se cristallise sur sa surface, et forme des espèces d'écailles qui tombent ensuite au fond. Le vent les pousse quelquefois sur les côtés, et si on les recueilloit, on auroit un sel extrêmement fin et pur.

Cette chaudière commence à être à sec du côté du nord-est ; elle est un peu plus pleine vers le sud-ouest, parce qu'elle penche de ce côté. A l'ouest elle s'alonge en s'étrécissant comme un long canal.

Les naturalistes ne seront pas moins étonnés que nous-mêmes de trouver un étang aussi grand et aussi riche en sel, à une grande distance de la mer et sur une hauteur considérable relativement au niveau de celle-ci. Ce sel ne provient donc pas de l'eau de l'Océan, mais de la pluie qui tombe au printems, et qui s'évapore dans l'été. Tout le fond du pays est salé ; la pluie entraîne ce sel du haut des éminences voisines, et l'eau se rassemble dans la vallée inférieure. Elle s'évapore d'autant plus lentement, qu'elle est plus imprégnée de sel. C'est ici le magasin de tous les colons qui habitent Lange-Kloof, Kamdebo, Kankoa et les environs.

On m'a encore parlé de deux autres chaudières à sel peu éloignées d'ici, mais qui ne produisent rien avant d'être entièrement desséchées.

Différens insectes s'étoient noyés dans cette eau salée : je recueillis ceux que je n'avois pu me procurer vivans sur les buissons. Nous ne restâmes là que peu de tems, car nous craignions sans cesse de voir sortir de ces taillis quelque lion incivil, et plus friand qu'ami des savans.

Nous avions laissé en partant quelques Hottentots pour garder nos bœufs tandis qu'ils paissoient : à notre arrivée, ces fidèles gardiens dormoient profondément, aussi peu inquiets pour eux-mêmes que pour les bestiaux.

Nous fîmes encore un petit bout de chemin avant la chûte

du jour, et nous passâmes la nuit à Kuka, auprès d'un ruisseau salin, dont l'eau étoit presqu'entièrement évaporée. Il n'y restoit qu'une espèce de saumure.

Nous fûmes bien étonnés de trouver ici un pauvre colon qui s'y étoit établi avec sa femme et ses enfans pour augmenter son petit troupeau. Notre présence glaça d'effroi ces bonnes gens; ils se crurent dénoncés au gouvernement pour avoir franchi les frontières.

Toute cette famille demeuroit sous une petite cabane de feuillages et de branches entrelacées; une petite tente dressée auprès de cette cabane leur servoit de cuisine.

Nous entrâmes dans cette habitation, et ils nous traitèrent de leur mieux. Nous leur demandâmes un peu de lait doux. Mais à peine fûmes-nous assis, que le plat devint absolument noir par l'immense quantité de mouches dont il étoit couvert. Elles se mirent à faire un bourdonnement qui nous empêchoit de nous entendre. Dans tout le cours de mes voyages je n'en ai jamais tant vu dans un si petit local.

Nous abandonnâmes aux mouches une partie de notre repas, afin de n'être pas dévorés par elles, et nous préférâmes de coucher auprès de nos voitures, devant un grand feu : nous nous endormîmes au bruit du rugissement des lions.

Le lendemain nous allâmes camper auprès de la grande rivière de Sondag (1). Les campagnes voisines sont sèches et maigres.

Nous commençâmes à nous appercevoir ici que notre nombreuse escorte de Hottentots étoit considérablement diminuée : ils nous avoient successivement quittés à mesure qu'ils avoient trouvé du gibier pour se régaler. La désertion étoit devenue encore plus considérable à l'approche du désert où nous devions manquer à-la-fois de gibier et d'eau : la circonstance devenoit embarrassante; nous nous trouvions presque seuls; les bœufs

---

(1) Rivière de dimanche.

de mon compagnon de voyage étoient attaqués de la démangeaison : les uns boitant tout bas, les autres hors d'état de tirer. Nous crûmes devoir consulter nos conducteurs sur le parti que nous avions à prendre : ils nous assurèrent que nos bêtes ne seroient jamais en état de nous conduire à travers un pays sec et désert, chez les colons Hottentots de Sneeberg (1) et dans le Camdebo.

Des Hottentots Gonaquas, à qui nous demandâmes des renseignemens sur ces contrées, nous dirent que les campagnes étoient déjà trop desséchées, et que nous aurions à faire des marches très-longues et très-pénibles, pendant lesquelles nous ne rencontrerions que des eaux salées.

Le Sneeberg que nous avions le projet de visiter, est un pays très-élevé et environné de montagnes; il doit son nom au froid, et la neige s'y conserve toute l'année. Quand les habitans ne peuvent résister à la rigueur de la saison, ils descendent dans ce qu'ils appellent le pays bas. Celui de Tambuggès est à l'orient de Sneeberg, plus loin au nord, au-dessus du pays des Caffres, et limitrophe d'une nation de petite stature, moins cuivrée que les Hottentots et avec des cheveux crépus : on nomme ce peuple *les petits Chinois*.

Le pays des Caffres commence à Grootevisch-rivier (2). Cette nation cultive une espèce de pois et de fèves et une houque ou sorgho (3). Elle possède de superbes troupeaux.

Après avoir fait la revue de toutes les plantes que nous avions recueillies ici et à Kukakama, vers la fin de la journée, quand la chaleur commençoit à tomber, nous songeâmes à notre retour : mais pour ne pas prendre le chemin par lequel nous étions venus, nous résolûmes d'aller à Van-stades-rivier, et nous arrivâmes heureusement à Zoekee-rivier.

---

(1) Montagne à neiges.   (3) *Holeus*.
(2) La grande rivière poissonneuse.

Les environs de Van-stades-rivier produisent les plus beaux arbres que l'on connoisse dans tout le pays. Il y en avoit cependant fort peu en fleurs.

Le bois de zagay (1) dont les Hottentots et les Caffres font les manches de leurs javelots, est ici très-abondant ; ses petites fleurs commençoient à se développer : nous avions le pénible plaisir de voir des papillons voler sur la cime des arbres sans pouvoir en attraper un seul.

Pendant notre marche, je remarquai un amas de branches d'arbres, sur lequel les Hottentots, en passant, jettoient encore d'autres branches. J'appris que c'étoit le tombeau d'un Hottentot.

Nous restâmes quelques jours chez Jacob Kok, pour faire sécher les feuilles les plus épaisses et les plantes les plus juteuses de notre collection : nos bœufs profitèrent de ce séjour pour se reposer et reprendre un peu d'embonpoint.

Quoiqu'on ait planté de la vigne ici et du côté de Krumrivier, les raisins n'y parviennent pas à leur maturité et ne produisent qu'un vin si aigre qu'on ne peut même le boire. Les paysans en font de l'eau-de-vie, qu'ils vendent avec beaucoup d'avantages.

Comme les réformés ne célèbrent pas les fêtes de Noël, et qu'ils continuent de vaquer à leurs travaux ordinaires, nous poursuivîmes notre marche pendant ces fêtes, pour nous rendre à Krum-rivier et à Lange-Kloof, vis-à-vis la ferme de Thomas Frère, auprès de laquelle passe un chemin propre aux voitures et qui aboutit à Sitsi-Kama.

Les cultivateurs suppléent ici d'une étrange manière à l'usage des brouettes, qu'ils ne peuvent établir faute des outils nécessaires. Ils transportent l'engrais de leurs jardins dans des sacs faits de peaux de veau ou de mouton.

---

(1) *Curtisia faginea.*

RETOUR AU CAP.

Du 28 décembre 1773, au 14 janvier 1774.

Nous arrivâmes le 28, chez Hannes Olofson, et nous en partîmes à cheval pour passer la montagne à droite et nous rendre chez Anders Olofson, à Riet-valley, dans la Caménassie, pays étroit, situé entre les montagnes, et parsemé d'éminences. Il est aussi élevé que Lange-Kloof, mais sec et maigre.

Les Hottentots me montrèrent ici une plante qu'ils nomment *nenta* (1) et qui passe pour être le poison des moutons, aussi-bien qu'un buisson du même genre (2), mais qui appartient à une autre espèce.

Le 29, nos chevaux nous conduisirent chez Pierre Jordans, à peu de distance des bains chauds d'Olifant et de la rivière orientale des éléphans.

Le chemin traverse les campagnes de Carro, qui n'ont que peu d'eau, peu d'herbes, et où il n'y a que quelques buissons.

Celui que les Hottentots nomment *Kon* (3) est un ficoïde qui a une grande réputation parmi eux; ils viennent de très-loin en chercher la racine, la tige et les feuilles, les écrasent et

---

(1) *Zygophyllum herbaceum*. C'est une nouvelle espèce de fabagelle dont M. Thunberg n'a pas encore publié les caractères. Au reste, je ne suis pas étonné qu'elle soit regardée comme un poison pour les moutons, ainsi que la fabagelle à feuilles sessiles; car j'en connois d'autres espèces que les troupeaux ne veulent jamais brouter. Il y a apparence que toutes les espèces de ce genre ont une certaine âcreté qui les rendroit nuisibles aux bestiaux qui les brouteroient. *Lam.*

(2) *Zygophyllum sessilifolium*.

(3) *Mesembryanthemum emarcidum*. Ce ficoïde est encore une espèce inconnue des botanistes, et dont M. Thunberg leur procurera sans doute la connoissance. L'usage qu'en font les Hottentots, augmente l'intérêt que ce végétal inspire par lui-même, *Lam.*

les tordent comme du tabac ficelé ; ils le laissent ensuite fermenter et le conservent pour en mâcher, sur-tout quand ils ont soif. Peu de tems après la fermentation, il procure l'ivresse. *Kon* signifie tabac à mâcher.

Les colons l'appellent *racine de Canna :* elle ne croît que dans les lieux les plus arides et les plus secs : les Hottentots des environs en font un article de commerce avantageux. Ils préparent cette plante, et vont au loin l'échanger contre des bestiaux et autres marchandises. Car n'ayant pas d'idée même de la monnoie, tout leur commerce se fait en échange.

Le 30, nous visitâmes les bains chauds qui jaillissent à quelques brasses du pied de la grande chaîne de montagnes. Les pierres sont imprégnées d'une espèce de mine de fer noir, qui ressemble à du mâchefer.

Toute la terre des environs est brunâtre. Le pied même de la montagne est constitué en grande partie de pierres blanches, molles.

L'eau est très-chaude, mais non pas tout-à-fait bouillante ; de manière qu'on peut se baigner à la source. On compte trois bains : le plus grand, situé à l'orient, est alimenté par plusieurs sources ; il a une brasse de largeur, et c'est celui dont on se sert le plus communément.

L'autre, à quelques brasses de distance de la première, sur la gauche, n'a qu'une seule source, dont l'eau est très-chaude et presque bouillante.

La dernière et la plus petite est à quelques brasses de la seconde. La pluie ou la sécheresse ne produit pas le moindre effet sur ces sources ; il n'y a, selon les colons, que le tonnerre qui les fasse augmenter.

L'eau est couverte d'une pellicule mince et bleue ; les feuilles du voisinage ont une légère teinte d'ocre ; l'eau a un goût ferrugineux, mais peu d'odeur. En été, elle devient blanchâtre et noircit le *china*, ce qui prouve qu'elle renferme des principes ferrugineux.

ferrugineux. On n'emploie pas cette eau à la préparation des alimens ; mais on pourroit y laver le linge sans craindre de le tacher.

Les bords de ces fontaines sont constitués d'une terre fort légère, brunâtre. Elle renferme des portioncules brillantes de fer et des cristaux de sel extrêmement fins. Le bois même s'en ressent. Plusieurs morceaux que je vis dans l'eau, outre l'ocre dont nous venons de parler, étoient recouverts d'écailles fort minces, cassantes, et même un peu brillantes. Les paysans les prenoient pour de l'argent; mais ce n'étoit que du fer.

Les malades se baignent dans le courant, en s'y enfonçant plus ou moins. A peine s'y sont-ils plongés, que la circulation augmente et se précipite : alors ils risquent de s'évanouir. On ne peut prendre ces bains qu'avant le lever du soleil et après son coucher : pendant toute la journée ils sont d'une chaleur insupportable.

Je montai sur la cime la plus élevée de la montagne, pour observer le pays situé de l'autre côté. A peu de distance règne une chaîne de montagnes plus basses que celle où je me trouvois perché, et dont elle étoit séparée par un terrain aussi large que Lange-Kloof, entrecoupé de collines et de vallées : au-delà de cette chaîne de montagnes s'étendent les campagnes sèches de Carro, qui sont si vastes, que l'œil ne peut en mesurer l'étendue. Les paysans les traversent pour se rendre de Camdebo au Cap par Hex-rivier. On m'assura que du côté opposé ces stériles plaines sont bornées par des montagnes qui se prolongent jusqu'à Sneeberg (1). Ce sont les dernières de cette immense chaîne qui va du pays des Houtniquas et du défilé d'Artequas jusqu'au nord de Roodesand, aux gorges de

---

(1) Les montagnes de neige.

Cartous, et aboutit aux campagnes de Carro en traversant Boek-veld (1).

Les habitations des colons se trouvent dispersées au milieu de toutes ces montagnes, et dans les vallées qui les entrecoupent.

Les immenses campagnes de Carro commencent derrière la masse imposante de montagnes dont je viens de parler. Elles s'étendent en longueur du nord-ouest au sud-est; et en largeur, jusqu'à Rogge-Veld et Sneeberg (2). J'ai déjà observé que le manque d'eau empêchoit les hommes et les animaux de se fixer dans ces campagnes. On trouve après la saison des pluies, un peu d'eau saumâtre dans quelques trous. Les colons établis à Rogge-Veld et Sneeberg, profitent de ce moment pour traverser le désert et pour venir camper dans les endroits où il y a de l'eau ; ils sont obligés de marcher pendant dix ou douze heures de suite et avec beaucoup de vîtesse. Il faut aussi qu'ils connoissent bien les lieux où ils trouveront de l'eau ; car les Hottentots que l'on rencontre se gardent bien de les indiquer : ce sont des asyles qu'ils se réservent pour euxmêmes, dans le cas où ils se verroient poursuivis. Les chevaux ont beaucoup de peine à trouver de quoi subsister dans cette plaine aride ; mais les bœufs se contentent très-bien d'eau et de feuilles de buisson salées. Si, pendant le fort de la chaleur, on fixe les yeux sur cette immensité nue et aride, l'air paroît sautiller et pétiller comme la flamme.

Les Hottentots qui parcourent fréquemment les campagnes de Carro, ont plusieurs moyens d'appaiser leur faim et leur soif : j'ai déjà parlé de la vertu de la plante qu'ils nomment *kon* (3) : ils se servent encore de deux autres grosses racines

---

(1) La plaine des boucs ou des gazelles.
(2) Campagne à seigle, et montagne à neiges.
(3) Ou *Gnima. Mesembrianthemum emarcidum.*

pleines de jus et de suc : le *ku* et le *kameka* ou *barup*.
Pendant huit mois de l'année, il ne tombe pas ici une seule goutte d'eau. Quoique le climat soit brûlant, je ne puis comprendre comment le petit nombre de plantes et de buissons qui y croît encore, peuvent résister à cette sécheresse et à cette chaleur dévorante : les tiges et les branches ont l'air d'être desséchées; mais les feuilles toujours vertes, sont fort épaisses et contiennent un jus salé. Il y a grande apparence qu'elles pompent dans l'air, pendant la nuit, une certaine humidité qui les alimente. Le sol paroît brûlé ; il est constitué de terre grasse, de sel commun et d'élémens ferrugineux, dont il a la couleur jaunâtre. — Mais si nous n'y prenons garde, nous finirons par nous ensevelir avec le lecteur sous ces sables brûlans : il est tems de reprendre notre route.

Le premier janvier 1774, nous arrivâmes à l'habitation de Jan-Van-Stade, sans nous arrêter à celle de Gert-Van-Royen, ni de Van-Fors.

Nous ordonnâmes à nos Hottentots de prendre, avec les voitures, le chemin d'Artaquas, et de nous attendre à Riet-Valley, poste de la Compagnie, parce que mon compagnon et moi, nous avions fait la partie de traverser à cheval la plaine de Carro. Cette brillante entreprise fut plus pénible qu'heureuse. A peine engagés dans ces sables, où l'on ne reconnoît aucun vestige de pied humain, nous nous égarâmes, et bientôt nous ne sûmes plus quelle direction prendre pour avancer ou retourner sur nos pas. Nos chevaux étoient rendus, le soleil baissoit, et nous n'appercevions aucun indice d'habitation. Après la chûte du jour, perdant alors toute espérance, nous nous décidâmes à passer la nuit dans une espèce de vallée, auprès du lit d'un petit ruisseau, où il restoit encore un peu d'eau : quelques arbres croissoient sur les bords. Nous dessellâmes donc nos montures et nous leur attachâmes un pied avec leur bridon, pour les empêcher de s'écarter. Nos fusils nous servirent à allumer un grand feu avec des buissons de canna (1). Nous nous couchâmes ensuite auprès de ce feu, avec nos selles sous la tête, pour nous servir d'oreiller ; mais le froid nous empêcha de dormir, quoiqu'il ne fût pas très-vif : la grande chaleur de la journée nous le rendoit très-sensible, de manière que nous nous levions de moment en moment pour nous chauffer : en outre, ce feu autour duquel nous faisions la pirouette, ne remplissoit pas notre estomac : cependant aucun gibier ne se présentoit. Prévoyant cette disette, j'avois mis dans ma gibecière quelques biscuits et du sucre candi, qui nous furent d'un grand secours.

Au lever de l'aurore nous crûmes n'avoir qu'à reprendre nos chevaux ; mais ils avoient disparu. Je ne peindrai pas quel fut alors notre embarras, au milieu d'un désert où nous courions les plus grands dangers. Fatigués de parcourir inutilement la vallée, nous montâmes, tout hors d'haleine, sur les plus hautes collines, et nous découvrîmes enfin nos misérables chevaux qui s'étoient écartés, pour chercher sans doute de meilleurs pâturages. Nous les sellâmes promptement et tirâmes vers les montagnes, auprès desquelles nous trouvâmes un paysan si indigent, qu'il possédoit à peine de quoi se mettre à couvert.

Nous reposâmes bien toute la nuit : le lendemain nous nous engageâmes dans le défilé d'Artaquas, à l'extrémité duquel nos gens et nos voitures nous attendoient. Une autre chaîne de montagnes commence ici, et n'est séparée de celles d'Artaquas que par le défilé. En sortant de ce défilé, par Groote-Paarde-Kraal (2), on découvre la campagne de Carro, située derrière la première chaîne de montagnes.

Tout le terrain depuis le défilé d'Artaquas jusqu'à la rivière

---

(1) *Salsola aphylla.* Linn. fils. Suppl. page 173.
(2) La grande ferme aux chevaux.

de Camtour, est depuis peu de tems couvert d'habitations ; il n'en existoit pas une seule il y a vingt-trois ans.

En 1750, le gouverneur Tulbagh y envoya une karavanne pour se procurer une connoisance exacte du pays et de ses habitans. Ce respectable gouverneur, dont les colons reconnoissans conserveront long-tems le souvenir, ne s'occupoit que des moyens de concilier les intérêts de la Compagnie avec le bonheur de ses compatriotes, et essayoit de tems en tems à faire des découvertes et à pénétrer de plus en plus dans l'intérieur du pays.

La karavanne dont il est ici question, étoit composée de cent-cinquante soldats tirés de la garnison de la citadelle, de deux bourgeois et d'un officier, nommé Beetlav, qui présidoit à l'expédition. La Compagnie fournit onze voitures, la quantité suffisante de bœufs de trait, sans compter ceux qui étoient destinés à être mangés ; enfin les provisions et munitions nécessaires. Les voyageurs devoient pousser jusqu'au pays des Caffres, de-là à celui des Tambugis, et revenir par Sneeberg et Camdebo. Mais ils manquèrent complètement leur but, par la faute de l'officier, homme aussi stupide qu'orgueilleux. Il traita tous ses compagnons de voyage avec une dureté révoltante. Il fit battre la caisse le long de la route, de manière que deux paysans chargés de fournir du gibier à la karavanne, ne purent tuer une seule pièce. Quand il s'agissoit de bivouaquer quelque part, il faisoit, avec les voitures, une enceinte circulaire, dans laquelle on enfermoit les animaux et on dressoit les tentes.

Arrivé au pays des Caffres, il donna un bonnet de grenadier au capitaine, et un autre à son frère ; ce qui excita une petite guerre parmi les Caffres.

Sa plus belle opération et la plus utile pour le service de la Compagnie, fut d'en faire graver les armes sur une grosse pierre qu'on plaça dans le port de Swart-Kops-rivier (1). Comme il n'y avoit pas encore d'habitations de l'autre côté du défilé d'Artaquas, ni conséquemment de chemin, la troupe fut souvent obligée de tirer ses voitures à force de bras, dans les endroits les plus périlleux. Ce voyage pénible et inutile, dura huit mois. De retour au Cap, le commandant fut cassé.

D'Artaquas-Kloof, nous allâmes nous reposer un jour à Gouds-rivier, parce que nos bœufs de trait étoient vivement attaqués de la maladie de la démangeaison. Mon compagnon en abandonna un qui se trouvoit absolument hors d'état de marcher. Il faisoit une chaleur affreuse : jamais je n'en ai ressenti une aussi vive dans tout le cours de mes voyages. Les colons fermoient leurs portes et leurs volets pour se procurer un peu d'ombre et de fraîcheur : les oiseaux ne voloient qu'avec peine, et l'air qu'on respiroit sembloit dévorer les entrailles. Le thermomètre de Fahrenheit monta probablement à plusieurs degrés au-dessus de cent.

Les jours suivans nous continuâmes de marcher, et nous séjournâmes à Riet-Walley (2), autant pour nous reposer que pour visiter de nouveau Groot-Vaders-Bosch (3). Comme l'été approchoit, car nous étions déjà au 14 janvier, nous espérions trouver les arbres en fleurs; mais ils n'étoient pas beaucoup plus avancés qu'à notre premier passage ; nous apperçûmes seulement quelques boutons prêts à éclorre.

Deux bûcherons abattoient des arbres dans ce bois, pour le compte de la Compagnie. Ils les traînoient ensuite dans des endroits où on les chargeoit sur des charriots : on attache une corde à l'arbre et on le fait tirer hors du bois par des bœufs; c'est l'unique moyen praticable dans des endroits aussi escarpés.

---

(1) Rivière de la tête noire. (3) Bois du grand-père.
(2) Vallée des roseaux.

1774. RETOUR AU CAP.

N'espérant plus de revoir ce bois, je voulus non-seulement emporter des branches et des feuilles de la plupart des arbres qui le composoient, mais prendre des renseignemens sur leur usage et leurs vertus.

Le bois de fer noir (1) est dur et de résistance : on en fait des essieux et des timons.

Le bois jaune (2), dont la couleur indique le nom, est beau : on en tire des planches et des poutres pour les bâtimens; des armoires, des portes, des chassis de fenêtres, et des baquets à beurre.

Le bois de camassie (3) n'est qu'un buisson, dont on ne tire conséquemment que de petites pièces, qui servent à l'ébénisterie : on en fait aussi des rabots; c'est le bois le plus fin et le plus pesant que je connoisse.

Le poirier rouge (4) s'emploie aux caisses des voitures, aux essieux et aux avant-trains.

Celui de boukou (5) est excellent pour les roues des voitures.

Celui d'aulne rouge (6) sert au même usage : on en fait aussi des chaises.

Le frêne (7) est un grand arbre, d'un bois dur et serré, avec lequel on fait des outils.

Il y a deux sortes de bois puant (8), le blanc et le brun : ce dernier est magnifique, d'une couleur obscure, avec des

---

(1) *Gardenia rothmannia* (*svarte eyzerhout*).

(2) *Ilex crocea* (*geel hout*). Nova species.

(3) *Kamassie hout*.

(4) *Roode peer*.

(5) *Olea Capensis* (*buku hout*).

(6) *Cunonia Capensis*. Voyez-en la figure et les détails dans mes *Illustr. des genres*, pl. 371. *Lam.*

(7) *Ekebergia Capensis* (*essen hout, essemboom, Houtniquas essen*).

(8) La seconde sorte de bois puant dont il est ici question, est peut-être la même que le bois puant de l'Isle de France, qui constitue un genre particulier de la famille des myrtes, genre que j'ai publié sous le nom de *Fetidia*, et dont j'ai donné une figure dans mes *Illustr.* pl. 419. *Lam.*

flammes. Il ressemble au noyer : on en fait des armoires, des pupîtres, des chaises, des tables et autres meubles de ménage : travaillé nouvellement, il exhale une mauvaise odeur; mais il la perd avec le tems, sur-tout si l'on a soin de l'exposer à l'air.

L'olivier (1) est fort pesant et d'une couleur brune. Les villageois ont des chaises de ce bois qui sont fort pesantes : il est excellent pour la construction des moulins.

Le catjepireug sauvage est une espèce de bois dur, dont on façonne des massues.

Le frêne blanc est excellent pour faire des caisses de voitures, des planches de charriots, et même des armoires : les cordonniers découpent leur cuir sur des planches de ce bois.

On établit encore des paniers ou caisses de voitures, et des jougs pour les bœufs de tirage, avec le bois noir d'écorce (2).

On fait des roues et des caisses de voitures avec le sophora du Cap (3).

On taille des tasses et des formes de cordonniers dans l'amandier sauvage (4).

L'assagai ou javelot des Hottentots et des Caffres, a donné son nom au bois qu'on y emploie : on en fait aussi d'excellens timons de voitures (5).

Les jantes des roues et les jougs de bœufs, sont en général de bois épineux (6), qui procure aussi d'excellens charbons ; ainsi que le bois à voiture, avec lequel on se chauffe (7).

---

(1) *Olea Europæa.*
(2) *Royena villosa.*
(3) *Sophora Capensis.* C'est mon *virgilia Capensis*, figuré dans mes *Illustr.* pl. 326, f. 2.
(4) *Brabeium stellatum.* Arbre de la famille des protés, et dont il a déjà été question dans ce voyage. Les Hottentots mangent son fruit, et s'en servent quelquefois au lieu de café.
(5) *Curtisia faginea.* Voyez l'*hortus kewensis*, vol. I, page 162.
(6) *Mimosa nilotica.*
(7) *Protea grandiflora.*

Les

1774. RETOUR AU CAP.

Les corroyeurs préparent leurs cuirs avec l'écorce d'un protée (1) qu'ils nomment kreupel-boom.

Le bois à cuiller indique assez son usage ; il sert en effet à fabriquer des cuillers, des écuelles et autres ustensiles de ménage.

Un bel ornithogal croît en abondance sur les collines ; sa longue pointe fleurie fait l'ornement des champs. On dit qu'il abonde sur-tout de quatre ans en quatre ans.

Je terminerai cette nomenclature par celle des plus grands arbres de cette forêt, et qui sont aussi les plus grands de toute l'Afrique. Ce sont les suivans :

Olea Capensis.
Tarchonanthus camphoratus.
Ilex crocea.
Cunonia Capensis.
Curtisia faginea.

Brabeium stellatum.
Ficus Capensis.
Sophora Capensis.
Mimosa nilotica.
Ekebergia Capensis (2).

Nous nous rendîmes le 18, par Swellendam, à l'habitation de Stein.

Le 19, nous passâmes le bac au confluent de Breede-rivier et de Zon-der-rivier (3), dans le défilé d'Hessaquas, non loin de la ferme de Gillenhuysen. Nous nous arrêtâmes chez Vollen-Hoven. Ici se termine la montagne que nous avons vu commencer à Roodesand : en face de l'endroit où nous étions, la montagne de Swellendam fait un coude.

Le 20, nous dirigeâmes notre marche vers Tyger-hoek (4),

---

(1) *Protea speciosa.* Thunb. n°. 53. Je ne connois pas cette espèce ; mais je soupçonne que c'est la même que mon *protea barbata.* Illust. n°. 1228.

(2) Je suis étonné de ne pas trouver dans cette liste le *protea argentea*, la seule espèce connue de son genre qui forme véritablement un arbre, et dont l'élévation ne le cède pas à celle du brabei. *Lam.*

(3) La rivière large et la rivière sans fin.

(4) Coin du tygre.

sans nous arrêter à l'habitation de Melk. Ce poste appartient à la Compagnie; elle y entretient une immense multitude de vaches pour se procurer le beurre nécessaire. On coupe beaucoup de bois dans les environs pour le compte et pour la consommation de cette Compagnie. Les bûcherons ont la permission d'abattre un peu de bois de menuiserie pour supplément à leur paie : mais on n'accorde pas cette faveur aux colons. On leur abandonne la forêt d'Houtniquas; quelquefois le Gouvernement exige qu'ils soient munis d'une permission par écrit, pour laquelle ils paient cinq rixdalles.

La chèvre ou gazelle bleue (1) est une espèce particulière à la contrée; sa couleur est blanche, mêlée de noir. On assure qu'il arrive souvent à cet animal de négliger ses petits, qui deviennent alors la proie des bêtes fauves; ce qui occasionne, dit-on, la rareté de cette espèce. Sa chair paroît avoir meilleur goût que les autres.

Quoique les zèbres (2) soient ici très-communs, il est défendu d'en tuer, sous peine de cinquante rixdalles d'amende: quand on en prend un vivant, il faut l'offrir au gouverneur. Les vieux se laissent prendre rarement et ne s'apprivoisent jamais. Les jeunes même sont très-difficiles à élever; et quoiqu'ils paroissent très-familiers, il ne faut pas s'y fier.

De ce poste nous allâmes à un autre dans Zoete-melks-valley (3), auprès de l'habitation de George Linde. Ce poste est gardé par vingt-quatre hommes et un sergent, pour surveiller la coupe des bois des environs. La Compagnie tire surtout des vallées qui séparent les montagnes, la majeure partie du bois nécessaire pour ses chantiers et ses bâtimens. On en conduit chaque mois trois grandes charretées au Cap. Les bû-

---

(1) *Capra leucophræa.* Antilope *leucophræa.* Gmel. La chèvre bleue. Buffon, Supplément, volume VI, page 194. (*Tseiras, blauwe back.*)
(2) *Equus zebra.*
(3) Vallée du lait doux.

cherons ont également ici la permission d'abattre et vendre un peu de bois à leur profit. Les bœufs traînent les grandes pièces de bois. Ces transports donnent un mal incroyable. Après avoir abattu un grand arbre, on le laisse sur terre, sécher pendant quelque tems ; ensuite on le façonne sur place. On prépare même dans la forêt, les bois de fusil, les manches de haches ; mais ces manches ne sont que dégrossis.

J'eus l'occasion ici de voir comment on prépare la paille de bled pour couvrir les maisons. On se contente de battre cette paille avec ses épis sur un bloc de bois ; le grain et l'épi tombent. Cette manière de battre le bled est infiniment plus lente que quand on y emploie des chevaux ; mais elle conserve la paille entière et égale.

Le 24 nous passâmes auprès de Zickenhuys, petit poste de la Compagnie. Il dépend du premier, situé à Zoete-Melks-valley. Il n'est gardé que par deux hommes. Nous visitâmes ensuite l'habitation de Groene-Val et Gyllenhuysen, auprès de Svart-rivier. C'est ici que se terminent les montagnes noires qui commencent auprès de l'habitation de Groene-Val. Elles ne sont pas excessivement hautes.

Le 25, nous allâmes à Baden-Horst et à Bejier, auprès de Booter-rivier.

Je tirai ici un chat tacheté de noir (1). Sa peau avoit une telle odeur de musc, que l'ayant pendue dans la voiture pour la faire sécher, je ne pus en supporter l'odeur. C'est pourquoi les chiens se décident difficilement à donner la chasse à cet animal.

Auprès de Kleine-hout-hœk, derrière Fransche-Hœk, commence la chaîne de montagnes dont nous reconnûmes l'extrémité au défilé d'Hessaquas. En avant de la montagne de Groote-

---

(1) *Vivera*. C'est le genre qui comprend la civette et la genette de Buffon. L'espèce dont parle ici M. Thunberg est peut-être le *vivera tigrina* de Gmelin, n°. 22. *Lam.*

Hœk se prolonge une chaîne de montagnes qui suit le rivage de la mer jusqu'à Mussel-Bay. Derrière ces montagnes on apperçoit une autre côte qui finit entre les habitations de Gyllenhuysen et Groene-Val, vis-à-vis la ferme de Baden-Horst. Je remarquai une pointe élevée, nommée *la tour de Babel*. Ces deux chaînes ne tiennent pas aux autres montagnes, mais en sont séparées par une langue de terre unie auprès de Booter-rivier.

Le 26, à Groote-Hout-Hœk-Palmut et Steenbrasens-rivier, ensuite à Hottentots-Hollands-Berg, où l'on a bâti plusieurs habitations.

Cette montagne est remplie de babouins, singes de la grande espèce, et qui sont très-méchans. Quoiqu'ils ne soient pas plus gros qu'un dogue, ils ont une queue longue à-peu-près comme la cuisse. Ce singe parvient lentement à sa pleine croissance et vit très-long-tems. On l'attache très-difficilement, car il ronge le fer même. Il faut plusieurs chiens pour attraper ces singes, un seul n'en viendroit jamais à bout. Cet animal étant extrêmement alerte, il prend son adversaire par les pattes de derrière et le fait tourner jusqu'à ce qu'il tombe étourdi ; il le déchire cruellement avec ses griffes et ses dents ; enfin il se défend avec beaucoup de vigueur et d'opiniâtreté.

Après avoir descendu cette montagne, nous franchîmes différentes collines escarpées, et nous entrâmes dans la plaine qui nous conduisit au Cap.

SIXIEME PARTIE.

Séjour au Cap : du 27 janvier au 29 septembre 1774.

CHAPITRE PREMIER.

Envoi en Hollande ; arrivée de différens navires.

NOTRE voyage avoit duré cinq mois ; et quoique nous n'ayons pas été aussi loin que nous le desirions, nous arrivions en ville un peu tard pour expédier nos paquets en Europe par les vaisseaux. Je mis donc toute la diligence possible à l'arrangement de mes oignons, de mes graines, insectes, oiseaux empaillés et autres objets rares, destinés aux jardins et aux cabinets d'Amsterdam, de Leyde et de Leuwarden.

Je pus cependant profiter de la première flotte de retour pour envoyer une partie du fruit de mes courses. Le reste suivit ce premier envoi par les vaisseaux qui partirent successivement. On sait que c'est pendant les quatre premiers mois de l'année que le commerce du Cap est dans la plus grande activité. A cette époque les vaisseaux européens vont aux Indes ou en reviennent. On compte quelquefois en rade vingt ou trente navires.

Parmi ceux qui vinrent cette année de Hollande, il y en avoit un qui avoit fait la traversée la plus malheureuse dont on eût peut-être entendu parler. Après avoir long-tems louvoyé le long des côtes d'Afrique, il avoit si bien perdu ses vents, par l'ignorance du capitaine, qu'il fut obligé de surgir à Angola, après avoir relâché à Walwisch-Bay. Il ne lui restoit plus que neuf hommes en bonne santé : tout le reste de l'équipage étoit mort ou sur les cadres : le scorbut n'avoit épargné personne : en outre on avoit saigné tous les malades de manière à faire périr les plus vigoureux, et ils avoient été traités avec une insouciance peu commune, même sur les bâtimens de la Compagnie. L'on avoit administré à la plupart des remèdes contraires à leurs maladies. Un matin, on annonça qu'il en étoit mort quatre pendant la nuit : quand on se mit à les coudre dans la serpillière, un de ces malheureux remuoit encore ; à la vérité il ne tarda pas à rendre les derniers soupirs. Une autre fois on avoit cousu cinq morts, déjà deux avoient été coulés sur la planche ; quand on y plaça le troisième, il s'écria, tout enveloppé qu'il étoit : *Monsieur le pilote, je ne suis pas mort. — Comment,* dit celui-ci d'un ton railleur, *le sais-tu mieux que notre chirurgien?*

On a reproché avec juste raison, au capitaine et aux deux chirurgiens du vaisseau leur ignorance et leur insouciance. Tout le monde sent combien ce reproche étoit fondé. Aussi le second chirurgien fut-il sévèrement puni, et peut-être encore moins qu'il ne le méritoit. Le premier avoit eu la sage prévoyance de mourir en route.

C'est peut-être ici l'occasion de remarquer que le capitaine paie deux schelings pour chaque malade que l'on transporte de son vaisseau à l'hôpital ; mais il a le droit de retenir sa ration pour dédommagement.

CHAPITRE II.

Établissement des Hollandois au Cap de Bonne-Espérance.

Il y a environ trois cens ans que les Portugais découvrirent le Cap de Bonne-Espérance, et en eurent la jouissance exclusive pendant plus de cent ans. Les vaisseaux de la Compagnie hollandoise des Indes orientales vinrent s'y rafraîchir pendant plus d'un demi-siècle, sans songer à s'en emparer ou à y faire quelque défrichement : ainsi l'établissement de cette colonie ne date pas de plus de cent vingt ans. Ce ne fut qu'en 1650 que des vaisseaux de la Compagnie, à leur retour des Indes orientales, traitèrent avec les Hottentots qui leur cédèrent leur pays natal pour quelques rafraîchissemens. Un chirurgien de la flotte, nommé Jan-van-Riebeck, qui étoit versé dans la botanique, visita le pays avec beaucoup d'attention : le climat lui ayant paru excellent, et le territoire susceptible d'être défriché, et capable de produire toutes sortes d'herbes potagères et d'arbres fruitiers, il proposa aux directeurs de la Compagnie d'y former un établissement.

L'affaire mise en délibération, il fut arrêté que l'on enverroit Jan-van-Riebeck, en qualité d'amiral, avec une flotte de quatre vaisseaux munis des matériaux de construction, des ouvriers nécessaires, et des grains de toute espèce.

Arrivé au Cap, van-Riebeck acquit des Hottentots un terrain sur lequel on construisit une forteresse, une douane et un hôpital. Ainsi furent jettés les premiers fondemens de cette magnifique et riche colonie, plus glorieuse à la vérité pour le génie actif des Hollandois que pour leur humanité.

J'épargne au lecteur les différentes traditions sur le prix du premier terrain et sur son étendue : en général on fait monter cet achat à cinquante mille florins de Hollande, en marchandises ; on y a ensuite ajouté trente mille autres florins : il est très-possible que cette somme ait été passée en compte à la Compagnie, mais peu probable que les Hottentots aient seulement touché la moitié du montant. On prétend aussi que ce terrain s'étendoit jusqu'à Mossel-Bay ; mais ce qui prouve la fausseté de cette assertion, c'est que dans le tems même que van-Riebeck étoit gouverneur du Cap, les plus grandes découvertes des Hollandois ne s'étendoient pas au-delà de la montagne qui porte son nom (1), et qui est encore à quelque distance de la longue chaîne des montagnes. S'il m'est permis d'énoncer ici mon opinion, je dirai qu'il me semble que les acquisitions des Hollandois étoient renfermées entre la montagne de la Table et Zout-rivier (2), ensuite la Compagnie a augmenté son territoire au point où nous le voyons maintenant, et comme elle fait encore chaque jour.

La citadelle étoit d'abord construite en terre et en bois : en 1664 on la reconstruisit en pierres de taille, en la revêtissant de remparts et de fossés. On éleva aussi à Zout-rivier, la redoute Keer des Koe, ainsi nommée parce qu'elle sert à protéger les bestiaux de la Compagnie, qui paissent dans les environs : il y a là des gardiens qui empêchent qu'ils ne passent le ruisseau et qu'ils ne soient volés par les Hottentots ou même par les colons. On a même établi à l'extrémité de la redoute, une écurie de cinquante chevaux, pour avoir les moyens de poursuivre les Hottentots qui courent avec une agilité (3) in-

---

(1) *Riebeck-kastel*. Château de Riebeck.

(2) Rivière à sel.

(3) Tout le monde connoît le trait cité par Rousseau, dans les notes de son *discours sur l'origine et les fondemens de l'inégalité parmi les hommes*. Les Arabes Bédouins ne sont pas moins alertes que les Hottentots. *Note du rédacteur.*

concevable.

DES HOLLANDOIS AU CAP.

concevable. Cette redoute et une autre que van-Riebeck fit construire à Constantia, furent les premiers établissemens de la Compagnie. Les Hollandois n'avoient pas alors des projets aussi vastes que ceux qu'ils ont réalisés depuis : leur unique but étoit le défrichement et la culture d'un terrain capable de fournir des rafraîchissemens à leurs vaisseaux : la bonté du climat, la fertilité de la terre et la foiblesse des habitans aiguillonnoient leur ambition ; ils résolurent de donner de l'extension à cette colonie naissante : le Gouvernement engagea plusieurs Européens à s'établir au Cap. On leur donna en propriété pour eux et leurs héritiers à perpétuité, de belles et bonnes terres qu'ils se chargèrent de défricher. Bientôt après on fit passer au Cap de jeunes filles nubiles, tirées de la maison des orphelins, pour augmenter la colonie. Dans les commencemens, les habitans reçurent à crédit les ustensiles nécessaires à la culture de la terre. Des encouragemens si multipliés et si sages, ne pouvoient manquer d'accélérer les progrès de cette nouvelle colonie : on vit bientôt des habitations à Stellenbosch, à Drakenstein, où les Français réformés et chassés de leur pays, s'établirent par préférence. Ensuite on franchit la montagne jusqu'à Roodesand ; quoique maigre et sablonneux, le Svart-Land se couvrit d'habitations : enfin depuis trente ans surtout, la colonie s'est accrue avec une rapidité surprenante ; elle occupe aujourd'hui toute l'étendue du pays situé entre Roodesand, la montagne des Hottentots Hollandois et Swellendam, et elle embrasse Mussel-Bay, Houtniquas, Lange-Kloof, Krum-rivier, Camtous-rivier, Boeke, Rogge-Veld, Camdebo, et les montagnes de neige.

Cette colonie se subdivise en trois autres, qui sont :

1°. La colonie du Cap, qui est composée de la ville de ce même nom, de sa paroisse et de son église, de Paarl, sa paroisse et son église, de Tygerberg, &c., jusqu'à Mossel-Banks-rivier et Bay-Falso.

2°. La colonie de Stellenbosch, à huit milles environ du Cap, et fondée en 1670, par le gouverneur Simon Vander-Stell. C'est une espèce de village qui a une maison de justice et une église : son territoire s'étend depuis la montagne du Tygre, jusqu'à la montagne des Hottentots Hollandois et Bay-Falso, et du côté du nord, jusqu'à Paarl et Mossel-Bank.

3°. Celle de Dracken-stein, fondée en 1670, si près de Stellenbosch, qu'elle auroit pu en dépendre ; on l'a érigée en colonie, plus pour flatter l'amour-propre d'un gouverneur que par nécessité.

CHAPITRE III.

État politique du Cap.

Le gouverneur et sept conseillers forment le conseil supérieur, chargé de protéger le commerce de la Compagnie, et administrer toute la colonie. Ce conseil est indépendant du gouvernement qui a l'inspection de tous les autres établissemens hollandois dans les Indes orientales.

Le conseil de justice connoît de tous les délits et des crimes commis dans l'étendue de la colonie. Le commandant de la garnison en est le président né, le gouverneur n'y a pas voix délibérative, il ne fait qu'apposer sa signature aux arrêts de mort.

Il y a encore deux autres juridictions ; l'une à Stellenbosch, qui renferme dans sa dépendance quatre paroisses avec leurs quatre églises ; savoir, Stellenbosch même, Drackenstein, Svartland et Roodesand : l'autre est Swellendam ; elle n'est formée que d'une seule paroisse, qui, quoique bien étendue, n'a encore ni église ni prêtre.

On n'exigera pas de moi que je décrive tous les genres de

gaspillages exercés par les différens agens de ces administrations ; il suffira d'en citer quelques exemples.

On avoit planté dans le jardin de la Compagnie, une superbe allée de châtaigniers qui avoient très-bien réussi ; ils étoient devenus grands et touffus ; ils formoient un berceau ; le gouverneur les a fait abattre pour employer ce bois à faire des meubles : à la vérité on les a remplacés par de la charmille, qui ne procurera jamais au jardin le même agrément que les arbres auxquels on l'a substituée. Cette destruction n'a pas été moins douloureuse pour les habitans du Cap, que la perte des animaux rares de l'intérieur de l'Afrique, et rassemblés dans le jardin par les soins du respectable Tulbagh. Un de ses successeurs bien moins aimé que lui, les a fait lâcher dans la campagne, où ils sont devenus la proie des bêtes féroces.

Le nouvel hôpital dont j'ai déjà parlé, n'étoit pas beaucoup plus avancé cette année que la précédente : en effet, l'ouvrage ne pouvoit pas aller bien vîte ; car sur quatre-vingt-dix ouvriers qui devoient y travailler, une partie ne faisoit absolument rien, les autres étoient employés à d'autres travaux que l'on passoit sur le compte de l'hôpital. A la vérité le gouverneur a plusieurs belles maisons, une dans la ville, enclavée dans le jardin de la Compagnie, deux autres hors l'enceinte des murailles, près Nieuwland et à Rondebosch. Ces deux dernières sont des maisons de plaisance : il se proposoit d'en faire construire une troisième à Bay-Falso.

Cependant ces maisons ne leur appartiennent pas en propre ; car depuis le commencement du siècle, époque où le gouverneur Vanderstell s'empara des meilleures portions de la contrée, et détourna à son service différens employés de la Compagnie, prévarications qui furent également nuisibles aux habitans de la ville et aux colons, il a été défendu aux gouverneurs d'avoir des maisons de campagne à eux appartenantes ; on les obligea même de vendre celles qu'ils possédoient : cette défense s'étendit sur tous les employés en chef de la Compagnie. Ils n'ont maintenant aux alentours du Cap, que de petites maisons où ils vont prendre l'air, mais qui ne leur produisent aucune denrée à vendre, ou pour leur consommation. Cette privation est amplement compensée par des privilèges pécuniaires très-lucratifs.

Le gouverneur perçoit cinq pour cent sur les marchandises qui entrent dans la ville, ou qui en sortent, sur les grains, le beurre, &c. deux et demi pour cent, sur l'argent de la caisse.

Le directeur de la douane, quatre pour cent.

Le commissaire de l'hôpital, cinq pour cent.

L'officier des ventes publiques, cinq pour cent sur toutes les marchandises exposées à la folle enchère.

Toutes ces gratifications n'entrent pas dans les appointemens qu'on leur paie chaque mois.

Les beaux jardins de la Compagnie à Nieuwland, fournissent des légumes frais à l'hôpital et aux vaisseaux. De mon tems elle ne payoit un mouton en vie que quatre schillings de Hollande, tandis que les habitans de la ville achetoient cette viande un schilling les douze livres.

Je ne dois pas laisser échapper l'occasion de faire une remarque qui honore à mes yeux l'administration du Cap, quoique, tout bien considéré, ce ne soit véritablement qu'un acte de justice. Je me trouvois logé avec beaucoup d'officiers de vaisseaux, et j'observai que le pilote, qui payoit moins que le capitaine, parce que ses appointemens sont plus foibles, n'étoit pas cependant moins bien nourri et servi que celui-ci.

Les maîtres sont responsables des sottises de leurs esclaves, et paient le dommage qu'ils peuvent avoir causé aux voisins. L'amende se monte souvent à la moitié du prix de l'esclave, en outre il est puni corporellement.

Quand les valets de la Compagnie commettent quelque faute, on les bat; les bourgeois paient seulement une amende. La première punition n'est utile que pour les mœurs, l'autre est très-intéressante pour le fiscal, à qui les amendes appartiennent.

Les habitans du Cap ne se marient pas tout-à-fait avec les mêmes formalités que les autres Hollandois; en outre, les divorces sont très-communs, et s'y font sans des raisons bien positives de part ou d'autre.

Je connoissois un nommé Saidiyn, qui avoit été soldat pendant dix-sept ans, et qui tenoit un cabaret où le peuple alloit boire et danser : sa femme, d'après les dépositions de plusieurs témoins, fut convaincue d'avoir des liaisons intimes avec un tambour : le mari fit ses plaintes et obtint une séparation; mais la femme en fut bien encore mieux débarrassée, car ce malheureux, après avoir remboursé une vigoureuse bastonnade, fut envoyé à Batavia sans pouvoir jouir de sa fortune.

Je vis un chapelier de la ville, célibataire, qui avoit des enfans de deux de ses esclaves noires : en qualité de père, il réclama le baptême pour les fils de l'une, qui furent en effet libres et baptisés, tandis que les autres restèrent esclaves et non baptisés.

Les cabarets sont bien moins nombreux au Cap qu'en Europe, parce que là, chacun a du vin en cave pour régaler ses amis et pour sa propre consommation : cependant il y en a toujours quelques-uns où le peuple va boire et danser, quoiqu'ils ne ressemblent guère à ceux d'Europe; car ce ne sont proprement que des salles de danse, où des musiciens se rendent tous les soirs pour amuser la jeunesse. Le vin s'y vend très-cher, et l'on n'en prend que pour payer sa place à la danse : toute espèce de jeu y est défendue, et l'on ne danse que jusqu'à une certaine heure de la nuit; alors chacun se retire chez soi tranquillement, sans commettre aucune incartade; la garde de nuit n'en toléreroit pas, et le gouverneur trouve son intérêt à ne pas les laisser impunies.

CHAPITRE IV.

Occupations de l'Auteur pendant son séjour au Cap.

Je consacrois tous mes momens de loisir à visiter les collines, les montagnes et les plaines des environs de la ville, et je me faisois presque toujours accompagner d'un esclave de louage, qui portoit un livre, et tout ce qui m'étoit nécessaire pour conserver des graines et des plantes. Cette année, le chirurgien de l'hôpital me donna pour porter tout ce bagage, un homme qui sortoit de cet établissement, et qu'une suite d'aventures avoit conduit vers cette pointe méridionale de l'Afrique : il me dit qu'il étoit né en Allemagne, et qu'il avoit beaucoup voyagé pour son commerce ; il avoit séjourné en Hollande, en France et en Angleterre, où il s'étoit établi pour vendre des médicamens et quelques préparations chymiques. Ce nouveau genre de commerce l'avoit obligé à faire un voyage en France ; mais une tempête l'ayant poussé sur les côtes de Hollande, il y avoit fait naufrage et perdu toute sa fortune : se trouvant sur le rivage, abandonné de la nature entière, il avoit vendu ses boucles à jarretières pour regagner Amsterdam. Un ancien ami qui le reconnut, lui offrit du secours ; et sous pretexte de lui procurer une auberge, il le conduisit chez un de ces infames marchands de chair humaine, dont nous avons déjà tracé une légère esquisse. En arrivant dans cette prétendue auberge, son ami avoit demandé de l'eau-de-vie, du vin et de la bonne chère, qu'ils avoient mangée ensemble ; celui-ci en se retirant, reçut deux ducats du maître de la maison : le lendemain, l'autre n'eut plus la liberté de sortir, faute de pouvoir payer la dépense faite avec son ami. Tous les renseignemens qu'il put donner furent inutiles, et on l'embarqua. Ses réclamations n'eurent pas plus de succès auprès du directeur, au moment de la revue, parce qu'il se trouvoit encore moins en état de rembourser au marchand, toutes les avances qu'il en avoit reçues : il fallut donc partir pour le Cap, où il arriva malade. Il obtint sa liberté peu de tems après être sorti de l'hôpital, et retourna en Europe sur un des vaisseaux qui se trouvoient à la rade.

L'hiver de cette année fut très-rigoureux; il dura pendant les mois de juin, juillet et août : le 6 juillet, les montagnes du Diable et de la Table étoient encore blanches par la neige et la grêle qui les couvroient : il y eut même de la vigne et des légumes gelés dans beaucoup d'endroits.

Des vaisseaux nouvellement arrivés de Hollande, apportèrent la nomination du baron Van-Plettemberg au gouvernement du Cap et de la colonie; il ne tarda point à prendre possession de sa nouvelle dignité.

Je reçus pour mon compte des nouvelles non moins importantes : outre les lettres par lesquelles mes patrons m'accusoient la réception de tous mes envois, et me témoignoient toujours la même bienveillance, ils y avoient joint une somme suffisante pour payer les dettes que j'avois contractées pendant un séjour de deux années.

Un vaisseau anglois destiné pour le Bengale, nous amena une Angloise d'un bien rare mérite. Madame Monson avoit entrepris ce long et pénible voyage, pour ne pas se séparer de son époux qui alloit rejoindre un régiment des Indes, dont il étoit nommé colonel, et pour étudier l'histoire naturelle. Pendant son séjour au Cap, cette savante fit elle-même plusieurs belles collections, sur-tout dans le règne animal : M. Masson et moi étions souvent de ses promenades; et comme j'eus le bonheur de contribuer à augmenter ses richesses en histoire naturelle, elle voulut que j'acceptasse une superbe bague, comme un gage de sa reconnoissance. Madame Monson pouvoit avoir soixante ans; elle savoit plusieurs langues, entre autres le latin : elle avoit amené à ses dépens un artiste qui dessinoit les objets d'histoire naturelle les plus rares.

Le gouvernement du Cap ayant résolu d'envoyer cette année un vaisseau à Madagascar, pour y acheter des esclaves, le gouverneur me proposa de faire ce voyage, en qualité de premier chirurgien : j'aurois eu le plus grand plaisir à visiter cette isle immense et célèbre, si depuis long-tems je n'eusse conçu le projet de parcourir la partie septentrionale de l'Afrique : je remerciai donc le baron de Plettemberg, et lui présentai, pour me remplacer, mon compatriote et ami, M. Oldenburg, qui, depuis deux ans, faisoit des voyages pour se perfectionner dans la botanique. M. Oldenburg fut reçu en qualité d'assistant ; mais il ne put résister à la chaleur du climat, et périt dans cette isle mal-saine.

Il m'en coûtoit beaucoup de laisser échapper une occasion qui probablement ne se représenteroit jamais, l'isle de Magadascar étant sur tout si peu connue ; mais j'avois formé le dessein de visiter complètement l'extrémité de l'Afrique, dans tous ses points et dans toutes ses dimensions, et j'avois vu différens objets provenant de ces contrées, qui augmentoient encore mon envie. Entre autres choses, le conseiller Berg m'avoit montré une plante singulière (1), qu'un colon lui avoit envoyée, comme curiosité rare : on la nomme dans le pays, *Jackals-Kost* (2). En anatomisant ses fleurs, je vis que c'étoit une des

---

(1) *Hydnora Africana. Aphyteia hydnora.* Linn. fils, Supplém. page 301. C'est en effet une plante bien singulière, en ce qu'elle n'a ni tige ni feuilles, et qu'elle ne consiste qu'en une grande fleur sessile, qui sort de la terre, comme la clandestine. Cette fleur est solitaire, droite, charnue, coriace, infundibiliforme, semi-trifide. On rapporte cette plante à la monodelphie triandrie, dans le système sexuel. Voyez-en la figure dans mes *Illustrat.* pl. 586, d'après celles de M. Thunberg et de Gærtner. *Lam.*

(2) Le manger du Jacal.

plantes

plantes les plus intéressantes que j'aie découvertes jusqu'alors. Il n'en falloit pas davantage pour me déterminer à presser mon départ, afin de pouvoir examiner cette plante, et plusieurs autres, dans leur pays natal.

Je fis donc les mêmes préparatifs que les années précédentes, et j'eus pour compagnon de voyage M. Masson, maître jardinier anglois, qui n'avoit pourtant pas envie de faire cette année de longues courses.

SEPTIEME PARTIE.

Du 29 septembre 1774, au 1ᵉʳ mars 1775.

CHAPITRE PREMIER.

Voyage à Rogge-Veld : du 29 septembre au 3 décembre.

Le 29 septembre je partis pour mon troisième voyage dans l'intérieur de l'Afrique.

Après avoir passé Zout-rivier et Mossel-Banks-rivier, nous descendîmes à Vischerhoek, ferme à grain appartenant à la Compagnie, et dont le gouverneur a la jouissance : on y avoit semé cette année quatre-vingts tonneaux de grains.

Les bestiaux de cette ferme avoient la maladie des urines : on l'attribuoit à (1) l'euphorbe génistoïde.

Les colons employoient avec beaucoup de confiance, des coquilles d'œufs d'autruches, pulvérisées et mêlées avec du vinaigre ; ils en faisoient prendre une tasse aux bêtes malades. Les graviers de la résine d'euphorbe, qui s'attachoient à l'urètre, sortoient quelquefois tout blancs et de la longueur du doigt.

Le 30, nous nous rendîmes à cheval chez Matth. Greef, sur les bords de Mossel-Banks-rivier, en passant auprès de l'habitation d'Engelar.

Les petits buissons et les plaines basses et sablonneuses des

---

(1) *Euphorbia genistoïdes.* Berg. cap. 145. J'ai donné la description de cet euphorbe dans mon *Dictionnaire* (vol. II, page 430, n°. 66), d'après des exemplaires que j'ai reçus du Cap, par le naturaliste Sonnerat. *Lam.*

environs, nourrissent une grande quantité de lièvres; mais ils sont si secs, que malgré la facilité de s'en procurer autant qu'on voudroit, personne n'est tenté d'en tuer un seul.

Le melon d'eau des Hottentots a ici une grande réputation; c'est une racine pleine de jus, qu'ils nomment *Kou*, dont on fait de la farine, ensuite du pain.

Le 2 octobre, nous passâmes Mossel-Banks-rivier, et visitâmes successivement Georges Kutse et Abraham Bosman, au pied de la montagne de Paarl.

Quoiqu'elle ne soit ni haute ni longue, elle abonde tellement en sources, qu'elle peut fournir de l'eau aux habitations situées des deux côtés : il y a un grand moulin construit au bas.

L'église est bâtie sur la côte orientale de la montagne.

La plupart des habitans se bornent à la culture des vignes, dont les ceps ont, en général, une cinquantaine d'années, et produisent un vin délicat et savoureux; ils sèment peu de grains; leur terroir ne produit pas beaucoup, et ne nourrit que peu de bestiaux.

Nous restâmes deux jours pour visiter toutes les parties de la montagne : parvenus sur le sommet du côté de l'orient, nous vîmes un endroit nommé la cave de la Compagnie. C'est une grande grotte, assez creuse, située au-dessus d'une autre moins considérable : ces deux trous forment une espèce de cave voûtée, ouverte par les deux extrémités : il y règne une fraîcheur très-agréable.

On appelle diamans de Paarl, deux grandes montagnes nues, escarpées, et de forme presque conique. Leur base a une telle étendue, qu'il faut au moins une heure pour en faire le tour.

Le 5 chez Jean Van-Aarde, auprès de Paardeberg (1), qui

---

(1) Montagne du cheval.

est un peu plus haute que Paarl ; elle doit son nom aux zèbres, ou chevaux sauvages (1) du Cap, qui s'y trouvoient autrefois en grand nombre. Le gouvernement n'y conserve qu'une douzaine de belles bêtes, qui vivent très-paisiblement et qui ne sont pas du tout ombrageuses.

Le 7, à l'habitation de Losper.

Le 8, nous passâmes auprès de celles de Pierre Losper et de Jean Walther, pour nous rendre à la ferme de Breyers, non loin de Riebeck-Castel, fondateur et premier gouverneur de la colonie. Cette montagne est d'une hauteur considérable et fort escarpée de tous côtés.

Un jour, tandis que l'on dételoit nos voitures pour laisser paître nos bêtes, nous essayâmes nous deux mon compagnon de voyage, de monter sur le plus haut sommet de cette montagne ; nous commençâmes par une extrémité, et fûmes obligés d'en faire presque le tour, pour parvenir jusqu'à la cime : quand nous y fûmes arrivés, nous vîmes très-bien nos voitures directement sous nos pieds ; mais plusieurs escarpemens nous en séparoient, et nous croyions être obligés de reprendre le chemin par où nous étions venus. Il ne s'agissoit pas moins que de faire une course d'un mille ; cependant tout en nous promenant et en rassemblant des plantes rares, je trouvai un chemin beaucoup plus court, mais aussi plus dangereux, qui conduisoit de l'autre côté de la montagne ; c'étoit une crevasse longue de quelques brasses, et si étroite qu'une personne de taille et de grosseur médiocres, avoit peine à y passer; dans certains endroits elle étoit taillée à pic : je m'y hazardai, et en grimpant avec mes pieds et mes mains, je passai de l'autre côté, où je me trouvai à une portée de fusil de nos voitures. Mon camarade et son chien restèrent stupéfaits : tous deux auroient

---

(1) *Equus zebra.*

bien voulu me suivre, mais la hardiesse leur manquoit : le chien hurloit en faisant mille tentatives, sans oser cependant avancer. Cet acte de témérité me procura une très-petite plante que je trouvai dans une fente de la montagne, et que depuis j'ai inutilement cherchée par-tout ailleurs.

Le 11, au gué et au bac de Vlier-Muys : nous trouvâmes sur notre chemin, la ferme de Lombard, de Overholsen, et la montagne à miel, qui est basse et peu étendue.

Le 12, au dépôt des bestiaux de Wielhem-Burgen, auprès du gué et de la rivière de Matjes, que nos voitures passèrent dans un bateau et nos bêtes à la nage.

Le 13, j'observai un arc-en-ciel dont les couleurs étoient assez pâles; il étoit formé par un brouillard qui montoit.

Le 14, à l'habitation de Hanekamp, auprès de la montagne de Picket, dont la direction est ici du nord au sud; mais la partie du nord-est forme une courbure vers le nord-ouest : en outre, l'extrémité septentrionale de la montagne se prolonge jusqu'à la longue chaîne de montagnes, qui s'étend elle-même jusqu'au rivage de la mer. On voit aisément que la montagne de Picket a une direction absolument différente de toutes les autres montagnes, mais uniquement dans sa partie orientale; car vers le nord, elle ne s'écarte pas de la direction du sud-est au nord-ouest. Cette montagne plus haute que Riebeck-Castel, est très-escarpée, et même inaccessible dans plusieurs endroits de ses parties orientales et septentrionales.

Elle produit un buisson nommé *sand-olive* (1); il a un bois

---

(1) Olivier de sable. (*Dodonæa augustifolia*). On donne aussi à cet arbrisseau le nom de bois de reinette, parce qu'il a une odeur qui approche de celle de la pomme de reinette. Cet arbrisseau ressemble beaucoup au *dodonæa viscosa* de Linnée; mais ses feuilles sont plus longues et beaucoup plus étroites : elles sont linéaires, pointues, et pareillement visqueuses dans leur jeunesse. Voyez-en la figure dans mes *Illustrations*, pl. 304, f. 2. *Lam.*

dur qu'on fait sécher : la décoction de ce bois est purgative : on en prend contre la fièvre.

Les buissons dispersés sur ces plaines donnent retraite à un grand nombre de tigres : je n'ai pas entendu dire qu'ils aient commis de meurtre ; mais j'ai vu plusieurs personnes blessées par ces animaux. Ils préfèrent un bouc sauvage à un mouton. Plus rusés et bien moins généreux que le lion, ils ne manquent guère de sauter sur les personnes qui passent auprès du buisson dans lequel ils se couchent, sur-tout si l'on s'amuse à répéter *sa sa sa.*

On m'a raconté l'anecdote d'un esclave de Madagascar, qui, passant près d'un buisson, avoit été attaqué et grièvement blessé par un tigre : quoiqu'il eût perdu considérablement de sang, cependant il avoit eu la force de saisir son ennemi à la gorge, et de l'étouffer dans ses bras : on trouva les deux champions étendus par terre ; l'un mort et l'autre évanoui par la perte de son sang.

Le tigre du Cap est de la petite espèce, c'est-à-dire, à-peu-près de la grosseur d'un chien.

Les éléphans étoient autrefois très-nombreux dans ces campagnes, mais on les a détruits : cet énorme animal, haut de dix-huit pieds, n'a pas de meilleur asyle, quand on le poursuit, que l'eau ou des crevasses de montagnes.

A notre arrivée auprès de la montagne de Pieket, nous tuâmes une espèce de tourterelle (1) ; elles sont très-communes plus avant dans l'intérieur des terres ; mais il n'y a pas plus de sept ans qu'elles ont commencé à paroître si près du Cap.

Les environs de la montagne ne produisent que très-peu de stapelle quadrangulaire (2), plante abondamment garnie de

---

(1) *Roode turtel duyv,* tourterelle rouge. (*Columba Senegalensis.*) La tourterelle à gorge tachetée du Séné-gal. *Buff. Hist. nat. des Ois.* 2, p. 553.
(2) *Stapelia incarnata.* Linn. f. Suppl. 171. Cette stapèle, comparativement

branches, mais sans feuilles : les Hottentots la mangent après en avoir ôté la peau et les épines.

Vogel-Valley est une espèce de marais situé au pied de la montagne, vis-à-vis de Paarl; les bécasses et tous les oiseaux aquatiques y sont très-nombreux.

Les chemins sont ici sablonneux et pénibles, comme autour de Saldanha-Bay.

A peu de distance et au nord de la montagne de Picket, sont situées celles de Capitain-Kloof, de Drey-Fonteyn (1), et enfin celle des Babouins, dont les différentes branches s'étendent jusqu'au rivage de la mer.

Nous visitâmes la ferme de Carrel-Speck, située au bas de la montagne de Picket, celles de Gert-Smidt, et de Dirck-Kutse. Ici commence Verlooren-Valley, qui semble sortir du sein de cette longue chaîne de montagnes. Nous nous arrêtâmes chez André Greef.

Toutes ces fermes ont dans leurs dépendances des vignes, des terres labourables et de superbes jardins.

Je cueillis ici un citron qui en renfermoit un autre également garni de son écorce; mais aucun n'avoit de graine. L'écorce du citron intérieur avoit un goût amer.

Je vis aussi un œuf d'oie qui en renfermoit aussi un autre. Le premier avoit un jaune, le second n'en avoit pas.

Les autruches, qui sont ici très-nombreuses, font beaucoup de tort aux colons. Elles viennent par troupes manger les épis du froment sur pied, et ne laissent que la tige. Le corps de cet oiseau est à-peu-près de niveau avec la tête du grain ; et pour manger, il baisse le col, de manière qu'on ne peut l'ap-

---

aux autres espèces de ce genre, est remarquable par ses petites fleurs. Il est étonnant que les Hottentots puissent manger cette plante sans en être incommodés ; car presque toutes les plantes de la famille des apocins (et celle-ci est de ce nombre), contiennent un suc laiteux, gummo-résineux, purgatif ou émétique. *Lam.*

(1) Les trois fontaines.

percevoir : mais au moindre bruit il lève sa tête emmanchée sur son long col, et voit de très-loin. Il lui est donc très-aisé de prendre la fuite avant que le chasseur soit à portée de le tirer. Cet oiseau, en courant, a le port fier, et ne paroît pas se hâter, quoiqu'il marche très-vîte, sur-tout quand il a le vent bon; car alors il bat des ailes, et il est impossible que le meilleur cheval puisse jamais l'atteindre. Cependant quand il fait chaud, que le tems est calme, ou qu'on lui a cassé les ailes, il marche bien moins vîte.

Me promenant un matin à cheval, je passai auprès d'une femelle d'autruche qui couvoit; elle se leva et se mit à me poursuivre pour m'empêcher de voir ses œufs ou ses petits : dès que je retournois et que je poussois mon cheval de son côté, elle fuyoit; mais lorsque je continuois mon chemin, elle se remettoit à me poursuivre.

J'ai entendu dire ici aux paysans, que les œufs d'autruche renferment une ou deux pierres blanches et dures, grosses comme une petite fève, un peu plates et polies. On les taille et on les incruste pour faire des boutons : mais je n'ai jamais été assez heureux pour trouver une seule de ces pierres.

Nous vîmes ici beaucoup de perdrix dans plusieurs endroits; elles nous parurent peu sauvages, car tandis que nous marchions au trot, elles se contentoient de fuir en s'écartant un peu de la route, et nous pouvions à peine les joindre : mais alors elles prenoient leur vol en poussant des cris aigus.

Verlooren-Valley est le nom d'une petite rivière qui tire sa source de la chaîne des montagnes, et se décharge dans la mer. Ses bords sont couverts d'herbes, particulièrement de joncs et de roseaux (1) qui ont souvent plusieurs aunes de haut; ils empêchent même de voir l'eau dans plusieurs endroits. Une multitude innombrable d'oiseaux se cantonnent dans ce rempart impénétrable

---

(1) *Carex*, *arundo*.

nétrable de joncs, et y font leurs nids, particulièrement le héron hupé, le crabier bleu, ainsi que des canards et des poules d'eau (1). Cette rivière est étroite en beaucoup d'endroits; mais elle s'élargit à mesure qu'elle s'approche de la mer. Elle a même plusieurs trous extrêmement profonds. Elle se jette dans l'Océan vers le nord; et quand elle est basse, son embouchure paroît entièrement à sec et encombrée par le sable. L'eau y est stagnante. Plus on approche du rivage, plus on enfonce, et les joncs sont moins épais.

Cette rivière fait plusieurs détours et passe entre deux monticules peu élevées; son eau est douce et très-bonne : mais plus près de la mer, elle acquiert une certaine salure, surtout dans les tems secs. Nous séjournâmes sur ses bords, et y couchâmes plusieurs nuits à la belle étoile. Nous suivîmes son cours à travers des plaines maigres et sablonneuses, qui ne sont habitées par aucun colon. On n'y rencontre que quelques dépôts de bestiaux, presque tous confiés à des Hottentots.

A l'entrée de Verlooren-Valley, en face de l'extrémité même de la montagne de Picket, s'avance une chaîne de montagnes qui s'étend jusqu'au rivage où se termine Verlooren-Valley, et borde cette petite rivière.

Il sort aussi de la montagne de Pieket quelques branches de montagnes qui se terminent de l'autre côté de Verlooren-Valley.

Cette longue chaîne de montagnes, qui s'étend depuis le cap Falso, près de la montagne des Hottentots Hollandois, en traversant tout le pays, se termine ici en collines et en hauteurs éparses çà et là, de manière qu'on n'est pas obligé, dans cette partie septentrionale, de franchir cette chaîne de montagnes comme du côté de Roodesand et dans les défilés de Piekeniers.

Nous attrapâmes une innombrable quantité de vermines auprès d'une ferme où les Hottentots gardoient des bestiaux. Nous

---

(1) *Ardea major, cærulea. Anates, fulicæ.*

Tome I.

avions eu soin cependant de nous établir à une grande distance de leur demeure. Mais avant notre arrivée ils avoient probablement secoué leurs pelisses dans cet endroit. A peine y fûmes-nous assis pour profiter de l'ombre de nos voitures, selon notre coutume, que nous nous sentîmes assaillis de tous côtés ; nous fûmes très-occupés pendant plusieurs jours à nous délivrer de ces hôtes importuns.

Ces champs sablonneux et couverts de buissons, fourmillent de serpens. Il ne se passoit pas de jour que nous n'en prissions plusieurs : nous les conservions dans de petits barils pleins d'eau-de-vie. Tandis que nous étions assis à terre pour prendre nos repas, ils nous passoient entre les jambes ou entre les cuisses sans nous faire le moindre mal. Un entre autres s'entortilla autour de ma jambe gauche; je le secouai doucement sans qu'il me mordît. Un autre se glissa sous mon ventre tandis que je dormois étendu à terre, et passa ensuite sur les jambes nues d'un de mes camarades de voyage, couché auprès de moi, sans nous faire la plus légère piqûre. Je suis donc autorisé à croire que les serpens ne mordent qu'autant qu'on les foule aux pieds ou qu'on les provoque d'une manière quelconque ; alors ils sont obligés de se défendre. J'en ai beaucoup vu traverser le chemin très-pacifiquement, et passer même entre les jambes des chevaux.

Les taupes se creusent ici des trous nombreux et profonds, qui rendent même la route dangereuse pour les chevaux; quand ils y mettent les pieds, ils courent risque de s'abattre.

De Verlooren-Valley nous allâmes à Lange-Valley, rivière semblable à la précédente, mais bien plus petite. La longue et sèche campagne de Carro nous séparoit des montagnes, et il falloit la traverser pour nous rendre dans un endroit qu'on nomme Heeren-logement (1).

Le terrain est très-sec, les montagnes sont fort sablonneuses

---

(1) Logement des maîtres.

et les dépôts de bestiaux assez clair-semés : les colons n'y demeurent même pas ; mais ils ont à leurs gages des Hottentots chargés du soin de leurs troupeaux, qui forment l'unique richesse du pays, parce qu'il n'y croît rien. Il est trop maigre et trop sec pour qu'on puisse y faire seulement des jardins.

Le 25, avant de nous rendre au Logement des maîtres, nous trouvâmes sur notre route plusieurs petites vallées peu profondes, des vallées déjà desséchées par les chaleurs de l'été. Elles avoient un aspect singulier, à cause des couches d'argille de différentes épaisseurs que les eaux de la pluie avoient déposées. La couche la plus basse est ordinairement la plus grossière, et renferme des matières hétérogènes qui s'y trouvent déposées selon leur pesanteur. La couche supérieure étoit si fine et si sèche, qu'elle finissoit par s'attacher aux lèvres comme une pipe neuve.

J'ai rassemblé plusieurs de ces pierres et beaucoup d'autres, que j'ai envoyées au cabinet minéral de l'académie d'Upsal.

Je trouvai sur ma route une plante (1) que je cherchois depuis long-tems. Il n'y en avoit qu'un seul buisson, mais je ne l'oublierai pas. C'étoit une des plus chaudes journées de l'année ; nous craignions pour la vie de nos bêtes, et nous étions nous-mêmes, pour ainsi dire, enflés.

Le buisson dont je viens de parler étoit tout hérissé d'épines blanches, fragiles et polies. Quand mon compagnon et moi cou-

---

(1) *Codon royeni*. Ce codon constitue un genre particulier, qu'on peut rapporter à la famille des solanées. C'est une plante frutescente, toute hérissée d'aiguillons blanchâtres ; caractère qu'on a omis dans la première description qu'on en a publiée, et que j'ai rétabli dans celle que j'ai donnée dans mon *Dictionnaire* (vol. II, p. 62). C'est une particularité remarquable de trouver dans la famille des solanées, une plante dont les fleurs ont dix étamines, le calice et la corolle à dix divisions. Meerburg a figuré cette plante (*voyez* pl. 37), et Gartner (vol. II, page 87, t. 95) nous a donné les détails de son fruit. *Lam.*

rûmes à l'envi pour avoir les plus belles fleurs, nous nous piquâmes de manière à nous en ressentir pendant plusieurs jours.

Nous arrivâmes enfin au Logement des maîtres, harrassés de fatigue et n'en pouvant plus. Il est situé dans une vallée environnée de montagnes et d'une colline passablement haute, qu'il nous falloit traverser pour nous rendre dans une autre contrée aussi peu fertile que celle que nous venions de quitter.

L'endroit même désigné sous le nom de Logement des maîtres, est agréable, environné de petits bois, avec un ruisseau d'eau douce. A gauche, dans la partie occidentale de la montagne, est un grand trou, semblable à une salle; j'y montai et je trouvai les noms de plusieurs voyageurs écrits sur la muraille. Je visitai encore une autre grotte voisine de celle-ci, et beaucoup moins grande.

La première avoit une fente dans laquelle un arbre (1) avoit pris racine. Il étoit d'une très-belle venue et avoit plus de quatre aunes suédoises de haut. Il ne pouvoit cependant avoir d'autre eau que celle de la pluie, qui sans doute se conservoit dans la fente même.

Toutes les montagnes d'ici et des environs sont sèches, maigres, brûlées et couvertes de grosses pierres, nues et isolées les unes des autres.

Tandis que nous nous reposions et que nous laissions reprendre haleine à nos bêtes, un colon qui venoit d'Olifants-rivier, nous annonça qu'il y avoit sur la route que nous devions prendre, un lion nouvellement descendu des montagnes, qui avoit déjà poursuivi un Hottentot.

Comme nous n'avions pas d'autre chemin, il fallut bien nous décider à braver le danger. Le lendemain 26 nous nous mîmes en marche; et pour être mieux en état de défense, nous voyageâmes à cheval pendant toute la journée, avec notre fusil

---

(1) Probablement un *sideroxylon*.

chargé à balle sur notre épaule, et tout armé. Nous arrivâmes après la nuit close chez Pierre Vansecle à Olifants-rivier, où des gens très-affables envers les étrangers nous retinrent pendant quelques jours.

Toute la route est sablonneuse, et les éminences que nous franchîmes offrent des rochers nuds et une pierre de sable rougeâtre, composée de petites pierres qui semblent s'être réunies et condensées pour former le rocher, mais après avoir été polies par les vagues de la mer.

Plusieurs montagnes de cette contrée sont aussi plates en dessus que les montagnes de la Table. Elles se terminent derrière Olifants-rivier, avant de parvenir jusqu'au rivage dont elles sont séparées par une plaine nue et large d'une journée de chemin. Les montagnes de Boeke-Veld, situées de l'autre côté d'Olifants-rivier, finissent également sur le même rivage, par des escarpemens très-élevés et non pas en pentes douces.

On trouve ici des melons d'eau des Hottentots, nommés *kamerup*; c'est une racine remplie de jus. Ils mangent encore une autre racine de lobélie (1), qu'ils appellent *karup*. Ils ont aussi le talent de faire une liqueur enivrante en mêlant le jus de la racine d'une ombellifère (2) avec du miel.

Le colon me porta ses plaintes contre un oie sauvage (3) qui s'étoit fixé dans la grande rivière d'Olifant, tout près de l'habitation, et qui faisoit beaucoup de dégât dans ses bleds. Il avoit déjà tiré cet oiseau avec de la dragée, mais il ne l'avoit que légèrement blessé : cette mal-adresse n'avoit servi qu'à rendre l'oiseau plus sauvage et plus méfiant. Il s'envoloit de l'autre côté de la rivière, du plus loin qu'il appercevoit des gens de l'habitation, et personne ne pouvoit en approcher à la portée

---

(1) *Lobelia*.
(2) *Moore vortet*.
(3) *Anas Ægyptiaca*. C'est l'oie d'Egypte de Buffon, *Hist. nat. des Ois.* 9, page 79, t. IV, pl. enlum. n°⁵ 979, 982, 983. *Lam.*

du fusil. J'imaginai qu'en qualité d'étranger, je lui serois moins suspect. En effet, je le guettai si bien un certain jour, que je parvins à l'abattre, à la grande satisfaction de mes hôtes.

Comme nous avions à traverser, en sortant de cette ferme, une vaste plaine, unie et aride, notre digne hôtesse s'occupa de la meilleure grace du monde à nous faire des provisions de biscuit, de pain, de beurre, de viande fraîche, &c.

Nous mîmes notre bagage dans un bateau, pour le conduire de l'autre côté de la rivière, qui est ici très-large : nos bestiaux le suivirent à la nage en traînant nos voitures. Des bosquets composés de différentes espèces d'arbres ornent les bords d'Olifants-rivier. Je remarquai beaucoup de *mimosa nilotica* ou acacie d'Egypte.

Le 30 nous nous rendîmes à cheval au bas de l'extrémité des montagnes : la première et la plus avancée se nomme Wind-hoek (1); une autre, Maskauma. Nous mîmes pied à terre à un dépôt de bestiaux nommé *Trutru*, et appartenant à Ras.

Quoique j'aie déjà parlé plusieurs fois du melon d'eau des Hottentots, je ne parvins à voir cette racine qu'ici sur les côteaux d'alentour. Elle est presque ronde comme une boule, un peu jaunâtre et dure comme une rave. Elle a à-peu-près un quart d'aune de diamètre, un goût agréable et rafraîchissant. C'est un des mets favoris des Hottentots. Sa fleur n'étoit pas encore bien éclose, mais elle me parut tenir de la famille des apocynées (2), et au genre céropege ou périploque (3).

Les champs étoient absolument desséchés; il ne restoit de

---

(1) Coin du vent.

(2) *Contortæ.* Linnée, dans l'un de ses ordres naturels qu'il nomme *contortæ*, ayant confondu deux familles très-différentes, savoir, les apocynées et les rubiacées, puisqu'il réunit dans ce même ordre le *genipa* et le *gardenia* avec le *plumeria* et autres genres des apocynées, il convient de ne plus citer comme famille cet ordre des *contortæ*, parce que cela peut induire en erreur. *Lam.*

(3) *Ceropegia periploca.*

l'eau que dans les crevasses et quelquefois au pied des montagnes, et tout le pays en général est si maigre, qu'il n'y a pas moyen d'y former d'habitation.

Nous avions en face de nous la montagne de Bock-lands, qui se prolonge considérablement du côté de la mer, et qui forme plusieurs pointes droites et parallèles, qui ressemblent à autant de côteaux.

Le 31 nous continuâmes notre marche à travers le désert, qui devenoit de plus en plus aride. Dans une étendue de trois journées, nous ne trouvâmes que trois endroits où il restoit encore un peu d'eau salée. Comme ils sont à quelque distance du chemin, un étranger peut les passer sans s'en appercevoir, et risque ainsi de périr avec ses bêtes de somme. Nous rencontrâmes heureusement un villageois qui revenoit du Cap et qui suivoit le même chemin que nous; mais comme nos bêtes étoient trop fatiguées pour le suivre, je le priai de dresser un poteau dans les endroits où il faudroit faire halte, et surtout où nous pourrions trouver de l'eau, qui, quoique salée, n'en est pas moins précieuse au milieu de ces plaines arides.

Le même soir nous apperçûmes le premier poteau; c'étoit dans un endroit nommé Enkelde-dorn-boom-rivier (1). Mais le lendemain point d'indication, et conséquemment point d'eau. Nos bêtes n'en pouvoient plus de chaleur et de soif, et nous eûmes toutes les peines du monde à les conduire au bas de la montagne de Bocke-land (2), où nous n'arrivâmes que le soir, après avoir traversé une place nommée Leuwen-Dais (3) : nous y passâmes la nuit auprès d'un petit ruisseau d'eau fraîche, nommé Dorn-rivier (4).

Pendant l'hiver, dans la saison des pluies, les colons amènent

---

(1) La claire rivière d'aube-épine.   (3) Danse du lion.
(2) Terre des gazelles.   (4) Rivière aux épines.

leurs bestiaux dans ce canton, qui leur offre alors une nourriture abondante. Les moutons y deviennent quelquefois si gras, que leur viande n'est pas mangeable, et l'on tue toujours les plus maigres. Un boucher qui achète ici un troupeau entier, lui fait faire quarante ou cinquante milles pour le conduire au Cap; en arrivant à la ville, les moutons ont juste le degré de graisse nécessaire pour être bons à manger.

Toutes les montagnes prennent ici leur direction vers la mer, c'est-à-dire, du nord-nord-ouest au sud-sud-ouest. Leur sommet est si plat et si égal, qu'il paroîtroit avoir été nivellé.

A gauche commence une chaîne de montagnes peu élevées, mais qui s'étend très-loin le long du rivage de la mer.

Tout le pays de Carro abonde sur-tout en ficoïdes (1); il produit aussi quelques crassules, euphorbes et cotylédones (2).

Le bon et officieux colon dont j'ai déjà parlé, avoit eu la complaisance de nous prêter deux bœufs qui nous furent d'un grand secours pour descendre la montagne de Boeke-land. Les nôtres étoient trop épuisés pour soutenir une pareille fatigue. La montagne est si escarpée et tellement hérissée de petites éminences en ardoise, qu'il fallut employer plusieurs Hottentots autour de nos voitures. Ils les retenoient avec des cordages pour les empêcher de verser. Nous avions eu la précaution de n'y pas rester, et nous franchîmes cette montagne à cheval. Le sommet est presque taillé à pic, avec une surface plate et assez riche en herbe. L'air y est plus froid qu'en bas. En gravissant sur cette montagne, nous trouvâmes une espèce d'aloès (3); lorsque cette plante est parvenue à une certaine

---

(1) *Mesembryanthema.*
(2) *Crassulœ. Euphorbia* et *cotyledones.*
(3) *Dichotoma.* Cet aloès vient d'être figuré avec quelques détails dans le *Voyage de Paterson en Caffrerie*, planches 2, 3, 4 et 5. *Lam.*

grosseur,

grosseur, les Hottentots en creusent la tige et en font des carquois.

Le Boeke-Veld est situé entre le trente et le trente-unième degré de latitude méridional.

Enfin nous arrivâmes d'assez mauvaise humeur, et sur-tout bien fatigués, à la ferme de Clas Loper, que nous nous proposions de visiter l'année dernière; mais on doit se souvenir qu'un événement fâcheux nous empêcha de réaliser ce projet. Nous avions déjà trouvé en lui un guide fidèle et officieux; aussi nous ne fûmes pas étonnés de ses attentions et de sa conduite généreuse à notre égard pendant plusieurs jours qu'il nous retint chez lui : c'étoit un des plus riches propriétaires du canton. Il avoit au moins douze cents moutons, six cents bêtes à cornes et deux cents veaux.

Nous laissâmes sur notre gauche, du côté de la mer, une vaste étendue de pays habité par les grands et petits Namaquas, nation riche et nombreuse. Ils se livrent à l'éducation des bestiaux. Les leurs m'ont paru d'une toute autre espèce que ceux de ce pays et même des Caffres. Ils sont beaucoup plus grands, plus haut montés sur jambes, et n'ont pas de bosse sur le dos.

La ferme de Clas Loper est située dans le Boeke-land-rivier, qui n'est, à proprement parler, qu'une haute montagne plate dans sa partie supérieure, avec quelques pointes çà et là, jusqu'au rivage de la mer. Elle est formée en différentes couches; la plus haute est un grès entremêlé de petites pierres rondes; la pluie le fait fendre quelquefois par feuilles.

Tous les environs me parurent très-stériles, conséquemment les colons y ont fait peu d'établissemens. On n'y rencontre que de foibles hordes d'Hottentots avec leurs petits troupeaux; la plupart sont au service de quelques colons établis dans la contrée. Ils reçoivent pour leurs gages des bestiaux ou différentes bagatelles.

Cependant ces Hottentots, aussi-bien que ceux qui habitent plus loin dans Rogge-veld, étoient autrefois nombreux et puissans, et la cause de leur appauvrissement est la même qui a occasionné la ruine de la plupart des Hottentots, leur inexpérience et l'avidité des Hollandois. Mais, par une juste réaction, toutes leurs vexations leur ont été plus nuisibles qu'avantageuses.

La Compagnie faisoit le commerce par échange avec ces Hottentots ; il a cessé par les injustices et les violences des préposés envoyés par le gouverneur, qui sembloit les autoriser par sa coupable indifférence. Cet atroce et stupide agent ne voyoit pas combien les intérêts de la nature s'accordoient avec ceux de la Compagnie, dont il paroissoit uniquement occupé. Le détachement commandé par un caporal, qu'il envoyoit pour troquer de l'arrek, des perles de verre, du fer et autres objets semblables contre des bœufs destinés à la boucherie, prenoit aussi des vaches, des veaux et des moutons : en outre, ces échanges ne se faisoient pas toujours de bonne grace de part et d'autre ; on employoit quelquefois la violence envers les Hottentots ; on leur prenoit leurs bestiaux chez eux et dans les pâturages. On avoit aussi la bassesse de mêler de l'eau dans l'arrek qu'on leur donnoit. Un trafic aussi peu avantageux dégoûta bientôt les Hottentots. Les uns ne se soucièrent plus d'augmenter leurs troupeaux, les autres abandonnèrent entièrement leur village, se mirent à enlever ceux des colons qui empiétoient sans cesse sur leur pays.

La Compagnie ne profitoit pas toujours des vexations qui devoient un jour lui devenir si funestes. Il y a mille exemples qui prouvent que ses agens n'avoient pas plus de fidélité envers elle, que d'humanité envers les Hottentots.

Il n'y a pas long-tems qu'un caporal nommé Feldmann fit un échange de cinq cents bœufs, et n'en livra que cinquante à la boucherie de la Compagnie.

Mais on n'entend plus parler de toutes ces infamies depuis l'établissement des colons dans cette contrée. Ils sont maintenant assez riches en bestiaux pour pouvoir en fournir abondamment à la Compagnie. Néanmoins si l'on jugeoit à propos de relever cette branche de commerce, on ne pourroit le faire qu'avec les Caffres ou les Namaquas, qui ont beaucoup de bestiaux, et dont le pays n'a pas encore été entamé par les Européens, et qui conséquemment n'en ont pas éprouvé d'injustice.

Les environs de Boeke-land et leurs habitans, méritent bien de fixer notre attention, et le lecteur ne sera point fâché que je les lui fasse connoître avec quelques détails.

Nous avions à l'orient les montagnes de Rogge-Veld; plus près, celles de Hautans-rivier, au nord; et une autre chaîne de montagnes, derrière laquelle est située, dit-on, une plaine immense et unie, où se trouvent plusieurs cuves à sel. Toutes ces montagnes sont très-hautes et dominent celle de Boekeland, qu'on nomme aussi Bas du Boekeveld. Il y tombe rarement de la neige, malgré son élévation. La plaine située au-delà est habitée par les Hottentots Boschismans, c'est-à-dire, qu'ils possèdent le pays le plus mauvais, le plus maigre, le plus stérile et le plus froid de la partie méridionale de la pointe de l'Afrique : vers le nord-est, depuis celui des Namaquas, en traversant Rogge-Veld jusqu'aux montagnes de neiges, ce sont les plus pauvres et les plus misérables des Hottentots. Il n'y en a qu'un très-petit nombre parmi eux qui possède des bestiaux; ils n'ont pas toujours une hute pour leur servir d'asyle, ni même une peau pour s'envelopper. Ils mènent une vie errante et vagabonde, ne vivant que de rapine et de vol. Un paysan digne de foi m'assura que ces pauvres Hottentots passent la nuit dans des trous, où ils s'entassent les uns sur les autres; celui qui se trouve dessus les autres se couvre d'une peau de daim (1) pour se garantir du mauvais tems. Ils sont d'un jaune rembruni, avec des membres foibles et petits ; leur ventre, qui est très-protubérant, constitue la plus forte partie de leur individu.

Cependant ces débiles Africains ont, pendant bien des années, inquiété les colons, tant à Rogge-Veld qu'à Sneeberg. Ils voloient les bestiaux, assassinoient les maîtres, et brûloient les habitations. Ils n'ont pas plus épargné les Hottentots que les colons, et les ont même réduits à se mettre au service de ceux-ci pour subsister. On ne manque pas de tems en tems de leur donner la chasse. On avoit encore envoyé l'année dernière trois forts détachemens à leur poursuite dans trois endroits différens.

Nous rencontrâmes un de ces détachemens, composé de cent hommes, dont trente-deux Européens, et le reste étoit des Hottentots. Ils revenoient d'une expédition contre les Namaquas Boschismans. Ils en avoient tué une centaine et fait vingt prisonniers, dont la plupart étoient de petits enfans. Ils n'en avoient emmené qu'une partie. On me parla d'une expédition faite en 1766, où l'on avoit tué cent quatre-vingt-six de ces malheureux : aucun Chrétien n'avoit été tué ni même blessé.

Les Hottentots étant regardés comme les alliés de la Compagnie, on ne les fait pas esclaves : parmi ceux que l'on prend à la guerre, tous les jeunes sont obligés de servir pendant un certain tems sans recevoir de gages ; mais on ne peut les vendre. Un colon qui a élevé à ses dépens un orphelin Hottentot, peut en exiger un service gratuit jusqu'à l'âge de vingt-cinq ans : mais à cette époque le jeune Hottentot a la liberté de quitter son

---

(1) *Cervus dama.*

A ROGGE-VELD.

maître, ou de continuer à le servir aux conditions dont ils conviennent ensemble.

La Compagnie a établi plusieurs postes du côté de l'orient, pour mettre les propriétés des colons à l'abri de toute insulte de la part des Boschismans ; mais il n'y en a pas un seul à l'occident, de l'autre côté de la montagne, où il en seroit également besoin. C'est pourquoi les paysans de ces cantons sont obligés de se tenir toujours sur la défensive, d'avoir des armes chez eux. Le plus riche fournit ordinairement aux autres des balles, de la poudre, des chevaux. On choisit pour caporal de campagne un paysan qui est alors exempt de la garde bourgeoise. Quand il s'agit d'une expédition considérable, le Gouvernement envoie aux frais de la Compagnie de l'eau-de-vie, des fers pour garotter les prisonniers, de la poudre et du plomb.

Quand un étranger entre dans la maison d'un colon, les Hottentots qui s'y trouvent ne manquent pas de lui donner un nom qui ait quelque rapport à son air ou à sa profession. C'est ce qui m'est arrivé plusieurs fois, ainsi qu'à mes compagnons de voyage.

Quoique j'aie déjà parlé de la manière ingénieuse dont ils allument du feu avec deux bâtons, je n'ai pas encore décrit leur procédé : il est fort simple et fort sûr. Ils prennent deux morceaux de bois extrêmement dur; l'un rond et l'autre plat, avec un trou dans le milieu. Ils couchent celui-ci à terre et l'affermissent avec le pied ; après avoir éparpillé de l'herbe sèche autour du trou, ils y insinuent le morceau de bois rond et le tournent avec tant de force et de vivacité, qu'il s'allume par ce frottement et met le feu à l'herbe.

Quand nous faisions cuire de la viande à l'étouffée au milieu des champs, les Hottentots venoient, dès qu'elle étoit retirée du feu, prendre de la graisse et du noir même de la marmite pour se frotter le corps.

Les Boschismans ont quelquefois un javelot dont le bâton est plus gros et plus court que celui de l'assagay des Caffres : non-seulement ils le lancent, mais ils s'en servent encore pour tuer les bœufs qu'ils volent aux colons. Les armes avec lesquelles ils font la guerre, sont l'arc et les flèches empoisonnées qu'ils lancent avec assez d'adresse ; c'est même pour eux une étude : leurs flèches sont armées d'un fer mince à trois pans, adapté à un os long d'un doigt, et dans lequel on enfonce un bout de jonc; ce fer et le lien qui l'unit à l'os, sont ensuite frottés de venin de serpent préparé. Les Boschismans sont les plus adroits tireurs de tous les Hottentots : on prétend qu'avec leurs flèches, ils manquent rarement leur coup à la distance de deux cents quatre-vingts pas, et ils évitent celles de leurs ennemis avec une étonnante agilité; ils peuvent sur ce point rivaliser les babouins, qui éviteroient même nos balles à fusil, s'ils pouvoient les appercevoir. Un cheval peut à peine les atteindre à la course en rase campagne, mais jamais dans des chemins pierreux, ou sur des montagnes. Je m'amusois sur-tout à les entendre pester et jurer quand le tonnerre grondoit : ils attribuent ce bruit à un génie malfaisant.

Ils endurent la faim très-paisiblement, et se contentent de se serrer le ventre jusqu'à ce que leur nombril touche, pour ainsi dire, à l'épine du dos; mais ils se dédommagent bien quand leurs provisions le leur permettent : enfin leur estomac est d'une complaisance peu commune, et la peau de leur ventre est d'une élasticité très-commode pour le genre de vie qu'ils mènent.

La manière dont ils préparent le venin des serpens est assez curieuse pour trouver ici sa place. Quand un Boschisman a tué un serpent, il commence par lui couper la tête avec ses dents, détache ensuite la vessie qui renferme le poison, et la laisse au soleil jusqu'à ce qu'il acquière une certaine consistance; il le mêle avec le jus d'un bois venimeux (1), qui contribue à fixer le poison au fer de la flèche.

On m'a parlé d'un procédé assez simple, par le moyen duquel les Boschismans, et même tous les Hottentots, se préservent des dangereux effets du poison et de la morsure des bêtes venimeuses; ils se font mordre par des serpens et par des scorpions jusqu'à ce que le venin n'opère plus sur eux; mais il arrive que ces essais coûtent la vie à plusieurs d'entre eux. On m'assura que l'urine d'un Hottentot qui avoit résisté à ces épreuves étoit un excellent contre-poison, et qu'on en faisoit boire aux personnes mordues par des serpens.

La campagne leur offre ici un végétal dont ils font beaucoup d'usage : ce sont des oignons venimeux (2) qui produisent de beaux bouquets de fleurs. La racine n'est guère moins grosse que le poing; les Hottentots s'en servent pour empoisonner les flèches avec lesquelles ils tuent le petit gibier, comme la gazelle sautante (3), &c. On croit que le poison de ces oignons est plus actif quand ils croissent à l'ombre, que lorsqu'ils sont exposés au soleil.

Les jours suivans nous longeâmes Bocke-land, à cheval, jusqu'à Hantoum : dans tout cet espace, le terrain forme une pente douce. A l'entrée du pays de Hantoum, sont des chaînes

---

(1) C'est ordinairement du *cestrum venenatum*. Ce n'est pas le *cestrum venenatum* de mon *Dictionnaire* (vol. I, page 688, n°. 5), qui est le *cestrum laurifolium* de mes *Illustrations*, n°. 2276 ; mais c'est l'espèce déjà mentionnée par Burmann (*Flor. Capensis prodr.* page 5), que je nomme, dans mes Illustrat. *cestrum oppositifolium* (n°. 2279), et dont j'ai fait re-présenter un rameau (pl. 112, f. 2). *Lam.*

(2) *Amaryllis disticha* (*gift bolles*). C'est l'*hæmanthus denudatus* de mes *Illustr.* Il est remarquable par sa collerette très-courte, mais qui se voit assez pour prouver que ce n'est point un amaryllis. Cette plante est figurée dans le *Voyage de Paterson*, pl. 1. *Lam.*

(3) *Capra pygargus.*

de montagnes dispersées çà et là : plus loin, la haute montagne de Hantoum qui a une vallée ouverte, à travers laquelle nous passâmes à cheval : cette montagne unie et plate sur son sommet, paroissoit égale à Rogge-veld en hauteur.

Dès que nous eûmes quitté Boeke-land, plus nous avançâmes, plus la plaine de Carro nous parut aride : quelques lits de rivières considérables conservoient encore de l'eau stagnante, qui s'évapore entièrement dans l'été.

Nous traversâmes Hantoum auprès d'un dépôt de bestiaux à Riet-Fonteyn ; ce dépôt appartient à Van-Rhen : nous vîmes aussi celui de Henri Lans, pour nous rendre à l'habitation d'Abraham-Vandick ; c'est un homme très-gras, qui a coutume d'aller au-devant des hôtes dont ses chiens lui annoncent l'arrivée. Il sort même de chez lui pour leur souhaiter le bonjour, et les engager à venir se reposer. Après avoir marché pendant plusieurs jours au milieu de ce désert, sans y voir un seul être animé, nous fûmes très-étonnés d'y rencontrer une habitation et un homme aussi bien portant que l'affectueux Vandick.

Depuis long-tems nous cherchions la plante spongieuse, nommée hydnore d'Afrique (1) ; ce ne fut qu'ici que nous la trouvâmes : c'est à coup sûr une des plantes les plus singulières, découverte dans ces derniers tems. Elle croît sur les racines d'un buisson qu'on nomme euphorbe effilé (2). Sa partie inférieure qui en devient le fruit, sert de nourriture quelquefois aux Hottentots, aux civettes, aux zeniks (3), et autres animaux du même genre.

---

(1) *Hydnora Africana*. Thunb. C'est l'*aphyteia hydnora*, dont j'ai parlé dans une de mes notes précédentes. *Lam.*

(2) *Euphorbia tirucalli*. Cet euphorbe, dont j'ai donné la description dans mon *Dictionnaire* (vol. II, page 417, n°. 15), est fort remarquable par la forme effilée de ses rameaux. Ils semblent presqu'entièrement nuds, quoique les plus jeunes portent de véritables feuilles, mais en petit nombre et fort petites. *Lam.*

(3) *Viverra*.

Le 13, chez Christian Bock. Le 14, à Rhonnester-rivier, où il nous fallut dételer et passer la nuit, quoique deux jours auparavant un lion eût étranglé un zèbre dans cet endroit même : nous en vîmes des restes; il ne l'avoit pas mangé tout entier.

Les lions sont ici très-communs sur les montagnes. Les colons craignent ces voisins importuns pour leurs troupeaux, et les Boschismans les craignent pour eux-mêmes : je vis plusieurs personnes qui avoient manqué d'en être dévorées; on me parla sur-tout d'un nommé *Korf*, qui ne demeuroit pas très-loin. Un lion s'étoit établi au milieu d'un ruisseau très-voisin de son habitation, aucun de ses gens n'osoit sortir pour aller chercher de l'eau, ou pour mener paître les troupeaux. Korf résolut de débusquer cet animal opiniâtre : suivi de quelques Hottentots très-timides, il va le relancer jusque dans sa retraite; mais comme les joncs ne lui permettoient point d'ajuster, ni même de voir l'animal, il eut l'imprudence de tirer quelques coups de fusil au hazard; à l'instant le lion irrité s'élance vers lui : les Hottentots effrayés fuient, et le pauvre colon se trouve sans défense à la discrétion de son cruel ennemi; cependant il ne perd pas la tête, et lui enfonce le bras au fond du gosier, saisit sa langue et l'empêche ainsi de mordre : mais enfin, épuisé par la perte de son sang, il tombe évanoui, et le lion retourne dans ses roseaux. Le paysan étant revenu à lui, eut encore la force de se traîner à sa ferme; il avoit cependant les flancs déchirés par les griffes du lion, sa main sur-tout étoit tellement mâchée qu'il ne pouvoit espérer de guérison : son parti fut bientôt pris; il la posa tranquillement sur un bloc, plaça un couperet à l'endroit où il vouloit faire l'amputation, et ordonna à un de ses domestiques de frapper avec un maillet. L'opération faite, il plongea son moignon dans une vessie pleine de bouse de vache, et se guérit avec des décoctions de différentes plantes odoriférantes, mêlées de cire et de saindoux.

Un autre paysan très-âgé étoit sorti de son habitation avec

son fils, pour donner la chasse à un lion : l'animal sauta tout-à-coup sur le père ; mais il fut tué par le jeune homme avant d'avoir fait beaucoup de mal à son adversaire.

Les anecdotes rassemblées depuis plusieurs années dans la mémoire des colons, ne sont pas moins nombreuses que les lions qui en sont l'objet ; je les épargne au lecteur, et je me bornerai à celle-ci.

La veuve d'un nommé Wagenard, auprès de Sneeberg, étoit sortie pour chasser un lion qui effrayoit ses bestiaux ; le lion lui mangea le bras, et ensuite la tête quand elle tomba évanouie ; il dévora aussi une servante hottentote qui étoit venue au secours de sa maîtresse. Les enfans renfermés dans la maison, avoient vu cet horrible spectacle par les fentes de la porte ; ils firent un trou sous la porte de derrière, et s'enfuirent à l'habitation la plus voisine.

De ce dangereux endroit nous nous rendîmes à Daunis, habitation récemment brûlée par les Boschismans, et dont le maître s'étoit enfui avec ses gens.

Le pays est plat avec quelques montagnes qui prennent leur direction du nord-est au sud-ouest ; nous avions en face de nous les montagnes de Rogge-Veld.

On me vanta ici une racine d'ombellifere (1), dont les Hottentots préparent avec de l'eau et du miel, une liqueur enivrante ; on la recueille par préférence dans les mois de novembre et de décembre.

Le 15, nous côtoyâmes à cheval Drooge-rivier (2) ; deux paysans qui nous rejoignirent nous dirent que la veille un lion s'étoit mis à notre piste, mais qu'il l'avoit quittée pour se jetter sur un troupeau de moutons.

Le 16, nous longeâmes le pied des montagnes de Rogge-Veld ; nous traversâmes une vallée qu'elles forment, et que

---

(1) *Umbellata* (moor vortet).   (2) Rivière sèche.

l'on nomme *la Porte*, et nous montâmes pour arriver à l'habitation de Wilh-Steukamp.

On nomme ce pays le bas Rogge-Veld, non pas qu'il soit plus bas réellement que l'autre Rogge-Veld, mais parce qu'il est plus éloigné du Cap. Tous deux doivent leur dénomination à une espèce de seigle sauvage qui est très-abondant auprès des buissons.

L'hiver est ici très-froid; il y gèle et il y neige. Comme il n'est pas possible que les bestiaux trouvent de quoi vivre pendant cette saison, on les conduit à Carro, les habitans du bas Rogge-Veld qui ont de bonnes maisons, s'obstinent quelquefois à y rester; mais ceux qui demeurent dans le haut, ne peuvent résister, et sont contraints de déloger pendant les froids.

On ne voit pas ici de forêts; il n'y a que de petits buissons de ficoïdes, et de diverses composées, comme les ptérones, les stébés et quelques othonnes (1) : leurs chevaux et leurs brebis trouvent ici d'excellens pâturages, mais il y a peu de bêtes à cornes.

Un grès dur et en grosses masses, très-propre à bâtir des maisons et des kraals, constitue la couche supérieure de la montagne; le lit du milieu est une ardoise, comme on le voit aisément à travers les crévasses; celui-ci est plus épais que le premier; la couche inférieure est un sable rouge, mêlé d'argille avec de grosses et petites pierres rondes. Cette montagne n'est qu'un assemblage d'éminences et de collines, quoiqu'elle n'ait pas proprement de côteaux très-élevés. Il y a environ trente ans que les colons s'y sont établis : ces habitations réunies autour

---

(1) *Mesembrianthema.* (Les ficoïdes sont des plantes à feuilles épaisses et succulentes, comme les crassules, les orpins, &c. On les connoît sous le nom de plantes grasses.) *Pteroniæ, stœbæ, othonnæ.*

du sommet de la montagne, ne s'étendent pas encore dans la plaine, et ne couvrent qu'une petite portion de terrain.

La majeure partie de Rogge-Veld est d'un brun noirâtre, entremêlé d'une légère argille qui se fend : il n'y pleut pas en hiver, non plus qu'à Camdebo, mais seulement au printems et en été, et la pluie ne tombe jamais sans tonnerre. Les chemins de Rogge-Veld sont couverts de pierres tendres, rondes ou carrées.

Le 18, chez Jacob Laue.

Le 20, à l'habitation d'Adrien Laue.

Nous apperçûmes ici du haut de la montagne, le pays de Carro situé au bas, Windhoek, Maskamma, la montagne de la Table, voisine de la rivière des éléphans (1), de Froid-Boeke-veld, Roodesand et Winterhoek, tous sur la même ligne.

Les montagnes de Roodesand et de Boekeveld, sont plus basses que Rogge-Veld; Carro qui les sépare est plus haut que les plaines du même nom que nous avions passées près d'Olifants-rivier, et Boekland est presqu'au niveau de Maskamma et de la montagne de Boekland.

Le 21, chez Gerd Van-Dyck.

Les habitations dont nous venons de parler sont toutes situées dans des vallées, entre des éminences.

Malgré les approches de l'été, il faisoit encore très-froid, il geloit toutes les nuits, et un vent glacial souffloit toutes les après-dînées.

Le 23, à l'habitation de Thomas Nel, ensuite à celle d'Adrien Van-Dyck, auprès de la cime de la montagne où commence une vallée d'une profondeur effroyable qui s'étend jusqu'à Carro : il y a en outre ici un chemin qui conduit à Carro et à Mosterts-Hoek.

---

(1) Il ne faut pas confondre cette montagne de la Table avec celle du même nom, située auprès de la ville même du Cap.

Je vis ici une servante hottentote infirme de naissance du bras gauche; elle n'avoit que l'avant-bras jusqu'au coude : sa mère vouloit la tuer à cause de cette infirmité, comme cela se pratique chez tous les Hottentots; mais un colon compatissant la sauva et la prit chez lui.

Je fus surpris de la vigueur avec laquelle les Hottentots qui servent chez les colons supportent le froid; ils sont presque toujours nuds, couverts uniquement d'une peau de mouton; ils ont rarement des souliers de campagne : à la vérité, plusieurs d'entre eux meurent de froid; ceux qui ne font que perdre connoissance sont enterrés dans les crevasses des montagnes, comme s'ils étoient morts.

Ils mangent, ainsi que les colons, des concombres sauvages ou coloquintes (1), confits dans du vinaigre; quoiqu'ils soient fort amers, les moutons en mangent aussi assez volontiers.

Le stapelle articulé (2) est une plante épaisse sans feuille, que l'on prépare et que l'on mange comme des concombres.

Le bois de karré (3), espèce de sumac, qui croit ici, sert à faire les arcs des Hottentots.

Les gazelles sautantes se promènent par troupes nombreuses dans l'intérieur de Bockeveld, et même au-delà. Au bout de plusieurs années, elles font les mêmes émigrations que les souris des montagnes de la Laponie suédoise. Elles arrivent par milliers à la file, et dévorent sur leur passage toute l'herbe qui couvre la terre : rien n'est capable d'arrêter leur marche; quand une mère part, elle abandonne ses petits. Elles bravent les coups

---

(1) *Cucumis colocynthis.*

(2) *Stapellia articulata. Hort. Kewensis.* vol. 1, page 310. Cette espèce n'est pas encore décrite ni figurée; mais elle a été simplement déterminée comparativement aux autres espèces du même genre. Voyez la figure des parties de la fructification de ce beau genre, dans mes *Illustrat.* pl. 178. *Lam.*

(3) [Kare hout.] *Rhus.*

de fusil des colons, et tous les animaux carnassiers qui en dévorent cependant une grande quantité. Les bestiaux des habitations auprès desquelles elles ont passé ne trouvent plus rien à manger, pas même d'eau pour boire. Les paysans sont obligés de veiller jour et nuit, pour défendre leurs moissons, dont elles ne laisseroient pas un épi.

Le 24, nous campâmes et passâmes la nuit auprès d'une fontaine, au milieu des champs.

Le 25, nous eûmes des montagnes à franchir pour aller à Kreuts-Fonteyn, chez Paul Kerste; nous nous remîmes en chemin dans l'après-dînée; mais à peine avois-je galoppé l'espace de quelques portées de fusil, que les pieds de mon cheval s'enflèrent au point qu'il ne put bouger de place, et je fus obligé de l'abandonner à son malheureux sort : on me dit que probablement il avoit été mordu d'un serpent très-venimeux, long d'un quart d'aune suédoise : ces serpens sont très-nombreux sur les bords d'un petit ruisseau qui coule au bas de l'habitation, et où l'on mène boire les chevaux.

Ici commence la partie du milieu de Rogge-Veld, qui n'est séparée du reste de la contrée, que par quelques côtes de montagnes.

Le 26, nous logeâmes chez Cornelius Kutsé.

Il n'y avoit pas long-tems que son fils avoit été mordu à la main par un serpent très-venimeux; on avoit d'abord scarifié la partie endommagée, et on y avoit appliqué des ventouses pour attirer le poison; il avoit ensuite trempé sa main dans de l'eau de vitriol qui étoit devenue toute noire; on y mit successivement un emplâtre d'oignon et une autre de sang de tortue : ce sang caillé et sec, une fois posé sur la plaie, se liquéfie et fermente; peut-être le venin du serpent a-t-il une action plus forte sur le sang de tortue que sur le sang humain : ce sang ainsi liquéfié et subtilisé, attire à lui le venin.

Tous les colons qui passent par Rogge-Veld ou par Mostertshoek, pour aller au Cap, paient une somme annuelle pour l'entretien du chemin : le colon dont l'habitation est la plus enfoncée dans le pays, a ordinairement peu de fortune, et beaucoup de rétributions à payer.

Nous rencontrâmes un nouveau détachement qui avoit poursuivi les Boschismans dans cette partie de Rogge-Veld ; il étoit composé de quatre-vingt-dix personnes, parmi lesquelles il y avoit quarante-sept chrétiens ; ils avoient tué ou pris deux cents trente Boschismans : un colon seulement étoit mort d'un coup de flèche.

Le troisième détachement envoyé vers la montagne des neiges, avoit tué quatre cents Hottentots : sept personnes de ce détachement avoient reçu des coups de flèches, sans qu'aucune y ait perdu la vie.

Ces expéditions sont vraiment cruelles, et d'autant plus affreuses qu'elles ont pour but de venger quelques larcins qu'on doit regarder comme une légère représaille de la part des Hottentots : ils ne font réellement que suivre de bien loin les exemples que leur ont souvent donnés les colons. A la vérité ils enlèvent quelquefois tout le troupeau d'un villageois, et tuent même le berger. Ils chassent ensuite devant eux les bestiaux volés et leur font faire des marches forcées jour et nuit, jusqu'à ce qu'ils soient dans un lieu sûr. Ils tuent les bêtes qui ne peuvent suivre les autres, les font rôtir et les mangent tout en fuyant. Ils envoient des espions sur les hauteurs pour observer si on les poursuit. Les espions sont relevés par d'autres, et viennent rendre compte à la horde fugitive. Quand elle se croit menacée, elle fuit sur des rochers escarpés. Mais s'ils sont assez heureux pour conduire leur proie dans un asyle où les colons ne puissent les déterrer, ils y construisent des huttes (1), y forment un kraal ou village, et y restent jusqu'à ce qu'ils aient mangé

---

(1) Avec des tapis ou des buissons de *mesembryanthemum*.

la dernière pièce du troupeau volé. Le détachement que nous rencontrâmes avoit détruit un de ces kraals, dont les cabanes étoient disposées sur deux lignes. Une seule ligne contenoit plus de cinquante cabanes. Tous les habitans avoient pris la fuite.

Depuis deux ans les Boschismans avoient volé dans Rogge-Veld seulement dix mille moutons, sans compter les bœufs; ils avoient aussi assassiné plusieurs colons, leurs esclaves et des Hottentots.

Quand ces Boschismans se voient poursuivis par des colons montés à cheval, ils se sauvent sur les montagnes, et gravissent comme les singes sur des hauteurs inaccessibles, évitant toujours la plaine : quelquefois ils se retranchent dans des crevasses de montagnes, d'où ils décochent leurs flèches empoisonnées, les seules armes qu'ils puissent employer contre leurs ennemis. Les colons s'en garantissent en portant devant eux une peau contre laquelle les flèches frappent sans effet, quoiqu'elles tombent quelquefois comme la grêle. Quand les Boschismans s'apperçoivent qu'elles ne percent pas, ils ne font plus qu'une décharge. Leurs blessés ne versent pas une seule larme, et ne poussent pas même de gémissemens.

Quoique la gourmandise soit le principal motif de leurs larcins, ils n'en sont pas moins frugals. Ils mangent, dans les momens de disette, des serpens, des lézards, du zèbre, du lion, du babouin, des oignons, des œufs de fourmi; ils mâchent du ficoïde (1) et le fument ensuite. Ils se barbouillent de matières grasses, et se saupoudrent de craie. Enfin, ils ont tous les raffinemens et les saletés des autres Hottentots.

Le 29 nous longeâmes à cheval la rivière des Poissons, et nous nous rendîmes chez Jacques Theron, après avoir passé auprès de l'habitation d'Olivier. En route il m'arriva un accident auquel je ne devois pas m'attendre, au milieu d'une plaine bien unie.

---

(1) *Mesembryanthemum.*

A ROGGE-VELD.

unie. Les Hottentots qui conduisoient ma voiture la firent passer sur une grosse pierre, et me versèrent. La toile de ma tente fut déchirée, mes deux caisses fracassées, et plusieurs paquets de plantes gâtés.

Je vis ici des colliers faits avec des morceaux de coquilles d'œufs d'autruches, que les Hottentots façonnent en anneaux polis et bien ronds.

L'hiver est rude à Rogge-Veld. Il y gèle fortement, et il y tombe une grande quantité de neige ; aussi les colons n'y passent-ils qu'une partie de l'année ; depuis le mois d'octobre jusqu'au mois de mai, ils abandonnent leurs maisons et leur récolte à la discrétion des Boschismans, pour passer les autres mois de l'année dans les plaines de Carro, qui sont alors rafraîchies par les pluies, et qui offrent d'abondans pâturages à leurs troupeaux : mais enfin un tems vient où la sécheresse les oblige de retourner sur la montagne de Rogge-Veld.

Le 1er décembre nous allâmes à l'habitation d'Ester Huysen : un ouragant affreux, qui dura une journée entière, accompagné de pluie et de grêle, nous força de séjourner ici deux jours. Il fallut rester renfermés dans la chaumière, et nous couvrir de nos redingottes pour nous garantir d'un froid aussi vif qu'inattendu. Nous l'attribuâmes à l'élévation de la montagne et au vent de nord-nord-est qui souffloit avec violence.

Relativement aux campagnes de Carro situées à sa base, cette montagne n'est pas moins haute que celle de la Table auprès de la ville du Cap. On y a pratiqué un chemin par où les voitures peuvent descendre dans la plaine de Carro.

1774. RETOUR AU CAP.

CHAPITRE II.

Retour au Cap : du 3 au 16 mai.

Le 3 au matin nous nous disposâmes à quitter cet endroit vraiment glacial, et à descendre la montagne. Nous aurions bien désiré pénétrer plus avant dans le Rogge-Veld; mais nos bœufs de trait étoient absolument épuisés : leur maigreur excitoit la compassion, et plusieurs avoient les pieds si mal-traités qu'il leur auroit été impossible de marcher plus long-tems sur cette montagne parsemée de cailloux tranchans.

Au moment de notre départ il y avoit encore de la glace épaisse comme un écu sur le sommet de la montagne.

On descend par un chemin pratiqué sur des éminences plus ou moins escarpées : non seulement il fallut enrayer les roues de derrière avec des chaînes de fer, mais nos Hottentots retinrent nos voitures avec des cordes, pour les empêcher de verser ou de rouler sur le dos des bœufs. La première descente ou colline, qui est la plus escarpée, se nomme *Uit-Kijk* (1), et l'autre *Hauteur de Maurice.*

Sur la cime de la montagne nous avions éprouvé un froid très-vif; mais il diminuoit à mesure que nous descendions : après trois heures de marche, arrivés dans la plaine de Carro, la chaleur nous parut insupportable.

Il nous fallut traverser une plaine vaste et stérile avant de trouver un endroit habité. Mais nous avions eu soin, à la dernière ferme, de prendre des provisions en conséquence. Nous continuâmes notre marche à travers un désert brûlant et dans lequel un moineau n'auroit pas trouvé de quoi appaiser sa soif.

---

(1) Tour, *ou plutôt* belvédère.

Nous n'y vîmes d'autre être vivant que quelques rats cachés dans des trous, qui probablement n'avoient pour toute nourriture que les feuilles juteuses de certains buissons.

Les terriers de ces rats s'enfoncent obliquement dans la terre, et l'ouverture est toujours tournée du côté de l'orient; ils en sortent au lever du soleil : nous en vîmes plusieurs qui avançoient la tête hors de leur trou. J'essayai de les tirer avec nos meilleurs fusils; mais ils se cachoient avec tant d'agilité, en appercevant le feu de l'amorce, que la balle n'avoit pas le tems de les atteindre. Dépité de brûler inutilement ma poudre, et sur-tout très-curieux de me procurer un échantillon de ces petits quadrupèdes, je m'avisai d'un expédient très-simple qui mit toute leur agilité en défaut; ce fut d'adapter un morceau de papier devant le bassinet de mon fusil : je m'en procurai alors autant que j'en voulus.

Le 4 nous partîmes de l'habitation de Meyburg, située au pied de la montagne, et arrivâmes au défilé de Goud-Bloem (1).

Le 5 à Ongeluks-rivier (2), en traversant de petites vallées de montagnes. Cette rivière doit son nom à la mort tragique d'un villageois entièrement dévoré sur ses bords par un lion.

Nous attendîmes deux jours un colon qui se proposoit d'aller au Cap, et qui nous avoit promis le secours de ses bœufs pour aider les nôtres à traverser la pénible campagne de Carro, que nous avions alors pour perspective. Fatigués de l'attendre dans un endroit où les hommes et les bestiaux couroient risque de périr de faim et de soif, nous nous décidâmes à entreprendre sans aucun secours étranger, une marche aussi longue que pénible : elle dura depuis onze heures du soir jusqu'au lendemain matin, que nous arrivâmes à un petit ruisseau qui coule

---

(1) Fleur d'or.   (2) Rivière du malheur.

auprès d'une petite habitation nommée Paarde-berg, et renfermée dans un enclos de muraille.

Nous avions pris un chemin rempli de monticules, tantôt isolées et tantôt liées les unes aux autres. Elles avoient leur direction à l'ouest-nord-ouest, vers Rogge-Veld et les montagnes de Boeke-Veld. Le peu d'eau que nous trouvions dans de petits trous très-clair-semés étoit saumâtre et si épaissie par l'argille et d'autres ordures, que nous ne pouvions que la sucer à travers un mouchoir.

A la vérité, plus loin, nous aurions trouvé un chemin plus uni, moins hérissé de hauteurs, mais bien plus dénué d'eau encore que l'autre.

Le 8, de Paardeberg à Dorn-rivier : la plaine de Carro s'incline insensiblement presque jusqu'ici : cette pente est plus rapide depuis Rogge-Veld jusqu'aux montagnes de Boeke-Veld; et toute la contrée n'offre, pour ainsi dire, pas un seul buisson.

Le 9, en quittant Dorn-rivier, nous enfilâmes la vallée formée par les montagnes entre Carro et Rogge-Veld, et nous arrivâmes enfin à l'habitation de la veuve d'un colon nommé Van-der-Mervel.

Cette bonne vieille fermière avoit un moyen bien simple de séparer les lentilles du froment avec lequel elles se trouvent mêlées; c'étoit de présenter ce mélange à ses poules, qui mangeoient tout le froment et ne touchoient pas aux lentilles.

On me dit ici que la feuille de l'indigotier en arbre (1) prise en décoction, est bonne pour la pierre et la gravelle.

Tous les ruisseaux des montagnes et des vallées ont une pente fort rapide et des sinuosités singulières. La chaîne de montagnes forme une courbe très-considérable vers l'est.

Nous achetâmes un gros mouton salé dans sa peau; et munis de ce viatique, nous nous remîmes en marche le 11 : nous

---

(1) *Indigofera arborea.*

arrivâmes tout d'une traite à Verkeerde-valley, l'un des plus beaux endroits de la contrée, quoiqu'inhabité. Cette vallée, riche en pâturages, est située entre deux montagnes : un marais plein d'eau, semblable à un petit lac, y entretient une fraîcheur et une humidité continuelles. Depuis long-tems nous avions, ainsi que nos bêtes, un pressant besoin de repos ; il falloit revoir et remettre en ordre nos collections ; nous résolûmes donc de passer quelques jours dans cet asyle solitaire, où nous vécûmes de notre mouton salé.

Le 14 nous avançâmes entre des montagnes par une vallée nommée *Straat* (1), et arrivâmes à la ferme de Vos, près d'Hex-rivier, ou plutôt sur un bras de cette rivière, lequel prend sa source ici près, et va dans la vallée rejoindre le principal courant qui sort aussi des montagnes voisines.

Après avoir erré pendant plusieurs semaines, au milieu des déserts et dans les endroits les plus dangereux, où il nous falloit coucher à la belle étoile, et où nous manquâmes de vivres plus d'une fois, il nous étoit bien doux de rentrer, pour ainsi dire, dans l'enceinte de la colonie, c'est-à-dire, dans une contrée où les habitations des colons sont bien plus voisines les unes des autres qu'au-delà de la plaine de Carro.

Le 16, à la ferme de Van-der-Mervel, après avoir passé auprès de celle de Jordan, sans nous y arrêter.

Le 17, à Roode-Sand, après avoir traversé le défilé d'Hex-rivier. Ce défilé est très-uni, sans une seule éminence. Nous fûmes obligés de passer l'eau plusieurs fois ; le sommet des montagnes qui le bornent des deux côtés, étoit encore chargé de neige.

J'observai ici un animal nommé roode-kat (2). C'est une

---

(1) Rhue.
(2) Chat rouge. Pennant le nomme chat de Perse, et Buffon caracall. Hist. nat. des *Quadrup.* tom. 9, tab. XXIV. *Felis caracal.*

espèce de chat rouge sauvage, qui a l'extrémité de la queue noire et une houpe de longs poils au bout des oreilles. Les paysans font un grand cas de la peau de cet animal; ils l'emploient pour la goutte, en l'appliquant sur les parties malades.

Une autre espèce de rat sauvage ou rat sautant (1), habite les montagnes et les fentes des rochers. Les habitans de la campagne le rangent parmi les lièvres, et le nomment berghaas ou springhaas (2). Cet animal a une forme singulière. Ses pieds de devant sont très-courts, et ceux de derrière aussi longs que son corps; ils l'aident à faire des sauts prodigieux.

Les couches des montagnes sont tantôt inclinées et tantôt tortueuses.

La chaîne qu'il nous fallut traverser, depuis la plaine de Carro jusqu'au sortir du défilé d'Hex-rivier, du côté de Roode-Sand, est très-large et entrecoupée de petites vallées, tant en long qu'en travers.

De Roode-Sand on prend la route ordinaire qui traverse le défilé du même nom, et qui longe la montagne. Il y a une éminence assez considérable qu'on est obligé de franchir.

On peut regarder Roode-Sand comme la clef de toute la contrée située derrière la chaîne de montagne qui traverse tout le Cap. C'est le chemin que prennent tous les colons qui viennent chaque année à la ville, excepté ceux qui passent par Hottentots-Holland.

Il s'est établi à Roode-Sand un chirurgien qui a élevé une pharmacie dont il tire très-bon parti. Tous ses remèdes sont à un prix assez haut : une prise de poudre purgative se paie au moins une demi-rixdalle ; on lui amène des malades, tant esclaves que colons, qui se font traiter chez lui. Quelques personnes, par bienveillance pour moi, tâchèrent de me persuader

---

(1) *Jerboa Capensis. Dipus cafer.*
(2) Lièvre de montagne ou lièvre sautant.

de me fixer dans cet endroit ; mais le desir de poursuivre mon voyage et d'accélérer mon retour dans ma chère Patrie, ne me permit pas de condescendre à de pareilles invitations.

Je crus m'appercevoir, en repassant par Riebeck-Kastel, qu'il y avoit du côté du sud-est une longue queue bien plus basse que la montagne même.

Le chemin traverse ensuite Paardeberg, Koopmanns-rivier, qui n'est qu'une branche de Berg-rivier ; et après avoir passé auprès d'Ellis-Kraal, nous arrivâmes au Cap le 29 décembre, en bonne santé et sans avoir éprouvé aucun accident, graces aux soins paternels de la Providence. Il y avoit déjà trois années que je voyageois dans cette pointe méridionale de l'Afrique, avec autant d'agrémens que de succès. J'avois eu le bonheur de faire plus d'une découverte utile pour les sciences et peut-être même pour l'humanité.

CHAPITRE III.

Travaux des Européens, et notice chronologique de leurs excursions dans l'extrémité méridionale de l'Afrique.

Depuis que les Européens ont commencé d'habiter cette pointe méridionale de l'Afrique, le pays a subi beaucoup de changemens : les naturels ont insensiblement disparu ; les maladies contagieuses en ont détruit une partie ; les autres se sont enfoncés de plus en plus dans l'intérieur du pays, et les enfans de Japhet les ont remplacés. On parcoure maintenant avec toute la tranquillité imaginable une contrée dont différens animaux, les bêtes féroces sur-tout, disputoient la souveraineté aux hommes. On cultive les plus belles productions végétales de l'Europe et de l'Inde, dans des terrains qui n'étoient, dans le siècle dernier, que de simples pâturages, métamorphosés aujourd'hui en jardins et en vignobles. Secondé par la bénignité du climat, l'industrieux colon a transplanté ici avec succès les plantes et les arbres de sa Patrie. Les pois, toutes les espèces de fèves et les asperges réussissent très-bien; les pêches et les abricots ont assez bon goût, ainsi que les pommes, les poires, les prunes, les oranges. On exprime du raisin différentes sortes de vins, dont quelques-uns sont excellens. Les melons ordinaires, les melons d'eau, les goïaves, les grenades n'ont pas mauvais goût : mais les groseilles vertes, les rouges, les blanches et les noires, les cerises et les noisettes ne réussissent pas. Les mûres, les amandes, les figues, les noix, les châtaignes et les citrons ne le cèdent en rien à ceux de nos contrées. Les racines et les légumes poussent à merveille et acquièrent un bien meilleur goût qu'en Europe, d'où l'on tire cependant la graine presque chaque année. On cultive une grande quantité de salades, des choux de toutes les espèces, des raves, des choux-raves, des pommes-de-terre, toutes sortes d'oignons, et sur-tout du froment, tant pour la consommation des habitans, que pour ceux qui vont aux Indes ou qui repassent en Europe.

On est aussi parvenu à acclimater beaucoup d'animaux domestiques, également transportés d'Europe, tels que des chevaux, des vaches, des cochons, et plusieurs espèces d'oiseaux.

Depuis l'établissement de la colonie hollandoise au Cap de Bonne-Espérance, on a fait différens voyages plus ou moins longs dans l'intérieur du pays. C'étoient tantôt des particuliers, tantôt des employés de la Compagnie, qui tâchoient de se procurer des notions certaines sur l'intérieur de la contrée et les naturels qui l'habitoient. Parmi ces voyageurs, les uns ont dirigé leurs courses au nord, les autres au sud-est de cette portion méridionale de l'Afrique.

Je vais donner une notice abrégée et chronologique des voyages dont j'ai connoissance.

En 1669, on visita Saldanha-bay, dont la Compagnie prit possession pour la première fois.

En 1670, deux sergens nommés Kruydhof et Cruse, furent envoyés à Musel-bay ; ils en prirent possession.

En 1683, Olofberg, porte-enseigne, fit une excursion dans le pays des Namaquas.

En 1685, M. Simon Van-der-Stell, gouverneur, fit un voyage accompagné de cinquante-six Européens, deux Macassars, trois esclaves et six bourgeois, avec deux pièces de campagne, huit charettes, sept voitures, sans compter celles des bourgeois, un bateau et un nombre suffisant de bœufs de trait, et de chevaux. Ils n'avoient pas oublié non plus de se munir abondamment de poudre, de fusils, de plomb et d'objets d'échange. Ils pénétrèrent bien avant dans la contrée des Namaquas jusqu'au Tropique. Ce voyage, qui dura quinze semaines, avoit été entrepris particulièrement pour visiter les mines de cuivre, et s'assurer si le minerai valoit les peines de l'exploitation ; s'il y avoit aux environs le bois et l'eau nécessaires ; enfin, si les vaisseaux pourroient aborder à quelques ports voisins, pour y prendre leur cargaison de métal.

Au commencement de ce siècle, quand le commerce d'échange étoit permis aux colons, ils firent plusieurs voyages de long cours.

En 1702, quarante-cinq bourgeois, munis de quatre voitures, pénétrèrent jusque dans la Caffrerie.

En 1704, ils allèrent au pays des Namaquas.

En 1705, trente ou quarante paysans, avec autant de Hottentots, s'avancèrent encore plus loin du même côté.

Dans la même année, le sénéchal Starembrug fit, par ordre du Gouvernement, un voyage dans le pays des Namaquas. Son principal objet étoit de se procurer par échange une certaine quantité de bestiaux pour la Compagnie. Il avoit à sa suite un caporal, un maître jardinier nommé Hartog, des esclaves et un grand nombre de Hottentots.

En 1761, le gouverneur Tulbagh envoya dans la partie septentrionale que je viens de parcourir, une karavanne composée de dix-sept Chrétiens et soixante-huit Hottentots, avec quinze voitures. La conduite de cette expédition fut confiée à un bourgeois nommé Hop. On y joignit, pour le compte de la Compagnie, trois autres personnes, l'arpenteur Brink, le maître jardinier Auge et Bykvoet, chirurgien. On leur donna trois voitures, un grand bateau, de la poudre, des balles, du tabac et autres objets.

On expédia cette karavanne d'après le rapport d'un colon, qui ayant pénétré très-loin dans cette partie de l'Afrique, vint communiquer au gouverneur les renseignemens que lui avoit donnés un Hottentot. Celui-ci avoit entendu parler d'un peuple de couleur jaune, qui habitoit encore plus loin, qui portoit du linge, et qui circuloit dans les montagnes voisines d'une grande rivière. On conclut de-là qu'il devoit y avoir sur la côte quelque établissement portugais : ce dont le Gouvernement avoit intérêt de s'assurer.

Une partie de la karavanne se mit en route le 16 juillet 1761 ; les autres allèrent la joindre auprès d'Olifants-rivier, au 31ᵉ degré 40 minutes de latitude, et au 38ᵉ degré 18 min. de longitude. Ils marchèrent directement vers le nord. Jusqu'au 6 décembre de la même année, ils firent cent vingt milles et demi, et ne s'arrêtèrent que vers le 26ᵉ degré 18 min. de latitude, au 37ᵉ degré 37 min. de longitude, et revinrent au Cap le 27 avril 1762, sans avoir découvert cette nation jaune, qui faisoit l'objet de leurs courses. C'est la plus longue excursion que les Européens aient faite dans cette partie de l'Afrique. Tout ce pays est sec, montagneux, avec des chemins très-pierreux, et manque d'eau. L'inutilité des militaires dans les expéditions précédentes, avoit détourné le gouverneur d'en admettre dans celle-ci. Elle n'étoit composée que de bourgeois libres et de colons. Malgré cette sage précaution, l'entreprise n'eut pas le succès qu'on devoit en attendre. Les intérêts particuliers se heurtèrent et causèrent des querelles et une foule de difficultés. Il n'étoit cependant pas nécessaire d'en ajouter de nouvelles à celles que la route présentoit d'elle-même. Les cailloux dont elle étoit jonchée, causèrent une mortalité bien fâcheuse parmi les bœufs de trait. En outre, les colons n'usèrent pas avec toute la discrétion convenable de la permission que le Gouvernement leur avoit accordée, d'acheter par échange des bestiaux aux Hottentots. Ce défaut de prudence et même d'équité, nuisit considérablement à la réussite de leurs opérations.

Au lieu de différer leurs opérations mercantiles jusqu'à leur retour, ils les firent presque toutes en allant, persuadés qu'ils gagneroient davantage, et pour débarrasser leurs voitures du poids des marchandises, et sur-tout du fer qu'ils avoient emporté pour leurs échanges. Mais la karavanne se trouva chargée d'une immense quantité de bestiaux, dont il fallut abandonner la majeure partie sur la route, faute d'eau. On en avoit à peine pour les bêtes de somme des voyageurs (1).

Il y a quelques années que Kloppenborg, vice-gouverneur, fit aussi un voyage au nord du Cap, accompagné d'un arpenteur, d'un marchand et d'un chirurgien; mais n'ayant pas été au-delà des habitations des colons, il ne rapporta aucune observation nouvelle ou utile.

---

(1) On trouve des détails plus étendus sur ces voyages dans le *Beschreibungs des Vorgebunges* de Menzel, seconde Partie, p. 189 et suiv. et dans la relation même de ces voyages, par Allamand, publiée à Leipsick en allemand, 1779, in-8°. Ces voyageurs parvinrent jusqu'au 25° degré de latitude sud, c'est-à-dire, plus loin qu'aucun des Européens qui les avoient précédés. Les principaux voyageurs, qui depuis M. Hop ont pénétré dans l'intérieur de l'Afrique, sont Thunberg, Sparmann, Gordon, qui malheureusement n'a publié qu'un extrait de ses précieuses observations; Paterson, et enfin le Vaillant. (*Note de Forster, trad. par le réd.*)

Autant le pays situé du côté de l'orient est riche en pâturages, fertile et bien peuplé, autant la partie septentrionale du Cap est maigre, stérile et déserte. Plus on avance, plus il devient aride.

Après avoir traversé trois ou quatre chaînes de montagnes au nord, on entre dans une contrée bien plus élevée que les rivages du Cap, et en même tems plus inclinée que les vallées qui séparent les montagnes. Je me suis déjà beaucoup étendu sur cette campagne et celle de Carro. Elle forme une large bande dans toute cette portion de l'Afrique, depuis le rivage de la pointe nord-ouest jusqu'à l'Océan du côté du sud-est. Sa largeur n'est pas toujours la même; dans certains endroits, il ne faut pas moins que sept fortes marches de nuit pour la traverser. Il y fait un soleil brûlant pendant le jour, et les nuits sont assez froides. Le défaut absolu de pluie pendant huit mois de l'année, cause naturellement dans cette campagne une disette d'eau et la change en désert pendant tout ce tems. Elle ne produit alors que quelques buissons et un très-petit nombre de plantes, dont les feuilles épaisses sont plaines de jus, telles que des ficoïdes, des crassules, des cotyliers, des cacalies, des stapèles (1). J'ai déjà observé qu'à l'exception de quelques rats, aucun être animé ne pouvoit subsister pendant l'été au milieu de cette plaine, puisque l'herbe même n'y croît pas. A plus forte raison seroit-il superflu de vouloir y tenter la culture de quelques grains utiles. Le terroir est une argille entre-mêlée de rouille de fer, avec beaucoup de sel marin.

Dans toutes mes courses à travers ce désert, je n'y apperçus pas un seul moineau, ni d'autres quadrupèdes, que ces rats qui vivent long-tems sans eau, et se rafraîchissent avec les feuilles juteuses des buissons.

Au-delà de ce vaste désert, qui offre une surface très-unie et

---

(1) *Mesembrianthema, crassulæ, cotyledones, cacaliæ, stapeliæ.*

s'élève doucement du côté du nord, on rencontre enfin une très-haute montagne qui porte le nom de Rogge-Veld. De sa base à sa cime on compte une journée de marche. Elle a peu de bonnes terres et offre presque par-tout un rocher nud et uni. Elle n'est pas inclinée comme les autres montagnes, mais presque perpendiculaire et égale. Elle s'étend si loin, que les colons n'en connoissent pas encore l'extrémité ; et quoiqu'elle soit de plusieurs degrés plus près de la ligne que le Cap même, il fait si froid sur la cime, en hiver, que la grêle, la neige et la glace y séjournent long-tems.

CHAPITRE IV.

Observations additionnelles sur le Cap de Bonne-Espérance.

Le pays que je vais quitter est si intéressant, j'y ai recueilli tant de faits précieux, qu'avec tout le desir d'élaguer et d'être concis, je me vois obligé de rapporter ici une foule d'observations qui n'ont pas de place bien fixe dans le cours de mon ouvrage. Elles concernent en grande partie l'histoire naturelle, à laquelle on sait que je me suis plus particulièrement livré.

Nous avons vu précédemment les dégâts que la taupe du Cap (1) occasionne dans les jardins ; mais je n'ai pas indiqué de quelle manière on la prenoit. On emploie tout simplement une ratière, ou bien on creuse aux deux extrémités du terrier, et on la prend en tête et en queue.

Les plaines sablonneuses de Saldanha-bay sont infestées de jackals (2) : ils marchent par bandes, attrapent beaucoup de boucs sauvages et d'autruches. On seroit tenté de croire qu'ils

---

(1) *Marmota Capensis* et *Africana.*
(2) *Jackal haser.* Chiens sauvages ou renards de Samson. *Canis crocuta.*

font une chasse régulière, en les voyant cerner le gibier de très-loin, puis resserrer le cercle en s'approchant de plus en plus. Ils exercent aussi de grands ravages parmi les troupeaux des colons quand ils sont mal gardés, ou que le berger n'est pas muni d'armes à feu.

Les gazelles de montagnes, celles sur-tout qu'on nomme *duyken*, dévastent les jardins, mangent les boutons et les rejettons des arbres.

La gazelle sautante (1) cause encore plus de dommages aux champs de froment, d'abord parce qu'elle est toujours en grande bande, en outre elle ne se laisse prendre ni aux piéges, ni d'aucune autre manière. Il faut même se cacher pour pouvoir la tirer au milieu des champs où elle a coutume de venir. Le chasseur se creuse un trou assez profond où les gazelles ne peuvent pas le voir. Il y reste blotti jusqu'à ce qu'elles en approchent à la portée du fusil. La gazelle sautante (2) n'habite pas les montagnes comme le chevreuil, ni les buissons ou les taillis, comme le rheboek et le duyken. Les chiens l'y prendroient trop aisément, parce qu'elle ne pourroit pas s'en dégager assez promptement, mais elle se tient toujours en rase campagne, où elle fait des sauts vraiment singuliers et même surprenans, à la hauteur quelquefois de plus d'une brasse.

Le cardinal du Cap (3) fait beaucoup de dégâts dans les jardins, où il mange les fleurs et les graines. Mais il a un ennemi bien redoutable dans le serpent d'arbre (4), qui se tient en effet sur les arbres pour attraper et avaler plus aisément les oiseaux dont il se nourrit.

L'oreille de mer (5) est une coquille qu'on prend sur les rochers, qu'on fait cuire et qu'on mange comme les moules.

---

(1) *Capra pygargus.*
(2) *Capra pygargus.*
(3) *Loxia orix.*
(4) *Bloom slang.*
(5) *Haliotis.*

La racine de fenouille se mange grillée de la même manière que celle d'anis.

Les oignons de l'iris comestible (1) croissent abondamment dans les champs du Cap, et varient dans la couleur de leurs fleurs. Elles sont tantôt blanches, tantôt bleues ou jaunes. Les esclaves vont en cueillir, et on les mange rôties ou cuites à l'étuvée avec du lait ; je les ai trouvées agréables au goût et nourrissantes.

Les Hottentots commencent par faire sécher le bucku (2) à l'ombre, et ensuite sur le feu, avant de le pulvériser.

Ils font un hydromel très-enivrant avec la racine d'une plante qu'ils nomment *gli* (3). On mêle deux poignées de cette racine séchée et pulvérisée avec une quantité suffisante d'eau et de miel. Cette mixtion ayant fermenté pendant une nuit, procure un breuvage dont deux verres suffisent pour enivrer; mais cette ivresse ne donne pas de maux de tête.

J'ai déjà parlé de la rareté du charbon au Cap. Celui que les serruriers et les forgerons consomment, vient en grande partie d'Europe. Cependant j'en ai vu faire, et je vais indiquer le procédé dont on se sert. On place le bois debout, les grosses bûches entre-mêlées avec les petites; on environne cet amas d'osier et de gazon. Au milieu et sur les côtés, sont dispersés des morceaux de bois résineux, qui servent à allumer la charbonnière. Quand le feu est bien animé, on bouche l'ouverture d'en-haut avec du gazon ; on laisse dans le bas différentes ouvertures qu'on bouche à mesure que le feu veut s'y frayer une issue. Lorsqu'au bout de quelques jours il a cessé de brûler, on ouvre la charbonnière et on jette de l'eau sur les charbons qui sont encore embrasés. En général, la charbonnière n'est guère plus haute qu'une petite meule de foin.

---

(1) *Iris edulis*.
(2) Ou *Boukou*. *Diosma*.
(3) Ce mot, dans leur langue, désigne une plante en général.

La charrue africaine, dont je n'ai fait qu'indiquer en passant la forme extraordinaire, mérite un peu plus de détails. L'inégalité des roues, sur-tout, fut ce qui me frappa. La grande roue a huit rayons avec une grande plaque de fer qui l'empêche de se déboîter; la petite, à la gauche du laboureur, n'a que quatre rayons. J'attribue cette étrange structure au terrain sur lequel cette charrue travaille. La petite roue se promène sur la portion de terre non retournée, et qui a ordinairement une surface de gazon solide, tandis que la grande roue s'enfonce dans une terre fraîchement labourée, et se trouve rabaissée au niveau de la petite. Par ce moyen, la charrue marche droit.

CHAPITRE V.

Séjour au Cap, et préparatifs pour mon départ : du 29 décembre 1774 au 2 mars 1775.

DE retour dans la ville du Cap, mon premier soin fut de préparer, comme les années précédentes, mes envois pour l'Europe. Différens bâtimens qui retournoient dans cette partie du monde, se chargèrent d'y transporter mes collections.

Le vaisseau expédié l'année dernière pour acheter à Madagascar, la quantité d'esclaves nécessaires au service de la Compagnie, étoit revenu. Parmi plusieurs objets curieux apportés par les gens de l'équipage, je remarquai un grand nombre de porcelaines tigrées (1), de belles coquilles pour faire des tabatières, des buccins rouges (2), et un animal qu'on nomme *chat de Madagascar* (3). Je m'empressai de m'assurer par moi-même si ses yeux étoient tels que nous les a dépeints

---

(1) *Cypræa tigris.*
(2) *Buccinum rufum.*

(3) *Lemur catta.* Le mococo. *Buff. Hist. nat.* 13, p. 174, t. 22,

Linné,

Linné, avec une prunelle ronde et une oblongue. Ceux-ci avoient les prunelles rondes et fort petites dans le jour; elles ressembloient parfaitement à celles de tous les autres animaux. Le lemur a beaucoup de conformités avec le chat, sur-tout par sa longue queue, avec des anneaux de distance en distance. Rien de plus amusant que de voir l'agilité avec laquelle il monte et descend, en s'accrochant par les pattes au bâton auquel on l'a attaché.

Je trouvai, en arrivant, beaucoup de personnes attaquées de maux de gorge. Ils sont aussi fréquens que dangereux dans toute l'étendue de la colonie. Je les attribue aux changemens subits de température; la brusque alternative du froid et du chaud fait tellement enfler les glandes du col, que le malade est en danger d'étrangler. Cette enflure se tourne presque toujours en suppuration. Ces maux de gorge attaquent la même personne plusieurs fois dans une année; aucun âge, aucun sexe n'en est exempt.

En parcourant le Cap même et les environs, je remarquai un édifice nouvellement construit près du rivage, au bas de la ville et de la Queue du lion. Melk, riche colon, avoit commencé ce bâtiment dès l'année précédente, sous prétexte qu'il vouloit avoir un magasin en pierres pour y mettre ses marchandises à l'abri du feu, qui a souvent causé des dommages inappréciables, quoique l'on ait maintenant la précaution de défendre bien sévèrement de fumer dans les rues et même ailleurs. Le véritable but de ce villageois étoit de procurer une église aux Luthériens, qui sont maintenant très-nombreux. Il ne leur manque plus à présent qu'un ministre pour célébrer le service divin. Les dévots Luthériens ne lui auront pas moins d'obligations, que tous les habitans du Cap n'en ont à l'ingénieux philantrope qui a imaginé de planter des chênes (1) dans les rues de la ville, où ils

---

(1) *Quercus robur.*

procurent de l'ombre aux passans et de la fraîcheur aux maisons.

Un séjour de trois années et des courses continuelles dans cette pointe méridionale de l'Afrique, m'avoient mis à portée de la bien connoître ; mais il s'en falloit de beaucoup que je fusse aussi familiarisé avec la topographie éthérée. Je dois même avouer à ma honte qu'elle m'étoit presque étrangère. Nos constellations avoient une toute autre situation que dans l'hémisphère septentrionale, ou bien étoient invisibles. La petite ourse qui, dans l'hiver, indique si exactement les heures de la nuit en Europe, étoit ici très-abaissée sous l'horison. Les habitans suppléent à cette ourse par deux taches obscures qu'on remarque dans le ciel, nommées *les nues du Cap*. Ces légères observations ne servirent qu'à me rendre plus sensible ma profonde ignorance en astronomie ; je regrettai bien d'avoir négligé une si belle science, et j'aurois volontiers donné en échange de la connoissance de quelques constellations, celle de certaines langues auxquelles j'ai consacré un tems qu'il auroit été possible de mieux employer.

Je reçus d'Amsterdam une somme et des lettres de recommandation pour Vander-Parra, gouverneur-général à Batavia. Je vis donc qu'il ne s'agissoit pas moins que de mon voyage aux Indes orientales, et même au Japon.

Il fallut me résoudre à quitter une contrée où j'avois fait tant de courses intéressantes, des personnes de qui j'avois reçu tant de marques d'amitié, et pour lesquelles je conserverai toujours une bien sincère reconnoissance.

Avant mon départ, je fus encore assez heureux pour faire connoissance avec un de mes compatriotes, Holenberg, conseiller du gouvernement. Il revenoit de Surate, où il avoit été au service de la Compagnie hollandoise des Indes orientales. Son zèle à remplir ses devoirs lui avoit mérité l'estime de ses supérieurs, et procuré, sur le commerce, une foule de con-

HUITIEME PARTIE.

Voyage à Java, séjour à Batavia : du 2 mars au 20 juin 1775.

Voyage du Cap de Bonne-Espérance à Java : du 2 mars au 18 mai 1775.

Le 2 mars 1775, je quittai, non sans regret, le Cap de Bonne-Espérance, où je laissois tant et de si bons amis, et je montai, en qualité de chirurgien surnuméraire, le vaisseau *Loo*, capitaine Berg, qui faisoit voile pour Batavia.

Nous avions sur le même bâtiment un jeune homme qui se prétendoit issu de la maison impériale, et qui se qualifioit de comte de Leuwenstein. Un de ces misérables marchands de chair humaine l'avoit fait passer au Cap, et il se trouvoit obligé, je ne sais comment, d'aller à Java, sans que le gouvernement du Cap osât prendre sur soi de le renvoyer en Hollande.

Il nous raconta qu'en arrivant comme étranger à Nimewegue avec son domestique, il avoit été loger chez un *vendeur d'ames*. Celui-ci, après lui avoir enlevé une grande malle qui contenoit ses effets, l'avoit tenu enfermé pendant trois jours, et envoyé ensuite à un de ses confrères d'Amsterdam, chez qui on l'avoit encore gardé en charte privée pendant trois semaines avec son domestique. Enfin ils furent mis à bord d'un vaisseau au Texel, sans avoir passé la revue, ou seulement été examinés à la maison de la Compagnie des Indes. Son domestique étoit mort de maladie pendant la traversée; quant à lui, sa santé n'avoit pas été beaucoup meilleure. Après être resté sur le grabat pen-

noissances si rares, que peu de personnes étoient en état de les apprécier. L'affection qu'il me témoigna ne se borna pas à de simples démonstrations ; il me donna des lettres de recommandation pour le conseiller Radermacher à Batavia.

dant toûte la route, en arrivant au Cap de Bonne-Espérance, il étoit entré à l'hôpital, où l'un de ses compatriotes l'avoit reconnu. Mais engagé en qualité de soldat, il ne lui restoit de tous ses effets qu'un habit rouge et une bague d'assez grand prix. Le gouverneur du Cap, instruit de toutes ces circonstances, l'envoyoit à Batavia pour l'y faire reconnoître. Il étoit à bord sur le pied de passager, et mangeoit à la table des officiers.

La Compagnie accorde à ceux-ci une certaine quantité de bière forte, qu'on leur partagea dès que nous eûmes levé l'ancre, la proposition du sous-pilote, qui étoit d'avis qu'on la vendît pour en partager le produit, n'ayant pas été adoptée. Quoique la Compagnie fournisse du vin et de la bière pour la table des officiers, ils n'en goûtent guère, ou bien on ne leur sert que de mauvaise boisson : le capitaine et le premier pilote la frelatent, l'altèrent, et se la partagent. Ces dilapidations révoltantes obligent les passagers et même les personnes aisées de l'équipage de se munir d'une foule de provisions que l'on trouve sur les bâtimens des autres nations.

Nous continuâmes notre route par un bon vent, en tirant d'abord presqu'entièrement vers le sud jusqu'à la hauteur de quarante degrés de latitude ; alors nous virâmes vers l'est : chaque jour nos montres retardèrent d'un quart-d'heure, et même plus, selon la force du vent et la vîtesse de notre marche.

Le 5 avril après-midi, nous découvrîmes l'île Saint-Paul, et nous voguâmes toute la nuit suivante entre cette isle et celle d'Amsterdam, qui, le 6, étoit encore à notre vue.

Le 2 mai, nous découvrîmes l'île Mone, et le 3 on apperçut la terre du haut du mât ; le jour suivant nous la voyions de dessus le tillac.

Plus nous approchions de la zone torride, plus le nombre de nos malades augmentoit. La maladie dominante dans notre navire étoit le scorbut. Quelques-uns avoient gagné des refroidissemens par le passage du froid au chaud.

Nous parvînmes enfin à voir l'île de Java : cette découverte répandit une allégresse générale dans l'équipage ; tous se félicitoient d'entrevoir un pays qui étoit le terme de notre voyage, et qui devoit être celui de la vie d'un grand nombre de nos malades.

Les montagnes de Java et celles des îles voisines étoient toutes vertes et boisées ; elles offroient un coup-d'œil très-agréable. Les autres montagnes situées au-delà de celles-ci, sont plus hautes et s'élèvent d'autant plus qu'elles sont plus éloignées du rivage.

Le 9, nous doublâmes l'île des Cocos (1) ; nous entrâmes dans le Straat-Sunda, entre l'île de Java et celle du Prince. Le vent baissa tout-à-coup, et ce calme arrêta notre course. Tant que nous fûmes dans le détroit, il fallut sans cesse jeter et lever l'ancre pour empêcher le courant de nous emporter, n'ayant pas de vent à lui opposer. On appercevoit des îles dispersées çà et là, plus ou moins grandes. L'eau étoit quelquefois très-basse, et nous restions à l'ancre pendant la nuit.

Le 12, on vint chercher notre supercargue dans un yacht, avec les lettres et autres papiers de la Compagnie, pour les transporter à Batavia ; par ce moyen, le conseil supérieur reçoit les dépêches avant même que le vaisseau soit à la rade.

Le 14, nous fûmes visités à bord par plusieurs habitans de Java; ils vinrent dans leurs petits bateaux (2) garnis d'un tillac de planches non attachées, et dont le dessous est divisé en plusieurs cases, renfermant du pain, des œufs, des ananas, des noix de cocos, du pisang (3), des goiaves, de la salade, des raiforts, et autres fruits et légumes. Les uns restèrent dans les bateaux pour nous jeter les marchandises vendues : d'autres vinrent à notre bord pour recevoir ces marchandises et en tou-

---

(1) *Clapper Eyland.*
(2) *Prauw.*

(3) Fruit de bananier.

cher la valeur. Je m'amusois à examiner l'agilité avec laquelle
ce transport s'exécutoit. Ils jettoient & recevoient les œufs
sans en casser un seul. L'argent neuf leur plaisoit plus que le
vieux ; ils l'examinoient attentivement, et refusoient les pièces
qui leur paroissoient usées.

Nous engageâmes les gens de l'équipage à ne pas trop manger
de fruits et de légumes frais; nous les mîmes en garde sur-tout
contre l'appétissant et dangereux ananas, parce qu'il cause des
dyssenteries et le flux de sang, sur-tout aux personnes dont
l'estomac est affoibli et gâté, ou chez qui le scorbut a fait de
grands ravages.

Nous laissâmes Bantam sur notre droite ; c'est la résidence
du roi de la contrée : il dépend absolument de la Compagnie.

La ville a des fortifications et une citadelle défendue par
une garnison de trois cents soldats hollandois que la Compagnie entretient, sous prétexte de servir de gardes-du-corps au
roi, mais réellement chargés de le surveiller, et d'empêcher
sur-tout qu'il ne vende du poivre aux étrangers (1).

L'isle de Java a environ cent quarante milles de longueur
de l'est à l'ouest, et vingt à vingt-cinq milles de largeur du
nord au sud. Elle gît vers le sixième degré de latitude sud, et le
cent vingt-quatrième de longitude.

Cette isle est exposée aux vents de terre et aux vents de mer,
qui changent selon les saisons. La mousson d'occident, autre-
ment nommée *la saison des pluies*, qui est ici regardée comme
l'hiver, commence vers la fin de novembre ou dans les premiers
jours de décembre, et dure jusqu'au mois de mars. Pendant

---

(1) La ville et le royaume de Bantam sont situés dans la partie orientale
de l'isle de Java; la religion musulmane y fut introduite il y a environ
quatre cents ans, par le petit-fils d'un
prince d'Arabie. *Voyez* la description
de Bantam et l'abrégé chronologique
de ses rois, dans les voyages de *Corn.
le Bruyn*, tome V, pages 49-79 ; et ma
note ci-après, page 233. *Note du rédacteur.*

tout ce temps le vent souffle du sud-ouest et de l'ouest; vers midi s'élève un vent de mer. A la belle saison ou à la bonne mousson, les vents tournent au sud-est, à l'est, et enfin au nord.

Le 18, nous arrivâmes enfin à bon port dans la rade de Batavia, qui est spacieuse et qui a un fond vaseux; elle n'est pas très-profonde, et elle se comble chaque jour, ainsi que les rivages de la mer. Les bâtimens ne mouillent pas loin de la ville, et y pénètrent même à pleines voiles en remontant la rivière.

Le lendemain j'allai à terre avec le capitaine, et je m'installai dans un bâtiment destiné aux étrangers et nommé *Heerenlogement* (1).

Il paroîtra peut-être étonnant que dans une ville aussi vaste, aussi peuplée que Batavia, il n'y ait ni cafés, ni marchands de vin. Les étrangers qui arrivent sur les vaisseaux hollandois ou autres bâtimens, sont obligés d'aller loger à l'auberge des *messieurs*, grande et belle maison, où l'on a, moyennant un ducaton ou une rixdalle et demie par jour, non-seulement une chambre avec un lit, mais la nourriture, à l'exception du café, du vin et de la bière, qu'on paie séparément. On trouve dans cette auberge une très-grande salle longue, une galerie couverte à côté de cette salle, où les hôtes peuvent se promener et causer à l'ombre, et même un billard. Les bourgeois n'ont pas la permission de loger ou d'avoir chez eux en pension des étrangers qui paient. Cependant on ne les empêche pas de recevoir leurs amis.

Etant encore sur le vaisseau, j'avois fait parvenir mes lettres de recommandation au gouverneur-général Van-der-Parra; l'une du bourguemestre Temmink, d'Amsterdam; l'autre, de M. Hollemberg au conseiller Radermacher, et une troisième du docteur le Sueur du Cap au docteur Hoffmann. En arrivant à terre, je

---

(1) Logement des messieurs.

n'eus

n'eus rien de plus pressé que de leur faire ma visite, et reçus de leur part tous les témoignages d'amitié et de bienveillance imaginables. C'est pour moi un devoir bien doux d'en conserver une reconnoissance éternelle.

La violente chaleur du climat oblige le gouverneur-général de donner ses audiences entre sept et huit heures du matin, c'est-à-dire, avant que le soleil soit monté à une certaine hauteur sur l'horison; et comme je ne pus me rendre à terre avant midi, je n'allai le voir qu'à quatre heures d'après-midi. Il m'accueillit de la manière la plus flatteuse, et me promit sa protection toutes les fois qu'elle me seroit utile, sur-tout pour mon voyage au Japon. Ce gouverneur demeuroit alors à sa maison de campagne, à très-peu de distance de la ville, parce que l'air y est plus sain et plus frais.

Le même soir, j'allai chez le docteur Hoffmann; mais ne l'ayant pas trouvé, il vint lui-même le lendemain matin me voir à mon hôtellerie; il m'offrit le logement et sa table, et me conduisit tout de suite à l'apothicairerie de la Compagnie, où il demeuroit, et dont il avoit la direction.

Outre sa lettre de recommandation, le docteur le Sueur, du Cap, m'avoit prêté une somme pour payer mes dettes. Je m'étois engagé à rembourser cette somme sur mes appointemens au docteur Hoffmann à Batavia.

L'état de mes finances lui prouva que je n'étois pas un de ces voyageurs qui vont accaparer les richesses de l'Inde, puisque pendant trois années de séjour au Cap de Bonne-Espérance, je n'avois amassé qu'une immense quantité de productions de la nature et quelques dettes. Le docteur Hoffmann avoit déjà parlé de moi au conseiller Radermacher, et ce magistrat l'avoit aussi-tôt chargé de me remettre cinquante ducats avant même de m'avoir vu, tant mes travaux et sur-tout ma situation l'avoient intéressé. Quoique logé et nourri chez le docteur Hoffmann, j'étois obligé de dîner deux fois par semaine chez le

Tome I.   C c c conseiller Radermacher, où se trouvoient rassemblés la plupart des gens en place qui avoient acquis en Europe beaucoup de connoissances dans les sciences. Les fréquentes visites que je lui rendis, me procurèrent le moyen de me convaincre de son zèle pour les progrès des lettres et des sciences. Je vis même avec autant d'étonnement que de plaisir qu'il ne leur étoit pas étranger, et qu'il s'en occupoit très-sérieusement, quoique l'amour des richesses soit ici la passion dominante de presque tous les autres Européens.

Dans le premier grand-conseil qui se tint après mon arrivée, on me nomma premier chirurgien à bord du vaisseau amiral destiné pour le Japon, et le commandant de l'expédition reçut toutes les instructions et les ordres capables de favoriser mes travaux. Je fus même chargé de l'accompagner comme médecin de légation à la Cour de l'Empereur, où il devoit aller en ambassade. Mais les vaisseaux destinés pour le Japon, ne devant partir que dans trois mois, j'eus tout le tems de me mettre au fait du pays que j'habitois, d'en étudier les productions naturelles, et de bien connoître toute l'étendue de l'immense commerce de la Compagnie hollandoise des Indes orientales, qui a choisi cette île pour le chef-lieu de ses factoreries et de ses comptoirs dans les Indes orientales.

M. Radermacher me donna pour compagnon et pour guide dans mes courses botaniques un brave Javan, assez au fait des arbres et des plantes de son pays, et qui en connoissoit même les noms en langue malaise. Il avoit soin en même tems de m'indiquer l'usage que ses compatriotes faisoient de différens végétaux dans la médecine.

CHAPITRE II.

Description de Batavia. — Température de Java. — Détails sur les différens habitans de cette isle.

Batavia est une ville belle, bien bâtie et bien située sur le bord de la mer (1). Des remparts peu formidables règnent tout à l'entour. Chaque porte a son corps-de-garde, et on les ferme tous les soirs.

On a creusé autour et dans l'intérieur de la ville, des canaux revêtus de murailles en pierres. Ils servent à la circulation des bateaux de toutes grandeurs, qui apportent toutes sortes de fruits, de légumes et de denrées pour la consommation des habitans, ainsi que de l'herbe fraîche pour la nourriture de leurs chevaux. Ces canaux n'ont ordinairement que deux aunes suédoises de profondeur, et déchargent leurs eaux dans la rade.

Batavia renferme de magnifiques maisons avec des appartemens vastes et bien aérés, sans fenêtres; car on ne sauroit laisser trop d'entrées à l'air dans un climat aussi brûlant.

Les rues ne sont point pavées, parce que les pierres échauffées par les rayons du soleil incommoderoient les esclaves qui vont pieds nuds, et les chevaux qui ne sont point ferrés. Il y a cependant des trottoirs en pierres pour les Européens qui portent des souliers.

---

(1) Batavia, dit *Corneille le Bruyn*, est au sud des Indes orientales, dans la partie occidentale de l'isle de Java, à la hauteur de 6 degrés 10 minutes de latitude méridionale, et au 127° d. 15 min. de longitude. Bougainville lui donne la même latitude, et la place au 104° deg. 52 min. de longit. méridion. du méridien de Paris. *Voyages de C. le Bruyn*, tome V, page 90. *Voyage autour du Monde*, tome II, page 338. *Note du rédacteur.*

1775. DESCRIPTION

On compte à Batavia six églises, dont deux réformées, une luthérienne, une portugaise, une pour l'hôpital, une dans la citadelle, et une autre portugaise hors des murailles. Les prêtres qui desservent ces églises jouissent d'une grande considération et d'un ample traitement.

Batavia n'a pas été bâtie sur les ruines de Jaccatra (1), ancienne capitale de l'isle avant qu'elle ne fût conquise par les Hollandois (2); mais elle est plus près de la mer, et Jaccatra n'est plus qu'une redoute ou poste avancé.

Le 24 mai on tira le canon autour de la ville, en mémoire de la prise de Jaccatra, qui eut lieu le 13 mai 1619, vieux style.

La citadelle est très-vaste, et mériteroit une description détaillée et particulière. Elle est située à l'une des extrémités de

---

(1) Quoiqu'en dise l'abbé Pluche dans sa *Concordance de la Géographie des différens âges*, page 80, sans doute d'après l'*Ambassade de la Compagnie des Provinces-Unies vers l'empereur de la Chine*, page 52. On connoit l'inexactitude du texte et des gravures de ce dernier ouvrage. Nieuhoff ne mérite pas plus de confiance que son dessinateur. *Note du rédacteur.*

(2) Jaccatra se nommoit anciennement *Sunda Calapsa*, ou plutôt *Calappa*, parce que l'on faisoit dans cette place beaucoup d'eau-de-vie de coco (ou noix des Indes, appellée *calappa* en langue javane et malaise). Elle est à la hauteur de 5 degrés 40 minutes de latitude, et renfermoit, en 1596, du temps des Portugais, environ 3000 maisons. Les Portugais et les Anglais y firent le commerce des épices jusqu'en 1629, époque où éclata leur jalousie contre les Hollandois. Les deux partis en vinrent aux mains. Les Anglais, quoique soutenus par les Javans, furent battus; les vainqueurs détruisirent la capitale de l'île, et en construisirent une autre plus voisine de la mer, à laquelle ils donnèrent l'ancien nom latin de la métropole. Néanmoins, les Anglais conservèrent une factorerie à Bantam jusqu'en 1682, que la Compagnie hollandoise les expulsa complettement de Java, et s'empara exclusivement du commerce de cette ile. Voyez *Ormes's historical fragments of the Mogul empire*, &c. p. 168, et note 75, page cxvj et suiv. *Recueil des Voyages de la Compagnie des Indes*, tome I, page 296, 319 et suiv. tome V, page 102 et suiv. *Note du rédacteur.*

la ville, du côté de la mer, et renferme de magnifiques magasins appartenans à la Compagnie. On y conserve le riz, le vin, les autres grains et boissons, munitions et approvisionnemens de toute espèce, destinés à cet établissement et à ceux des Hollandois dans les Indes, ainsi que les épices et autres denrées pour l'Europe.

On a aussi établi, dans la citadelle, une imprimerie pour le service de la Compagnie (1), une nombreuse bibliothèque, dont le catalogue a paru en 1752, un dépôt d'archives, les bureaux de comptabilité, un laboratoire chymique, où je vis distiller de l'huile de gérofle assez bonne, quoique les clous fussent gâtés. A la vérité, ils ne rendirent pas beaucoup.

Je remarquai, hors de la ville, l'observatoire que le ministre Mohr (2) a fait construire pour ses observations astronomiques. Depuis la mort de ce savant, le bâtiment est abandonné.

La rade est spacieuse, mais bourbeuse; il y a continuellement un vieux bâtiment nommé *vaisseau de garde*, sur lequel les chirurgiens sont commandés de service pendant quatre nuits de suite. On peut s'exempter de cette corvée moyennant deux

---

(1) Parmi les ouvrages intéressans sortis de ces presses, je dois indiquer les *Verhandelingen vanhet Bataviaasch genootschap*, &c. 1784. (*Mém. de la Soc. de Batavia sur les Sciences*), dont nous possédons déjà quatre vol. *in-8°*. remplis de notices précieuses sur la géographie, l'histoire, et principalement le commerce et les productions des Indes. Je me propose d'extraire et de traduire les morceaux qui me paroîtront d'une utilité générale, pour les insérer dans mes *Mémoires Asiatiques*, ou *Abrégé des Transactions de la société de Calcuta*, &c. dont les deux premiers volumes sont sous presse. *Note du rédacteur.*

(2) On venoit de finir cet observatoire quand Bougainville surgit à Batavia en octobre 1768 : il a coûté des sommes immenses; mais le propriétaire étoit riche à millions, et en même temps estimable par ses connoissances et son goût pour les sciences. Il observa le passage de Vénus, et envoya ses observations à l'académie de Harlem. Elles pourroient servir à déterminer avec précision la longitude de Batavia. *Voyage autour du Monde*, tome II, page 368. *Note du rédacteur.*

ducatons que l'on donne à un chirurgien qui vous remplace sur le vaisseau de garde. Les chirurgiens des navires arrivant y font transporter ceux de leur équipage qui se trouvent incommodés, ou à qui il arrive un accident pendant la nuit, car alors les portes de la ville sont fermées.

Sur le rivage, à l'embouchure du fleuve, est bâti le château d'eau destiné à commander et à tirer en plein sur la rade. Les vagues de la mer viennent le baigner : il est à moitié ruiné, et chaque jour il en tombe quelque pan de muraille.

Les rues de Batavia sont plantées de deux rangées de grands arbres, qui procurent de l'ombre et de la fraîcheur pendant les plus grandes chaleurs de la journée.

Les arbres qui composent ces avenues sont les deux espèces de calaba et le canari des Moluques (1), et quelques autres plus rares ; et je remarquai dans les cours de plusieurs maisons de fort gros arbres du guettard de l'Inde (2) ; mais jamais je n'ai vu d'arbre plus énorme que les filaos à feuilles de prêle (3), qui croissoient près d'un ruisseau et étendoient fort loin leurs rameaux immenses.

Quoique la chaleur ne soit pas excessive, si l'on en juge

---

(1) *Calophyllum inophyllum*, et *calophyllum calaba*. Le premier se nomme le tacamaque de Bourbon. Cet arbre remarquable par la beauté de ses feuilles, produit la résine tacamaque, qu'on appelle aussi *baume verd*, qui est d'un jaune verdâtre et d'une odeur suave. Voyez mes *Illust.* planc. 459.

Canarium commune. Cet arbre donne une résine blanche, tenace, que l'on emploie à Amboine, comme flambeau, en l'enveloppant dans des feuilles sèches. Gærtner, tab. 102, a donné des détails sur les fruits de trois espèces de ce genre. *Lam.*

(2) *Guettarda speciosa* C'est le rayapou de l'*hortus malabaricus*, vol. 4, tom. 47 et 48, dont Linné a fait son *nyctanthes hirsuta*. Il est très-différent de l'*halesia* de Brown. Voyez mon *Dict.* vol. 3, p. 53, et mes *Illust.* pl. 154, f. 2. *Lam.*

(3) *Casuarina equisetifolia*. Filao, n°. 1. *Lam. Dict.* vol. 2, p. 501.

par le thermomètre, celui de Fahrenheit restant toujours entre le 80 et le 86ᵉ degré, elle n'en est pas moins fatigante. La situation basse de la ville, auprès du rivage de la mer, contribue encore à la rendre plus accablante ; les exhalaisons qui s'élèvent de la mer et des marais s'arrêtent immobiles dans l'air, faute d'un vent assez fort pour les chasser et les dissiper, ce qui rafraîchiroit l'atmosphère. Vers le soir, il s'élève bien un petit vent de terre qui n'est véritablement qu'une haleine très-légère et très-foible. Cette chaleur, jointe aux sueurs abondantes qu'elle cause, rend les bains indispensables. On voit tous les jours les Indiens jouer dans l'eau ; ils ont soin de choisir le voisinage des rivières ou des baies dont le crocodile n'approche pas. Ces bains fréquens entretiennent la propreté du corps, donnent de la vigueur et de la souplesse, et modèrent la transpiration.

On mène ici une vie d'autant plus ennuyeuse, que depuis neuf heures du matin jusqu'à quatre heures de l'après-midi, il est impossible de marcher ni même d'agir, car au moindre mouvement la sueur coule à flots, quelque légèrement que vous soyez habillé. On rencontre ici comme dans Amsterdam, des gens de toutes sortes de nations, qui parlent des idiômes différens. La plupart des habitans de la ville sont des Indiens, qui font un commerce lucratif. On trouve aussi des Chinois répandus dans la ville, dans les fauxbourgs, dans la campagne. Ils ont à peu près la même manière d'exister que les Juifs parmi nous. Ils exercent en général des métiers et cultivent les arts ; tous conservent leur costume national, leur pantalon et leur tête rasée, avec une houppe de cheveux sur le sommet de l'occiput, pour faire une longue queue tressée.

Les 1, 2 et 3 juin 1775, les Chinois célébrèrent une de leurs fêtes sur la rivière qui traverse la ville et se décharge dans la rade. Il y eut une joûte entre deux bateaux qui remontoient la rivière. Le premier arrivé remporta le prix, qui consistoit en mouchoirs, éventails, pièces ou tabatières d'argent placés sur un bâton peint en vert. La même joûte eut lieu plusieurs fois de suite, et toujours au bruit d'un orchestre, composé d'une tymbale et d'un vase de laiton sur lequel on frappoit (1).

Les Maures établis à Batavia y exercent presque tous le négoce, comme dans les autres parties des Indes orientales. On les distingue aisément à leur costume, aussi agréable que singulier. Leur coëffure, composée d'une draperie blanche et semblable à un turban, enveloppe une longue chevelure noire, comme leurs moustaches. Quelques-uns portent un bonnet ou un chapeau rond. Ils sont grands et relèvent encore l'avantage de leur taille par une jupe ou plutôt une espèce de chemise sans manches, très-ample, en toile de coton blanche, qui s'attache sous le sein avec un cordon ou un large ruban. Ce vêtement est sur-tout très-large par le bas, et tombe sur les talons. Leurs souliers, qui sont fort longs, se terminent par une pointe recourbée. Les Maures aisés ornent leurs chaussures de broderies en or (2).

Les Javans sont d'une taille avantageuse et d'une figure

---

(1) Il n'est peut-être pas inutile de remarquer que les Chinois établis à Bantam et dans le reste de l'île de Java, ont témoigné beaucoup d'amitié aux François, *dont l'humeur leur plaît fort*, dit Vincent le Blanc, pages 148 et 149 de ses *Voyages*. Mais l'avidité ombrageuse des Hollandois ne nous a pas permis de profiter de ces favorables dispositions. Je ne crains point d'assurer que de tous les Européens qui commercent dans les Indes, les François sont les plus estimés. Les naturels nous ont toujours témoigné une prédilection et une bienveillance dont nous n'avons pas tiré parti. *Note du rédacteur.*

(2) Ces Maures descendent, je crois, des Moghols ou Tatars, qui s'emparèrent de l'Hindoustán en 1525, sous la conduite de Babour, petit-fils de Tymour (Tamerlan). Ils introduisirent alors la religion musulmane dans cette contrée et dans plusieurs îles voisines. Telle est, sans doute, l'origine de la tradition rapportée par Corneille Bruyn, et citée dans ma note de la page 387. *Note du rédact.*

agréable.

agréable. Ils jouissent tous de la liberté, à l'exception d'un petit nombre, qui se mettent volontairement en servitude chez leurs compatriotes pour un certain temps (1).

Les Européens gardent ici le costume de leur pays : ils portent en général des vestes et des culottes de toile de coton blanche, ou de satin noir, avec un juste-au-corps de quelqu'étoffe légère des Indes. Tous ces vêtemens ne pèsent pas deux livres ; c'est pourtant un pesant fardeau, eu égard à la chaleur du climat, et il n'y a pas de jour où l'on ne change de linge deux ou trois fois, quoique la sueur s'imbibe aisément dans la toile de coton. Voici quelle est, à-peu-près, leur manière de vivre.

Après que les gens en place ont été, le matin, chez le gouverneur, ils vaquent à leurs affaires domestiques, depuis neuf heures jusqu'à midi, mais sans sortir de leur maison, où ils ont quelqu'haleine de vent. Cependant, vers cette époque de la journée, si quelqu'affaire les appelle dehors, ils sortent dans des voitures légères et petites, qui ont, au lieu de glaces, des rideaux de taffetas aux portières, pour intercepter les rayons du soleil et ne laisser entrer que l'air. On attelle à ces voitures des chevaux extrêmement petits ; quelques-uns vont en chaise-à-porteur.

---

(1) L'origine des Javans est absolument inconnue. Ils se prétendent originaires de la Chine, et disent que leurs ancêtres, fatigués de l'esclavage où les tenoient les Chinois, vinrent se réfugier dans cette île. Leur ressemblance avec cette nation, donneroit quelque poids à leur témoignage. Ils ont, en général, le front large, les joues grosses et de petits yeux comme les Chinois. En outre, Marc-Paul le Vénitien nous apprend que lorsqu'il étoit au service des Tatars, les habitans de la grande Java leur payoient tribut, et qu'ils le refusèrent quand les Chinois se furent révoltés contre ces Tatars. *Voyages de Marc-Paul*, p. 130, dans la collection de *Bergeron*. *Premier Voyage des Hollandois aux Indes orientales*, page 33, tome I du *Recueil des Voyages de la Compagnie des Indes orientales*. (*Voyez* ci-après, le chapitre V, de l'état politique de Java.) *Note du rédacteur.*

La plus grande hiérarchie règne ici, elle se fait ressentir partout, jusque dans les équipages. Il n'est permis qu'aux personnes d'un certain rang d'en avoir de dorés. Les bourgeois se contentent de les faire peindre ou les laissent tout unis. Les étrangers, et même les bourgeois à qui leurs facultés ne permettent pas d'avoir voiture toute l'année, peuvent en louer une au mois, à la semaine et même à la course. A la vérité, les loueurs de voitures et de chevaux demandent des prix exhorbitans, et ce métier lucratif les a bientôt enrichis.

On rencontre ici peu de têtes à perruques; presque tous les Européens portent leurs cheveux démêlés et non frisés, et ne servent rarement de poudre.

Les femmes ne portent ni bonnet, ni chapeau; elles se font oindre les cheveux avec de l'huile sans poudre, et les roulent en gros nœuds sur le sommet de la tête. Elles y mêlent des bijoux et des guirlandes de fleurs très-odoriférantes.

La fleur qu'elles adoptent par préférence pour ces sortes de guirlandes, sont celles du *mogori* ou jasmin des Arabes (1), passées dans un fil. On apporte de ces fleurs fraîches chaque jour à la ville. Il s'en fait une grande consommation. Chaque soir que les femmes sortent, elles n'oublient pas cet ornement, qui donne à certains égards un nouveau charme à leur société. L'odeur ressemble à celle de la fleur d'orange et du citron, et se répand dans tout le logis.

On ne doit pas s'étonner de ce que, dans un climat aussi brûlant, les Européens aient contracté l'habitude de dormir une couple d'heures après leur dîner, c'est-à-dire, pendant la plus vive chaleur de la journée. Un esclave debout auprès du sopha, chasse les mouches avec un grand éventail et procure une agréable fraîcheur à son maître endormi.

Les nuits et les jours sont à-peu-près égaux durant toute

---

(1) *Nyctanthes Sambac.* Lin. *Mogorium sambac.* Illust. tab. 6, f. 1. *Lam.*

l'année ; le soleil se lève et se couche à six heures. Comme il darde ses rayons presque perpendiculairement, on n'a pas ici les belles soirées de nos pays septentrionaux ; car à peine a-t-il passé dessous l'horison, qu'on se trouve dans l'obscurité, et l'air est frais toute la nuit.

Cette fraîcheur auroit bien plus d'agrément sans l'inquiétude et le tourment continuel que vous causent les insectes (1).

Non-seulement leur bourdonnement éveille le dormeur le plus profondément enseveli dans le sommeil, mais en outre leurs piquures causent des ampoules terribles et monstrueuses qui vous rendent le visage tout boursoufflé. Voilà ce qui empêche que l'on n'ouvre les portes des appartemens ou les fenêtres ; et quand on s'y décide, il faut chasser bien soigneusement tous les cousins. Ils tourmentent encore plus les étrangers que les naturels, à leur arrivée dans l'île ; mais après quelques semaines de séjour, ils perdent les faveurs importunes de ces insectes, qui trouvent sûrement une saveur toute particulière à leur sang scorbutique ; l'enflure devient d'autant plus considérable, que leurs pores sont plus salés et leur peau plus mal-propre.

Les lits sont ordinairement garnis d'un matelas, de quelques oreillers, d'un drap de dessous et d'une légère couverture d'indienne non doublée.

Tous les soirs, depuis six heures jusqu'à neuf, les Européens se réunissent dans différentes maisons de la ville pour y fumer, boire quelques rasades de bon vin rouge, et se délasser ainsi des fatigues de la journée. Ils n'attendent pas une invitation pour aller voir leurs amis ; mais au coup de neuf heures chacun se retire chez soi, à moins qu'il n'ait été retenu particulièrement pour souper. Chaque maître a plusieurs esclaves qui

---

(1) *Muscito.*

viennent le chercher avec des flambeaux pour le ramener chez lui.

Quand on va en visite, on a ordinairement un habit, un chapeau, une canne et une épée ; quelques-uns ont une perruque. Un domestique vous suit en portant un vaste parasol. Mais à peine a-t-on fait son salut d'entrée, qu'on ôte sa perruque pour mettre sur sa tête rasée un bonnet de coton blanc et très-léger ; on quitte son habit, son chapeau, sa canne et son épée ; l'esclave remporte tout ce harnois au logis. La compagnie passe la soirée sur un perron pratiqué au haut de l'escalier, en dehors de la maison.

Le maître commence par vous présenter un verre de bière de Hollande, ensuite on boit à la santé de chaque personne de la compagnie en particulier, jusqu'à ce qu'on ait vuidé chacun sa bouteille de quatorze verres et même plus. On joue quelquefois aux cartes. Tous les étrangers qui se présentent dans ces assemblées sont bien reçus, car l'hospitalité est ici regardée comme un devoir sacré, que chacun se pique de remplir avec magnificence. Les gens qualifiés et riches tiennent table ouverte une fois ou deux par semaine : tous ceux qui se présentent, invités ou non, sont bien reçus. Un étranger obligé de séjourner quelque tems dans cette île, n'a besoin que de louer un petit local et d'acheter un esclave pour le servir. Pourvu qu'il ait une connoissance ou deux, il ne doit plus être embarrassé de quelle manière subsister ; car outre qu'il a toujours son couvert mis chez ses patrons, on ne manque jamais de l'inviter à dîner dans les maisons où il va rendre visite entre onze heures et midi, heure à laquelle les personnes en place reviennent de leur bureau. On boit alors un petit verre d'arrek ou d'eau-de-vie de genièvre pour exciter l'appétit, ou du vin de France, ou bien encore du saki du Japon.

L'eau ici n'est ni saine, ni agréable ; elle contient certains principes saumâtres qui donnent quelquefois le flux de sang,

DE BATAVIA.

sur-tout aux personnes nouvellement arrivées et attaquées du scorbut. Les habitans de la ville la laissent reposer dans de grandes cruches de terre du Japon; les ordures qu'elle contient se précipitent au fond; ils y plongent aussi des morceaux de fer rouge : alors on peut la boire sans danger. Elle sert aussi à prendre du thé, du café, et on la mêle avec du vin.

Le faubourg situé du côté de la campagne, est grand, beau et peuplé d'Européens, de Chinois et d'Indiens.

A peu de distance de ce faubourg sont dispersées de nombreuses maisons de campagne et de très-beaux jardins, où les principaux personnages de la ville et les gens riches viennent se délasser de leurs travaux. L'air y est moins malsain que dans l'enceinte des murailles. On a formé dans plusieurs de ces maisons des viviers remplis d'eau, où la dorade aux écailles brillantes et dorées, joue et se cache sous la pistie flottante (1), plante singulière qu'on propage pour donner de l'ombre aux poissons. Ses racines ne s'attachent pas à la terre, et elle nage en grande quantité dans les canaux et dans les fossés.

Les Européens se font servir en général par des esclaves de différentes parties de l'Inde. Ils en entretiennent même un grand nombre, car la chaleur énerve ceux-ci au point que deux n'en valent pas un du Cap. Les femmes sur-tout ont une bande d'esclaves de leur sexe la plus nombreuse possible, et ne sortent presque jamais sans en avoir quelques-unes à leur suite pour les servir.

Je ne terminerai pas ce chapitre sans ajouter quelques observations sur l'insalubrité du climat, qui a valu à la ville de Batavia le surnom de *tombeau des Européens*. Elle a plusieurs

---

(1) *Pistia stratiotes.* L. *Kodda-pail.* Hort. Malab. vol. II, t. 32. Cette plante flotte sur l'eau comme la macre (*trapa*), et y forme de belles rosettes.

causes. La principale est la chaleur continuelle et les brouillards qui séjournent dans l'atmosphère. On peut encore mettre en ligne de compte la puanteur qui s'exhale des ordures qu'on a l'imprudence de jeter dans la rivière. A l'effet déjà trop actif de ces miasmes morbifères, les Européens ajoutent un mauvais régime (1). Les riches prennent une nourriture et des liqueurs trop fortes & trop chaudes pour un climat aussi brûlant que celui-ci. Les pauvres périssent, pour la plupart, par l'excès des fruits. Les fièvres putrides et les flux de sang enlèvent une grande quantité d'Européens. Ceux qui réchappent conservent un ventre gros et tendu, et des engorgemens ou obstructions (2), qui ne se résolvent pas facilement, à moins qu'ils ne passent dans des comptoirs où l'on respire un air plus frais. Les tempéramens les plus forts sont ceux qui résistent ici le moins; les personnes foibles, et particulièrement les femmes, soutiennent assez bien l'air du pays. Cependant celles qui appor-

---

(1) Les Européens veulent garder, sous tous les climats, leurs habitudes et leurs jouissances, sans s'inquiéter s'ils compromettent leur santé ou leur sûreté. Les relations des voyageurs nous offrent mille exemples des suites funestes de cette ridicule opiniâtreté. Je n'en citerai qu'un, parce qu'il intéresse particulièrement les sciences. En 1761, cinq savans ou artistes Danois furent chargés de faire le voyage de l'Yemen (l'Arabie heureuse); quatre étoient déjà morts dès le mois de février 1764. Le seul qui soit resté de cette société, le capitaine Niebuhr, observe que le sort de ses compagnons ne doit pas effrayer quiconque seroit tenté d'entreprendre le voyage de l'Arabie. «Nous avons été nous-mêmes, dit-il, la cause de nos maladies, dont d'autres peuvent se garantir». Il prouve que ses compagnons ne sont morts que pour avoir voulu conserver dans les pays chauds les habitudes et le régime des pays froids. Resté seul parmi les Orientaux, Niebuhr n'a plus ressenti la plus légère incommodité, ni éprouvé d'obstacles de la part des naturels, dès qu'il s'est conformé à leur manière de vivre et d'agir. Voyez la *Préface de la Description de l'Arabie*, par Niebuhr. Copenhague, 1775, édit. in-4°. pages vj et vij. *Note du rédacteur.*

(2) *Placenta febrilis.*

tent d'Europe des joues vermeilles, ne tardent pas à perdre leur éclat et leur fraîcheur, elles deviennent pâles comme un linge.

L'air est à la fois si humide et si stagnant, que toutes les marchandises se corrompent et se moisissent en fort peu de temps. C'est pour cela que j'ai vu souvent les malles dans les chambres, et les caisses même dans les magasins, posées sur des bouteilles. Sans cette précaution, ce qu'elles renferment seroit moisi et perdu.

CHAPITRE III.

Des Langues usitées à Java.

Les Javans ont une langue particulière qui diffère du malai (1).

Les Européens parlent ici généralement entre eux la langue hollandoise ; mais les esclaves et les Indiens n'entendent que le malai, qui est d'un usage si universel dans les Indes orientales, et même dans une partie des occidentales (2), qu'on peut

---

(1) Le silence de notre voyageur sur la langue javane m'a déterminé à faire un travail qu'on trouvera à la suite de ce chapitre, sous le titre d'*Additions du Rédacteur*. (LANGLÈS.)

(2) J'observerai que dans les îles des Indes occidentales, les Nègres de la côte de Guinée et d'autres contrées d'Afrique, ne parlent pas malai, non plus que dans les îles angloises de l'Amérique septentrionale, à Surinam, dans les établissemens des Hollandois et des Danois, où l'on se sert d'un anglois corrompu. Les colonies espagnoles et françoises conservent les langues de leur mère-patrie, et l'on n'y connoît point le malai. — A la vérité, la plupart des esclaves transplantés au Cap de Bonne-Espérance des îles Moluques, de Java, de Sumatra, et de la terre des Pappons, parlent malai, mais non pas tous. *Note du docteur Forster, traduite par le rédacteur.*

la regarder comme une espèce de passe-partout, à-peu-près comme la langue française en Europe.

Le malai m'a paru un dialecte arabe (1); on l'écrit même avec des caractères arabes.

Il existe une partie de la Bible traduite en malai, plusieurs Dictionnaires ou Vocabulaires et Grammaires, des livres de prières, &c. Cette langue s'apprend et se parle aisément : elle est simple, sans inversions, très-agréable à l'oreille.

La Compagnie entretient un interprète pour le malai et pour la langue de Java, ainsi que des prêtres versés dans ces langues. Ils desservent un temple construit aux frais de la même Compagnie, en faveur des différentes nations chrétiennes qui entendent ou parlent le javan ou le malai.

J'ai encore retrouvé ici quelques traces de portugais corrompu, qu'on reconnoît aussi dans les autres colonies des Indes orientales, qui ont appartenu autrefois aux Portugais. On voit même dans la ville une église et une paroisse portugaises ; il y en a en outre une autre entretenue par la Compagnie des Indes. On m'y montra plusieurs livres de prières imprimés en langue malaise.

---

(1) Le malai n'est certainement pas un dialecte de l'arabe, mais une langue-mère aussi étendue qu'abondante. Les Malais de la presqu'île de Malacca ont transporté leur langue dans toutes les îles des Indes orientales, aux Philippines, aux Carolines, aux Mariannes, aux îles Pelliou (Pellew), à celles des Larrons, et dans une grande partie des îles de la mer du Sud. Les Malais ont reçu des navigateurs Arabes la religion musulmane et l'écriture arabe qu'ils ont conservées. (*Note du doct. Forster, trad. de l'allem. par le réd.*)

En approuvant la savante critique du docteur Forster, je crois devoir observer que le malai renferme une grande quantité de mots arabes. Il faut attribuer ce mélange à l'introduction des caractères arabes et de la religion musulmane chez les Malais. Les Portugais leur ont aussi fourni plusieurs expressions, celles sur-tout dont ils ont besoin pour rendre les idées qu'ils ont acquises depuis les progrès des Européens dans les Indes orientales. *Note du rédacteur.*

Voici

USITÉES A JAVA.

Voici l'énumération exacte de tous ceux qui sont venus à ma connoissance.

1°. *Malaica collectanea vocabularia* (Dictionnaire malai). *Pars prima.* Batavia, 1 vol. 1707, *in*-4°.

2°. *Dictionarium malaico-latinum* et *latino-malaicum*, *operâ et studio Davidis Hex.* Batavia, 1707, *in*-4°. (Dictionnaire malai-latin et latin-malai.)

3°. *Dictionnarium of te woord en de Spraek Boek in de Duytsche en de maleysche tale. Fr. de H.* Batavia, 1707, *in*-4°. (Dictionnaire hollandois et malai.)

4°. *Tweede deel van de collectanea malaica vocabularia.* Batavia, 1708. (Ce sont deux dictionnaires malais imprimés ensemble.)

5°. *Maleische Spraek Konst of G. H. Werndly.* Amsterdam, 1736, *in*-8°. 1 vol. (Grammaire malaise.)

6°. *El Kitâb 'ija 'itu, segala Surat, Perdjandjian lama dan Baharow.* Amsterdam, 1733, *in*-4°. (La Bible en malai.) Le Nouveau Testament fut imprimé dans le même format en 1735.

7°. *Si J. X. R. Segala masmur Dâûd.* Amsterdam, 1735, *in*-4°. (Les Pseaumes de David.)

8°. *Ta X Limu-ldini 'l mese H. i Ji, ija' 'itu, pang' adjaran agama.* Amsterdam, 1735, *in*-4°.

9°. *Nieuwe Woordenschat in neder duitsch, maleiysch, en portugeesch.* Batavia, 1780, *in*-8°. (Dictionnaire hollandois, malai et portugais (1).

---

(1) Le docteur Forster cite encore deux autres ouvrages élémentaires pour la langue malaise, qui sont : *Grondt of te kort bericht van de maleysch tale, door Joannem Roman.* Amsterdam, 1674, *in*-4°. (Courte Introduction à la langue malaise.) *Dictionnary english and malayo, ma- layo and english to which is added some short grammar rules, &c. by Thomas Bowrey.* London, 1701, *in*-4°. (Dictionnaire anglois-malai et malai-anglois, auquel on a ajouté quelques règles de grammaire, &c.) *Note traduite par le rédacteur.*

Quoique les Portugais ne dominent pas dans cette île, ils ont imprimé les livres suivans pour leur usage.

10°. *Do Velho Testamento, o primero tomo.* Batavia, 1748, *in*-8°. 1 vol.

Do Velho Testamento, o secundo tomo. Batavia, 1753, *in*-8°. 1 vol.

11°. *O Novo Testamento.* Batavia, 1773. *in*-8°. 1 vol.

12°. *Catechismo.* Colombo, 1778, *in*-8°. 1 vol.

13°. *Os Psalmos David.* Colombo, *in*-8°. 1 vol.

Ces Pseaumes sont notés pour l'usage des Indiens. La dernière édition est de 1778. On m'en envoya un exemplaire après mon départ de Batavia.

J'ai déposé et donné à la bibliothèque d'Upsal tous les livres indiqués ci-dessus, et une foule d'autres en langues chingulaise, malabare et tamoulle.

Ceux qui se proposent de séjourner quelque temps dans les Indes orientales, ne pouvant se dispenser d'apprendre un peu de malai, sur-tout s'ils veulent aller de côté et d'autre ; je me mis aussi-tôt à étudier cette langue, car il m'auroit été impossible de me faire servir même d'un esclave sans lui adresser quelques-uns de ces mots usuels, qui reviennent sans cesse dans les différentes opérations de la journée.

Je travaillai aussi-tôt à me former un petit vocabulaire de ces expressions, fort concis. Je crois qu'il pourra être de quelque utilité aux voyageurs qui visiteront cette isle. En outre, les amateurs des langues orientales y puiseront de nouvelles connoissances. Voilà ce qui me détermine à communiquer mon travail au lecteur.

VOCABULAIRE MALAI.

A

Après-midi, } soré.
Le soir,
Accouchement, *tempattidor biranak*.
Affligé, *sousa ati*.
Animal (bête), *binatang*.
Amer, *pait*.
Aveugle, *bouta*.
Accoucher, *beranak*.
Avare, *kikir*.
Aller, se promener, *djalang*.
Avoir, *ada*.
Aider, *toulong*.
Appartenir, *dengar*.
A peine, *kantching*.
Argent à dépenser, *makkanang*.
Amour, *tchiata*.
Acheter, *bili*.
Apprendre, *mengadji*.

Appaiser la soif, *bounouhans*.
Avec, *dengan*.
Assassinat, *bounou*.
Assez, *sampe*.
A propos, *kabetoullan*.
Au-dessus, *diatas*.
Argent monnoyé, *vang*.
Appeller, *panguil*.
Arracher, *pingan*.
Argent, orfèvre, *perak, toukanperak*.
Araignée, *lava*.
Aigre, *assam*.
Arbre, *pouhon, kayo*.
Attendre, *nanti*.
Année, saison, *saoun, moussem*.
Aussi, *ratta*.
Aimer, *sijnga*.
Aiguille, *djarong magnei*.

B

Bras, *pimdak*.
Bouton (du corps), *bisoul*.
Bleu, *birou*.
Brosse, *dada*.
Brasser, *sambatan*.

Brûler, *angouo*.
Bâtir, *aria rouma*.
Buisson, *outan*.
Bourreau, *alledjotti*.
Boire, *minoum*.

Baptiser, *kria sarani*.
Borgne, *satou matta*.
Bataille, *prang*.
Bâiller, considérer, *boukka moulout*.
Bon, *baïk*.
Bon marché, *moura*.
Boîter, *prentchang*.
Blanc, *poutti*.
Battre, *poukkoul*.
Balai, *sapapo*.
Bonheur, *ontang*.
Bas, *dibaouva*.

Bouche, *moulout*.
Beaucoup, *bagniak*.
Bœuf, *soumpi*.
Beau, belle, *bagous*.
Beurre, *mantega*.
Boucher quelque chose, *tissi*.
Boyaux, *proutgnia*.
Bois à brûler, *kayou*.
Buffle, *banting*.
Balance, *djellang*.
Bien venu, *slammat*.
Bord d'un ruisseau, *pinguin*.

C

Ce qui touche quelqu'un, *tadoulli*.
Cendre, *abou*.
Commander, *sournou*.
Comprendre, *mananti*.
Commencer, *moulaï*.
Confier, *pentchadja*.
Conserver, *simpang*.
Culotte, *tchenala*.
Courber, *mognoumba*.
Ce, *iotu*.
Cher, *mahal*.
Couleur, *dinta*.
Conduire, *baouva*.
Chagrin, *sadjang*.
Chèvre, *kambin*, *prompouang*.
Creuser, *borek tanna*.

Col, *ler*.
Chapeau, *toppi tiappe*.
Chaud, *pannas*.
Cervelle, *ottaknia*.
Cœur, *ati*.
Ciel, *saorga*.
Chien, *anding*.
Cheveux, *rambout*.
Chercher, tirer à soi, *ambes*.
Coin, *adjong*.
Chasseur, *soukavpassan*.
Chaux, *kapor*.
Chameau, *onta*.
Camarade, *taman*.
Cannelle, *kadjomanis*.
Canon, *marian*.
Chapon, *adjamkabiri*.

USITÉES A JAVA.

Château, *Benting*.
Chat, *rotjing*.
Coffre, *petti*.
Coller, *melenket*.
Collant, *litchin*.
Couteau, *pisouk*.
Cuisinier, cuire, *toukan massak*, *massak*.
Convenir ensemble, *djadi samaratta*.
Cuivre, *tumbaga*.
Court, *pendek*.
Craie, *kapor hollanda*.
Crocodile, *bouadja*.
Connoître, *kanatrasa*.
Cuisine, *dappor*.
Charger, *mouet*.
Citron, *djourok*.
Cadavre, *banka*.
Comparer, *tarout*.
Courir, s'enfuir, *larri pigui*.
Courage, *fiappe*.
Cousin, petite mouche, *djamok*.
Clef, *kountchi*.
Chez, *kitta orang*.

Conseil, *takkof*.
Compter, *bilang*.
Clou de gérofle, *tchinke*.
Chose, *karon*.
Ciseaux, *gounting*.
Cachet, *fiap*.
Chanter, *mangandji*.
Cuiller, *soumdak*.
Crier, *gueguer*.
Couper, *pottong*.
Clou, *paquel*.
Cracher, crachoir, *louda*, *tampat louda*.
Courir, *beloumpat*.
Chaise, *karossi*.
Coudre, *mandjei*.
Compagnie, *sobat sobat*.
Choisir, *pili*.
Charpentier, arbre, *soukan cadjo*, *cadjo*.
Corde, écorce, *tali*, *coulit*.
Chier, *barrak*.
Couvrir, *selimo*.
Chaud, *pannas*.
Colère, *mara goussar*.
Changer, *soukkar*.

D

Derrière, *diblakkan*.
Demander, *minta*.
Devenir, être, *tingal*.
Danser, *manguibing*.

Double, deux fois, *dua kali*.
Doigts, *djare*.
Diligent, *radjing*.
Demander, *sandja*.

Défendre, *Larang.*
Donner, rendre, *kassi, kassi kombali.*
Dieu, *Alla.*
D'où, *deri manna.*
Dur, *dapor.*
De retour, *kombali.*
Dedans, *didalam.*
Disputer, *gueguer.*
Demanger, *gatal.*
Détache, *talappas.*
Davantage, *lagui lebi.*

Désordre, en désordre, *bagner.*
Déchirer, *soubek.*
Dormir, *tidor.*
Dérober, *mantchouri.*
Doux, *manis.*
Dent, gencive, *guigui, daguin guigui.*
Dehors, *louar, oli louar.*
Délicat, de bon goût, *ennak.*
De l'autre côté, *sabran.*
Désert, *outan.*

E

Ecorce, *koulit.*
Enfant (l'), *beranak.*
Enterrer, *tanam.*
Encre (l'), *tinta.*
Encrier (l'), *tampat tinta.*
Epouse (l'), *paganting.*
Epoux (l'), *tounagang.*
Eux, *dia orang.*
Eduquer, *piara.*
Entier, *interou.*
Enfer, *douraka.*
Enfermer, *mendangan.*
En dedans, *di dalam.*
Egal, *keper.*
Empereur, *Sousoutounang.*
Eglise, *mesiguit.*
Estropié, *pintchang.*
Estomac, *prout.*
Effronté, *djangter tarmalou.*

Embrasser, *polok.*
Eprouver, *sioba.*
En dernier lieu, *diblakkan kali.*
Echarpe, *tandjam.*
Ecrire, écrivain, *toulis, djour-retoulis.*
Etroit, *courang lebar.*
Epicerie, *boumbou.*
Echelle, *tanga.*
Etoile, *bintan.*
Envoyer, *kirim.*
Epais, *kassar.*
Eduquer, élever, *piara.*
Excuser, *ampon.*
Être, il est, *ada, dia adia.*
Eau, *ayer.*
Epée, *pedang.*
En bas, *dibauva.*

F

Frère, *soudana laki*.
Fossé, *koumptchi*.
Fille, *anak prompouang*.
Feu, *api*.
Fièvre, *demam*.
Figue, *bouato*.
Fin, *allous*.
Fruit, *boa, bua bua*.
Fenêtre, *djenella*.
Fourchette, *toussouk*.
Fil de laine, *benang*.
Fondement, *tanna*.
Faire, *kria*.
Facile à se fâcher, violent, *benguis*.
Forniquer, *besoundal*.
Fille de joie, putain, *soundal*.
Faim, *lappar*.
Finir, cesser, *souda*.
Fier, *kabessaram*.
Fer, forgeron, *bisi, toukanbisi*.

Fendre, *beladoua*.
Froid, *dindjing*.
Forge, *rouat*.
Facile, *trang enteng*.
Foible, *tikkar*.
Fausse-couche, *gougour annak*.
Farine, *toupor*.
Fou, *guila*.
Faire la révérence, *men djoumba*.
Fâché, *djahat*.
Fromage, *kao*.
Fumer, *tchoum*.
Faire voile, *baladjar*.
Finir, clorre, *touto*.
Fils, *anak laki*.
Fantôme, *mata tingui*.
Foible, *enting*.
Foi, *pertchaya*.
Forcer, *baksa*.

G

Gâté, *rousak*.
Gai, *souka ati*.
Germer, *mindjadi cimbal*.
Grossier, *kassar*.
Grimper en haut, *naik*.
Grimper en bas, *tourong*.
Gratter, *garok*.
Genoux, *loutok*.
Guerre, *randg*.

Grotte, *lobang*.
Guetter, *mengninte*.
Guérir, *brebat*.
Grace, *ampon*.
Goûter, *enlak*.
Garçon, non marié, *bouyang*.
Grand, *besar*.
Grimper, *nayk*.

H

Haleine, *napas.*
Héritage, ⎱ *pousakan, dap-*
Hériter, ⎰ *pat, pousakan.*
Herbe, *rompot.*
Hier, *kalamari-ari.*
Haine, *bintchi.*
Hacher, couper, *pottong.*
Haut, *tingui.*

Habiller, habit, *pakki, pakkian.*
Homme (l'), *laki laki.*
Huile, *mignak.*
Honteux, ayez honte, *malou.*
Hibou, *koukou blou.*
Hasarder, *timbang.*

J

Jambe, *toulang.*
Jour, *hari.*
Jugement, *ingatang.*
Ivre, *makkak.*
Ivoire, *gaiding.*
Jaune, *koning.*
Ici, céans, *disini.*
Indigo, *nila.*
Joyaux, joaillier, *intan, toukan intan.*
Jeter, *lampar bouang.*
Jatte, *mankok.*

Jointure, *panton.*
Joyeux, *soukanti.*
Inconnu, *hada kanalan.*
Inaccoutumé, *trada biasa.*
Juste, équitable, *boutoul.*
Jouer, *main.*
Imprimer, *tindis.*
Jardin, *kobon.*
Jeune, *mouda.*
Irriter, *parreknaik.*
Isle, *poulo.*

L

Lier, *ikat.*
Large, *lebar.*
Lettre, *sourat.*
La, *disitou.*
Là bas, *disitou bauva.*
Là haut, *disitou atas.*
Laide, *roupa boussouk.*

Lui, *dia.*
Loyer, *seva.*
Lion, *singa.*
Linge, *kadjin.*
Lumière, mouchette, *liling, gounting liling.*
Long, *pandjang.*
Lentement,

Lentement, *palan*.
Lèvres, *bibir*.
Lire, *batcha*.
Lait, *sousou*.
Laiton, *tambaga koning* (tombac).

Large, ample, *lebar*.
Lécher, *guilat*.
Lit, *tampat lidor*.
Langue, langage, *bahassa*.
Langue (la), *lida*.
Laver, *tchoutchi*.

M

Manche (la), *poundak*.
Montagne, *gounong*.
Mordre, *piguit*.
Mourir, *maut*.
Mort, *bouno*.
Manquement, *kourang*.
Madame, *bini nogne*.
Marié, *djang, souda kavin*.
Mariage, *kavin*.
Mettre en fonte, *saling*.
Moitié (la), *saparo*.
Main, *tangan*.
Mâle, coq, *aïam laki, laki*.
Maison, bâtir, *rouma, kria rouma*.
Moi, *betta, kitta*.
Marchand, *dagang*.
Mentir, *panjusta*.
Mettre, *bareeng*.
Médecin, chirurgien, *gourou*.
Mensonge, *pendjousta*.
Maigre, *kourous*.
Médicamens en poudre, *obat*.

Médicament en caisse, ou petite apothicairerie, *tambat obat*.
Midi, *satenga ari*.
Moi, *kitta, betta, saya*.
Moins, *lebi kourang*.
Mode, *loumpour*.
Mère, *maa*.
Matin (le), *besok*.
Matinée (la), *pagui ari*.
Mur, *tembot*.
Maçon, *toukanbatou*.
Mois, *sa boulang, boulang*.
Mesurer, *oukour*.
Mauvaise herbe, *rompot*.
Malheur, *tchilaka*.
Mal-propre, mal-propreté, ordure, *kotor tai*.
Malade, *sakkit*.
Mer, rivage de la mer, *laout, pinguir laout*.
Muet, *bodo*.

Mauvais, méchant, *roupa*.
Marque, *tanda*.
Mâcher, *mama*.
Mince, *tippis*.
Mou, molle, *lembek, okkat.*

Monde, *dounia*.
Montrer, *oundjouk*.
Mouillé, *basa*.
Manger, *makkan*.

N

Nid, *tingal*, *rouma*.
Noyer (se), *matti di ayer*.
Noyau, *bidji*.
Nègre, *kadja*.
Nuque du col, *meimang*.
Nud, *talagnang*.
Nuit, *malam*.
Non, *tyada, tida*.

Neuf, nouveau, *beharu* (*behár*, printems en persan).
Nez, *idom*.
Nager, *bernam*.
Navire, *kapal*.
Noir, *ittam*.
Nombreux, *piring*.

O

Os, *toulang*.
Offrir, *tauva*.
Oiseau, *bourong*.
Or, orfèvre, *mas, toukan mas*.
Obéissant, *ormat*.
Oignon, *bavang*.
Oncle, *sanak*.
Obscur, *glap*.
Obscurité, tems nébuleux, *hari glap*.

Ongle, *koukou*.
Œuf de poisson, *tellor ikkan*.
Œuf, *tellor*.
Œil, *matta*.
Ouvert, ouvrir, *taboukka, boukka*.
Oreille, *koping*.
Oreiller, *tchoum*.

P

Prenez garde, *limpang*.
Pauvreté, *kasiakan*.
Prier, *megnoumba*.

Plaire, *manos*.
Payer, *bayar*.
Plomb, *tima*.

Pont, *somor*.
Pain, *rotti*.
Pâte, *toupong*.
Partie, *baguian*.
Pour cela, *dari itou*.
Pour cela pas, *dari itou dita*.
Profond, *dalam*.
Porter, *pikol*.
Pigeon, *bouroung dara*.
Porte, *pinto*.
Peu à peu, *abisitou nanti*.
Père, *bappa*.
Pauvre, *miskin*.
Poisson, *ykkan*.
Pied, *kakki*.
Plein, *pounou*.
Poltron, *sapú*.
Prêt, *trang*.
Partager, *bagui*.
Perdre, *ylang*.
Prendre, *pegan*.
Profondeur, *típer*.
Pleurer, *manangui*.
Pourquoi, *manappa*.
Pourquoi pas, *manappa tida*.
Peau, écorce, *koulit*.
Pendre, *gantong*.
Poule, *ayam prompouang*.
Prendre médecine, *minom obat*.
Peigne, *sisir*.

Petite-vérole, *tchatchar*.
Poudre à tirer, *obat passan*.
Pays, *tanna*.
Paresseux, *pamalas*.
Promettre, *tchagne*.
Poux, *koutou*.
Permettre, *byar*.
Prêter, *pegnang*.
Pucelage, *pravang*.
Près, plus près, *dikkat*, *lebi dikkat*.
Poivre, *lada*.
Perle, *moutchara*.
Prophète, *nabeï*.
Prêtre, *pandita*.
Poudre, *obat*.
Poteau, *ambara*.
Pleuvoir, *ouyang*.
Une personne, *orang*.
Prompt, *lakas*.
Parler, discourir, *katta*.
Pierre, *batou*.
Piquer, *toussouk*.
Poser, *tarro*.
Pesant, *brat*.
Penser, *ingat*.
Promener (se), *kouliling*.
Poids, *timbangan*.
Pas encore, *boulong*.
Prétendre, *minta*.
Par-tout, *dimana manna*.

Q

Quarré, *ampat ouyong.*
Quoi, *appa.*
Qui, *sappa.*

Quand, *kappan.*
Quelquefois, *barankali.*

R

Recevoir, *dappat.*
Rompre, *pitcha.*
Ravoir, *dappat kombali.*
Roches, *batou karang.*
Roi, *radja.*
Regarder à l'entour, *balek tengok.*
Refroidir, *arang.*
Remarquer, *tarrotanda.*
Rencontrer, *katolnbou.*
Renverser, *kria djatou.*
Retourner, *balek.*
Raser, *touikkour.*
Riche, *kaya.*
Riz (du), *bras.*
Rivière, *kali.*

Rond, *roundan.*
Rouer, *poukkoul bissi.*
Rat, *tikkouz.*
Rouge, *mera.*
Regarder autour de soi, *balek tengok.*
Rire, *tartauva.*
Rôtir, *goring.*
Renforcé, *kraz.*
Répondre, *megnant.*
Remercier, remercîment, *tramma kassi.*
Retenir, *souda.*
Réveiller, *bangong kria bangong.*
Retour (de), *kombali.*

S

Soir, *soré.*
Seul, *sandiri.*
Singe, *mognet.*
Sein (le), *panko.*
Sang, *dara.*
Simplement, *tlagnan.*
Souffler, *tchop.*

Songe, *yari besar.*
Songer, *minimpi.*
Sot, *bado.*
Sourd, *touli.*
Serment, *soumpain.*
Soi-même, *kandiri yang ponga.*

Simple, non double, *sakali.*
Spirituel, *bisa.*
S'étonner, *erran.*
Sortir, *kaloar.*
Siffler, *tiop.*
Salut, saluer, *kasi, tabé.*
Saler des harengs et autres comestibles, *tarro azin.*
Serrer, *djipit.*
Société de marchands, *bedagangan.*
Serpent, *oular.*
Sujet, cause, *yang derri pandagna.*
Servir quelqu'un, *yaga.*
Sel, *garang assin.*
Sable, *pasir.*

Siècle, *salamaya.*
Soie, *soutra.*
Passoir, *doudouk.*
Soulier, cordonnier, *sapato, toukan sapato.*
Soleil, *matta ari.*
Se tenir debout, *bediri bangong.*
Souffre, *tiollak.*
Sœur, *soudara prompoua.*
Sucre, *goula.*
Sommeil (avoir), *mengatok.*
Sécher, *kaing.*
Sous, au-dessous, *dibauva.*
Sortir, *kaloar.*
Savoir, *tav.*
Saigner, *koular darat.*

T

Tout, tous, *samogna.*
Travailler, *kria.*
Trop tôt, *siang.*
Tâcher, *mentchoba.*
Table, *meya.*
Trembler, *sametar.*
Tirer, *pikol.*
Tomber, *djatou.*
Trouver, *dappat.*
Trop matin, *talalou siang.*
Trop peu, *talalou sedekit.*
Trop, *talalou bagner.*

Trop tard, *talalou lama.*
Tirer en haut avec une corde, *parreknaik.*
Tête, *kappalla.*
Tremblement de terre, *godjang tanna.*
Tortu, *blako.*
Tendre, *lembek.*
Tante, *bibi.*
Tort, qui a tort, *sala.*
Tard, *lama.*
Tout de suite, *salantar betoul.*

Toît, *guenting*.
Tems (le), *vaktou*.

Tigre, *matchan*.
Tonnerre, *gueontor*.

V

Visage, *moukka*.
Voler, *terbang*.
Vieux, *toua*.
Verd, *iso*.
Voir, *leat*.
Vache, *sampi*.
Venir, *dattang*.
Viande, *daguin*.
Vie, *miavak*.
Vous, *lou*.
Vin du Rhin, ⎱ *angor*,
Vin aigre, ⎰ *assam*.

Voir, *leat*.
Ville, *kotta*.
Vendre, *djouval*.
Vuide, *kossong*.
Voiture, *padati*.
Vouloir, *maw*.
Vin, *angor*.
Vent (le), *anguin*.
Veine, *ourat*.
Vinaigre, *tchouka*.

Pour compter, on se sert des mots suivans :

1 — *Sato*.
2 — *Doua*.
3 — *Dika*.
4 — *Ampat*.
5 — *Lemma*.
6 — *Anam*.
7 — *Toutcho*.
8 — *Toulappan*.
9 — *Sambilan*.
10 — *Sapoulo*.

11 — *Saplas*.
12 — *Douablas*.
20 — *Douapoulo*.
21 — *Doua poulo sato*.
30 — *Dika poulo*.
40 — *Ampat poulo*.
50 — *Lemma poulo*.
100 — *Serattos*.
1000 — *Serrives*.

Il se trouve plusieurs mots qui ne viennent point de la langue malaise ; ces mots ont été tirés, avec leur signification, du hollandois et du portugais : comme,

Douk, nappe, *duk*.
Glas, verre, *glas*.

Kikare, télescope, *kyker*.
Chauderon, *ketel*.

Lanterne, *lantarn*.
Bonnet, *karpous*.
Pipe à fumer, *pipa*.
Bière forte, *bier*.
Bas, *kous*.
Eau de Selze, *ayer Hollanda*.
Soupe, *soup*.
Repasser (du linge), *strika*.
Madame, *nogne*.
Monsieur, *signor*.
Rixdale, *real*.
Papier, *kartas*.

Le malai s'écrit avec des caractères arabes, que les Malais ont pris dans le tems qu'ils faisoient un commerce très-étendu sur les côtes des Indes. A l'égard des conjugaisons, des déclinaisons, et de plusieurs autres règles grammaticales, cette langue est des plus simples et des moins embarrassantes; malgré cela, les Européens et les Indiens ne peuvent s'entendre ni se comprendre les uns les autres. Pour qu'on puisse connoître ses tours et son ensemble, j'ai voulu joindre ce petit dialogue sur les détails domestiques, qui pourroit être utile à quelque voyageur.

DIALOGUE FRANÇAIS-MALAI.

Quelle heure est-il ? *Poukkoul brappa ?*

Il est déjà huit heures sonnées : *Soudabis poukkoul telappan.*

Est-il si tard ? pourquoi n'avez-vous donc pas encore nettoyé la maison ? *Kalou biguitoulama, manappa lou orang boulong sapou rouma ?*

Nous ne faisons que de nous lever : *Baro betta orang souda bangon.*

Il ne convient pas à un esclave de dormir si long-tems : *Trada patout samma boudak yang tidor biguitou lama.*

Me couchant si tard, je ne puis me lever matin : *Kalou betta biguitou lama pigui tidor, kitta trabali bangon lebisiang.*

Attendez, je vous l'apprendrai bien une autre fois : *Lain kali nanti betta ayar itou samma lou.*

Madame, je vous demande pardon pour cette fois : *Ini sa kali kitta minta ampon samma nogne.*

L'eau n'a-t-elle pas encore bouilli ? *Ayer boulong souda massak ?*

Pas encore ; mais elle bouillira bientôt : *Boulong tappe sabantar nanti mediri.*

A qui en est la faute que je n'ai pas encore eu de café ? *Sappa pougne sala yang betta boulong dappat koffi ?*

C'est la faute du cuisinier : *Toukkan massak pougne sala itou.*

Pourquoi ? *Manappa ?*

Parce qu'il a laissé renverser la théière. *Darri dia souda kria yatou itou ketel dangan ayer.*

Comment cela s'est-il fait ? *Biguimanna itou souda yadi ?*

Je ne l'ai pas vu : *Kitta trada leat.*

Comment le savez-vous donc ? *Bigui manna lou taou itou ?*

Je le lui ai entendu dire à lui-même. *Kitta tiomma souda dangar itou darri dia kandiri.*

Où est-il ? *Dimanna dia ada ?*

Je pense qu'il est dans la cuisine : *Betta kira, yang dia ada di dappor.*

Faites-le donc venir ici : *Boardia kandiri dattang dissina samma betta.*

Je l'appellerai : *Nanti betta panguit samma dia.*

Pourquoi manque-t-il de l'eau quand je veux prendre mon café ? *Manappa ada korang ayer, kappan betta man minom koffi ?*

L'eau avoit déjà bouilli à six heures du matin. *Ayer souda ada massak pagui ari poukkoul anam.*

Où est-elle donc présentement ? *Dimanna ada sakirin ?*

Elle est renversée, et je me suis brûlé le pied. *Souda yatou, darri itou kitta lagui souda bakkar betta pougne kakki.*

C'est votre propre faute. *Itou ada lou pougne sala kandiri.*

Je le sens encore : *Sampe sakarin kitta ada rasa itou.*

Il faut une autre fois être plus prudent : *Lain kali lou mouste ada lebi bisa.*

Oui, Madame : *Bay, nogne.*

Il faut que vous apprêtiez aujourd'hui beaucoup à manger : *Ini ari lou mouste kria bagnak makanna.*

Plus qu'à l'ordinaire ? *Lebi darri sari sari ?*

Sûrement, car il viendra ici beaucoup de monde pour manger : *Soungo darri bagnak orang dattang makkan dissini.*

Que souhaitez-vous, Madame, que je fasse cuire ? *Appa nogne soura, yang kitta mouste massak ?*

De la soupe, un morceau de viande salée, du poisson et des poules karri : *Soup, sa pottong daguin azin, ikkan, dengan kerri assam pougne.*

Que ferai-je rôtir ? *Appa betta mouste goring ?*

Deux chapons et un morceau de mouton : *Doua ayam kabiri dengan sa pottong daguin kambing pougne.*

Est-ce assez ? *Sampe itou ?*

Oui, c'est assez ; mais il faut que vous alliez au jardin pour apporter beaucoup de fruits pour manger cette fois au repas : *Sampe youga; tappe lou mouste pigui di kobong, ambel bagnak roupa boua boua pour makkan diblakan kali.*

Madame, à quelle heure voulez-vous dîner (ou manger) ? *Poukkoul brappa nogne man makkan ?*

A midi précis : *Betoul poukkoul doua blas.*

Servante, qu'est-ce que vous avez à faire ? *Appa lou, boudak prompouang, ada kria ?*

Je couds la chemise de Monsieur : *Kitta ada magnei signor pogne kameya.*

Et que faites-vous encore ? *Lou lagui appa kria ?*

Je sarcis des bas : *Betta ada tissi kous.*

A qui sont-ils ? *Sappa pugne ?*

Ils appartiennent à Madame : *Nogne pougne.*

Quand les avez-vous pris pour sarcir ? *Kappan lou souda ambel ini pouer tissi ?*

Hier au soir : *Kalamari pagui.*

Ne sont-ils pas encore prêts ? *Boulong abis ?*

Pas encore : *Boulong.*

Vous êtes trop paresseuse : *Lou ada talalou mallas.*

Non, Madame ; mais il y avoit beaucoup de trous à sarcir : *Tyada nogne ; tappe kitta souda dappat bagnak lobang pouer tissi.*

Vous avez toujours assez d'excuses : *Lou sari sari ada satou appa pouer ketta.*

J'ai aussi repassé du linge, hier : *Kitta kalamari lagui souda sirika itou barang.*

Quel linge ? *Barang appa ?*

Celui que le blanchisseur a rapporté avant-hier à la maison : *Yang manatou kalamari daoulo youda bawa di rouma.*

Avez-vous, premièrement, compté le linge ? *Souda bilang itou barang lebi daulo ?*

Oui, je l'ai compté, et le compte y étoit : *Souda bilang, ada lagui betoul.*

Je ne vous crois pas, je veux le compter moi-même : *Betta tyada pertchaya samma lou, kandiri betta maouv bilang.*

Bien, Madame ; voilà le linge et la note : *Bai nogne, dissini ada itou barang dennga dia pougne sourat.*

Voyez comme vous avez compté : *Leat biguimanna lou souda bilang.*

Y manque-t-il quelque chose ? *Ada korang barang ?*

Sûrement ; une chemise, deux caleçons et deux fourreaux de coussins. *Soungo, satou kameya, doua tchillana dibaoua pougne, dangan doua sarong bantal.*

Voulez-vous, Madame, que j'appelle le blanchisseur ? *Nogne maou, yang kitta pigui panguil samma menatou ?*

Courez, et l'appelez : *Larri yonga panguil samma menatou.*

S'il ne veut pas venir, que lui dirai-je donc? *Kalou di tra maou dattang, appa kitta nanti bilang samma dia?*

Dites-lui que s'il ne me rapporte pas ce qui me manque, il le paiera lui-même : *Bilang djouga, yang kalou betta trada dappat itou barang, yang ada korang, dia mouste bayar itou.*

Mais, s'il ne le veut pas, que lui dirai-je donc? *Kalou dia tra maou itou appa kitta nanti bekin samma dia?*

Si cela est, vous lui direz qu'il ne lavera plus jamais mon linge : *Kalou biguitou, lou mouste bilang samma dia, yang dia yankan kira pouer tchintche betta pougne barang lagui.*

Quoi, encore? *Appa lagui?*

Que je garderai (ou retiendrai) l'argent que je lui dois pour ce mois : *Yang betta nanti pagan itou vang, yang kitta ada oulang samma dia pouer ini boulang.*

Combien faut-il qu'il paye pour le linge? *Brappa dia mouste bayar pouer itou barang.*

Pour la chemise fine, quatre rixdalles : *Itou kameya allous ampat real.*

Et pour l'autre? *Pouer itou lain?*

Pour les deux fourreaux qui n'étoient point fins, une rixdalle et 5 schellings. *Itou doua sarong bantal, yang souda ada kassar, satou real dengan lima satali.*

Et plus? *Lagui?*

Pour les deux caleçons, deux rixdalles et demie : *Itou doua tchillana doua real satenga.*

Avez-vous encore, Madame, quelque chose à commander? *Nogne ada lagui satou appa pouer souro?*

Non. Allez, mais revenez bientôt : *Tyada, pigui; tappe dattang lakar kombali.*

J'y vais. *Kitta ada pigui.*

ADDITIONS DU *RÉDACTEUR*.

[« La langue malaise, originaire de la presqu'île de Malacca, s'est répandue dans toutes les îles orientales des mers des Indes; de manière qu'elle est devenue pour cette portion du globe ce qu'est la langue franque au Levant, mais avec infiniment plus d'extension et de régularité : on en admire, surtout, la politesse et la douceur de la langue malaise, qui l'ont fait nommer à juste titre l'*Italien de l'Orient*. Elle doit cet avantage aux voyelles et aux consonnes liquides, qui dominent dans les mots; car il y a peu de consonnes muettes : il est aisé de sentir combien elle doit être favorable pour la poésie et pour la musique, deux arts que les Malais cultivent avec un goût qui tient de la passion ; ils y consacrent toutes leurs heures de loisir, c'est-à-dire la majeure partie de leur tems : presque toutes leurs chansons renferment des proverbes célèbres et des expressions figurées, applicables aux différentes circonstances de la vie : quelques-unes de ces chansons qu'ils chantent à leurs *binbangs* ou festins, sont des espèces de récitatifs assez semblables à nos romances ou aux vieilles ballades anglaises. Souvent elles sont improvisées : voici quelques-uns de leurs couplets ».

Apo gouno passang palito,
Callo tidah dangan soumbounia ?
Apo gouno bermine matto.
Callo tidah dangan sougounia ?

Pourquoi vouloir allumer une lampe
Si elle n'a pas de mèche ?
Pourquoi faire l'amour des yeux,
Si l'on n'a pas une intention sérieuse ?

Ambo djougo bourra bansi, bansi
Doudou debowa batang

*Ambo djougo, ma nanti, nanti
Manapo tidado datang.*

Je joue sur un chalumeau, un chalumeau,
  Assis dessous un arbre.
Je joue ; mais le tems n'est pas venu.
Pourquoi ne venez-vous pas près de moi ?

« On attribue cette complainte d'un amant impatient au dernier gouverneur du Fort Malbourough, qui aimoit beaucoup les églogues de Virgile ».

« La sultane de Mindano répétoit souvent ce petit couplet :

*Inethy piggui mandi, dekkat moulo sounguy
Scio maou bi djago, scio maou bi anty.*

Lorsque ma belle se glissera dans l'onde,
  Je serai, de loin, son gardien fidèle.

« L'auteur fait ici allusion à un usage généralement répandu parmi les femmes de Sumatra ; elles vont une fois chaque jour se baigner à la rivière, et les *orang-bouguin* (jeunes gens), les accompagnent pour leur servir de gardes ».

« Il est souvent assez difficile de découvrir la liaison qui doit exister entre le sens figuré et le sens littéral de la stance ; l'essentiel est le rithme et la figure : leur langage même est très-métaphorique. Si une fille, par exemple, a un enfant avant d'être mariée, ils disent d'elle, *daoulou boua cadian boungo*, c'est du fruit avant la fleur ».

« Ils ont aussi des expressions très-énergiques ; il nous seroit impossible de bien rendre dans toute son étendue leur *apo bouli bouat*. Nos mots *destin*, *fatalité*, *inévitabilité* sont trop foibles et bien éloignés de l'énergie du mot malai ».

« Les foibles détails que nous venons de présenter au lecteur, et sur-tout les témoignages du savant Reland, du capitaine Forrest dans son *voyage à la nouvelle Guinée*, de Will. Marsden dans son *histoire de Sumatra*, et plusieurs autres voyageurs Anglois et Hollandois, prouvent assez l'utilité de la langue malaise pour négocier dans toutes les îles de l'Océan Indien jusqu'à la Chine et à l'Amérique. Il ne s'agiroit donc que d'en propager la connoissance dans la République, et rien ne seroit plus aisé. Nous possédons tous les livres élémentaires de cette langue, et nous pourrions en donner des éditions avec les magnifiques caractères arabes et persans de l'imprimerie nationale exécutive; par ce moyen nous tirerions une utilité réelle de ces chefs-d'œuvre typographiques, ensevelis depuis plus d'un siècle dans la poussière et dans l'oubli: ils nous serviroient à étendre nos relations commerciales, et à propager les principes sacrés de l'égalité et de la liberté parmi les malheureuses victimes du despotisme ».

« Quoique les Malais et les Javans soient maintenant confondus au point de ne faire, pour ainsi dire, qu'une seule nation, et de se servir communément du même idiôme, qui est le malai; cependant les Javans ont conservé leur langue maternelle, qui se parle encore à la cour des différens souverains de cette île : c'est pourquoi les Hollandois la désignent sous la dénomination de *hoftaal* (langue de la cour); elle est absolument différente du *gemeene taal* (langue commune ou vulgaire), qui est tout simplement du malai quelquefois un peu corrompu ».

« Le *javan* proprement dit, s'est conservé dans toute sa pureté, comme on vient de le voir, principalement chez les grands, et n'a pas la moindre ressemblance avec le malai, ni même avec les idiômes des îles voisines dont nous possédons les vocabulaires; tandis qu'on remarque la plus grande affinité entre la plupart de ceux-ci et le malai » (1).

---

(1) Voyez les *Verhandelingen van het Bataviaasche genootschap* (Mémoires de la Société de Batavia), tome II, pages 115 et 138, *Beschryving van het*

« Cette espèce d'isolement et cette singularité méritent d'autant plus de fixer l'attention des savans, j'ose même dire des philosophes, que l'idiôme de Java est l'unique point de reconnoissance qui nous reste pour retrouver l'origine des habitans de cette île. J'ai donc recueilli avec soin les renseignemens les plus exacts que nous avions droit d'attendre du professeur Tunberg même ; mais il a partagé l'indifférence de la plupart des voyageurs pour une langue peu répandue, et qu'ils ne croient pas susceptible du moindre intérêt. Malgré les soins et les recherches qu'il m'a coûté, je sens combien mon vocabulaire est incomplet ; au reste, je n'ai pour but que de présenter aux étymologistes des objets de comparaison avec les autres langues. Si les matériaux que j'ai rassemblés leur fournissent quelques rapprochemens piquans ou quelques découvertes intéressantes pour l'histoire des hommes, on me pardonnera d'avoir eu la présomption de suppléer aux omissions d'un savant voyageur, dont je ne suis que l'interprète ».

« Les naturels de Java ont une écriture particulière qui se lit comme celle des Européens et des Chingulais, de gauche à droite ; leur alphabet est composé de vingt consonnes qui s'accordent pour la prononciation avec les lettres malaises (1) : chaque voyelle se prononce avec une consonne, et lui est tellement adhérente, qu'elle paroît ne former qu'une seule lettre avec elle ».

« Ils emploient aussi les lettres malaises, c'est-à-dire l'alphabet arabe, augmenté de quelques points diacritiques, pour

---

eyland Borneo (Description de l'île de Bornéo), t. III, pages 436-460. *Byvoegsels tot de Beschryving der sundasche eylanden Java, Borneo en Sumatra* (Addition à la Description des îles de Java, Bornéo et Sumatra).

(1) *Corneille le Bruyn* a donné un alphabet dans le tome V de ses *Voyages*, et on en trouve un autre dans les *Relandi Dissertationes miscel.*, t. III, page 91.

exprimer des sons inconnus aux Arabes : ils ont, comme les Persans, un *djym* à trois points et qui se prononce *tcha* ; ils ajoutent aussi trois points au-dessous du *kief* qui se change alors en *ga* ; ils mettent également trois points sur l'*a'yn* qui fait *nga* ; la même addition sur le *qáf* le métamorphose en *pa*, et le *pa* des Persans qui est le *bá* arabe, avec trois points ils le prononcent *gna*. Ils suppriment ordinairement, dans l'écriture, les voyelles comme les Arabes et les Persans ».

« Après avoir vu le vocabulaire malai, le lecteur ne sera pas fâché de connoître quelques mots javans : les voici écrits selon leur véritable prononciation ».

VOCABULAIRE JAVAN.

A, E, I, O, OU.

Adjor, tenir, assurer.

Adapati, vice-gouverneur, lieutenant.

Akas, agile, prompt, synonyme de *lakas*, d'où l'on a fait *byker kas*, nom d'un génie très-diligent.

Ali ali, petit anneau ; *founda* en malai. Les Javans ajoutent l'*i* dans la prononciation ; les Malais l'expriment par un *ya* (*ály*).

Alas, forêt ; *houtan* ou *remeb*, en malai.

Imbah, augmenter, ajouter.

Anouron, descendre.

Ouzop, changer.

Avas, voir, entendre clairement et distinctement.

Aoulor aoulor, bannière, pavillon. Les Malais nomment les pavillons des Chrétiens *tangkil*, et ceux des Chinois, *pandje pandje*.

Idan, d'où est venu *kaïdanan*, folie, stupidité.

Ayou, exclamation d'étonnement.

Ing,

Ing, marque du génitif (1).

Agong, grand, *beçar* en malai. Les mathématiciens Français envoyés par Louis XIV dans les Indes et à la Chine, vers 1685, ont changé ce mot en *beccar*: on le trouve deux fois dans leur carte géographique du royaume de Siam, publiée en 1687. On y voit, vers le deuxième degré de latitude septentrionale, sur la côte orientale de Malakka, *sidili beccar* (lisez *beçar*), et *putien beccar* (poutien beçar); ce qui signifie le grand sedili et le grand poutien : pour les distinguer du *putien queichel*, et *sedili queichel*, le petit poutien et le petit sedili. Il est inutile de dire que *queichel*, qui se prononce aussi *queichil*, signifie petit.

B A

Bati, gain.

Bator, compagnon, camarade : en malai, *têman*, *kout*.

Batas, limite qui sépare des champs ou un territoire.

Balong, os. *Toutang* en malai.

Bagos, beau, bien fait. *Kamili* (2) en malai.

Bydjiq, bon, *kebdjyqan*, bonté, bienfaisance.

Balator, boisson ou nourriture que l'on distribue ; pension alimentaire.

Binting, champ, vallon.

Bourot, frotter le corps, masser.

Brama, feu (ou *dahhara*).

Bourang, hameçon, ligne de pêcheur.

Bendjing, demain.

Bidjan, sesame. *Lang*, en malai.

Bottin, non.

Bottin wontin, cela n'est pas.

Biang, sage-femme.

---

(1) C'est la même qu'en turk.
(2) Ce mot me paroît venir du *djémil* des Arabes.

T A

Taboq, fustiger, frapper.
Tepa hanga, eau. On dit aussi *vari tirta*.
Tanguis, pleurer, se lamenter, d'où est venu le verbe *menanguis*.
Tinguek, le col, ou *djanga*.
Teudoug, chasser, repousser.
Teumaris timdang, marcher.
Tagal, parce que.
Tamboug, mauvaises mœurs.
Toulis, écrire, peindre; de-là *panoulis*, peintre. *Djoar toulis*, écrivain, &c.
Tonggang, monter à cheval.
Tolonto, tache aux habits.

D J A

Djanga, le col, ou *tinguek*.
Djallar, un homme.
Djinnie, jaune.
Djava, orge.
Djanang, soin, inquiétude.
Djangout, le menton.

D A

Doukon, médecin.
Dalem, une maison. On dit aussi *villama*.
Douhong ou *douvoung*, glaive, épée: *kris*, en malai, dont les Belges ont fait le mot *kirris*, épée, et que nous prononçons *kri*. Les Malais le portent devant eux, les Javans derrière. On dit aussi *souriga*.
Dahhara, le feu. On dit aussi *brama*.
Dalang, voir, remarquer: *lihat*, *kalo*, dans la langue du royaume d'Atchin.
Disa ou *dousoun*, villages, hameaux.

Dalou, la nuit.
Donggang, crapaud.
Dipounares, doucement.

R A

Rava, marais, étang. En malai, *ravah* et *ravong*.
Rasoukan, petit ruisseau.
Raough et *raoung*, venir.
Ravan, terrain sablonneux.
Rontem siam, le jour.
Rima, cheveux, crins, on dit aussi *rambout*; ce mot est commun aux Javans et aux Malais.

S A

Sela, pierre.
Samiranan ou *satiran*, le vent.
Sigavon, chien. On dit aussi *tchamira*.
Sari, sommeil. On dit aussi *nendra* et *kilim*.
Savarsa, année.
Sagantin, la mer.
Samoudra, je ne veux pas.
Sida, la mort. On dit aussi *peddah*.
Sabaq, ceinture des hommes.
Soukou, les os.
Saban, tout.
Sikout, le coude.
Sapy, allaiter un enfant.
Sampong touvoung, rassasié.
Satourou, dormir, *qyd* en malai.
Secta, tabac.
Sarira, corps humain.
Sourya, fils.
Sakar, fleur qui n'est pas encore épanouie.

Sari, mois. On dit aussi *tchandia*.
Samang, se ressouvenir, se rappeller.
Sippoul, vieux. On dit aussi *viddrah*.
Samanggop, cri violent.
Sasra, anneau. On dit aussi *lelepen*.
Sandou, modeste.
Souriga, glaive, épée : *kris* en malai. On dit aussi *douhoung*.
Soudi, agréable, charmant.
Siram, bain.
Soura (1), fort, courageux.
Siddah, feuille de siri (de poivrier).
Sagara, la mer : *savot*, en malai.
Sotcha, les yeux. On dit aussi *manpat* et *netra*.
Sira, toi : *angkou* en malai.
Sirah, la tête (2). On dit aussi *mataska*.
Sina, seigneur, maître.

K A

Kala dingking, scorpion.
Kadjip.
Kerte (3), faire, opérer : *pakarti*, travail, caractère, manière.
Kental, coagulé, gelé ; d'où l'on a fait *ayer kental*, la glace ; comme qui diroit, eau coagulée.
Koutal, testicules. Chez les Malais, ce mot désigne un héron : ils nomment les testicules, *kalappar*.
Kendar, bât, crochets que l'on met sur les épaules pour porter des fardeaux.
Kampong, village, hameau, ferme ; *ourang sekampong*, voisins, habitans du même village : *mangmappang kon*, se rassembler.
Kestrie, femme. On dit aussi *vanodja*.

---

(1) *Zour*, en persan, signifie la force, le courage.

(2) *Ser*, en persan.

(3) *Kerden*, en persan.

Kata, mur, pignon de pierre. Le même mot en malai, signifie une citadelle, une ville fortifiée. C'est ce mot qu'on trouve à la fin du nom de plusieurs villes de l'Inde, comme *peleacate*, *capocate*, &c. *Pour* est encore une terminaison assez commune pour ces mêmes noms ; c'est un mot Sanskrit qui signifie ville ; comme *tchitpour*, la ville des *tchits*. On sait que les *tchits* sont des espèces de mouchoirs ou de challes en indienne peinte.

Kouvadonnan, homme efféminé, muscadin. On dit aussi *vadon*.
Kourikon.
Kinnaka, les ongles.
Koukouvong, iris céleste, arc-en-ciel. En malai, *palanguy* ou *kouvang*.
Kidol, sud, contrée méridionale : *lavot kidol*, mer méridionale ; et par corruption, *lantchedol*, sur beaucoup de cartes, tandis que l'on auroit dû mettre tout simplement, Océan austral.
Kilim, sommeil. On dit aussi *sari* et *nendra*.
Kilan, palme, empan.
Katchik, petit. En malai, *katchal*.

L A

Lingah, s'asseoir. On dit aussi *pinarak*.
Loumatching, courir.
Lasan, la bouche.
Latié, les lèvres.
Lanang, porte, ouverture.
Lodra, homme, personne : en malai, *ourang*.
Lakas, agilement, promptement. *Lakaslakas*, très-promptement.
Loura, les nobles, les gens de distinction.
Loumampah, marcher, aller. On dit aussi *loumanpak* et *toumaris tindak*.

Louyang, l'airain.
Lelepen, anneau. On dit aussi *sasra*.
Likor, vingt : *doupoulah* en malai. Le mot *likor* est commun aux deux langues.

M A

Mataska, la tête. On dit aussi *sirah*.
Mahesa, buffle.
Maripat, les yeux. On dit aussi *sotcha* et *netra*.
Manyra, je, moi, mon, ma, mes.
Monara, embouchure d'un fleuve.
Muon ou *matchau*, tygre : *herimou* en malai.
Mangait, accéder par un mouvement de tête.

N A

Nendra, sommeil. On dit aussi *sari* et *kilim*.
Nouhoun, oui. On dit aussi *hinguing*.
Natar, place, cour.
Netra, les yeux. On dit aussi *maripan* et *sotcha*.
Nibang, personnage respectable, respecté.

V A

Vatang, globe.
Vatcha ou *vahos*, les dents.
Vari tirta, eau. On dit aussi *tepa hanga*.
Vos, riz crud.
Voulan, poisson. On dit aussi *minna*.
Viltama, maison. L'on dit aussi *Dalem*.
Varsa, la pluie. On dit aussi *tchavah*.
Vanotcha, une femme. On dit aussi *kestrie*.
Varas, sain et sauf.
Vetan, limites, extrémités d'un pays.
Viddrah, vieux. On dit aussi *sippoul*.
Vira, courageux.

H A

Harrah, le sang. On dit aussi *loudira*.
Hanem, jeune.
Hengal, vîte.
Hapou, de la chaux.
Hardi ou *haldaka*, une montagne. On dit aussi *voukir*.
Hingkil, haut.
Handap, large.
Hitchim, verd.
Hilat, la langue.
Hedou, salive.
Hinguing, oui. On dit aussi *nouhoan*.

T C H A

Tchabai, nain.
Tchandra, mois. On dit aussi *sasi*.
Tchatchar, familles.
Tchakal, saisir quelqu'un au collet.
Tchoutcho, mépriser, avilir.
Tchitchip, tremper son doigt dans la sauce pour la goûter.

N G A

Ngamfelou, parler en dormant : en malai, *nguikou*.
Ngoukan, donner.
Ngari, les ailes.

P A

Paman, père, dans le même sens que nous employons ce mot envers un étranger plus âgé que nous.
Patchol, bêche : en malai *tchengkal*.
Partchaka, célibataire.

Paseïban, cour, pérystile.
Pasisir, rivages, campagnes basses.
Parak, près.
Pasivongan, chalumeau pour souffler le feu.
Pokanera, toi, vous. Les Malais l'emploient aussi, dans la conversation seulement.
Peddah, la mort. On dit aussi *sida*.
Pinarak, s'asseoir. On dit aussi *lingah*.
Padhaharan, ventre.
Pousir, oiseau.
Poupou, bec.
Paksi, bois.
Pahas, long.
Ponikou? qu'est-ce que c'est?
Pittah, blanc.
Pandji, errer, sans savoir où l'on va.
Pondoq, cabane rustique, couverte de feuilles.
Pintchang, boîter.
Pangandelan, fabricant de lampes.

G A

Gadou, avoir soin d'une chose.
Guideq. Enceinte de pieux, de bambous fendus. Quand ils sont entiers, on les nomme
Guerenkol, mot qui désigne aussi une éminence revêtue de palissades contre les inondations.
Gading, forêt.
Goula, sucre.
Grana, le nez.

USITÉES A JAVA.

NOMS DE NOMBRES.

Siguy, un. *Minam*, six.
Louron, deux. *Pety*, sept.
Lelon, trois. *Volo*, huit.
Papat, quatre. *Songh*, neuf.
Lemo, cinq. *Sapoulo*, dix.

De plus amples détails, sur une matière aussi aride que celle-ci, pourroient devenir fastidieux. Je terminerai donc cet article par un protocole diplomatique en langue de la Sonde ou des Montagnes, en javan vulgaire, c'est-à-dire, en malai un peu altéré, et en javan de la cour ou javan pur, avec une traduction hollandaise et française ».

1775. DES LANGUES

FORMULE des lettres de l'empereur de Java au Hollandois.

Langue de la Sonde, *ou* des Montagnes.

Deeze brief komt uit een zuiver en oprecht harte en werdt onder menigvuldige groete geschr. SOESOEHOENANG PACOEBOEANA SENAPATTY INGALAGA ABDUL RACHMAN SAJIDIN PANATAGMA, die zyn hof houd op Souracarta hadiningrat ; aan zyn groot vader den heere JEREMIAS VAN RIEMSDYK, gouverneur generaal en de heeren raaden van nederlands India resideerende tot Batavia, en die het gezag voeren over de geheele magt van de Comp. in de landen zoo boven als benevens wind zoo te water als te Landen, en die toegewenscht worden gezondheid lang leeven en alle heil en voorspoed op deezer Aarde.

Hiyoul kang sourat bîdjil tîna hiklas ate kang soutchî herang rehguing kang tabê redjah redjah tiang yang *Sousouhounang Pacoubouana Senapatty hingalaga A'bdoul rahhman sadjidin Panatagama* noudjiok dinagara *Souracarta* datang ka kandjing touvan JEREMIAS VAN RIEMSDYK gournadour Djindraal rehdjing para Raad van India kakabê kang, noudyouk dinagara *Batavia* nouma rentah sarya hing djalma comp$_c$. dinagara Loukhour anguin rehdjing di nagara handap anguin dinalahout redhguing di darat noupinandjang koun gnia houmour rehdjing slamat rehdjing tchagour di dougnia hyoukh.

TRADUCTION

Cette lettre part d'un cœur pur et sincère, et est écrite avec de nombreux saluts par SOUSOUHOUNANG PACOUBOUANA SENAPATTY INGALAGA A'BDOUL RAHHMAN SADJIDIN PANATAGAMA, qui tient sa cour à Souracarta Hadiningrat, à son grand-père le sieur JEREMIAS VAN RIEMSDYK, gouverneur-général, et à messieurs les conseillers de l'Inde

USITÉES A JAVA.

gouverneur-général de la Compagnie des Indes à Batavia.

Javan vulgaire, *ou* malai.

Hikî kang sourat mittou saking hiklas atî kang soutchî haning lan kang tabê akê akê saking kang djing *Sousouhounang Pacoubouana Senapatty Hingalaga A'bdoul rahhman sadjidin Panatagama* kang alinguî hing nagara *Souracarta* hidiningrat maring kandgjing JEREMIAS VAN RIEMSDYK gournadour Djindraal, lan para Raad van India kabekh kang alongoh hingnagara *Batavia* kang aparentah sakabeh vong comp^e. hingnagara attas anguin, laning bavah anguin, hing lahoutang lanhing darattan lan mouguî pinan djangnakang houmour salamat tour kavarassang hing yoro hing dounia ikî.

Javan du haut Dalam, *ou* de la Cour.

Pounika hingkang sirrat mios saking manakh kang soutchi hining serta hing kang tabê ha kattah kattath saking kan djing *Sousouhounang Pacoubouana Senapatty Hingalaga A'bdoul rahhman Sadjidin Panatagama* hinkang ha kadaton hing nagari *Souracarta* hadiningrat kahatoura doumatang hing kang heyang kandjing touvan JEREMIAS VAN RIEMSDYK gournadour Djindraal, serta datang para Touvan Touvan Rad van India sadaya, hing king hapalanga hing nagarî *Batavia* hing kang haparentah sakattah hing vadya bala comp^e. hing nagari attas anguing mivah hing bava anguing hinglahoutan mivah hing daratan hing kang mouguî pinahosna kinkang djousva salamattour kasarasan hing dalam dounia pouniki.

FRANÇAISE.

hollandoise, *résidans à* Batavia, *qui possèdent l'autorité sur tous les domaines de la Compagnie, sur terre, dessus et dessous le vent, sur l'eau et sur la terre, et à qui l'on souhaite santé, longue vie et toute espèce de bonheur et de prospérité dans ce monde.*

« Voyez *Relandi* (*Adr.*) *dissertation. miscellan.* pars tertia, *Dissertat. XI, de Linguis orientalibus*, p. 58-103. *Begin en Wortgang der oostind. Comp.* (commencement et accroissement de la Compagnie hollandoise des Indes orientales), p. 43-52. *Proeve van hoog-gemeen en Berg Javaans* (Essai sur le haut javan vulgaire et sur le javan des montagnes,) dans le tome II des *Verhandelingen van het Batav.* &c. (Mémoires de la Soc. de Batavia), p. 290-297. *Valentyn* (*Franc.*) *Beschryving van oud en nieuw oostindien.* (Description des Indes orientales anciennes et modernes), t. I, et les autres ouvrages cités dans les notes de ces *Additions.* »] *LANGLÈS.*

ADDITIONS SUR L'ISLE DE JAVA.

[« L'île de Java, selon plusieurs savans orientalistes (1), doit son nom à sa fertilité en orge : en effet, ce grain se nomme *java* ou *jav* (prononcez *djav* ou *djava*) en malai et en persan : ils prétendent que c'est la même île que l'Ιαβαδίυ de Ptolemée, qui répondroit assez bien au *djavan-dyb* (île d'orge) des modernes. Cette opinion a été combattue par plusieurs savans géographes (2), qui assurent que l'île de Java n'étoit pas même connue des anciens; mais qui sont à leur tour très-embarrassés pour retrouver dans la mer de l'Inde cette île d'*Iabedii*, dont parle Ptolemée. Je ne dissimulerai point mon penchant à la reconnoître pour la Java moderne, sans prétendre cependant

---

(1) Hyde *religionis veter. Persarum histor.* append. pag. 498, *edit. prior.* et pag. 528, *edit. poster.* Relandi *Dissert. Miscellannææ*, tom. II, p. 187. *De veter. ling. Persicâ.*

(2) D'Anville, *Antiquit. géogr. de l'Inde,* p. 196. *Géogr. ancienne* du même, t. II, p. 369, édit. in-12. Gosselin, *Géographie analysée, ou les Systèmes d'Eratostènes, de Strabon et de Ptolemée, comparés entre eux,* &c. p. 140.

résoudre un point de critique, que des savans respectables ont laissé indécis ».

« Quoique l'orge réussisse si bien à Java et y soit en si grande abondance que cette île, comme nous venons de l'observer, semble en avoir tiré sa dénomination, elle ne paroît pas y être indigène non plus que le froment (*ghendoun*). Le nom de ces deux plantes étant le même en malai qu'en persan, il est assez probable qu'elles ont été transportées de la Perse dans les îles de la Sonde, où le malai est, comme on sait, la langue dominante ».

« Les géographes Persans (1) désignent l'île de Java sous le nom de *maharadje* (2) (grand roi) : les Arabes (3) la nomment *djezyret ál maharadje* (île du grand roi) ou bien *saryrah* (4) ».

« Elle est située, suivant l'auteur de l'*Ayn Akbery* (5), au 150ᵉ degré de longitude des îles Canaries (6), et au premier degré de latitude. Aboulfedhâ cite différens géographes Arabes qui comprennent plusieurs îles sous le nom de *maharadje*. Leur

---

(1) *Ayn Akbery*, or *the Institutes of the emperor Akbar* translated from the Persian by Gladwin, t. III, p. 42. Hhamdoullah ben Aboubeqr, auteur du *Nozhat ál qoloub*, dont la troisième partie contient un traité de géographie.

(2) Ces deux mots sont purement Indiens.

(3) *Aboulfédhá*, table XVI des îles orientales. « L'Etheval prétend que » l'île de Saryrah est la même que » Maharadje ».

(4) Ce mot, qui est dérivé de *seryr* (trône), me sembleroit une espèce de traduction du *maharadje* indien.

(5) Tome III, p. 42.

(6) En arabe, *Djezyrát Khaledát* (îles fortunées). L'auteur de l'*Ayn Akbery* prétend que ce sont six îles de l'Océan occidental, autrefois habitées, et maintenant inondées ; de manière qu'on pourroit les prendre pour l'Atlantide des Anciens. Au reste, quand même les îles Canaries ne seroient pas ces *Djezyrát Khaledát*, elles se trouvent situées sous le même parallèle, et c'est de-là que les géographes Grecs et la plupart des Orientaux ont mesuré les degrés de latitude. Voyez *Ayn Akbery*, t. III, p. 32, à l'art. de la *description générale de la terre*, et Gravii, præfat. ad Chorasmiæ et Mawaralnahár descriptionem ex tabulis *Abulfedæ*.

roi est un des monarques de l'Inde les plus riches en or ; il possède sur-tout un grand nombre d'éléphans, et il a établi sa résidence dans la grande île. Le *Mohhalleby* place l'île de Seryrah, qui est remplie d'édifices et d'hommes, dans la dépendance de la Chine. « Les vaisseaux qui partent de Sery-
» rah, dit-il, pour se rendre à la Chine, ont pour dix jours de
» navigation, et trouvent des rochers escarpés : chacune des
» ouvertures de ces rochers conduit à quelque contrée ou à
» quelque ville de la Chine ».

« On voit combien les meilleurs géographes sont peu satisfaisans sur cette île vraiment intéressante ; les Persans offrent bien plus de ressources, et l'on pourroit composer une description géographique et historique de Java, d'après les auteurs Persans et Malais. Les Hollandois en possèdent déjà une très-étendue et très-exacte dans les quatre premiers vol. des *Verhandelingen*, &c. »

« L'île de Java se divise en quatre grands districts, *Bantan* (1) *Jaccatra*, *Cheriboun* (prononcez *Tcheriboun*) et la côte orientale de Java (2) ».

Bantan ne contenoit, il y a quelques années, que 5000 *tcha-*

---

(1) C'est la véritable orthographe de ce mot, que les Portugais ont écrit *Bantam*, conformément à leur manière de prononcer l'*am* final. Voy. *Relandi*, *Dissert. miscel.* t. III, p. 25. Les Hollandois écrivent aussi Bantam.

(2) Les tableaux de la population de Java que je présente ici, sont tirés de deux excellens mémoires en hollandois, de *J. C. M. Radermacher* et de *W. van Hogendorp*. Le premier, intitulé *Korte schets van de Bezittingen der nederlandsche oost indische maatschapye*, &c. (Courts Essais sur les possessions de la Compagnie des Indes orientales, avec la description du royaume de Jaccatra et de la ville de Batavia), insérés dans le tome I des *Verhandelingen van het Bataviaasch genootschap der Kunsten en weetenschappen* : (Mémoires de la société de Batavia, sur les sciences et arts), p. 5, 6, 7, 61. L'autre, *Byvoegsels tot de Beschryving der Sundasche eilanden Java*, *Borneo en Sumatra* : (Addition à la description des îles de la Sonde, Java, Bornéo et Sumatra), tome III du même recueil, p. 423-464.

tchar ou familles; chacune desquelles, selon l'estimation ordinaire, doit fournir deux hommes en état de porter les armes, deux femmes et deux enfans ; ce qui fait 30,000 ames (1). Mais d'après le dernier dénombrement (vers 1780), on compte dans ce royaume environ 90,000 habitans, sans y comprendre l'île du prince, *Poulo Sélan*, ou *Poulo Panétan*, située au nord de Java, laquelle renferme 200 habitans soumis à un chef nommé *Kiey Loura Alipan*.

Jaccatra, qui est limitrophe de Bantan, appartient maintenant tout entier à la Compagnie ; sa population, au commencement de ce siècle, n'excédoit pas 30,000 ames : en 1722, Valentyn l'évaluoit à 100,000 ; et voici les trois principaux dénombremens de ses habitans depuis 1754. Cette année là, le gouverneur J. Mossel trouva dans la ville de Batavia et sa banlieue. 11,816
   Dans le haut pays. 169,616
   Dans le pays de *Preanguer*. 31,470

   Total des habitans. 212,902

Quelques années après, on y comptoit 29,000 *tchatchar*, c'est-à-dire, 300,388 ames (2) : savoir, dans Batavia et son faubourg méridional. 12,131
   La banlieue de la ville. 131,895
   Les régences. 39,575
   Le territoire de Préanguer. 116,787

   Total. 300,388

---

(1) *Verhandeling*. t. I, pag. 6. Le dernier dénombrement nous vient du commandant de Bantan, L. *Meibaum*. Les *Layadang* ou peuplades nègres de la côte sont au nombre de quatre-vingt-quatre, et contiennent plus de 15,000 hommes en état de travailler. Les nègres de l'intérieur n'en fournissent pas moins. La force des tjatjar n'est pas bien exactement connue. *Verhandel*. tome III, p. 424.

(2) *Verhandelingen*, tome I, p. 6, 20, 48 et 60.

(1) Le dernier dénombrement des habitans du territoire de Jaccatra fait en 1779, quoique plus exact que les précédens, n'est pas encore satisfaisant. Cependant nous croyons devoir le donner, pour prouver le rapide accroissement de la population.

Habitans de la ville et des faubourgs (2)	12,131
Dans la banlieue	160,986
Les régences, 11,171 maisons, qui font	67,026
Boudjangs	1,325
Terres de *Preanguer*, 15,724 maisons, c'est-à-dire	94,344
Boudjangs	5,103
Total	340,915

« Il faut observer que nous ne comprenons point dans ce dénombrement un seul employé de la compagnie des Indes (3) ».

« Voici l'état des morts de 1780 :

Européens jouissant du droit de bourgeoisie	120
Chrétiens naturels, hommes, femmes et enfans	375
Chinois, hommes, femmes et enfans	670
Musulmans	882
Esclaves	1,140
Total	3,187

« On a fait, pendant le cours de la même année, dans l'église réformée et dans la luthérienne, 113 mariages et 245 baptêmes ».

---

(1) *Verhandelingen*, t. III, p. 425.
(2) Parmi ces habitans de la ville et de la banlieue, sont compris plus de 20,000 Chinois et 17,000 esclaves. Voyez les *Verhandelingen*, tome II, p. 61.
(3) *Verhandelingen*, tome III, pag. 426.

« *Cheriboun*

« *Cheriboun* est dans la partie orientale de l'isle ; la Compagnie y possède la forteresse de Beschreming : ce territoire se divise en 9 provinces qui peuvent contenir 15,000 *tchatchar* ou 90,000 ames, suivant l'évaluation faite en 1754 par *J. Mossel* (1).

La côte nord-est de *Java* s'étend depuis la rivière de Lossary, qui sépare son territoire de celui de *Cheriboun*, jusqu'au cap *Sandana*, au détroit de Baly, et forme plusieurs régences : celles situées sur le bord de la mer, dépendent uniquement de la Compagnie ; les autres appartiennent à l'Empereur et au Sulthan, qui ne sont proprement que les mannequins des Hollandois. Sous le nom de Java, on comprend l'île de Madoura, dont le souverain n'a, comme les précédens, qu'une autorité précaire (2) ».

« (3) En 1738, l'empereur de Java, qui étoit alors unique souverain de cette portion de l'île, fit le dénombrement de ses sujets, et l'on trouva à *Carta Soura* . . . 94,500 tchatchar.

Dans la partie intérieure occidentale. 86,000
Dans la partie intérieure orientale. 63,200
Sur la côte occidentale 22,600
Sur la côte orientale. 33,400
Dans l'île de Madoura. 10,000

Total. . . . . 215,700 tchatchar.

Qui font . . . . 1,858,200 habitans.

(4) En 1754 on comptoit, dans les régences soumises immé-

---

(1) *Verhandelingen*, t. I, p. 6, et t. III, p. 426.
(2) *Verhandelingen*, tome I, p. 7.
(3) *Verhandelingen*, tome III, pag. 27.
(4) *Verhandeling*. tome I, p. 8.

diatement à la Compagnie . . . . . . 46,200 tchatchar, 277,200 ames.
Dans les Etats de l'empereur. . . . 25,200 — 151,200
Dans ceux du Sulthan . . . . 12,800 — 76,800
Dans l'île de Madoura . . . . 10,000 — 60,000
Ainsi, la portion de l'île qui porte proprement le nom de Java, contenoit environ . . . . 94,200 — ou 565,200 ames.

« (1) La population se trouva diminuée en 1774 : la Compagnie ne possédoit plus que . . . . 69,000 tchatchar.
L'Empereur . . . . 85,450 —
Le Sulthan. . . . . 87,050 —
Dans l'île de Madoura . . . . . 10,000 —

Total. . . . . 251,500 — ou 1,509,000 ames.

Il résulte donc des états les plus récens, que le royaume de Bantan contient . . . . 90,000 habitans.
Jaccatra 340,915
Cheriboun. 90,000
La côte orientale de Java. 1,509,000

Total des habitans de Java . . . . 2,029,915 habitans.

« (2) Depuis les grands tremblemens de terre du 25 janvier 1759, du 10 mai 1772, du 4 janvier 1775, et du 22 janvier 1780 (3), l'on a encore ressenti quelques secousses.
Le dimanche 20 février 1783, à 11 heures du soir.

---

(1) *Verhandeling*. tome III, p. 427.
(2) *Verhandelingen*, tome III, pag. 428.
(3) *Verhandelingen*, tome I, page 21, et tome II, page 51.

SUR L'ISLE DE JAVA. 443

Le jeudi 29 juin, premier quartier de la lune, à 7 heures du matin et à une heure d'après-midi.

Le 3 juillet de la même année.

Le jeudi 13 du même mois, à 2 heures 30 minutes d'après-minuit : dernier quartier de la lune.

Samedi 15, à 0 heures 30 minutes de la nuit.

Le mardi 18, à 8 heures 15 minutes du matin.

Le 7 août, l'on vit sortir de la fumée de la montagne Panguerango.

Le mercredi 13 décembre, à 11 heures du soir, nouvelle secousse ».

« Il est à remarquer que les tremblemens de terre se font ressentir sur-tout aux environs des solstices et avec la pleine lune ».

« (1) La ville de Batavia est exposée à des inondations périodiques qui arrivent à-peu-près tous les sept ans, comme celles de 1771 et 1778 ».

« En 1780, la ville basse fut inondée depuis le 15 janvier jusqu'au 29 du même mois ».

« En février, mars, avril et mai, il y eut beaucoup de tonnerre et de pluies, et l'eau gonfla considérablement le 17 mai ».

« L'année présente, 1781, ne semble pas nous menacer de tremblemens de terre, ni même de grands tonnerres ; mais les pluies et vents ont commencé le 3 janvier et ont continué sans interruption jusqu'à la fin de février ».

« Les terres basses et les jardins ont été submergés depuis le 28 janvier jusqu'au 9 février ; et les personnes les plus âgées assuroient n'avoir pas vu une pareille inondation depuis 1738 ».

« Batavia est situé, d'après les meilleures observations, au

---

(1) *Verhandel.* tome I, p. 45, et tome II, p. 429.

6ᵉ degré 10 min. 33 sec. de latitude mérid. et au 122ᵉ 47 min. 30 s. de long. de l'île de Ténériffe (1) ».

« Les Hollandois commencèrent leur première forteresse le 21 octobre 1618 ; elle ne consistoit d'abord qu'en une redoute et deux bastions ; l'un nommé *Maurice*, et l'autre *Nassau*. En 1629 la citadelle étoit déjà fortifiée de quatre côtés ; la première porte fut faite en 1631, et la dernière en 1657 (2) ».

« Les habitans de Batavia sont distribués en plusieurs compagnies, qui ont pour colonel un membre de la haute régence. (*Hoog regeering.*) »

« La bourgeoisie Européenne forme deux compagnies d'infanterie et un escadron de cavalerie :

Les naturels chrétiens ou *metis*, cinq compagnies :

Les *Papanguers* ou *Mardy ker*, esclaves affranchis, une compagnie :

Les *Mores*, une ».

« Les naturels, c'est-à-dre les *Javans*, forment trois compagnies; les *Balys*, les *Bouguinées*, les *Macassars*, les *Amboinéens*, les *Boutondes*, les *Mandaréens*, les *Malais*, les *Soumbauvaréens*, et les *Chinois Parnakans*, chacun une compagnie ».

« Les autres Chinois sont partagés en cinq compagnies, avec capitaines et lieutenans ».] *LANGLÈS.*

___

(1) *Description de Batavia* dans les *Verhandelingen*, ou Mémoires, t. I, pag. 41.

(2) *Beschriv. van de stad Batavia.*

(Description de la ville de Batavia, pag. 40 du t. I des *Verhandelingen van het Bataviaasch genootschap.* (Mémoires de la société de Batavia.)

CHAPITRE IV.

Portrait, costume, éducation, mœurs, usages et industrie des Javans.

Les Javans sont de couleur jaune, avec des yeux noirs et peu enfoncés ; ils ont le nez petit et écrasé et même camus; les cheveux longs et noirs ; la bouche moyenne ; mais la lèvre supérieure un peu arquée, avancée et assez épaisse : ils sont, pour la plupart, d'une taille au-dessus de la médiocre.

Les Indiens, en général, font beaucoup de cas de leurs cheveux, qui sont toujours très-noirs et si longs qu'ils leur tombent jusque sur les jarrets : ils ne manquent pas un seul jour de les oindre avec de l'huile de coco, de les peigner et de les accommoder à la mode du pays.

Leur habillement consiste en un mouchoir qu'ils mettent autour de leur tête, une veste chargée d'une multitude de petits boutons, et un linge nommé *kayn* dont ils se ceignent le corps : les grands portent des vestes magnifiques. Ils ont les jambes nues, et pour chaussure des pantoufles arrondies et relevées par le bout; quelques-uns se coëffent d'un bonnet cylindrique dont le sommet, obliquement coupé, a la forme du toit d'une maison européenne ; ce bonnet est enveloppé d'un linge blanc roide et transparent par l'empoi de riz dont il est imbibé.

Les Javanes ont autour du corps une draperie plissée qui leur voile les parties sexuelles, et tombe jusque sur leurs pieds ; cette draperie est recouverte d'une demi-chemise : elles roulent leurs cheveux sur le sommet de leur tête et les y attachent avec une aiguille : les femmes de distinction portent des pantoufles très-riches.

Leurs enfans sont élevés avec autant de simplicité que ceux

des autres nations de l'Inde ; cependant on les entend rarement crier : on les laisse souvent jouer par terre ou sur un tapis, jusqu'à ce qu'ils aient appris à se tenir debout et à marcher en s'aidant de leurs pieds et de leurs mains.

Jamais on ne les emmaillotte ni on ne les lace, aussi sont-ils très-adroits et bien dispos : je n'ai pas vu parmi eux un seul infirme ou estropié.

Ils s'asseyent ordinairement les jambes croisées sur un tapis étendu par terre, et quelquefois tout simplement sur leurs talons dans les chemins ou dans la rue : ils saluent à la manière des autres peuples des Indes, en joignant les mains et les élevant jusqu'au front : ils mangent avec leurs doigts, sans couteau ni fourchette.

Ils ont différentes armes offensives : la principale est le *kris* (1), espèce de couteau de chasse, que les hommes de tout rang portent attaché à un ceinturon sur la hanche droite ; les hommes du peuple le placent positivement derrière eux sur leurs reins : la lame seule sans la poignée a une demi-aune de long et deux doigts de large ; elle est tranchante des deux côtés, tantôt droite et tantôt tortueuse comme une épée flamboyante : elle est quelquefois matte comme du plomb avec des veines polies, et généralement damassée et même empoisonnée. Cette lame entre avec facilité dans un fourreau de bois peint, et recouvert assez ordinairement d'une mince lame d'argent ou d'or : la poignée est d'une forme si singulière, que j'engage mes lecteurs à consulter la gravure qui représente cette arme, plutôt que de leur en donner une description qui seroit peut-être inintelligible.

J'ai vu vendre chez quelques marchands une espèce de sabre

---

(1) Ce mot est malai, et les Belges l'ont adopté, selon Reland, pour indiquer également une épée. Voyez ci-dessus le *Vocabulaire malai*. (*Réd.*)

dont le dos de la lame étoit très-épais, long de plus d'une
aune et très-pesant, avec une poignée de bois ou de corne.

Le *badi* est un petit poignard avec une poignée courbe, et
dont la lame a un quart d'aune de long : on le porte à la ceinture comme le *kris*.

Les gens du peuple, et sur-tout les valets, portent une autre
arme nommée *voudong*, comme une marque de soumission
et de respect : la lame, courte et large, ressemble à un couperet à hacher de la viande ; le fourreau dans lequel on l'enferme est ordinairement en bois et garni sur le côté d'un ressort
de corne, par le moyen duquel on l'accroche à la ceinture
par derrière. Cet instrument sert à fendre, à couper le bois,
et à se frayer un chemin à travers les épais taillis de l'île.

Les Javans ne portent pas de surnom, mais ils changent
leur nom dans certaines circonstances : un père, par exemple,
s'empresse de prendre le nom de son fils ; ainsi si celui-ci se
nomme *Tioso*, le père se fera appeler *bappa Tioso* (père de
Tioso), et quand il lui vient plusieurs enfans de suite, il prend
toujours le nom du dernier (1).

---

(1) Le même usage se retrouve chez les Arabes, qui ne manquent jamais de prendre le nom de leurs fils, pour annoncer qu'ils ont l'honneur d'être pères : car les peuples qui ont des mœurs ont toujours méprisé la stérilité, et sur-tout le célibat. Le plus cruel reproche que les ennemis de Mohhammed lui firent, celui auquel cet ambitieux parut sensible, c'étoit de n'avoir pas d'enfans. Il en eut cependant un nommé *Al Qassem*, qui vécut *sept nuits*, et ce fut assez pour qu'il se fît appeller *Aboul-Qassem* (*le père d'Al-Qassem*) ; mais ce vain surnom ne le consoloit pas du sobriquet injurieux d'*ábtar* (sans queue, c'est-à-dire, sans postérité), que lui donna un Arabe nommé *A'las*. Il fallut que l'ange Gabriel vînt consoler le prophète en lui remettant un chapitre du Qorân, qui prédit la même privation à son ennemi. Voyez *Alcoran, ex edit. arabico-latin.* p. 547. Surat. CVIII. *Abulfed, Hist. Mohhammed. ex edit. arab. latin. Gagnier*, pag. 147. (*Note du rédacteur.*)

L'excès de la chaleur produit sur les Javans, le même effet que sur les autres Indiens; ils ont la tête foible et l'esprit moins inventif et moins subtil que les Européens. Je ne leur refuserai point la faculté de penser, mais peu profondément; aussi, leur conversation n'est-elle pas très-intéressante : ils sont en général lourds, indolens et superstitieux; et l'on peut assurer, sans craindre de porter un jugement injuste, qu'il y a autant de différence entre un Européen et un Indien au teint brun foncé, qu'entre celui-ci et un singe.

Ils sont d'autant plus à plaindre de cette ineptie, qu'elle est l'effet du climat sous lequel ils sont nés; il influe même sur les Européens qui, par la suite du tems, deviennent lourds, fainéans, et perdent cette activité qui leur est naturelle dans les pays froids ou tempérés : l'homme du monde le plus vif se livre ici malgré lui à la paresse et à la nonchalance. Le plus grand amusement des Javans consiste dans la danse et dans la musique.

Leurs danses s'exécutent par les mouvemens du corps, et principalement par ceux des bras et des pieds : ces danses se nomment *rongue* (1) dans la langue de *Java* et *tantak* en malai :

---

(1) Ou *ronguing*, selon les savans auteurs de la *description de Jaccatra*, qui donnent aussi une notice des jeux des Javans, ainsi que de leur *pitchatcha* ou chant, de leur *toping* ou comédie, jouée par des acteurs masqués, leur *vayang couly*, que l'on joue derrière du papier huilé avec des marionnettes de peau de buffles découpée et peinte; c'est ce que nous appellons ombres chinoises. Les femmes de Java ont une espèce de jeu de dames qu'elles nomment *papan-djoko*. Leur *tabla* consiste en une petite table avec des dames rondes. Le *poutches* se joue sur un tapis de velours brodé avec une poupée de bois. Bougainville parle aussi des comédies chinoises qu'il a vues à Batavia sur le grand théâtre chinois de cette ville, et des farces qui se représentent tous les soirs sur les tréteaux des différens carrefours du quartier chinois. Ce sont des femmes qui jouent les rôles d'hommes, et l'on n'y est pas avare de coups de bâton. Voyez le *Voyage autour du monde*, t. II, p. 347,

c'est

c'est toujours la même femme, bien parée, qui ouvre le bal, et danse successivement avec tous les hommes de la compagnie, qui lui mettent chacun quelques pièces de monnoie dans la main avant de quitter la partie. Cette danseuse se nomme *ronguin*; elle partage avec les musiciens la somme qu'elle a ramassée.

L'orchestre est composé de plusieurs instrumens, lesquels entendus à quelque distance, produisent une harmonie assez agréable : on distingue parmi ces instrumens une espèce de violon à deux cordes (1), un tambour (2), sur les extrémités duquel on frappe avec les doigts; une orgue composée de tuyaux en bois de différentes grandeurs, suivant la différence des sons, et posée sur un morceau de bois creux; on frappe avec un petit marteau de bois sur les tuyaux comme sur un tympanon; ils frappent aussi sur un chaudron suspendu : leurs cymbales ressemblent aux nôtres, ce sont deux plats de métal que l'on heurte l'un contre l'autre (3).

Leur industrie est aussi bornée que leurs besoins; le bois de bambou leur sert, ainsi qu'aux autres Indiens, à une foule

---

et *Verhandelingen van het Bataviaasch.* (Mémoires de la société de Batavia), t. I, p. 39, 40 et 41. *Note du rédacteur.*

(1) C'est un diminutif de l'*ou'd* des Persans. *Réd.*

(2) C'est ce tambour étranger que les Persans, selon Kœmpfer, ont reçu des habitans de Moultân. *Réd*

(3) La musique et les instrumens des Javans, ressemblent à ceux des Persans, comme l'a très-bien remarqué Josuat-van-Iperen, dans son *Begin van Javansche historie,* p. 164 du t. I

des *Verhandelingen van het Bataviaasch genootschap. &c.* (ou Mémoires de la société de Batavia). Consultez, sur la musique des Persans et des Indiens, les *Amœnitates exoticœ* de Kœmpfer, p. 740; le *Voyage du docteur Shaw*, tome I, p. 325; celui de *Sonnerat*, t. I, p. 101 et suiv. édit. in-4°. de *Niebuhr*, tome I, p. 115, et les *Asiatick researches*, ou *Transactions of the society established in Bengal, &c.* Calcutta, 1788, tome I, p. 500. *Note du rédacteur.*

d'usages; ils en construisent les maisons, en façonnent des chaises, des tables, des lits, des échelles, des ustensiles de navires, et tout le menu mobilier de leur ménage.

L'art nautique n'a pas fait chez eux de grands progrès; un tronc d'arbre creusé, long de quelques aunes et de largeur suffisante pour contenir une seule personne, telles sont les barques, sans voiles, avec lesquelles ils naviguent dans la rade, qui est, à la vérité, aussi unie qu'un miroir (1).

Des joncs minces, tantôt entiers, tantôt fendus en plusieurs brins plus ou moins fins, leur tiennent lieu de cordes; ils lient même très-adroitement avec ces joncs; ils savent aussi en faire des paniers beaux et forts, et en tresser de larges tapis de pied, sur lesquels on s'assied.

---

(1) Ces barques sont fort pointues de l'avant et rondes en dessous. De peur qu'elles ne chavirent, on attache des deux côtés de l'avant et de l'arrière deux gros roseaux longs d'environ une brasse. Par ce moyen, on adapte à la barque une voile si grande, qu'elle semble toujours prête à sombrer sous voile. Ces barques vont d'une vitesse étonnante. — On fait aussi un grand nombre de fustes ou cothures à Lassaon, ville de Java, située entre Charabaon et Japara, dont les environs produisent du bois propre pour les constructions. Au reste, quoiqu'il y ait beaucoup de vaisseaux dans toutes les îles des Indes orientales, ils sont tous d'une petitesse extrême, et porteroient tout au plus quarante tonneaux. *Premier Voyage des Hollandois*, page 369 du tome I des *Voyages de la Compagnie des Indes orientales*. (Note du rédacteur.)

CHAPITRE V.

ÉTAT POLITIQUE DE L'ISLE DE JAVA.

Quoique les Hollandois occupent une bonne partie de Java, le reste de l'île, qui n'est pas très-considérable, forme plusieurs petits royaumes dont les souverains dépendent de la compagnie.

L'empereur de Java, qui fait sa résidence à Sourikarta, dans la partie méridionale de l'île, tient le premier rang parmi eux; Bantan a un roi (1), Madoura un régent, et Djakyakarta un sulthân.

L'empereur de Sourikarta se qualifie de *sousou hounang* (2), c'est-à-dire, *prince des princes*.

Pakobauna, soutien du monde.

Senapati ingalaga, colonel du pays et des camps.

A'bdoul rahhman, serviteur de Dieu (3).

Sadjidin panatagama, protecteur du trône.

Les titres du sulthân de Djokiakarta sont :

---

(1) *Van-der-Hagen*, qui parcouroit ces parages en 1600 et 1601, assure « qu'il y avoit à Bantam un gouvernement particulier pour les femmes, qu'elles élisoient une princesse du sang royal pour les gouverner, et que tous les différends qui s'élevoient entre elles étoient portés devant cette souveraine. Parmi les privilèges dont elle jouit, dit-il, on regarde comme le plus beau celui de parler au roi sans en demander la permission ». *Recueil des Voyages de la Compagnie des Indes orientales*, t. II, p. 281 et 282. *Note du rédacteur.*

(2) Le même mot, écrit en caractères arabes dans la onzième dissert. de Reland, doit se prononcer *sousonan*. (*Rédact.*)

(3) Littéralement, *serviteur du Miséricordieux*. Ces mots sont arabes. *El-rahhaman* est une des épithètes de la divinité dans les litanies des musulmans. *Note du rédacteur.*

Sulthán (1), souverain.
Haming koubana, prince du monde.
Halisah talah, lieutenant de Dieu (2).

Il joint encore à ces titres les trois derniers du précédent.

Le prince de l'île de Madoura se qualifie de *panembaham adepatti* (3), (prince libre ou régent) : un prince se nomme *panguerang*; un prince héréditaire, *panguerang adepatti* (4); une reine, *ratou*; une princesse, *radin* (5) *aïou*; un gouverneur de province, *ratti*.

Il y en a plusieurs de ceux-ci qui sont attachés à la Compagnie, et nommés par les gouverneurs; mais ils ont besoin de l'attache du gouvernement de Batavia, ainsi que les capitaines ou chefs des Chinois établis dans le pays.

Le commandant d'une petite portion de pays ou d'un gros village, se nomme *tommegomme* (6), et sa femme, s'il épouse une princesse, *radin tommegom*.

Les principaux Javans mènent un grand train, et ont à leur suite plusieurs domestiques dont l'un porte une boîte au pinang; l'autre, une pipe à fumer; un troisième, du tabac; un quatrième, la tasse à cracher; un cinquième, le parasol, &c. &c.

---

(1) Ce mot est arabe. *Rédact.*

(2) C'est ainsi que dans tous les pays du monde les despotes se sont associés avec la divinité pour usurper ses droits et opprimer les hommes. (*Rédact.*)

(3) Roland écrit *adapati* (*vicarius ducis* vel *præfecti*); een luytenant-gouvernant, luytenant-général, staadhouder. *Panambahan* est le titre du roi de Tcheriboun, que les Hollandois nomment *Seriboun*, au nord de Java, et du roi Bander Massin à Bornéo. *Re-*land. *Dissert.* XI^a, p. 94. *Rédacteur.*

(4) On écrit aussi *panguiran*. Ce mot javan répond au *ratou* (maître) des Malais, et au *rebb* id. et même à l'*allah* (Dieu) des Arabes. *Rédact.*

(5) On donne aussi le titre de *radin* au fils du roi, et même à d'autres princes, et c'est le plus grand titre que puisse prendre à la cour celui qui n'est pas fils du roi. *Rédact.*

(6) Ou *tomangang* (bailli ou fiscal). Chaque ville ou bourg a son tomangang. *Rédact.*

Les commandans ont quelquefois le fourreau de leur sabre ou de leur épée en or ou en argent.

Les femmes se font porter dans des chaises garnies d'argent.

Les deux sexes s'anoblissent réciproquement; un gentilhomme qui épouse une roturière lui fait partager sa noblesse : il en est de même d'une fille noble qui épouse un roturier.

Les Javans ne peuvent pas être faits esclaves; mais on m'a assuré qu'ils s'engageoient volontairement à servir un certain tems les uns chez les autres. Je n'ai pu me procurer des détails satisfaisans sur cette espèce de pacte.

Quoiqu'ils professent la religion musulmane, leurs *imâms*, ou prêtres, n'ont pas tous fait le pélerinage de la Mekke (1).

---

(1) Les Javans Musulmans sont chi'ytes ou de la secte d'*Aly*, et conséquemment moins rigides observateurs de la loi que les Sunnytes ou sectateurs d'*Omar*. On sait que chez les Persans qui sont de la même secte que les Javans, le pélerinage de la Mekke se fait par procuration, et forme une branche de commerce aussi considérable que les billets de confession en Espagne. Selon les auteurs de la description du royaume de Jacatra, insérée dans le premier volume des *Verhandelingen*, &c. (Mémoires de la société de Batavia), pag. 37, « ce » fut un Cheykh qui porta la religion » musulmane dans l'île de Java, vers » l'an 1106 »; c'est-à-dire, peu d'années après l'invasion de *Tymour* dans l'Indoustan. Au reste, les savans Hollandois et notre voyageur lui-même, ne parlent, je crois, que des portions de l'isle plus ou moins fréquentées par les étrangers ; car nous savons que la religion musulmane n'a pas encore pénétré dans toute l'île. Plusieurs naturels habitans de la côte orientale ont encore conservé, ainsi que les anciens Javans retirés dans l'île de Bali, la religion de leurs ancêtres, laquelle n'étoit, comme toutes celles de l'Inde, qu'une variation du Lamisme, et dont l'origine se perd dans la nuit des tems.

Les Javans, musulmans même, tiennent encore tellement à leurs anciennes idées, qu'ils connoissent à peine l'ère de l'hégire, et qu'ils comptent encore leurs années de *Padjadjaran*, leur premier roi. Ainsi l'année 1779 de notre ère vulgaire (1193 de l'hégire) correspondoit à l'an 1705 de l'ère des Javans, à dater, comme je l'ai dit, de leur premier roi. Voyez *Verschil der tydre keninge by de Asiatische*, &c. (Différences de la chronologie des nations Asiatiques, et Concordance

CHAPITRE VI.

Administration de la Compagnie Hollandoise à Batavia (1).

Le gouverneur-général a un pouvoir absolu; les autres administrateurs ne s'opposent presque jamais à ses volontés, et quand même ils le feroient, il est toujours le maître d'aller en avant, en prenant sur sa responsabilité l'issue de l'affaire. Il contracte des alliances, fait la paix ou la guerre avec les princes Indiens, selon que les intérêts de la Compagnie l'exigent; il confère les pouvoirs aux rois et princes dépendant de la même Compagnie. Son train répond parfaitement à son pouvoir; quand il sort en cérémonie, il est accompagné d'un écuyer, d'un maître-d'hôtel, de douze gardes à cheval, le sabre à la main, avec deux trompettes, et précédé par un coureur Européen; quatre nègres habillés en coureurs; un officier à cheval marche auprès de la portière de la voiture : il a quelquefois à sa suite cinquante ou

---

pour les années 1779 et 1780, par J. C. M. Radermacher), tome I des *Verhandelingen, &c.* (ou Mémoires de Batavia), page 133. *Note du rédacteur.*

(1) La haute régence, le conseil de justice, le clergé, les employés de la Compagnie, les officiers de marine, et enfin le militaire, telle est dans cette ville la gradation des états ». *Voyage autour du monde*, par Bougainville, tome II, page 352. La haute régence (*hooge regeering*) ou le conseil des Indes, est composée d'un gouverneur-général, de six conseillers ordinaires, du premier directeur-général du commerce, et de neuf conseillers extraordinaires.

La cour de justice (*raad van justice*) de Batavia connoît de tous les procès criminels et civils des Hollandois dans les Indes.

La régence de la ville (*stads regeering*) forme une espèce de tribunal d'échevins, d'où dépendent tous les autres officiers de la ville. *Verhandeling. van het Bataviaasch genootschap. &c.* I^e deel. p. 59 et 60. *Note du rédacteur.*

soixante cavaliers, conduits par un porte-enseigne et un maréchal-des-logis. Quand il passe, tout le monde, hommes et femmes, à l'exception des conseillers, sont obligés de s'arrêter et de descendre même de voiture. La femme du gouverneur ne sort jamais sans avoir deux gardes à cheval en avant de son carrosse, et douze cavaliers à sa suite.

Le directeur-général a l'administration et l'inspection du commerce de la Compagnie, des marchandises et des magasins.

Chacun des conseillers est chargé de surveiller quelques comptoirs de l'Inde, ou bien préside un des départemens de la ville. Un conseiller a toujours deux coureurs devant sa voiture, et les passans sont obligés de faire arrêter la leur pour le saluer.

Le conseil s'assemble ordinairement tous les mardis et les vendredis; il est composé du gouverneur-général, d'un directeur-général, de cinq conseillers ordinaires, qui ont le droit de donner leur avis et leurs conclusions; il y a aussi quelquefois des conseillers extraordinaires qui n'ont que voix consultative, mais non pas délibérative.

Le conseil de justice de Batavia est composé de plusieurs membres nommés en Hollande, indépendans, ainsi que le fiscal, du grand-conseil des Indes; mais ces conseillers n'ont que de foibles appointemens, et ne s'enrichissent pas dans leur charge; car la justice n'est pas ici une marchandise de défaite.

La ville a une espèce de conseil municipal (1), présidé par un membre du grand-conseil des Indes, et composé de bourgeois qualifiés, de conseillers (2) chargés de juger les procès et de prononcer même sur la vie des Indiens. Ces charges sont à la disposition du gouverneur-général; il les vend très-cher à des bourgeois opulens et vains, qui ne peuvent parvenir à une plus haute dignité.

---

(1) *Stadts regeerengs.*   (2) *Schepeen.*

La charge de *sabandar* (1) est très-importante et lucrative ; c'est à cet officier que doivent s'adresser tous les étrangers pour se procurer ce dont ils ont besoin, soit pour eux-mêmes, soit pour le ravitaillement de leur vaisseau. Celui qui remplissoit de mon tems cette charge importante, se nommoit *Boer* ; il fréquentoit la maison de M. *Radermacher*, son ami et le mien : il me témoigna la plus grande bienveillance ; entre autres services, il me procura, à titre d'emprunt de *bodmeri*, plus de mille rixdalles, avec lesquelles j'achetai des cornes de licornes (2), que l'on vend très-avantageusement au Japon.

Avant de passer outre, l'espèce d'emprunt dont je viens de parler mérite quelques éclaircissemens : l'emprunt par *bodmeri* est toujours à un taux très-haut, mais qui diffère selon la longueur des voyages et les dangers à courir avant que le vaisseau soit arrivé à sa destination. Comme les côtes du Japon passent pour les plus périlleuses de toutes les Indes orientales, celui qui emprunte pour ces parages ne paie pas moins de 20 à 25 pour cent : la somme se compte au retour à Batavia : si le bâtiment vient à échouer ou à périr, le débiteur n'est pas obligé de tenir compte du capital qu'il a emprunté à si gros intérêts.

Le commissaire des naturels a vraisemblablement un des emplois les plus importans, puisque tous les habitans de l'île ont affaire à lui ; c'est lui qui leur achète le café, le sucre, les nids d'oiseaux, et autres productions du pays : il se fait un revenu immense, tant par les marchandises qu'il achète, que par l'intérêt excessif de l'argent qu'il avance aux habitans.

---

(1) Introducteur ou ministre des étrangers. Ils sont deux ; le sabandar des Chrétiens, et celui des Payens. Le premier est chargé de tout ce qui regarde les étrangers européens ; le seconda le détail de toutes les affaires relatives aux diverses nations de l'Inde, en y comprenant les Chinois. *Voyage autour du monde*, par Bougainville, t. II, p. 356. *Note du rédacteur*.

(2) *Unicornu verum*.

Le

Le militaire est composé d'Européens et d'Indiens que l'on recrute et que l'on exerce, sans compter les bourgeois et les Chinois qui, en tems de guerre, sont obligés de faire le service. Les officiers de Batavia ainsi que ceux des autres comptoirs de l'Inde, sont regardés comme une classe d'employés que la Compagnie salarie pour la défense de ses établissemens. D'après cette définition, l'on ne doit pas s'étonner de ce qu'ils n'aient aucune part à l'administration ni au commerce, et qu'ils n'aillent pas de pair avec les chefs de la Compagnie, qui sont infiniment plus considérés à cause de leur utilité pour les opérations commerciales.

Les soldats dont le nombre est bien diminué, à l'arrivée des vaisseaux qui les amènent d'Europe, tant par la mauvaise nourriture que par les maladies qui règnent à bord, sont ici traités d'une manière aussi contraire à l'humanité qu'aux intérêts de la Compagnie. Ceux qui sont envoyés par les vendeurs de chair humaine ne jouissent pas long-temps des appointemens qu'on leur a accordés à leur départ, et alors ils sont réduits à treize sols de Hollande par jour ; l'on retient même la majeure partie de leur solde pour l'habillement. Ceux qui ont échappé aux maladies, conservent la pâleur de la mort, et une maigreur effrayante ; ce sont de véritables squelettes ambulans.

Dans les commencemens de l'établissement des Hollandois à Batavia, peu de personnes bien nées et aisées se hasardoient à venir dans un pays que l'on regardoit comme aussi dangereux que le voyage même qu'il falloit faire pour s'y rendre : aussi la majeure partie des équipages étoit-elle composée de scélérats poursuivis en Europe pour leurs crimes, et qui cherchoient à se soustraire à la juste rigueur des loix, ou bien de malheureux, qui, ayant tout perdu et n'entrevoyant qu'un triste avenir, alloient chercher la fortune ou la mort. Ces derniers réussirent et furent élevés aux premières dignités; quelques-uns même s'en retournèrent chez eux avec de grandes richesses. Leurs succès leur donnèrent des imitateurs, et la Compagnie ne prend plus à son service que des jeunes gens bien nés et même des gentilshommes : ils partent en qualité de sous-marchands, pour attendre des places importantes. Quoiqu'on envoie ainsi chaque année des aspirans de distinction, munis de grandes recommandations, je doute que la Compagnie trouve son profit à prendre des employés d'un si haut parage ; le talent et le zèle valent mieux que la naissance et le rang dans les opérations politiques et commerciales : l'expérience a prouvé que ces nobles ne daignoient s'abaisser jusqu'à servir une compagnie de marchands, que pour s'enrichir rapidement dans quelques places importantes, et retourner avec leur proie en Europe, où ils peuvent ensuite mener un train conforme à la haute opinion qu'ils ont d'eux-mêmes.

La Compagnie entretient à Batavia deux hôpitaux à ses frais ; l'un dans l'enceinte de la ville, et l'autre dehors. On reçoit dans le premier, nommé *binnen hospital*, tous les malades de la ville et des vaisseaux ; trois médecins et deux chirurgiens sont attachés à cet hôpital : l'autre, *buyten hospital*, est destiné aux convalescens ; ils y respirent un meilleur air et y prennent plus d'exercice. Il y a outre ceux-ci deux autres hôpitaux dans la ville ; l'un appartient aux Mores, et l'autre aux Chinois : comme beaucoup de chirurgiens sont employés au service de la Compagnie hollandoise, tant sur les vaisseaux que dans les hôpitaux et dans les régimens, on leur a donné pour chef un chirurgien-mäjor qui, de concert avec le gouverneur-général et le gouvernement, leur assigne les postes où leur ministère est nécessaire, soit sur les vaisseaux, soit dans l'île.

Le docteur Hoffman chez qui j'étois logé, avoit l'inspection de l'apothicairerie, d'où l'on tire tous les médicamens nécessaires aux hôpitaux de la Compagnie : les vaisseaux qui retournent en Europe et les comptoirs hollandois dispersés dans les Indes, tirent les leurs de deux pharmacies administrées par deux chirurgiens qui ont de gros appointemens.

Je ne parlerai point des forces militaires des Hollandois ; elles leur sont moins utiles pour se conserver dans cette île que les sages précautions dont ils s'environnent, et sur-tout leur adroite politique qui a mis dans leur dépendance tous les princes naturels de Java.

Outre la citadelle dont nous avons parlé ci-dessus, la Compagnie a fait construire deux redoutes en pierres, garnies de canons, lesquels commandent les canaux pratiqués dans les rues de Batavia. A la moindre insurrection, l'ordre est donné de traîner des canons dans les rues et de les braquer de distance en distance, pour obliger les Indiens et les esclaves à rentrer dans leurs maisons. Ces dispositions hostiles et sur-tout l'aspect des infortunés contre lesquels on les dirige, enlaidissent bien cette belle ville aux yeux d'un sincère philantrope. J'ai frémi d'horreur mille fois en voyant tous les moyens employés par l'avide Européen pour se procurer ce luxe et ces jouissances dont il est si orgueilleux.

CHAPITRE VII.

Commerce et Monnoies de Java. — Chinois établis dans cette île.

La Compagnie hollandoise des Indes s'est emparée du commerce extérieur de l'île de Java, et elle y exerce à-peu-près le même monopole qu'à Ceylan (1), particulièrement sur

---

(1) On rapporte à Batavia la récolte entière des épiceries, et l'on charge chaque année sur les vaisseaux ce qui est nécessaire pour la consom-

les épices : en effet, cet article seul lui produit des revenus incalculables, et son industrieuse avidité sait en tirer tout le parti possible. Qui que ce soit, officiers de vaisseaux ou employés de la Compagnie, personne n'a la permission de faire ce commerce. Il n'y a point de grace pour les contrebandiers pris avec des épices ; leur arrêt de mort est tout prononcé.

L'arak et le riz sont une excellente cargaison pour les vaisseaux qui retournent en Europe ; ils en ont ici abondamment et à très-bon marché : ils peuvent aussi se pourvoir de poisson mariné, de poules, de canards, d'oies, d'œufs, de melons d'eau, de pompel-mousses, de noix de coco, &c. et autres provisions de voyage.

Les officiers hollandois qui viennent d'Europe et du Cap, apportent ici des marchandises dont ils se défont avec beaucoup d'avantages : à la vérité les prix varient comme dans toutes les autres places commerçantes de l'Inde. Si plusieurs vaisseaux arrivent à la fois chargés des mêmes marchandises, elles baissent aussi-tôt ; s'ils tardent elles augmentent considérablement. C'est ainsi que j'ai vu payer un jambon à Batavia jusqu'à

---

mation de l'Europe, et l'on brûle le reste. C'est ce commerce seul qui assure la richesse et même l'existence de la Compagnie des Indes hollandoise. Il la met en état de supporter les frais immenses auxquels elle est obligée, et les déprédations de ses employés, aussi fortes que ses dépenses mêmes. Si le Gouvernement encourage les premiers essais de nos botanistes, nous pourrons bientôt nous passer des épices des Hollandois, et partager même avec eux ce commerce lucratif. « L'année dernière, en juillet » 1793, le jardin national de Cayenne » avoit distribué plus de deux mille » individus, gérofliers, poivriers, » canneliers, arbres à pain, &c. Il lui » restoit à distribuer environ soixante- » dix-sept mille individus des mêmes » espèces, sans compter une pépi- » nière d'environ quatre-vingt mille » gérofliers, &c. » Voyez l'intéressant *Rapport sur les destructions opérées par le Vandalisme, et sur les moyens de le réprimer*, fait à la Convention nationale, par le citoyen Grégoire, dans la séance du 14 fructidor, an second. *Note du rédacteur.*

trente-six rixdalles de Hollande. On évalue régulièrement le gain, 30, 50 et même 100 pour 100.

Les marchandises de Hollande que les Européens recherchent plus particulièrement, sont les jambons fumés, le fromage de Hollande, la bière, différentes sortes de vins, sur-tout le rouge, l'eau de Selz (1). Le vin vient en bouteilles bien hermétiquement bouchées ; mais la bière vient en tonneaux, et l'on ne la tire en bouteille qu'un jour ou deux après qu'elle a été transportée à terre : elle ne s'aigrit ni dans les tonneaux ni dans les bouteilles.

On gagne aussi beaucoup sur les bijoux, les étoffes, la moquette, pour doubler les voitures, les couteaux de matelots, et sur toutes sortes de clincailleries.

Le Cap fournit ici peu d'articles de commerce ; il tire au contraire beaucoup de raisins secs et d'amandes pour son hôpital (2), sur lesquels les habitans de Batavia font un gros gain.

Dans l'énumération qu'on vient de voir, je n'ai pas encore indiqué l'objet le plus recherché et conséquemment le plus lucratif, c'est le fer : je n'ai pas été peu surpris de voir des sous-officiers de notre bord qui avoient acheté de petits morceaux de fer, inutiles aux forgerons du Cap, à raison de deux sols la livre, les revendre ici cinq sols de Hollande aux Chinois.

Il faut avouer cependant que le commerce aux Indes orientales est encore plus hasardeux qu'en Europe ; ainsi toute l'étude des négocians consiste à s'informer et à bien connoître quelles sont les marchandises les plus recherchées dans le moment, et celles qui n'ont point été apportées à telle époque et à tel endroit.

---

(1) Les riches Européens de Batavia ne boivent que des eaux de Selz, parce qu'on attribue en partie le danger de ce climat à la mauvaise qualité des eaux. *Note du rédacteur.*

(2) Voyez pag. 125.

1775. COMMERCE ET MONNOIES

Comme le meilleur moyen de faire fleurir le commerce est de ne pas donner d'entraves à l'acquéreur ni au vendeur, il n'y a pas de douanes dans les colonies hollandoises des Indes orientales ; on paie seulement une rétribution au gouvernement pour toutes les marchandises qu'on tire du vaisseau pour les vendre en ville : cette espèce de douane est affermée à une compagnie de Chinois, qui visitent avec beaucoup d'honnêteté les grands coffres, laissent passer les petits et les malles sans lés ouvrir.

Les monnoies de l'Europe et de l'Inde ont cours à Batavia ; les ducats de Hollande sont rares, mais on a en grande quantité les ducatons, les piastres, les schillings, sur-tout les schillings de vaisseaux et les liards frappés au nom de la Compagnie, dont les armes se trouvent sur les demi-liards comme sur les liards entiers. J'en ai vu depuis qui portoient d'un côté trois lignes d'écriture javane, dans un cercle ponctué ; de l'autre, une espèce de guirlande ou de couronne, dans laquelle étoit écrit *Duyt Javas*, 1783.

Le gouverneur *Swarder-de-Kron* a fait battre ici une monnoie de cuivre qui a encore plus de cours à Coromandel qu'à Batavia ; elle est grande comme un sol de Suède et épaisse comme un liard : d'un côté est représentée une épée avec le nom de la ville de Batavia et le *millésime* : sur le revers, sont les armes avec l'indication de la valeur de la pièce, qui est d'un demi-sol. Ils servent sur-tout à acheter des fruits et des légumes, et ont cours dans toute l'île, même parmi les Indiens. Les roupies et les demi-roupies d'or et d'argent, frappées de différens côtés, sont la monnoie la plus courante dans le commerce.

Une roupie d'or vaut dix rixdalles, celle d'argent ordinairement une demi-rixdalle. On m'assura que les roupies et demi-roupies d'or et les roupies d'argent ont été frappées au coin du prince de Madoura, par les ordres de la Compagnie : elles se reconnoissent aisément par le *millésime*, pour lequel on a suivi la manière de compter des chrétiens : les rixdalles d'or sont d'un jaune fort pâle, à cause de l'argent qu'on y mêle. Les Indiens recherchent beaucoup les piastres d'Espagne, sur-tout les vieilles : il y a aussi une grande quantité de piastres carrées et coupées, d'argent très-fin, frappées en Amérique et apportées ici par les galions des Manilles : on rencontre même quelquefois des dollars de l'Empire en argent ; ils sont un peu plus petits qu'une piastre. Ceux qui retournent en Europe tâchent de s'en procurer, parce que cette monnoie perd au change moins que toute autre : le ducaton, sur-tout, vaut ici 80 sols de Hollande.

Les marchands chinois apportent de chez eux des *petjes* de laiton fondu, qui ont un cours même parmi les Européens ; ils sont grands et épais comme un liard, et ont un trou par lequel on en enfile une certaine quantité dans un cordon.

Les naturels de Java, ainsi que ceux de Bornéo et de Sumatra ont leur monnoie particulière, ronde, en plomb, plus petite et plus mince qu'un liard : elle porte d'un côté l'empreinte de quelques lettres, et on perce un trou dans le milieu pour y passer un cordon. Cette monnoie a peu de valeur et n'a cours que dans le pays.

J'eus beaucoup de peine à acheter pour un ducaton ou pour une rixdalle et demie, une pièce fort estimée parmi les Javans ; car ils la conservent comme une ancienne monnoie fort rare ; elle est de laiton, large à-peu-près comme une rixdalle de Suède, et aussi mince qu'une pièce d'or plate ; dans le milieu est un trou qui sert à la passer dans un cordon : cette monnoie se nomme *petlis kantang*, et ne se trouve que dans l'extrémité orientale de l'île, comme à Souribadja, à Banjer-massing. Elle est coulée avec un rebord fort épais, dans lequel est renfermé un arbre qui déploie des branches touffues : de chaque côté se trouve une figure humaine extrêmement difforme et semblable à un squelette. Les Javans n'en font jamais de plus parfaites, parce que la religion musulmane, qu'ils professent, défend de faire et même de conserver aucune représentation humaine.

Les Chinois méritent incontestablement une place dans un chapitre consacré au commerce de Java : de tous les étrangers établis dans cette île, ce sont les plus nombreux, les plus industrieux et les plus infatigables (1).

Ils conservent dans cette contrée éloignée de leur pays natal, les mœurs, les usages et le caractère de leur nation : quelques-uns vont à la Chine, et en reviennent pour leurs opérations mercantiles ; mais la plupart sont sédentaires.

On les reconnoît aisément à leurs petits yeux ovales ; leur taille est assez avantageuse : quelques-uns ont de la barbe, mais presque tous sont rasés. Ils laissent croître les cheveux du sommet de la tête et en font une ou trois longues tresses qui pendent sur leur dos, ou qu'ils tournent autour de leur tête.

Leurs vêtemens larges et légers sont composés d'un gilet qui se boutonne sur les côtés ; d'un grand pantalon : ils n'ont pas de bas : leurs souliers garnis de semelles fort épaisses, sont

---

(1) Les Chinois établis à Batavia ont un quartier séparé hors de la ville ; leur nombre se montoit à plus de 100,000, lorsque Bougainville surgit à Java. « Ce sont, dit-il, les courtiers » de tout le commerce intérieur de » la ville, et c'est à leur industrie » que les marchés doivent l'abondance » qui y règne depuis quelques an- » nées ». Ils passent pour usuriers, et sont regardés à-peu-près comme les Juifs en Europe. En effet, ils ne s'occupent, comme ceux-ci, que de tous les moyens d'amasser de l'argent. L'établissement des Chinois à Java date de la plus haute antiquité. Quelques auteurs prétendent que leurs ancêtres étoient des criminels chassés de la Chine, et qu'ils vinrent peupler cette île. S'il en étoit ainsi, d'où viendroit la différence qu'on remarque entre les Javans et les Chinois ? Il est bien plus naturel d'imaginer que ceux-ci ayant trouvé leur avantage à négocier avec les premiers, les auront pris en affection et auront continué une liaison qui étoit lucrative, sans oublier cependant leur origine et leur pays, car ils conservent la religion, les mœurs et les usages de la Chine, et y vont même porter ou chercher différens articles de commerce. *Note du rédacteur.*

sans

sans boucles : leur mouchoir pend sur le côté droit, le long de la cuisse : ils ont aussi une petite boîte d'argent ou une bourse pour y mettre la petite monnoie : ils portent sur la tête un chapeau de forme conique, qu'un parasol et presque toujours un éventail à la main.

Ils cultivent la plus grande partie des jardins dispersés autour de la ville, apportent et vendent aux habitans et aux équipages des vaisseaux toutes sortes de fruits ou de légumes frais, à très-bon marché. Ils prennent à ferme le brûlement de l'arrak, et exercent toutes sortes de professions ; ils font sur-tout un commerce considérable : ils se chargent de raffiner le sucre, d'exploiter le café, l'indigo ; enfin, ils se rendent tellement utiles qu'on ne pourroit se passer d'eux.

Comme il n'est permis à aucune femme de sortir de la Chine, les Chinois qui se trouvent ici sont obligés d'épouser des Javanes.

Outre les colporteurs Chinois qui promènent leurs marchandises dans les rues, on voit aussi des *cure-oreilles ;* ce sont des hommes qui vous offrent leurs services pour vous nettoyer les oreilles, opération chirurgicale inconnue, au moins jusqu'à présent, en Europe : au reste, il faut rendre justice à leur habileté ; munis d'un instrument très-délié, ils savent ôter avec une étonnante légéreté l'ordure des oreilles, et tous les corps étrangers qui peuvent s'y être introduits. Cette opération très-salutaire ne cause point la moindre irritation.

CHAPITRE VIII.

Nourriture des habitans de Java. — Description et usages des principaux végétaux de cette isle.

Les Orientaux, particulièrement les Indiens et même les Européens transplantés chez eux, se nourrissent principalement de végétaux ; de manière que le chapitre qui traite de leurs alimens, devient naturellement un traité de botanique exotique.

Quoique l'*opium* (1) ne soit pas proprement un comestible, les Indiens en font une si grande consommation, que cette drogue doit tenir la première place parmi leurs objets de première nécessité : ils en mâchent moins que les Turcs ; mais ils en font une espèce de marmelade qu'ils mettent au-dessus de leur pipe quand elle est pleine ; quelques bouffées suffisent pour les étourdir et les enivrer : mais quand ils en fument une trop grande quantité, ils deviennent furieux et veulent s'entre-tuer. Quand un homme, ainsi enivré d'opium, court dans les rues en criant *amok*, *amok*, le premier passant a droit de le tuer : il est proscrit par la loi.

La majeure partie de cette denrée vient du Bengale et forme une riche branche de commerce, que la Compagnie s'est réservée exclusivement : elle a décerné les peines les plus sévères contre quiconque en passeroit en contrebande. Quelques gros

---

(1) Qu'ils nomment *amphioun*. Tous les Orientaux aiment passionnément l'opium. Cette drogue donne pour quelques heures du ton à leurs facultés physiques et morales, absorbées par la chaleur du climat et par l'excès des jouissances ; mais ils retombent bientôt dans leur apathie ordinaire. Les Chinois sont aussi très-friands d'opium ; mais le Gouvernement leur en interdit l'usage. *Note du rédacteur.*

DES HABITANS DE JAVA.

capitalistes qui occupent ici les premières places et que l'on nomme fermiers-généraux, ont affermé à un très-haut prix le privilège de vendre de l'opium ; ils le louent ensuite à des marchands en détail, ou bien ils leur vendent très-cher des parties d'opium : ceux-ci les revendent en détail aux Indiens.

Certains nids d'oiseaux (1), que j'avois déjà vus au Cap de Bonne-Espérance, se mettent ici dans les soupes comme un ingrédient à la fois nourrissant et de bon goût : ces nids sont composés de fils engelés qu'on fait dissoudre dans l'eau chaude et qui deviennent alors transparens.

Ce mets n'a pas beaucoup de goût, mais il se digère très-aisément et est très-nourrissant : on trouve beaucoup de nids d'oiseaux dans les montagnes de l'île, et c'est un article de commerce très-important, sur-tout en Chine : la Compagnie se l'est réservée, et l'afferme ordinairement au plus offrant et dernier enchérisseur.

On confit ou l'on fait mariner dans le vinaigre beaucoup de racines, de fruits, de légumes, tels que les choux-fleurs, des concombres, de l'écorce de melon, les racines aromatiques du bambou, que l'on transporte de Chine en Europe, et même

---

(1) *Yenova, yenika*, et vulgairement *yens*, et dans nos pharmacies, *nidus avis*. Ils ressemblent à un petit plat ou à une moitié de limon. Les meilleurs sont blancs et clairs presque comme du talc. Ils deviennent durs comme un morceau de cuir. On en trouve à Bornéo, à Java, dans les îles Moluques, à Cambaie et dans la Cochinchine. Les oiseaux qui construisent ces nids sur des rochers, y emploient, dit on, de petits poissons, et sont de l'espèce des hirondelles. Il sort de leur bec un jus gommeux, qui leur sert à coller leur nid sur le rocher. On prétend qu'ils emploient aussi à la construction de leur nid la graisse qui nage sur la mer, comme les hirondelles font de la terre glaise. On prend ces nids après que les petits sont envolés. Voyez Duhalde, *Descr. de la Chine*, t. II, p. 139, édit. in-4°. *Kæmpferii amœnitates exoticæ*, p. 833 ; et la curieuse notice de Jean Hooyman, intitulée *Beschryving des vogel netjes* (Descript. des nids d'oiseaux), dans les *Verhandelingen van het Bataviaasch*, &c. t. III, p. 145. *Note du rédacteur.*

des poissons : ces marinades se nomment *attchar*, et l'on en mange avec le rôti et les autres mets pour exciter l'appétit et fortifier l'estomac : on augmente la force du vinaigre en y mettant du poivre long (1), ce qui le rend chaud et brûlant.

Les Javans se nourrissent particulièrement de deux sortes de pois, que les Hollandois nomment feves puantes, parce qu'elles donnent une mauvaise odeur à ceux qui en mangent; et en effet, les Javans puent de la bouche : la première espèce de ce légume, qui a de petites feuilles, se nomme *pette*, et l'autre *tchenkol*.

L'habitude de mâcher continuellement du betel est commune à presque tous les Indiens; ils croiroient commettre la plus grande impolitesse s'ils vous adressoient la parole sans avoir un morceau de betel dans la bouche : les feuilles de betel se nomment *siri* (2) ; on en apporte chaque jour de fraîches dans la ville. Les femmes des Européens, celles sur-tout nées aux Indes, en consomment une grande quantité : on enveloppe quelquefois dans ces feuilles un morceau de noix d'arck (3), avec un peu de chaux d'écailles de poisson, et l'on garde cette feuille ainsi roulée dans la bouche, jusqu'à ce qu'on en ait retiré toute la force ; la chaux qu'on y ajoute rend les lèvres, les dents et la salive rouges et ensuite brunes : une personne qui suce du betel sans y être accoutumée, s'enivre ; mais on ne tarde pas à se familiariser avec cette drogue au point de ne plus pouvoir s'en passer. Elle cuit dans la bouche, et offense tellement tous les nerfs de la langue et du palais, qu'elle fait perdre le goût : on lui attribue la vertu de corriger les mauvaises haleines, de tenir les dents propres et de consolider les gencives.

---

(1) *Capsicum annuum*. Le piment commun, appellé vulgairement poivre-long, poivre d'Espagne, poivre de Guinée.

(2) *Piper betele*. Véritable espèce de poivrier.

(3) *Areca cathecu*. Espèce de palmier.

Parmi toutes les épices, si communes dans les Indes, il n'y en a pas qui soit d'un usage plus général que le poivre d'Espagne (1), qui entre, pour ainsi dire, dans tous les mets; quelquefois même on mange le riz sans autre assaisonnement que cette poudre, qui sert aussi pour les viandes, les poissons, les sauces et ce qu'on appelle la *soupe à karri*, mets très-commun dans l'Inde; c'est une soupe, ou plutôt un bouillon ordinaire de viande, dans lequel il entre plusieurs espèces d'épices, telles que le schetante, le curcuma (2), et sur-tout du poivre d'Espagne. Le curcuma (3) donne une belle couleur jaune à cette soupe, le poivre d'Espagne la rend si chaude, que les étrangers qui en mangent pour la première fois croient avoir la bouche et le gosier en feu; mais insensiblement la douleur diminue, la soupe paroît meilleure; on y prend même goût : elle est bonne pour irriter les nerfs du palais et de la langue, engourdis par l'usage du betel; elle donne du ton à l'estomac, et facilite la digestion. L'on diminue à volonté la force de la *soupe à karri*, en y mêlant une certaine dose de riz.

Les grains de l'Europe ne pouvant s'accommoder de la chaleur excessive des Indes, n'y réussissent pas, et les habitans ne connoissent pas même l'usage du pain qu'ils remplacent par le riz. Le pain que les Européens mangent avec leur viande, et dont ils sont très-économes, est fait avec du froment qui leur vient du Cap de Bonne-Espérance. Au reste, les plaines basses et souvent inondées de l'île de Java, sont très-fertiles en riz; on en mange comme du pain avec tous les mets : la manière de le préparer et de le servir est très-simple. Après l'avoir fait cuir dans l'eau, on le met égoutter, et on le présente sur de grandes feuilles de pisang (4); on le prend avec trois doigts pour le mettre dans sa bouche.

---

(1) *Capsicum annuum.*
(2) *Schœnanthus, curcuma.*
(3) *Curcuma longa.*
(4) *Nux areca.*

1775. NOURRITURE

Le noyau de la noix d'arek nommé *pinang*, renferme une amande qui se partage ordinairement en six morceaux, qui, enveloppés dans du *syri*, font autant de morceaux de betel. On casse cette noix avec un couteau fait exprès, que je voyois souvent entre les mains des riches Européennes.

La viande des buffles de l'île se nomme *karbou*. Les esclaves et les matelots s'en nourrissent ; mais les gens riches la regardent comme un aliment grossier et mal-sain dans un climat aussi chaud. Ils ne mangent d'autre viande que des oiseaux, des poules, des canards, des oies, et beaucoup de poissons, qui sont d'une digestion facile, et qui engendrent peu de putridité.

On ne cultive guère ici de nos légumes d'Europe, tels que des choux, des pommes-de-terre, &c. mais en récompense le pays en produit une multitude d'autres, qui ne le cèdent pas aux nôtres. Par exemple, beaucoup d'oignons, différentes espèces de fèves, et une quantité d'autres légumes qu'on sert chaque jour sur les tables.

Les Indiens mangent beaucoup de cocos (1). Ils grimpent aux palmiers pour les cueillir à différens degrés de maturité : après avoir ouvert le fruit avec un couteau, ils commencent par en boire l'eau, qui, quoique très-sucrée, étanche cependant la soif. Quant à l'amande blanche qui ressemble au noyau, ils la mangent tantôt seule, tantôt avec du riz. Les Européens la rapent pour en faire une espèce d'orgeat ; on en prépare aussi de la *soupe à karri* et autres mets délicats.

On nomme *pisang* ou *banane* le fruit de l'arbre de paradis (2) : il y en a de gros et de petits, d'espèce supérieure et

---

(1) *Cocos nucifera. Calappa* en malai. Rhumphius compte treize espèces de cocotiers. Voyez une savante dissertation en hollandois sur les palmiers, dans le tome I des *Verhandeling. &c.* (Mémoires de Batavia.) *Rédacteur.*

(2) *Musa paradisiaca, tseu* en chinois, bananier. Les côtes de ce fruit ressemblent à des doigts, et quand il est posé sur sa queue, on croiroit voir

inférieure. On cueille ordinairement ce fruit tandis qu'il est encore verd. On le pend pour le laisser mûrir, et alors il devient jaune. On appelle *pisang radia*, bananier nain (1), une espèce plus petite. Il passe, à juste titre, pour le fruit le plus délicat et le plus sain que l'on connoisse. La mince pellicule qui le couvre s'enlève aisément, et sa chair, d'une douceur extrême, fond, pour ainsi dire, toute seule dans la bouche. On peut en manger à discrétion, sans craindre de s'en dégoûter. Il est un peu laiteux et constitue la principale nourriture des Indiens, qui le mangent souvent crud, comme font les Européens: mais ceux-ci ont différentes manières de le préparer. Tantôt ils le mettent griller ou cuire à l'étouffée, tantôt ils le font cuire comme des poires avec du vin rouge, ou bien ils le pèlent et le plongent dans du jus rouge d'une espèce d'amaranthe (2), d'où il sort aussi rouge que s'il avoit été cuit dans du pontac. Cuit dans l'huile, il acquiert une certaine dureté, mais en même temps un goût très-agréable. Pour l'accommoder de ces deux dernières manières, on le pèle et on le coupe par tranches longues. On trempe quelquefois ces tranches dans une pâte très-légère, et on les fait frire comme des baignets. J'ai vu, les soirs, beaucoup d'Européens en manger accommodés de cette façon, en buvant du thé.

Un seul arbre produit une grande quantité de bananes, mais

---

deux poings serrés l'un contre l'autre. Gardé pendant quelques semaines, sa peau devient jaune, et on l'enlève avec le doigt, et non avec un couteau, afin de ne pas altérer le goût de la chair, qui est molle comme de la pâte et d'une agréable douceur. On prétend que c'est ce fruit qui causa la perte de nos premiers parens, et que ses feuilles servirent à les couvrir. Une observation infiniment plus intéressante, c'est que ce bananier a fleuri pour la première fois à Upsal, en 1755, et a porté des fruits mûrs. Voyez Osbeck's voyage, t. I, p. 151 et 308. *Note du réducteur*.

(1) *Pisang radia*.
(2) *Amaranthus*.

il ne fleurit qu'une fois, et meurt après la maturité de ses fruits. Il se reproduit par les rejettons qui sortent de ses racines. Quoiqu'il croisse spontanément dans le pays, on le cultive dans presque tous les jardins. Il parvient ordinairement à la hauteur d'un homme, n'a pas de branches ; ses feuilles sont les plus grandes que l'on connoisse parmi celles qui ne sont pas divisées.

L'ananas (1) passe encore, aux yeux de beaucoup de monde, pour le plus exquis de tous les fruits. Il est à-peu-près gros comme la tête d'un homme. Il a un parfum délicieux qui se répand dans tout l'appartement où l'on ouvre quelqu'un de ces fruits. Son goût à la fois doux et aigrelet, et conséquemment très-agréable, semble pénétrer le palais et la langue. Il a cependant une certaine âpreté et mal-faisance qui le rend dangereux ; c'est pourquoi on n'en mange qu'au dessert et avec beaucoup de discrétion. Ainsi, l'ananas est, à proprement parler, une friandise et non pas un aliment substantiel et salubre. Après avoir ôté la première peau, on coupe le fruit en travers par tranches, qu'on mâche légèrement pour en sucer le jus et rejetter ensuite les filamens. Les Européens assaisonnent ces tranches de sel, de sucre, ou les trempent dans du vin rouge pour atténuer les dangereux effets de ce fruit. On en mange deux tranches au plus à la fin d'un repas. On les confit aussi dans le sucre pour les manger comme des confitures en prenant du thé, ou bien on les fait cuire avec de la cassonnade et du vin. Quand l'ananas n'est pas bien mûr, ou qu'on en mange avec excès, il donne la diarrhée et la dyssenterie, sur-tout aux soldats et aux matelots attaqués du scorbut au moment où ils débarquent. La goiave (2), parvenue à sa pleine maturité, se

---

(1) *Bromelia ananas.*
(2) *Psidium pyriferum.* Lin. *Cujavus domestica.* Rhumph. herb. amb. I, p. 140, t. 47, et Lam. *Illustr.* t. 416, f. 1.

mange

mange crue ou cuite avec du vin rouge et du sucre, ainsi que l'*iambos* de Malac.(1). On ôte le noyau de ce dernier fruit.

Il y a plusieurs espèces d'*iambo*. La plus commune est de la grosseur d'une prune, l'*iambobol* de celle d'une poire. L'*iambo ayer mauer* a l'odeur et le goût de l'eau rose. J'ai cru trouver dans le goût de ces différentes espèces quelque chose de sec, qui n'a cependant rien d'âpre ni d'astringent. Leur jus mêlé avec l'eau de champaka (2) et l'eau rose, s'emploie pour les inflammations de la gorge, les glandes et les ulcères.

La mangue (3) est de la grosseur et de la forme d'un œuf d'oie, mais plate, de couleur verte ou jaunâtre; on se contente, pour manger la chair qui enveloppe le noyau, de la peler avec un couteau, ou seulement avec le doigt. On en sert communément sur toutes les tables des Européens. J'en ai souvent mangé des tranches saupoudrées de sucre et trempées dans le jus qu'elles rendoient. On en fait confire dans le sucre pour les manger en prenant le thé. Quand ce fruit n'est pas mûr, il a un goût très-aigre, mais qui n'empêche pas qu'on ne l'accommode de différentes manières.

On le fait cuire avec du beurre, des œufs et du sucre, et cette marmelade aigrelette a le goût de pommes sûres cuites, ou de cerises en compote.

Les Javans le mettent cuire dans de l'eau salée, et le mangent comme des olives. Enfin ce fruit verd, cuit et confit au vinaigre avec du poivre, leur tient lieu des cornichons confits ou marinés, dont nous entremêlons nos viandes.

---

(1) *Eugenia Malaccensis.* L. Arbre fruitier des Indes, ainsi que le jambe-rosade. *Eugenia jambos.* Lin.

(2) *Michelia champaca.* Cet arbre produit des fleurs jaunes. Voyez la description de ses fleurs dans le *Osbeck's voyage*, t. I, p 141. *Rédact.*

(3) *Mangifera Indica.* Po en javan, et quaï-mao en chinois. *Réd.*

NOURRITURE

Le catappa ou badamier de Malabar (1) est un bel arbre, dont les feuilles tombent comme celles du fromager (2). Il produit un fruit oval et applati, dont la pelure extérieure est d'abord verte, mais elle jaunit en mûrissant. Cette pelure recouvre une ou deux amandes, aussi douces que nos amandes communes, qui se mangent crues. On en garnit aussi des tourtes, et elles sont fort nourrissantes.

Le fruit du papayer (3) est d'abord verd et ensuite jaune, de la forme d'une poire, et gros tout au plus comme un melon de la petite espèce. On trouve sous la dernière pellicule une chair jaune, qui a presque le goût du melon, et qui se mange. Les naturels cueillent ce fruit avant sa maturité pour le faire cuire avec de la viande.

Le fruit du jaquier des Indes, *artocarpus jaca*. Lam. *Diction.* n°. 3 (4), et le *durio* puant méritent la première place parmi les fruits qui servent principalement à la nourriture des Indiens. Ils ont entre eux beaucoup de ressemblance ; tous deux viennent aussi gros que la tête d'un enfant, et même plus ; tous deux sont couverts d'une peau garnie de pointes semblables à celles d'un hérisson. Il faut les peler, et l'on ne mange que l'intérieur cru ou fricassé. Le *durio* passe aussi pour un excellent sudorifique, qui pousse les urines et chasse les vents. Son extrême utilité est, pour ainsi dire, balancée par l'odeur cadavéreuse et insupportable qu'il répand au loin, sur-tout quand on l'apporte au marché. Au reste, il n'en est pas moins délicieux et recherché par les Européens, qui s'en font un grand régal.

---

(1) *Terminalia catappa*. Lin. Lam. Dict. n°. 1.
(2) *Bombax*.
(3) *Carica papaya*.

(4) [*Boa nanka*.] Radermachia. Proprement *l'artocarpus communis*, selon Forster. *Rédact*.

Le *boa ati* (1) a une amande très-amère, que les Javans et les Malais prennent en poudre dans les accès de colique.

Le *salac* est de la grosseur et de la forme d'une poire. Ce fruit, remarquable par les écailles qui le couvrent, et qui sont rangées en arrière les unes sur les autres, renferme une amande blanche, partagée en plusieurs portions, nourrissante et d'un goût très-agréable. On en vend sur tous les marchés et dans toutes les rues ; mais les Européens en font peu de consommation.

Le *corossol* est encore un fruit farineux que j'ai vu dans les marchés, mais rarement sur les bonnes tables. La chair, qui est enveloppée dans une peau mince, et environnée de graines, a un goût agréable et doux ; on la suce en la pressant entre les lèvres ou contre le palais. Ce fruit est de deux espèces, toutes deux un peu plus grosses que les pommes ordinaires (2). Le *karambola* et le *bilimbing* (3), tiennent un rang distingué parmi les fruits que les Européens font cuire et servent communément sur leurs tables. Le premier est oval, jaunâtre, avec cinq côtes, formées par autant de protubérances, grosses chacune comme une poire ou comme un œuf de poule. Il a un goût aigrelet extrêmement agréable. On le mange indifféremment cuit ou crud. Certains arbres produisent des *karambola* plus aigres les uns que les autres, quelques-uns même ont de l'âcreté. Le *bilimbing* est aussi oval, gros comme le doigt, et si aigre, qu'on ne peut le manger seul. C'est pourquoi on le met par tranches dans les soupes, ou bien on fait, avec son jus et du sucre, un syrop rafraîchissant et très-utile dans les fièvres.

J'aurois préféré les fleurs aux fruits de l'arbre que les Malais nomment *boa lansa*, et je regrette d'autant plus de n'avoir

---

(1) *Bouati*. Lam. Dict. p. 449.

(2) *Annona squamosa*, et *annona reticulata*.

(3) *Averrhoa carambola*, et *averrhoa bilimbi*. Lin. Voyez Carambolier, nos 1 et 2. Lam. Dict. pag. 620.

pu m'en procurer, que ces fleurs sont jusqu'à présent inconnues aux botanistes. Les fruits, suspendus en grosses grappes, ont la forme et la grosseur de nos cerises; ils sont jaunâtres et velus; ils renferment, sous une pelure mince, un jus blanc et aigrelet, que l'on suce. Le *boa lansa* commence à mûrir au mois de mars. Les personnes aisées ne l'estiment pas infiniment et n'en font pas une grande consommation.

J'ai vu quelquefois des fruits de rotin (1) dans les marchés, où les Indiens vont en acheter. Ces fruits, parvenus à leur entière maturité, sont ronds, gros comme des noisettes, et couverts, comme le salac (2), de petites écailles brillantes, couchées en arrière, les unes sur les autres. Ils sont suspendus à l'arbre en grappes longues et serrées. Leur chair a un goût aigrelet; elle renferme un noyau. On la suce pour étancher la soif, ou bien on la confit dans le sel pour en manger en prenant le thé.

Le *rambutan* (3) vient aussi en longues grappes. Ce fruit, hérissé de pointes molles, a un noyau qui est assez du goût de tout le monde. La pelure que l'on enlève très-aisément et que l'on jette, recouvre une espèce de jus blanc assez solide, presque transparent, glutineux, et dans lequel les dents entrent avec peine. On le suce avec les lèvres pour étancher la soif. Il a un goût doux et aigrelet, assez semblable à celui du jus de citron mêlé avec du sucre. Ce fruit est oval ou rond, de

---

(1) *Calamus rotang.* Lin. *Palma baculus.* Osbeck. La tige n'a pas de branches, mais une espèce de couronne sur la cime, et elle est hérissée d'épines très-aiguës. C'est la vraie canne indienne, que l'on ne voit pas à l'extérieur; mais en enlevant l'écorce, on découvre une baguette polie, qui ne porte aucune marque des épines dispersées sur l'écorce. C'est positivement la canne que les Hollandois nous vendent, et dont ils font un si grand mystère. *Osbeck's Voyage*, t. II, p. 48 et 49. *Note du Rédacteur.*

(2) Voyez ci-dessus, p. 475.

(3) *Nephelium lappareum.* Gaertn. *de fr.* t. 140.

couleur rouge, entièrement couvert d'une espèce de chevelu, et plus petit que nos prunes. On ne mange pas le noyau qu'il renferme. Le *rambutang ati* est de la moitié moins gros que l'autre, avec des poils plus épais et plus courts ; la pelure se détache plus aisément, et on le mange absolument de la même manière ; mais il est plus rare et plus cher.

Les *mangoustans* (1) que l'on mange à Batavia en janvier et février seulement, y viennent de Bantan ; leur peau est couleur de pourpre en dehors, mais pâle en dedans, molle et astringente. Les Chinois l'emploient pour teindre en noir. Ce fruit est rond comme une boule, divisé dans l'intérieur en cinq cases ; on le pèle pour le manger, et la chair qui renferme la graine est blanche et légère ; elle se fond dans la bouche comme de la crème fouettée ; son goût à la fois doux et aigrelet, fait qu'on ne s'en dégoûte pas : en outre, elle ne pèse jamais sur l'estomac. Ce fruit est, selon moi, le plus délicat et le plus doux de tous ceux dont j'ai goûté dans les Indes orientales.

Les melons d'eau figurent assez généralement dans les desserts, ainsi que les *pompelmouses* (2).

Le melon d'eau ou arbouse réussit dans toutes les parties des Indes orientales ; le rouge passe pour le meilleur ; la chair en est juteuse, rafraîchissante, et fond dans la bouche comme du sucre. On mange ce fruit à la fin du repas, ou seul, ou bien avec du sucre ou du sel.

Le *pompelmouse* est une espèce de citron gros comme la

---

(1) *Garcinia mangostana*. Lin. Lam. Illustr. gen. t. 405, f. 1.

(2) *Citrus decumana*. La description qu'Osbeck donne de ce fruit est conforme à celle de notre voyageur ; cependant il dit que les Javans appellent *pombel mouse* un autre fruit rond, semblable à une petite orange de la Chine, plus estimée que le *citrus decumana*, parce qu'il a un goût plus doux et plus agréable. *Limon tuberosus Martinicus*, malaicè *lemon Martin*. Rumphii, pag. 101, t. 26. *Osbeck's Voyage*, t. I, p. 151 et 152. *Note du Rédacteur.*

tête d'un enfant; il y en a de deux espèces, de blanc et de rouge. Ce fruit a une peau épaisse, mais qui s'enlève, et on partage alors le fruit aisément en plusieurs portions; elles renferment un jus assez aigrelet, rafraîchissant, qui étanche la soif, corrige les putridités, et guérit le scorbut. Mais il n'en est pas moins mal-sain pour les matelots : ainsi je ne sais si l'on doit regarder comme un grand avantage la facilité de le conserver frais plusieurs semaines sur les navires.

Je trouvai près du canal, hors de l'enceinte de la ville, le *costus* (1), dont la racine aromatique se transporte dans plusieurs contrées des Indes, et s'y vend très-avantageusement.

Le gingembre sauvage et le zerumbet (2) croissent dans les champs secs et sablonneux, et quelquefois même sur les chemins. Ces deux espèces pourroient bien n'en faire qu'une; au moins je n'ai remarqué entre elles qu'une bien foible différence. Le bouton de la fleur est d'abord rond et s'alonge en croissant. Les Chinois donnent un soin tout particulier à la culture de cette plante. Sa racine, cuite avec du sucre, est d'un grand débit dans toute l'Inde. Les naturels et les Européens en mangent souvent en prenant le thé. Nous l'employons même en Europe pour fortifier l'estomac, pour les extinctions de voix, la toux et les maladies de la poitrine.

On cultive encore dans les jardins une espèce de *cardamome* (3), environnée de cases rondes, remplies de graines.

―――――

(1) *Costus arabicus.* Lin. *Mat. med. andulus*, vel *putchuck*. C'est une racine d'un usage fréquent dans nos pharmacies. On doit la choisir claire et sentant la violette. Osbeck's *Voyage*, t I, p. 289. *Rédacteur*.

(2) *Amomum* (*zingiber* et *zerumbet*). Osbeck donne une description botanique très-détaillée de cette plante, nom- mée *zendjebyl* ou *zendjefyl* en arabe et en persan, *alia* en malai, et *ganti* en javan. Voyez une dissertation en hollandois sur le gingembre, par *Abr. Couperus*, dans le second volume des *Verhandelingen* (Mémoires de la société de Batavia). *Note du Rédacteur.*

(3) *Amomum compactum.*

Ces graines ressemblent beaucoup à celles qu'on nous apporte en Europe, et qui proviennent de plusieurs plantes de cette espèce. Ses fleurs, disposées par grappes, viennent tout auprès de sa racine, et ses feuilles ressemblent à celles de l'iris, avec cette différence qu'elles se terminent par une pointe aussi fine que le fil le plus délié.

Le riz (1), que l'on cultive dans les terrains bas de cette île, est, après celui du Japon, le meilleur que je connoisse. On en cultive aussi dans les endroits élevés de la même île, et celui-ci n'a pas besoin d'être submergé comme l'autre. Le riz forme la principale nourriture des Javans. Ils en tirent aussi de l'arak (2), qui est proprement l'eau-de-vie des Indes orientales, et dont nous faisons en Europe de si excellent punch. Cette liqueur diffère, pour le goût et l'odeur, de toutes les autres liqueurs. Le meilleur rak se fabrique à Java. On a construit exprès, hors de la ville de Batavia, plusieurs fabriques d'arak, louées aux Chinois avec un privilège exclusif pour le débit de cette liqueur.

On distille trois différentes sortes d'arak dans de vastes alembics, après que le riz a fortement fermenté dans de l'eau, dans du syrop de sucre et dans du jus de coco.

L'arak de qualité inférieure se boit chaud. Les Chinois le servent ainsi dans des tasses quand ils font quelques fêtes.

L'arak blanc, que l'on nomme *kneip*, se met en bouteille immédiatement après sa fabrication, et c'est celui dont on fait le plus de consommation aux Indes, et que l'on nous apporte en Europe dans des tonneaux, où il acquiert une couleur brunâtre (3).

---

(1) *Oriza. Van* en chinois, *pady* en malai, *sigga, sikkoui, birras, vos* en javan; *berendje* en persan et en turk; *patty tchaouvel* en hindostany, *ruzz* en arabe, &c. *Rédact.*

(2) Ou plutôt du *rak*.

(3) L'arak, dit *Osbeck*, est envoyé de Goa et de Batavia à la Chine, et non pas fabriqué à la Chine de riz seulement, comme quelques voyageurs

1775. NOURRITURE

Les Javans cultivent encore d'autres grains, particulièrement du bled de Turquie (1), du *sorgho* (2). Avant qu'on leur apportât le riz, ils se nourrissoient de la graine d'un panic (3) à fleur noirâtre, mais qui rend bien moins et n'est pas, à beaucoup près, aussi bon que le riz.

Cette île contient aussi beaucoup de plantations de cannes à sucre (4). Je dois observer que tout le sucre qu'on emploie dans l'Inde est candi ou bien en cassonnade. Il n'est permis de le raffiner et de le mettre en pain qu'en Hollande. Cependant cette denrée, toute brute qu'elle est, constitue un des principaux articles du commerce des Hollandois avec le Japon. On mange du sucre candi en prenant le thé. La cassonnade entre dans différens mets, sert à confire les fruits, tels que des clous

---

l'ont prétendu. La fabrication de l'arak exige non-seulement du riz, mais encore des cannes à sucre et des noix de coco. Et comme le climat de la Chine n'a pas le degré de chaleur nécessaire au cocotier, il faut que les habitans tirent l'arak des pays où cette espèce de palmier croît spontanément.

L'arak de Goa est plus foible, plus pâle, et communément plus cher à Canton, vu l'éloignement de ces deux villes, que celui de Batavia. Mais ce dernier est aussi sujet à varier en qualité que l'eau-de-vie de France, et cependant le prix est toujours le même; c'est pourquoi les acheteurs doivent toujours être munis d'un pèse-liqueur. Les marchands de la compagnie des Indes Suédoise achètent l'arak de Batavia aux vaisseaux Hollandois, et celui de Goa aux Anglois. On peut se le procurer à Surate de la première main. Voyez Osbeck dagbok, oefwer en ostindiesk resa, med anmarkingar uti natur kundigheten, &c. p. 101, ou le t. I, p. 518 de la traduction angloise du même voyage. *Note du Rédacteur.*

(1) *Zea mais.*

(2) *Holcus sorghum.* (*Djav* en javan et en persan.) C'est du nom de cette plante que quelques savans tirent le nom de l'île de Java. Voyez la note de la page 436. *Rédact.*

(3) *Panicum.*

(4) *Saccharum officinale.* Les Chinois nomment ce roseau *ki-a*. Ils le plantent par alignement entre des côteaux, et en lient plusieurs ensemble pour les empêcher de pencher vers la terre. Osbeck *dagboek*, pag. 50. *Note du Rédacteur.*

de giroſle, des noix de muscade à moitié crues, que les personnes délicates mangent avec le thé pour se fortifier l'estomac; le *nellika* ou *boa Malacca*, la *tiérinelle*, et une foule d'autres que nous avons déjà indiqués. Le premier acquiert dans le sucre un goût exquis, quoique sa chair soit naturellement aigrelette. Il est gros comme un œuf de poule, et la *tiérinelle* un peu moins volumineuse. On la fait cuire dans l'eau avec du sucre, après l'avoir bien piquée avec une aiguille, et on la conserve dans des flacons de verre remplis de sirop de sucre, bien fermés. On peut aussi confire ces fruits verds dans le sel; on les mange encore tantôt verds avec du sel, et tantôt simplement mûrs et cruds. Alors ils ont un goût aigrelet; mais leur meilleur assaisonnement et le plus ordinaire, est le sucre et le thé.

La *morelle melongene* (1) produit spontanément et sans la moindre culture, un fruit nommé *fokké fokké*, oval, et ressemble un peu à une poire, tout uni, d'un pourpre bleuâtre peu brillant et d'un goût agréable. Les Européens et les Indiens le mangent cuit dans de la soupe ou dans du vin, avec du poivre. Il fait uriner, et expulse les graviers de la vessie.

Les fruits de la casse de Java (2) et de la casse des boutiques (3), nommés *brangali*, pendent à l'arbre comme de longs bâtons: leurs côtes sont rondes, noires en-dessus. Ils renferment une marmelade noire et laxative.

Une plante qui excita d'autant plus ma curiosité, que je ne pus en voir la fleur, est le *daun kitchi*. Je la jugeai de l'espèce des borraginées (4), quoiqu'on me l'eût présenté comme une saxifrage (5). Plusieurs personnes voulurent me persuader que non-seulement cette plante peut dissoudre les pierres dans le

---

(1) *Solanum melongena.*
(2) *Cassia Javanica.* Lam. Dictionn. n°. 38.
(3) *Cassia fistula.* Lam. Dictionnaire,
n°. 19, et *Illustrations*, t. 332, f. 1.
(4) *Asperifoliæ.*
(5) *Saxifraga.*

corps, mais qu'elle rend même malléables les morceaux de porcelaine avec lesquels on la mêle, au point de pouvoir les briser aisément avec les dents. Mais on peut faire la même chose en enveloppant les morceaux de porcelaine tout seuls dans un linge, afin que les éclats ne déchirent pas les gencives.

Parmi les végétaux exotiques que l'on cultive dans cette île, je remarquai le *kaiopouti* (1), des feuilles duquel on extrait l'excellente et fameuse huile de *kaiopout*; et le cacaotier (2), dont les fleurs viennent immédiatement sur le tronc de l'arbre ou sur ses grosses branches. Le fruit renferme cette amande nommée *cacao*, qui constitue la matière première et fondamentale du chocolat.

Plusieurs espèces de figuiers poussent spontanément dans cette île. J'en vis jusque dans des fentes de murailles sèches, et je ne conçois pas encore comment ils subsistent et se contentent de la foible humidité que les pluies peuvent laisser dans ces lézardes.

L'indigo (3) est également indigène dans cette île. Les Indiens font peu de cas de cette plante; mais les Chinois s'occupent ici de la cultiver. On connoît la belle couleur bleue qu'elle procure.

Les jardins des Européens, dispersés autour de la ville, offrent une riche et charmante variété de buissons et de plantes aux feuilles tachetées et aux fleurs odoriférantes. Parmi les buissons, je me contenterai d'indiquer un *nyctanthe* et *l'érythrine* (4). Les fleurs qui fixèrent mon attention sont la *quetmie* rose de Chine, et le *marsan* ou *murrai* des Indes (5). Ces fleurs

---

(1) *Melaleuca leucadendra*. Kaio, arbre, *pouti*, blanc en malai. Son écorce est blanche comme celle du bouleau : il croit spontanément à Banda et à Amboine.

(2) *Theobroma cacao*.

(3) *Indigofera anil*. Tongoun ou *va* en chin. *Réd*.

(4) *Nycthantus puta*. *Erythrina corallodendrum*.

(5) *Hibiscus rosa sinensis*, *muraya exotica*. Lam. *Illustr. genr*. t. 352.

donnent une couleur très-noire, avec laquelle les naturels noircissent les fourreaux de leurs poignards ou *kris*, et même leurs souliers. Ils savent aussi tirer une teinture rouge du jus du *bengade* (1).

On sait que le coton et la soie sont les principales matières dont les Indiens fabriquent leurs habits, et qu'ils en vendent une prodigieuse quantité aux Européens. L'isle de Java ne nourrit pas de vers à soie, mais elle produit deux sortes de cotons; l'un croît sur un grand arbre nommé *fromager pentandrique* (2), dont la tête est très-élevée et très-touffue. Le coton qui enveloppe la graine se nomme *kapok* en langue du pays. Celui-ci ne se file pas et ne sert qu'à faire des matelas, des couëtres ou espèces de plumeaux et des coussins. L'autre est un arbuste (3) qui parvient en six mois à la hauteur d'un homme, et meurt avant la fin de la même année. Il procure un coton nommé *kapas*, infiniment supérieur à l'autre pour la finesse et la bonté, et dont on fabrique beaucoup de toiles et d'indiennes grosses et fines.

Pour séparer le coton de sa graine et le nettoyer, on le met sur une toile fortement tendue, on le bat avec une baguette jusqu'à ce que la séparation soit bien faite.

Les Javans font beaucoup d'usage du lait. On en apporte tous les jours à Batavia. Leur boisson ordinaire est l'eau. Ils savent

---

(1) *Morinda citrifolia*. Lam. *Illustr. gen.* t. 153, f. 3.

(2) *Bombax pentandrum*. Lam. *Dict.* n°. 1, et *Illustr. gen.* t. 587.

(3) *Gossipium herbaceum*. Selon Osbeck, on sème à la Chine le coton tous les ans dans des terrains élevés, et ordinairement dans des sillons éloignés d'une demi-verge les uns des autres. *Rédact.*

Ce n'est point le véritable cotonnier herbacé (n°. 1 de mon Dictionnaire), espèce connue de Bauhin et de Tournefort, et dont le fruit est représenté dans mes *Illustrations des genres*, à la planche 586, f. 2; mais c'est mon *gossipium* Indicum (ou cotonnier des Indes, *Dict.* n°. 4.), décrit et figuré dans Rumphius. *Lam.*

cependant, comme on a pu le voir, préparer des liqueurs non moins fortes que celles d'Europe.

Les Hollandois font quelquefois une espèce de bière pour boire dans la soirée. Ils la nomment *petite bière;* elle fait sauter le bouchon avec force, et mousse étonnemment dans le verre, parce qu'on n'attend pas, pour la boire, qu'elle ait fini de fermenter. Elle a un goût agréable et tient le ventre libre ; mais comme il n'y entre pas de houblon, elle ne peut se garder plus d'une journée.

D'après l'énumération que je viens de faire des principaux mets des Indiens, on voit qu'ils ne vivent, pour ainsi dire, que de végétaux, et ne boivent que de l'eau; aussi fus-je très-étonné de voir un esclave attaqué de la pierre. Ce malheureux étant mort pendant mon séjour à Batavia, son maître, le docteur Hoffman, chez qui je logeois, l'ouvrit en ma présence, et lui trouva une pierre de quatre onces et un gros.

CHAPITRE IX.

Observations zoologiques sur l'île de Java.

Les buffles (1) de Java me parurent tout différens de ceux que j'avois vus dans les forêts d'Afrique. Ils sont plus petits, d'une couleur grisâtre, et plus ou moins sauvages. On parvient

---

(1) *Gamich* en persan, *Djamouz* en arabe, *Bense* en hindostany, *Kidar* en tamoul. Ils aiment tant l'eau et la bourbe, que les Arabes les nomment bœufs de rivière. Le buffles nagent long-tems et avec facilité : c'est un spectacle vraiment curieux de voir des troupeaux considérables de ces animaux passer à la nage l'Euphrate ou le Tygre. Les jeunes pâtres se tiennent accroupis ou même debout sur les derniers, et quelquefois ils courent de dos en dos pour les presser. L'auteur des *Observat. philosophiques sur les mœurs*

néanmoins à les apprivoiser et à leur faire traîner de fort grands charriots. Ils se roulent volontiers dans des mares d'eau. Leur chair n'est pas estimée.

Les moutons sont ici au nombre des animaux rares. Leur fourrure ne leur permet pas de résister au climat (1); c'est pourquoi ceux que l'on amène vivans du Cap de Bonne-Espérance sont aussi-tôt envoyés très-loin dans l'intérieur du pays, à un endroit élevé, nommé la *Montagne bleue*, où l'air est plus tempéré.

Les sangliers pullulent considérablement dans les bois, et vieillissent en paix et en sécurité au milieu des Javans; ils profitent du bénéfice de la loi de Mohhammed, qui défend à ces insulaires toute espèce de porc (2), de manière qu'ils

---

de divers animaux de l'*Asie*, croit que le buffle réussiroit dans les contrées chaudes et marécageuses de l'Amérique. Ne seroit-il pas possible de l'acclimater, ainsi que le chameau, dans nos départemens du midi? Nous savons, par différentes relations de la Tartarie, que ce dernier animal vit et se propage dans des climats aussi froids que nos départemens septentrionaux. *Réduct.*

(1) *W. Hunter* observe, dans sa *Description du Pégu*, p. 38 de la traduction françoise, que les moutons, dans les climats chauds, ont, en général, des crins au lieu de laine. Intimement pénétré de la vérité de son observation, qui s'accorde en effet avec la sage prévoyance de la nature, ce voyageur

l'a développée dans une dissertation intitulée: *Inquiry into the causes of the variety observable in the fleeces of the sheep and the hair of other animales, in different climates* (Recherches sur les causes de la variété que l'on remarque dans les toisons des moutons et dans la robe d'autres animaux sous différens climats). Cette dissertation, imprimée à Calcutta, et réimprimée à Londres à la suite de l'*Account of the Pegu*, n'a point été insérée dans l'édition françoise de ce dernier ouvrage. *Note du Rédacteur*.

(2) On sait que chez les Musulmans comme chez les Juifs:

. . . . *Vetus indulget scribus clementia porcis.*

Juvenal, Satyr. VI, vers 160. (*Réd.*)

peuvent ravager les rizières et les plantations de sucre sans craindre d'être tués. Les haies qu'on oppose à leurs incursions, sont, pour la plupart, trop foibles, et composées simplement de cannes de bambou.

Les plantations de cannes à sucre n'ont que des barrières hautes d'une aune et demie, et en petites perches, sur lesquelles on attache des morceaux de toile de coton. Les Javans ont soin de lâcher de l'eau sur ces guenilles, bien persuadés que le sanglier a la plus grande aversion pour l'urine de l'homme, et que l'odeur suffit pour l'écarter et l'empêcher de rompre ces trop foibles barrières.

Les rivières de Java, tant à leur embouchure que dans l'intérieur des terres, sont infestées de crocodiles d'une taille monstrueuse (1). Dans mes promenades botaniques, je les voyois souvent endormis au soleil. Ils ont une gueule immense et une mâchoire garnie de dents aiguës et tranchantes comme un ciseau de menuisier, avec lesquelles ils coupent, sans peine, les plus fortes cordes. Les Indiens les prennent d'une manière assez ingénieuse. Ils attachent un crochet de bois à l'extrémité d'une corde légèrement torse, et le garnissent d'un morceau de charogne. A peine le crocodile a-t-il avalé cet appât, qu'il tâche inutilement de couper la corde ; elle se fourre entre ses dents : en outre, le crochet qu'il a dans la gorge l'empêche de fermer la gueule, et des chasseurs bien armés fondent sur lui et le mettent à mort.

---

(1) Le crocodile se nomme *cayman* et *alligator* dans les colonies Européennes, *houmir* en persan, *temsahh* en arabe. Il y en a de deux espèces ; ceux de la plus grande sont longs de cinq à six pouces, quand ils sortent d'un œuf gros comme celui d'un oie, et parviennent, dit-on, jusqu'à vingt-cinq et trente pieds. On trouve une petite notice sur ce vorace amphibie dans les *Essais philosophiques sur les mœurs de divers animaux étrangers*, p. 29 et suiv. *Note du Rédacteur.*

On emploie le même moyen pour prendre le *léviathan*. Il faut, dans cette chasse, beaucoup plus de ruse et d'adresse, que de force.

Les dragons (1) volent aux environs de la ville pendant la plus grande chaleur du jour, comme les chauve-souris dans les soirées d'été en Europe. Comme ils sont en très-grand nombre, j'en attrapois beaucoup, et ils ne me faisoient aucun mal.

On entend souvent, dans les forêts de Java, une cigale (2) nommée *garing* dans la langue du pays; elle se perche sur les arbres; son cri est très-perçant et à-peu-près semblable au son d'une trompette. Elle se tient ordinairement près de la tige des arbres ou sur de grosses branches nues. Il est très-difficile de l'appercevoir, et plus encore de l'attraper. Son cri diminue à mesure qu'on en approche, et tout-à-coup elle s'envole. On la prend plus aisément avec un tube à insecte, ou bien à la manière des Indiens, en frottant de glu le bout d'une grande perche qu'on passe dessous ses ailes, de manière à l'empêtrer.

On est tourmenté dans toute l'Inde par deux espèces d'insectes, les *kakerlagor* (3) et les fourmis : l'un est très-incommode à bord des bâtimens, l'autre vous poursuit par-tout. Les petites fourmis rouges, sur-tout, mangent et détruisent tout; elles sont presque imperceptibles, et se glissent par-tout à travers les plus petites fentes. Si vous mettez un insecte dans une boîte sans la fermer, il ne tarde pas à être dévoré par

---

(1) *Draco volans.*
(2) *Cicada libicen.*
(3) *Kakerlagor blatta*, ou *blatta orientalis*. Lam. Ils se cachent pendant le jour, et sortent de leur réduit pendant la nuit pour ronger les souliers et toutes les portions grasses de l'habillement. On dit que ces *kakerlagor* mangent les punaises. Mais quand même ils les détruiroient, ce seroit troquer une peste contre une autre. *Note du Rédacteur.*

celles-ci, qui ne lui laissent que les ailes. Ces fourmis sont sur-tout friandes de sucre, et se réunissent quelquefois en si grand nombre sur le vase qui le renferme, qu'elles le couvrent entièrement. Il n'y a pas de meilleur moyen, pour éloigner les kakerlagor des coffres et des malles, que de mettre du camphre dans les habits; l'huile de kaiopouti (1) et de kulitlavang, les chasse ainsi que les petites fourmis. Elles ne peuvent en supporter l'odeur, et périssent presque dans le moment. Je me suis servi fréquemment et avec succès, de l'huile de kaiopouti, qui est plus volatile et d'un verd clair, pour conserver mes insectes et les préserver des fourmis. Je me suis amusé plus d'une fois à tracer sur une table un cercle avec cette huile, qui a l'odeur du camphre et de la térébenthine, et à mettre une fourmi dans l'enceinte de ce cercle. L'insecte n'osoit pas sortir de sa prison, l'odeur l'étourdissoit, il chanceloit et mouroit. La même chose arrivoit quand je graissois avec cette huile des cartons dans lesquels il s'étoit glissé quelques fourmis. Elle est également mortelle pour tous les insectes sur lesquels elle agit plus ou moins promptement. Enfin, cette huile précieuse guérit aussi de plusieurs maladies.

Les Indiens ont différentes espèces de sauterelles qu'ils nomment *soubar* (2), et dont la poitrine est aussi longue que le corps. Elles lèvent toujours les pattes de devant, comme lorsque les Indiens veulent saluer ou demander quelque chose. Cet insecte est très-indolent, il se remue peu et lentement. Sa poitrine ressemble parfaitement à la queue d'une feuille, et ses ailes, avec leurs veines obscures, à une feuille même. Il y a encore une autre espèce de sauterelle (3) nommée *feuille*

---

(1) *Oleum kajoputi.*
(2) *Mantis precatoria, religiosa.*
(3) *Mantis gongylodis.*
Nota. La sauterelle se nomme *malak* en persan, *djerád* en arabe, *poringue* en hindoustany, et *kili* en tamoul. La plupart des Africains et beaucoup de nations asiatiques, particulièrement les

errante

SUR L'ISLE DE JAVA.

errante et vivante, que l'Indien regarde comme un être sacré, ou au moins d'heureux augure.

Arabes, mangent des sauterelles. Ces derniers se font même un régal de l'espèce qu'ils nomment *djerád*. On voit dans leurs *bázárs* ou marchés des tas énormes de sauterelles grillées ou frites. On les conserve ainsi apprêtées pendant quelque tems, en les saupoudrant d'un peu de sel. Les patrons des embarcations ont soin de s'en munir. On en mange au dessert ou bien en prenant le café. Comme cet insecte paroît ruminer, c'est ce qui peut avoir déterminé les Juifs et les Musulmans à le mettre au nombre des animaux purs, malgré leur horreur pour les tortues, les huîtres et les grenouilles. Au reste, cet aliment n'a rien de répugnant. Son goût approche de celui de la chevrette. Les femelles œuvées sont les plus délicates, et passent même pour un assez bon restaurant. Voyez les *Observations philosoph. d'un voyageur*, p. 45. *Note du Rédact.*

NEUVIEME PARTIE.

Voyage et séjour au Japon : du 20 juin 1775, au 25 juin 1776.

CHAPITRE PREMIER.

Départ de Batavia. — Navigation dangereuse jusqu'aux îles du Japon. — Notice chronologique des plus fameux naufrages dans les parages du Japon, depuis 1642 jusqu'en 1775. Du 20 juin au 13 août 1775.

L'époque approchoit où les vaisseaux destinés pour le Japon alloient mettre à la voile. Le conseiller Radermacher, qui avoit conçu pour moi la plus tendre amitié, employa tous les moyens imaginables pour me retenir à Batavia. Espérant que mon propre intérêt auroit sur moi-même plus d'empire que ses sollicitations, il m'offrit une place de médecin, qui étoit vacante, et dont on évaluoit le revenu annuel six à sept mille rixdalles. Mais rien n'étoit capable de balancer mon devoir, et de me faire manquer aux engagemens sacrés que j'avois contractés envers mes patrons de Hollande. En outre, trois mois de séjour dans cette isle m'avoient suffi pour me convaincre que l'austère probité est ici un fardeau importun dont il faut se débarrasser pour voler rapidement à la fortune. Ainsi, quoi qu'il pût m'en coûter de chagriner un ami dont les bons offices m'avoient été si utiles, je fis toutes les dispositions nécessaires pour mon voyage au Japon. Je commandai plusieurs habits de

1775. DÉPART DE BATAVIA.

soie, et d'autres de drap galonnés, ainsi que différens autres objets de luxe, afin de paroître d'une manière brillante dans cette nouvelle contrée ; car les Japonois regardent un Européen avec autant d'attention que nous en mettons, nous autres naturalistes, à examiner un animal rare et curieux.

Je me rendis donc, le 20 juin 1775, à bord du *Stavenisse*, vaisseau à trois ponts, destiné pour le Japon. Il y a déjà longtems que la Compagnie Hollandoise des Indes orientales n'envoie plus que deux vaisseaux au Japon. C'est ordinairement la Régence de Batavia qui commande cette expédition ; elle a soin que ce soient deux vaisseaux à trois ponts des chantiers de la province de Zélande, ou qu'il y en ait au moins un, parce que ces parages sont incontestablement les plus dangereux de toutes les Indes orientales.

Je fus porté sur les états, pour la traversée, comme premier chirurgien de l'équipage ; et arrivé au Japon, je devois accompagner l'ambassadeur à Iédo, résidence de l'empepereur, en qualité de médecin de légation. Mais outre les fonctions de l'emploi que me donnoit la Compagnie des Indes, j'avois contracté en Hollande l'engagement de rassembler, dans les contrées lointaines que je devois parcourir, la plus grande quantité possible de graines, tant de plantes, que de buissons et d'arbres, pour le jardin botanique d'Amsterdam et pour différentes personnes de distinction de Hollande.

Notre navire, capitaine *Van-Ess*, étoit monté par M. Feith, chef du commerce au Japon, et ambassadeur auprès de l'Empereur. Il faisoit ce voyage pour la quatrième fois, et avoit pour adjoint dans la partie du commerce le subrécargue Haringa, et quatre assistans.

L'autre bâtiment, qui devoit marcher de conserve avec nous, se nommoit le *Bleyenburg*; il étoit un peu plus petit que le nôtre, et portoit un subrécargue et un assistant. Le capitaine tenoit table ouverte pour les officiers, partie à ses frais, partie à ceux de la Compagnie des Indes. Il régaloit aussi de liqueurs et de bière.

Tous les officiers des deux navires avoient un ou plusieurs esclaves pour les servir à bord et pendant leur séjour au Japon, qui ne devoit pas durer moins d'un an. Les Japonois leur ont accordé cette permission depuis plus de cent ans; mais il est défendu aux esclaves de sortir de la factorerie hollandoise, ou au plus de la ville de Nagasaki, où est située cette factorerie.

Le 21 juin, à dix heures du matin, nous levâmes l'ancre; nous tirâmes le canon et sortîmes à la voile de la rade de Batavia : mais nous ne tardâmes pas à mouiller hors de cette rade. Nous y passâmes le reste de la journée et la suivante, à mettre en ordre tout ce qui étoit nécessaire pour le voyage.

Le 26 au matin, le vent et la marée nous conduisirent dans le détroit de Banca (1), qui est presque aussi large que celui de la Manche qui sépare l'Angleterre de la France. A gauche nous avions les terres de Sumatra, qui sont unies et basses; à droite, celles de Java. Les rivages de ces deux îles sont également garnis de bois.

Le 27, nous mouillâmes pour attendre l'autre navire qui voguoit moins vite que le nôtre, et que nous avions conséquemment laissé en arrière.

Le 28, nous levâmes l'ancre et continuâmes notre route.

Le 30, nous débouquâmes heureusement le canal et entrâmes en pleine mer. Le *Bleyemburg* nous salua de plusieurs coups de canon, et nous lui rendîmes son salut; les officiers se souhaitèrent réciproquement un bon voyage.

Le 3 juillet nous passâmes la ligne.

Nous apperçûmes le 8, le rocher *Poulo Sapato*, qui ressemble de loin à un vaisseau, et, vu de près, il a la forme d'un sou-

---

(1) *Straat Banca.*

lier coupé par le bout : cette forme lui a valu le nom qu'il porte (1).

Le 10, nous découvrîmes les terres de la Chine, que les navigateurs qui vont au Japon ont tant de plaisir à voir, parce qu'elles leur indiquent à quel point ils en sont de leur traversée.

Le 12, nous essuyâmes une de ces tempêtes si fréquentes à la hauteur où nous nous trouvions. Le capitaine, marin sage et expérimenté, fit à l'instant carguer une partie des voiles, baisser les hauts mâts et amener les vergues. Cette précaution fut répétée durant tout notre trajet, autant de fois que nous fûmes menacés de tempête. Le succès en prouva la sagesse et l'utilité. Le *Bleyemburg*, très-mauvais voilier, restoit toujours derrière nous : quoiqu'il fît continuellement force de voile, il eut d'abord le sommet de ses mâts rompu pendant la tempête, et les perdit même l'un après l'autre. Enfin, il souffrit tant du roulis, et fit tant d'eau, qu'il s'en fallut de bien peu qu'il ne coulât bas avant d'arriver à Macao. De-là on le conduisit à Canton pour y être radoubé ; de manière qu'il ne put continuer sa route vers le Japon : la majeure partie de sa cargaison, qui consistoit en cassonnade, fut gâtée.

Le 17, nous essuyâmes un orage terrible accompagné de coups de vent et de pluie, mais sans tonnerre. Il dura deux jours entiers.

Le 20, la tempête étant appaisée, nous apperçûmes une barque de pêcheurs Chinois renversée en pleine mer. Selon toutes les apparences, les pêcheurs étoient péris.

Le 22, nous découvrîmes de nouveau les côtes de la Chine,

---

(1) Les Espagnols écrivent *poulo zapato* (isle du soulier). *Sapato*, en portugais, signifie un soulier, et *poulo* une île en langue malaise. Voyez ci-dessus, le *Vocabulaire malai*, p. 403. On voit que ce nom est composé de deux mots, qui, par l'éloignement des contrées d'où ils sont originaires, doivent être étonnés de se trouver réunis.

et quatre barques de pêcheurs vinrent nous offrir à bord plusieurs espèces de poissons, parmi lesquels je remarquai le beau peigne dit *la sole* (1), transparent, avec des écailles alternativement rouges et blanches. C'est pour cela que les Hollandois l'ont appellé *maan schalp* (coquille de la lune). Il y avoit aussi des homars et des crabes-mantes (2). Nous leur donnâmes en échange de ces poissons, du riz et de l'arak, qu'ils reçurent avec beaucoup d'empressement.

Les barques des pêcheurs Chinois, quoique longues et grandes, sont construites en planches minces, arrondies vers l'avant et l'arrière, avec un pont ; la proue est plus large que la poupe, et même évasée vers le timon. Elles n'ont qu'un mât et une seule voile. L'équipage est composé de quatre ou cinq hommes, qui vont pêcher nuit et jour très-loin dans la haute mer. Des officiers de notre navire, qui avoient déjà visité ces parages, me dirent que dans le beau tems la mer étoit couverte de ces barques à perte de vue.

Depuis notre départ de Batavia, plusieurs de nos matelots avoient la fièvre intermittente ; mais elle cessa dès que le froid et les grands vents parurent et allèrent en augmentant. *Bontius* nous assure que de son tems les fièvres tierces étoient très-rares aux Indes (3) : on en voit maintenant de toutes les

---

(1) *Ostrea pleuronectes*. Toutes les substances animales renferment plus ou moins d'acide phosphorique qui se développe par la putréfaction ; elle volatilise aussi une partie du phlogistique ; de manière qu'il s'opère probablement une combinaison de l'acide phosphorique avec le phlogistique, d'où provient la phosphorescence qu'on remarque assez fréquemment à la surface de la mer. Certains poissons salés que l'on fait sécher à l'air, jettent une lueur à peu-près semblable.

(2) *Cancer mantis*.

(3) *Non tertianas intermittentes, hic aliquando oriri negaverim, sed hæ tam raræ sunt ut liceat hic dicere quod in proverbio est, quod hirundo unica non efficit ver.* Vide Jac. Bontii, *de Medic. Indorum*, lib. IV, cap. XIV. *De febribus in Indiis*, pag. 235. *Note du Rédacteur.*

espèces, et même assez communément dans toutes ces contrées.

La grande pluie ne nous incommoda pas moins que l'orage même à la suite duquel elle tomba; car tous nos effets furent mouillés et gâtés pour la plus grande partie, quoique nous prîmes la peine de les étendre pour les faire sécher.

Je ne trouvai pas une grande différence dans les beaux jours, entre la température de la hauteur où nous étions et celle de Batavia. Le thermomètre de Fahrenheit montoit, dans cette ville, de 80 à 86 degrés (1), et il ne descendoit pas ici au-dessous de 79 à 78.

Les écrevisses (2) et différens cétacées ou poissons que j'avois réservés pour sécher et conserver, me procuroient, dans la soirée, un spectacle très-agréable, par la lumière phosphorique qu'ils répandoient dans ma cabane. J'ai remarqué que le corps des écrevisses n'étoit lumineux que par parties, principalement vers un côté de la queue, tandis que l'autre étoit obscur. L'animal, tiré hors de l'appartement et exposé au grand air, comme sur le pont, ne produisoit plus de lumière. J'ai vainement cherché sur son corps quelqu'insecte marin à qui je pusse attribuer ce phénomène. En grattant l'endroit lumineux, la lueur n'augmentoit ni ne diminuoit.

---

(1) En 1779 le même thermomètre n'est pas monté au-dessus de 85 degrés en février et en décembre ; et il est descendu au 76.e en août et en septembre. Le baromètre a constamment marqué 28 degrés 3, 4 ou 5 minutes. Voyez *Bericht Wegns de hoogte der barometer en thermometer de Gesteldheid van Weêr en wind en hoogte van het Water aan het zeehoofd, en in de rivieren in 1779. Op Batavia, en van Weêr en wind tot Caap de goede hoop en Nangazaki.* (Observations sur la hauteur du baromètre et du thermomètre sur la température et la situation du vent, sur la hauteur de l'eau à la digue et dans la rivière à Batavia en 1779, sur la température de l'air et sur le vent au Cap de Bonne-Espérance et à Nangazaki), t. II, p. 65 des *Verhandeling van het Batav.* (Mémoires de la Société de Batavia). *Note du Rédacteur.*

(2) *Cancres.*

Le 23 les pilotes (1) parurent par bandes nombreuses ; ils faisoient des bonds sur l'eau.

Le 26, nous doublâmes l'île nommée *Met-zyn-gat* (avec son trou), et nous tirâmes vers le détroit voisin de Formose.

Le 29, nous découvrîmes cette île, qui faisoit autrefois partie des possessions hollandoises en Asie. Elle est longue, vaste et fertile. Les vaisseaux destinés pour le Japon pouvoient alors y surgir et y prendre des rafraîchissemens, et maintenant ils n'ont pas un seul port pour se refugier quand ils sont battus par la tempête. Les Hollandois perdirent cette importante possession en 1662. Leur gouverneur, nommé *Coyet*, fut obligé, après avoir essuyé un siège de neuf mois, de rendre la citadelle à Cochinya, Chinois rebelle, chassé de sa patrie après l'invasion des Tatars-Mantchoux, qui s'emparèrent de la Chine en 1644 (2). La défaite des Hollandois et leur expulsion de l'île de Formose est consignée d'une manière très-détaillée dans un ouvrage intitulé *Het verwaerloos de Formosa door C. E. S.* (3) Amsterdam, 1675, *in-*4°. 1 vol. Cette île appartient main-

---

(1) Les pilotes sont une espèce de poissons un peu plus gros que les poissons volans, et également très-délicats. « Les plus gros que j'ai vus, dit » *le Gentil*, n'ont que trois à quatre » pouces de corsage, sur huit à dix de » longueur. Ils sont entourés de quatre » à cinq petites bandes parallèles entre » elles sur un fond bleu... Ils suivent et » environnent le requin, d'où sans » doute on leur a donné le nom de » pilote... ». *Voyage de le Gentil dans les mers de l'Inde*, t. II, p. 735 et 736. *Note du Rédacteur.*

(2) Cette invasion mémorable a été plus avantageuse que funeste aux Chinois. Elle leur a donné pour maîtres des hommes qui leur apprendront à leur ressembler. Ceux-ci à leur tour se sont civilisés par le commerce de la plus ancienne nation policée qui existe. Enfin, les Mantchoux se sont occupés même de la littérature. Ils ont poli leur langue et l'ont enrichie des traductions de tous les bons livres Chinois. *Note du Rédacteur.*

(3) *La perte de Formose.* Ce morceau historique a été traduit en français et imprimé dans le cinquième volume du *Recueil des Voyages de la Compagnie Hollandoise des Indes orientales*, sous le titre de *Formose négligée*. Note du Rédacteur.

tenant

tenant à l'empereur de la Chine, et les Européens n'y font plus de commerce.

Le 30, nous essuyâmes quelques petits ouragans accompagnés de pluie, mais de peu de durée.

Le 4 août, nous fûmes accueillis d'une tempête sans pluie, qui dura jusqu'au 7. La mer étoit si grosse et si agitée, que les vagues lancées par le vent, retomboient sur le navire comme une pluie non interrompue, de manière que les officiers et les matelots, à force de changer, furent sur le point de manquer d'habits et de linge secs. Nous n'avions gardé qu'une seule voile.

On avoit tendu à l'arrière du vaisseau un morceau de voile pour se garantir un peu de l'inondation continuelle causée par les vagues, et c'étoit l'unique avantage de cette espèce d'abri, où l'on couroit autant de dangers qu'ailleurs, comme je le vis par ma propre expérience. Je restois assez volontiers sur le tillac pendant le plus fort de la tempête pour prendre l'air ; tout-à-coup je fus lancé d'une extrémité à l'autre du pont, que l'eau avoit rendu très-glissant. J'aurois peut-être sauté par-dessus le bord dans la mer, s'il n'eût pas eu la hauteur qu'on donne ordinairement aux bords des vaisseaux destinés pour les Indes orientales, et je m'estimai très-heureux de n'avoir pas eu la jambe droite cassée, et d'en être quitte pour une enflure sous le talon, grosse comme une pomme, tant le coup avoit été violent.

Le 10, nous essuyâmes une autre tempête, accompagnée de pluie ; c'étoit la cinquième depuis notre départ de Batavia. Nous vîmes par nous-mêmes que l'on ne nous avoit pas exagéré les dangers et les fatigues de ce voyage. Les parages de Formose, sur-tout, sont extraordinairement orageux, même dans la plus belle saison de l'année, c'est-à-dire, pendant les trois ou quatre mois que les vaisseaux peuvent passer en sûreté dans les ports du Japon. Sans m'appesantir sur ces tempêtes dont le docteur Kœmpfer nous a donné des descriptions aussi effrayantes que fidelles (1), je me bornerai à observer qu'une expérience de cent ans a prouvé que, sur cinq vaisseaux expédiés pour le Japon, il falloit tout au plus compter sur le retour de quatre. La liste suivante des vaisseaux naufragés, dont plusieurs ont été entièrement perdus, prouvera cette assertion.

En 1642, deux vaisseaux, le *Buys* et le *Maria*, périrent dans la baye de Guinam.

 En 1651, le *Koe* eut le même sort.
 En 1652, le *Sparwer*.
 En 1653, le *Lam*.
 En 1658, le *Swarte Bul*.
 En 1659, le *Harp*.
 En 1664, l'*Hector* sauta dans un combat contre les Chinois.
 En 1666, le *Roode Hart*.
 En 1668, l'*Achille*.
 En 1669, le *Hoog Caspel* et le *Vrydenburg*.
 En 1670, le *Schermer*.
 En 1671, le *Kuilemburg*.
 En 1697, le *Sparen*.
 En 1708, le *Monster*.
 En 1714, l'*Arion*.
 En 1719, le *Meeroog*, le *Catharina* et le *Slot de Capelle*.
 En 1722, le *Valkenbos*.
 En 1724, l'*Apollonia*.
 En 1731, le *Knapenhof*.
 En 1748, le *Huys te Persin*.
 En 1758, le *Stadvyk*.
 En 1768, le *Vreedenhoff*.

---

(1) *Histoire civile du Japon*, par *Kœmpfer*, t. I, p. 35 et 36, *in-fol*. Note de l'Auteur.

En 1770, le *Gansenhoff*. La même année le *Burg* fut contraint de relâcher en Chine et n'alla point au Japon.

En 1772, le même bâtiment, à son retour, fut expédié de nouveau pour le Japon : il étoit monté par le chef de l'expédition. Ce second voyage eut une issue encore plus malheureuse que le premier ; car, il fallut l'abandonner, et les vents le poussèrent sur les côtes du Japon. Le 30 juillet, ce vaisseau se trouvant à la hauteur de Meaxima, un orage qui s'éleva de l'est-nord-est et qui dura deux jours, lui brisa ses mâts, celui de l'avant, sa galerie, &c. des voies d'eau considérables s'ouvrirent dans la chambre aux poudres et dans plusieurs autres parties du navire. Le 1er août, le chef, nommé Daniel Armenault, et le capitaine Eveich, reconnurent l'autre vaisseau, la *Marguerite Maria*, commandé par le capitaine Stendekker : on tint conseil, et l'on résolut d'abandonner le bâtiment. Le jour suivant, chacun prit son argent et ses effets les plus précieux, et les objets les plus nécessaires : tout l'équipage passa sur la *Marguerite Maria*, qui aborda au port de Nagasaki le 6 du même mois. Quelques jours après, un pêcheur Japonois amena dans le port de Nagasaki le vaisseau que les Hollandois avoient abandonné. Il avoit été poussé par les vagues et les vents pendant plusieurs jours du côté de Sustuma, et à son arrivée au port, il n'y avoit plus qu'un cochon en vie. Les officiers, comme on le verra bientôt, eurent le plus grand tort de ne pas remorquer ce bâtiment à la suite de l'autre dans le beau tems, ou de ne pas y mettre le feu, suivant les réglemens de la Compagnie.

En 1775 le *Bleyemburg*, qui nous suivoit, fut obligé, comme je l'ai déjà dit, de relâcher en Chine, pour fermer une voie d'eau et réparer d'autres dommages causés par la tempête. Après ces réparations il retourna à Batavia, tandis que nous continuions de voguer vers le Japon, où nous allons bientôt arriver.

CHAPITRE II.

Arrivée à Nagasaki. — Précautions des Japonois pour empêcher la contrebande.

LE 13 au matin parut l'isle de Meaxima, avec ses montagnes hautes et pointues. Dans l'après-midi nous découvrîmes les terres du Japon, et le soir, à neuf heures, nous mouillâmes à l'entrée du port de Nagasaki. Des montagnes très-élevées et disposées en demi-lune, protègent l'entrée de ce port. A l'époque où l'on attend les vaisseaux Hollandois, le gouvernement Japonois distribue sur le sommet de ces montagnes, plusieurs postes munis de lunettes d'approche qui découvrent les vaisseaux de très-loin, et annoncent leur arrivée au gouverneur de Nagasaki. Dès que ces postes nous apperçurent, ils allumèrent plusieurs feux, et à peine eûmes-nous jetté l'ancre, que des officiers Japonois vinrent, comme on va le voir, enlever nos livres et nos armes. Ce jour-là nous rassemblâmes tous les livres de prières et les bibles des matelots; on les enferma dans une caisse bien clouée; elle fut remise ensuite aux Japonois, qui ne nous la rendirent qu'à notre départ. Ils prennent cette précaution pour empêcher l'introduction des ouvrages relatifs au christianisme dans le Japon : on dressa sur le tillac un lit avec son ciel, pour servir de siége aux officiers Japonois qui devoient se rendre à bord.

On fit la revue de tout l'équipage, qui se montoit à cent dix hommes, y compris trente-quatre esclaves. On inscrivit le nom de chaque individu, sur un rôle qui devoit être remis aux inspecteurs Japonois ; mais on ne fit pas mention du lieu de leur naissance, parce qu'ils sont tous censés Hollandois, quoiqu'il y ait sur le vaisseau, des Danois, des Suédois, des

Allemands, des Portugais et des Espagnols. Immédiatement après l'arrivée du navire, les Japonois font la revue de l'équipage d'après cette liste, et récidivent la même opération matin et soir, tous les jours que l'on décharge ou que l'on charge le vaisseau. Car ces jours-là, la circulation entre la factorerie et le navire est libre (1) : mais personne ne peut rester à terre sans une permission spéciale.

Le 14, le vent fut si violent que nous ne pûmes lever l'ancre : sur les onze heures nous coupâmes le câble pour mettre à la voile.

Nous ne tardâmes pas à voir partir du rivage une barque qui venoit à notre rencontre. Aussi-tôt le capitaine prit un habit de soie bleu, galonné en argent, très-vaste et muni sur le devant d'un énorme coussin. Cet habit servoit depuis long-tems à passer la contrebande, parce que le chef de la factorerie, et les capitaines de vaisseaux étoient les seuls officiers exempts de visite. Le capitaine faisoit régulièrement trois voyages par jour du vaisseau à la factorerie, et étoit quelquefois si chargé de marchandises, que descendu à terre deux matelots le soutenoient sous les bras. Il avoit aussi d'immenses culottes qui ne lui étoient pas moins utiles que son habit : ces allées et venues lui valoient plusieurs milliers de rixdalles, par la contrebande qu'il passoit pour son propre compte et pour celui des officiers; mais cette fois-ci la toilette de notre capitaine fut superflue, comme on va le voir par les ordres qui nous furent signifiés.

La barque qui venoit du port, avoit été expédiée de la part du chef de la factorerie, et nous amenoit un subrécargue et trois assistans pour nous féliciter de notre heureuse arrivée, s'informer de la cargaison du vaisseau, des nouvelles de Batavia, &c.

---

(1) Cette liberté est cependant bien circonscrite, par les précautions que prennent les Japonois, pour empêcher la contrebande. *Rédacteur.*

Nous hissâmes plusieurs pavillons et flammes pour rendre notre entrée plus brillante.

En approchant des deux gardes impériales, placées aux deux extrémités du port, dont l'une se nomme la *garde de l'empereur*, et l'autre la *garde de l'impératrice*, nous tirâmes le canon pour les saluer. Tout en louvoyant par une entrée longue et tortueuse, nous jouissions d'une vue admirable. Les collines et les montagnes d'alentour me parurent cultivées jusque sur leur sommet. Il étoit environ midi lorsque nous arrivâmes enfin, et que nous mouillâmes à l'endroit où les vaisseaux restent ordinairement à l'ancre, à une portée de fusil de la ville de Nagasaki, auprès de la petite isle de Desima, où est située la factorerie hollandoise.

Quelques instans après que les commis envoyés par la factorerie nous eurent quittés, emportant avec eux les lettres de la Compagnie, et celles des différens particuliers, le chef qui étoit resté au Japon vint chercher le chef nouvellement arrivé, notre capitaine, le subrécargue, et les assistans.

Ce fut ce chef qui nous apprit les ordres sévères nouvellement envoyés de la Cour, pour empêcher la contrebande.

1°. Le capitaine et le chef devoient être visités comme toutes les autres personnes de l'équipage, ce qui ne s'étoit pas encore pratiqué.

2°. Le capitaine devoit s'habiller comme tous les autres Européens, et il lui étoit défendu de porter cet immense habit, à la faveur duquel il passoit la contrebande.

3°. On lui enjoignoit de rester continuellement sur son bord; dans le cas où il voudroit venir à terre, il ne lui étoit permis pendant tout le tems qu'il y resteroit, que d'aller deux fois à bord pour mettre son bâtiment sur deux ancres.

Il n'obtint même cette dernière permission du gouverneur de Nagasaki, qu'en employant successivement les prières et les menaces, en lui signifiant qu'il le rendoit responsable, ainsi que l'Empereur, de tout le dommage qui pourroit arriver au navire, et dont la Compagnie ne manqueroit pas de tirer raison.

Ces ordres sévères avoient été suggérés par les découvertes qu'on avoit faites sur *le Burg*, vaisseau hollandois abandonné en 1772, et poussé sur les côtes du Japon, comme nous l'avons déjà dit plus haut. En déchargeant ce vaisseau, on trouva une grande quantité de marchandises de contrebande, qui appartenoient particulièrement au chef, au capitaine et aux principaux officiers, dont les noms étoient écrits sur les caisses. Les Japonois furent sur-tout très-irrités de trouver un coffre appartenant au chef, et rempli de *som* ou ginseng faux (1), dont l'importation est rigoureusement défendue. Ce coffre fut donc brûlé, avec toutes les marchandises qu'il contenoit, devant la porte de la mer.

Ce ne fut pas sans le plus vif regret, que, conformément à ces ordres rigoureux, notre capitaine quitta son vaste habit pour en reprendre un plus dégagé et mieux fait pour sa taille : quoiqu'il fût d'une corpulence passable, la populace japonoise paroissoit toute étonnée de sa tournure leste et svelte ; ils s'étoient imaginés qu'il étoit de l'essence des capitaines Hollandois, d'avoir cette vaste rotondité qu'on leur avoit vue jusqu'alors.

A peine eûmes-nous salué la ville de Nagasaki, que deux *banjos*, ou officiers supérieurs japonois, et quelques sous-

---

(1) *Radex genseng faux*. Le genseng vrai est une plante fort célèbre par les propriétés qu'on attribue à sa racine, et sur-tout par le haut prix qu'on y met à la Chine où elle est très-estimée. Cette plante croit dans les forêts de la Tatarie, sur le penchant des montagnes, entre les 39 et 47e degrés de latitude septentrionale : les Chinois et les Tatars en recueillent la racine avec beaucoup de soin et d'appareil. On prétend que c'est la même plante que celle qu'on trouve au Canada, et que les botanistes nomment *panax quinquefolium*.

banjos (1) vinrent à notre bord avec des interprètes, et leur suite.

Les *banjos* se placèrent sur le lit qui leur avoit été préparé, sur lequel on avoit étendu un épais tapis de paille du Japon, avec une couverture d'indienne. On avoit placé auprès de ce lit un marche-pied pour y monter plus aisément; une toile à voile tendue au-dessus du ciel, le garantissoit de la pluie. Nos Japonois ayant ôté leurs souliers, se placèrent sur le lit, et s'assirent sur leurs talons à la mode du pays. Quoiqu'ils dussent être accoutumés à cette position, j'observai qu'elle leur étoit pénible à la longue, car il leur arriva plusieurs fois de la quitter pour s'asseoir à l'européenne. Ils n'avoient d'autre amusement que de fumer, de prendre du thé et de boire un peu d'eau-de-vie d'Europe. Leur conversation n'étoit ni longue ni verbeuse. Le capitaine leur faisoit servir deux flacons et deux gobelets de crystal ciselés, avec différentes liqueurs et un peu de pâtisserie sur un plat; mais à peine goûtoient-ils de tout cela. Leur occupation pendant tout le tems que le vaisseau resta à la rade, étoit de visiter toutes les personnes et toutes les marchandises qui passoient du vaisseau à terre, ou de la factorerie au vaisseau; de recevoir les ordres du gouverneur de la ville, de signer les passe-ports et autres papiers des gens qui accompagnoient les marchandises, les comestibles, &c.

Chaque jour que l'on débarque ou que l'on embarque des marchandises, les *banjos*, les sous-*banjos*, les interprètes, les écrivains et les visiteurs restent à bord jusqu'au soir, retournent ensuite à terre, et laissent les Européens libres sur leur vaisseau. Ces jours-là on hisse le pavillon, tant sur le vaisseau qu'à la factorerie hollandoise : quand les deux navires arrivent heureusement, on travaille sur chacun alternativement d'un jour l'un.

---

(1) Kœmpfer et Charlevoix écrivent *bugios*, Haguenaar écrit *bonjove*. *Rédacteur.*

Les Japonois surveillent avec la même attention les barques et les chaloupes du vaisseau ; ce sont leurs barques et leurs matelots qui conduisent les Européens et leurs marchandises. Et afin que leurs propres gens ne puissent pas faire la contrebande, non plus que les Hollandois, à la faveur des ténèbres de la nuit, ou quand il ne se trouve aucun officier de leur nation à bord, ils disposent des vaisseaux de garde à une certaine distance ; et des bateaux d'ordonnance commandés exprès, font, toutes les heures, le tour du vaisseau, et le côtoient de très-près.

Non contens de toutes ces précautions, ils obligent les Hollandois de leur remettre la poudre, les boulets, en un mot, toutes leurs armes, sans oublier la caisse de livres dont j'ai parlé plus haut. Comme l'argent et toute espèce de monnoie est défendue, on dépose le numéraire jusqu'au départ. On leur donna donc un peu de poudre, six tonneaux de balles, six fusils avec leur bayonnette, en les assurant que c'étoit tout ce qui nous restoit de nos munitions. Ils mirent tous ces objets dans un magasin, pour nous les rendre fidèlement à notre départ.

Ils ont renoncé depuis quelque tems à démonter le gouvernail et à enlever les voiles et les canons. Les peines que leur donnoit ce transport, les ont dégoûtés de toutes ces précautions. Quoiqu'il ne soit pas permis aux Européens d'avoir des armes, ils nous laissèrent nos épées.

Quand ils crurent nous avoir bien désarmés, ils commencèrent par passer en revue tout l'équipage ; et cette détestable cérémonie se récidivoit matin et soir, chaque jour que l'on débarquoit ou que l'on embarquoit des marchandises. Ils comptent par dixaine les hommes et les marchandises, et prennent des notes bien exactes de ceux qui sont allés à terre, de ceux qui restent à bord, et des malades.

Il y a un certain nombre de travailleurs commandés (1) et surveillés par des inspecteurs ; ils déchargent et chargent le vaisseau, conduisent les bateaux qui viennent à bord ou s'en retournent à terre. Ils ont l'habitude de chanter en portant des fardeaux ou en ramant ; ce sont des espèces de cris ou de mots cadencés. Les Hollandois se chargeoient autrefois de châtier ces malheureux, et vouloient bien même prendre la peine de leur administrer des coups de bâton ; mais ces gratifications n'étant pas du goût des naturels, les gouverneurs ont défendu, sous des peines rigoureuses, des procédés aussi atroces qu'outrageans.

Tout Européen qui passe de son bord à Desima, ou qui veut s'en retourner, soit qu'il porte quelque chose ou non, doit être accompagné d'un valet, et muni d'un passe-port, sur lequel son nom est inscrit, ainsi que sa montre et les autres objets qu'il porte.

Les jours que l'on ne débarque aucune marchandise, ou que l'on n'en embarque pas, les officiers Japonois ne viennent point à bord, non plus que les Hollandois ; ceux qui y sont n'en peuvent sortir, car les portes du port sont fermées du côté de la mer. Si une circonstance importante exige la présence du capitaine, du médecin ou de quelques autres officiers sur le bâtiment, ce que l'on indique en hissant un pavillon, il faut demander la permission au gouverneur de la ville ; quand il veut bien l'accorder, des interprètes et des officiers vous conduisent par une rue détournée à un petit pont où vous trouvez une barque qui vous transporte au vaisseau, après que vous avez subi la visite la plus scrupuleuse. Ainsi l'on n'ouvre pas pour cela la porte de la mer. Les *banjos* et les interprètes qui vous

---

(1) Les travailleurs se nomment *kouly* ; ce mot est absolument le même que le *gouly* des Persans, qui signifie *esclave*. *Rédacteur.*

1775. ARRIVÉE A NAGASAKI.

suivent ne montent pas sur le vaisseau. Mais ils attendent dans leur barque que vous ayez terminé l'objet pour lequel vous avez été appellé ; ils vous reconduisent ensuite à la factorerie par le même chemin et avec les mêmes cérémonies. On ne manque jamais de rencontrer beaucoup de monde sur son passage dans la ville; de nombreuses troupes d'enfans témoignent par des cris (1) l'étonnement que leur causent les grands yeux ronds des Européens.

L'on ne connoît pas plus les douanes sur les côtes, que dans l'intérieur du pays; et l'on ne perçoit aucun impôt sur les marchandises importées ou exportées, ni sur les étrangers, ni sur les nationaux; avantage inappréciable, qui ne se trouve dans presqu'aucun pays. Mais on n'en surveille pas avec moins d'activité l'introduction des marchandises prohibées, et les visiteurs ont vraiment des yeux d'argus. Tout Européen est d'abord visité sur le vaisseau, et ensuite à terre ; on fouille dans ses poches, on tâte ses habits, on lui passe la main sur le corps, sur les cuisses même, jusque sur les parties de ceux d'un rang inférieur, et on cherche dans les cheveux des esclaves. Tous les Japonois qui viennent à bord sont sujets à la même perquisition, excepté seulement les *banjos* supérieurs. On découvrit un perroquet dans les culottes d'un sous-officier ; l'oiseau se mit à parler tandis qu'on fouilloit son maître ; on trouva aussi des rixdalles et des ducats dans les caleçons d'un assistant. Quant aux caisses que l'on embarque ou que l'on débarque, ils les font quelquefois ouvrir et vuider devant eux, pièce par pièce, et sondent les planches qu'ils soupçonnent pouvoir être creuses. Ils enfoncent des broches de fer dans les baquets à beurre et dans les pots de confiture. On fait un trou carré dans les fromages, et on les sonde avec des aiguilles dans différens endroits.

---

(1) *Hollenda O-me.*

Je leur ai vu pousser la méfiance jusqu'à casser des œufs que nous avions apportés de Batavia, pour s'assurer si l'on n'y avoit rien caché. Ils visitent quelquefois même dans le chapeau des Européens, qui ne peuvent recevoir des lettres cachetées ; il faut qu'elles soient lues par un interprète, qui est également chargé d'examiner les autres manuscrits. Quoique les ouvrages relatifs au christianisme soient sévèrement prohibés, sur-tout ceux ornés d'estampes, on permet aux Européens un certain nombre de livres pour leur amusement : les livres latins, françois, suédois et allemands passent plus aisément que les autres, parce que les interprètes ne les entendent pas.

Les friponneries des Européens, leurs ruses pour introduire des marchandises de contrebande, justifient à certains égards la méfiance et les précautions des Japonois. Joignez à cela les impertinences et les procédés indécens de certains officiers ; leur ton altier et leur sourire ironique ont encore augmenté la haine et le mépris que leur conduite doit naturellement inspirer aux étrangers. Car ceux-ci s'apperçoivent bien de la grossièreté de ces officiers entre eux, et de la manière brutale dont ils traitent les matelots qui leur sont subordonnés.

Cette conduite aussi impolitique qu'indécente, a considérablement restreint le commerce des Hollandois et augmenté de plus en plus la méfiance des Japonois ; car il seroit maintenant bien difficile de tromper la vigilance de leurs visiteurs : de peur qu'ils ne fassent connoissance et ne s'apprivoisent trop avec les étrangers, on a soin de les changer de tems en tems.

Mais toutes ces entraves ne sont établies que pour empêcher la contrebande ; car le commerce des marchandises permises est absolument libre. On peut même passer pour soi les marchandises dont le Gouvernement défend le débit, pourvu toutefois que vous n'ayez point l'air de vouloir y mettre du mystère. Les particuliers ne peuvent point acheter de camphre ni d'écailles de tortues, la Compagnie s'étant exclusivement réservé ces deux articles.

On ne se borne pas à faire passer en contrebande les marchandises absolument prohibées ; mais on en fait de même pour celles qui ne doivent être vendues qu'à la folle enchère, parce que ces espèces de ventes ne se font que par échange, et les Européens sont obligés de recevoir en paiement, des porcelaines ou des ouvrages en lack, qu'on transporte annuellement en si grande quantité à Batavia, qu'il faut souvent les donner au dessous de ce qu'ils ont coûté ; tandis que les marchandises vendues secrètement se paient en or, et beaucoup plus cher.

Il y a quelques années que la contrebande étoit très-considérable ; et alors elle se faisoit, en grande partie, par les interprètes, qui passoient les marchandises de la factorerie à la ville : on en jettoit aussi beaucoup par-dessus les murs de Desima : des barques japonoises venoient recevoir les ballots : mais un grand nombre de naturels et d'interprètes ont été surpris, et la plupart punis de mort.

Les Hollandois pris en fraude, paient des amendes considérables, qui ont été augmentées depuis peu ; on les a portées à deux cents catchés de cuivre, et le délinquant est banni du royaume à perpétuité ; et si la fraude ne se découvre qu'après le départ du bâtiment, on défalque dix mille catches de cuivre sur le compte de la Compagnie : le capitaine et le chef en paient chacun deux cents (1).

On ne visite point les marchandises de la Compagnie à leur arrivée, mais on les conduit aussi-tôt dans le magasin où les

---

(1) Voyez la notice des marchandises prohibées au Japon du tems de Kœmpfer, t. II, p. 226 et 280 de son *histoire du Japon*, *édit, in-12. Note du rédacteur.*

Japonois apposent les scellés (1) : elles n'en sortent que pour être vendues.

---

(1) On verra ci-après que ces scellés ne consistent qu'en nœuds de papier très-ingénieusement faits. *Rédacteur.*

FIN DU TOME PREMIER.

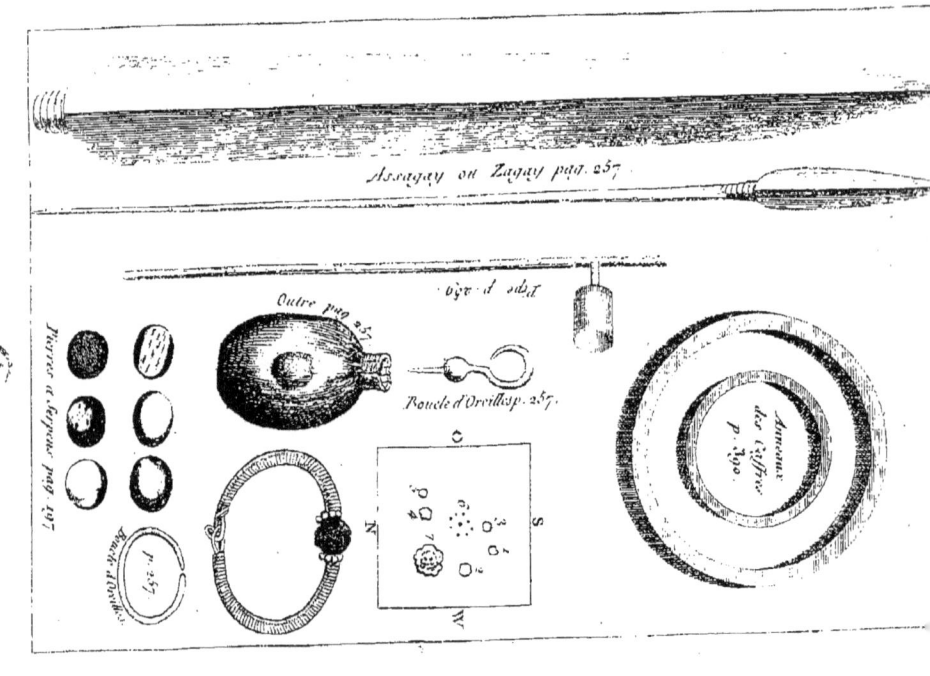

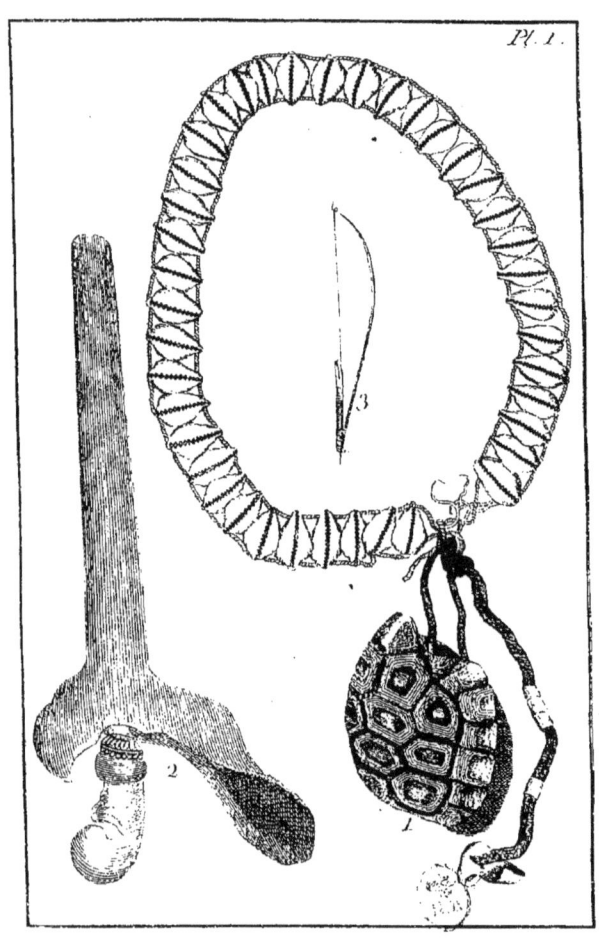

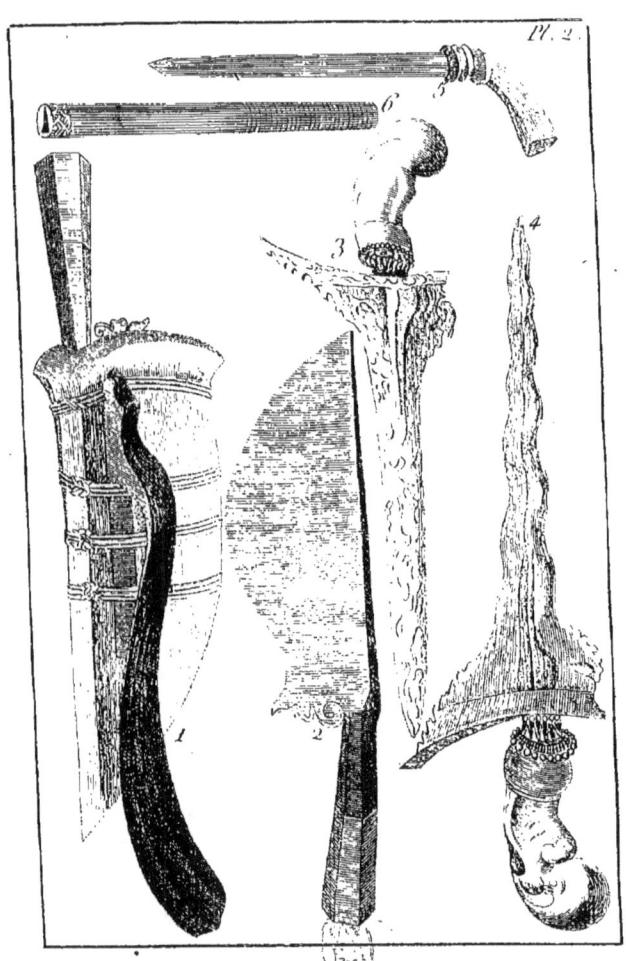

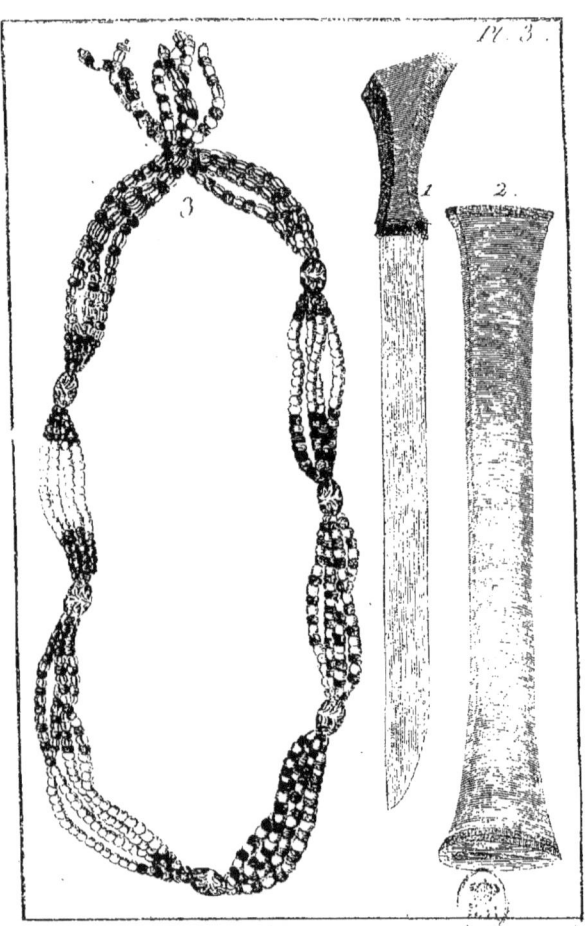

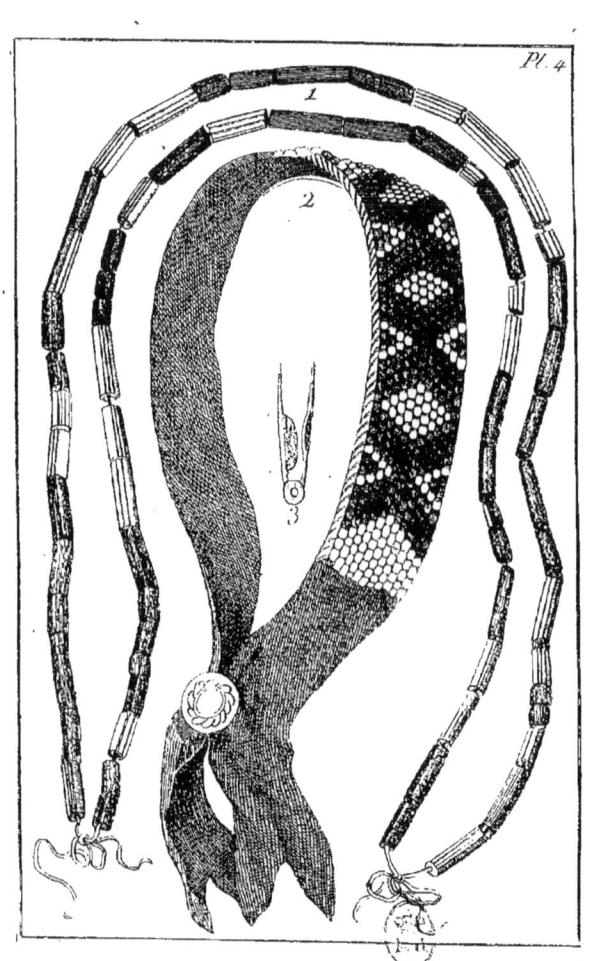

Pl. 4

www.ingramcontent.com/pod-product-compliance
Lightning Source LLC
Chambersburg PA
CBHW060750230426
43667CB00010B/1516